中华烹饪古籍经典藏书

梦粱录

（上册）

[宋] 吴自牧 撰

中国商业出版社

图书在版编目（CIP）数据

梦粱录 : 全两册 / (宋) 吴自牧撰 . -- 北京 : 中国商业出版社 , 2023.5
ISBN 978-7-5208-2449-1

Ⅰ . ①梦… Ⅱ . ①吴… Ⅲ . ①浙江－地方史－史料－南宋 Ⅳ . ① K295.5

中国国家版本馆 CIP 数据核字（2023）第 049985 号

责任编辑：郑　静

中国商业出版社出版发行
（www.zgsycb.com 100053 北京广安门内报国寺 1 号）
总编室：010-63180647　编辑室：010-83118925
发行部：010-83120835/8286
新华书店经销
唐山嘉德印刷有限公司印刷
*
710 毫米 ×1000 毫米　16 开　38 印张　330 千字
2023 年 5 月第 1 版　2023 年 5 月第 1 次印刷
定价：155.00 元
* * * *
（如有印装质量问题可更换）

中华烹饪古籍经典藏书
指导委员会

中华烹饪古籍经典藏书
编辑委员会

（排名不分先后）

委　员

《梦粱录（全两册）》
工作团队

统　筹

刘万庆

注　释

刘义春　张可心　辛　鑫　韩　江

译 文

刘义春　张可心　辛　鑫　韩　江

审　校

王湜华

中国烹饪古籍丛刊
出版说明

国务院一九八一年十二月十日发出的《关于恢复古籍整理出版规划小组的通知》中指出：古籍整理出版工作“对中华民族文化的继承和发扬，对青年进行传统文化教育，有极大的重要性”。根据这一精神，我们着手整理出版这部丛刊。

我国的烹饪技术，是一份至为珍贵的文化遗产。历代古籍中有大量饮食烹饪方面的著述，春秋战国以来，有名的食单、食谱、食经、食疗经方、饮食史录、饮食掌故等著述不下百种，散见于各种丛书、类书及名家诗文集的材料，更是不胜枚举。为此，发掘、整理、取其精华，运用现代科学加以总结提高，使之更好地为人民生活服务，是很有意义的。

为了方便读者阅读，我们对原书加了一些注释，并把部分文言文译成现代汉语。这些古籍难免杂有不符合现代科学的东西，但是为尽量保持其原貌原意，译注时基本上未加改动；有的地方作了必要的说明。希望读者本着“取其精华，去其糟粕”的精神用以参考。

编者水平有限，错误之处，请读者随时指正，以便修订和完善。

中国商业出版社

1982年3月

出版说明

20世纪80年代初，我社根据国务院《关于恢复古籍整理出版规划小组的通知》精神，组织了当时全国优秀的专家学者，整理出版了“中国烹饪古籍丛刊”。这一丛刊出版工作陆续进行了12年，先后整理、出版了36册。这一丛刊的出版发行奠定了我社中华烹饪古籍出版工作的基础，为烹饪古籍出版解决了工作思路、选题范围、内容标准等一系列根本问题。但是囿于当时条件所限，从纸张、版式、体例上都有很大的改善余地。

党的十九大明确提出：“深入挖掘中华优秀传统文化蕴含的思想观念、人文精神、道德规范，结合时代要求继承创新，让中华文化展现出永久魅力和时代风采。”做好古籍出版工作，把我国宝贵的文化遗产保护好、传承好、发展好，对赓续中华文脉、弘扬民族精神、增强国家文化软实力、建设社会主义文化强国具有重要意义。中华烹饪文化作为中华优秀传统文化的重要组成部分必须大力加以弘扬和发展。我社作为文化的传播者，坚决响应党和国家的号召，以传播中华烹饪传统文化为己任，高举起文化自信的大旗。因此，我社经过慎重研究，重新系统、全面地梳理中华烹饪古籍，将已经发现的150余种烹饪古籍分40册予以出版，即这套全新的“中华烹饪古籍经典藏书”。

此套丛书在前版基础上有所创新，版式设计、编排体例更便于各类读者阅读使用，除根据前版重新完善了标点、注释之外，补齐了白话翻译。对古籍中与烹饪文化关系不十分紧密或可作为另一专业研究的内容，例如制酒、饮茶、药方等进行了调整。由于年代久远，古籍中难免有一些不符合现代饮食科学的内容和包含有现行法律法规所保护的禁止食用的动植物等食材，为最大限度地保持古籍原貌，我们未做改动，希望读者在阅读过程中能够“取其精华、去其糟粕”，加以辨别、区分。

我国的烹饪技术，是一份至为珍贵的文化遗产。历代古籍中留下大量有关饮食、烹饪方面的著述，春秋战国以来，有名的食单、食谱、食经、食疗经方、饮食史录、饮食掌故等著述屡不绝书，散见于诗文之中的材料更是不胜枚举。由于编者水平所限，书中难免有错讹之处，欢迎大家批评指正，以便我们在今后的出版工作中加以修订和完善。

中国商业出版社

2022年8月

本书简介

杭州，别名临安、钱塘、武林、杭城，素以风景秀丽而闻名于世，曾经作为南宋的首都而繁华。

本书作者吴自牧，南宋临安府钱塘（今浙江杭州）人，生平事迹不详。

本书成书年代，据自序有“时异事殊”，“缅怀往事，殆犹梦也”之语，应在元军攻陷临安之后。所署“甲戌岁中秋日”，甲戌即宋度宗咸淳十年（公元1274年），疑传抄有误。

本书共二十卷，仿效《东京梦华录》体例，记载南宋临安的郊庙、宫殿、山川、人物、市肆、物产、户口、风俗、百工、杂戏和寺观、学校等，为了解南宋城市经济活动，手工业、商业发展情况，市民的经济文化生活，特别是都城的面貌，提供了较丰富的史料。书中妓乐、百戏伎艺、角觝、小说讲经史诸节，为宋代文艺的珍贵资料。

本书一些文化史和城市地理方面的资料，更可以弥补正史、地方志之不足，使后人得以了解南宋杭州的繁华景象。

中国商业出版社

2022年12月

目录

序

昔人[①]卧一炊[②]顷，而平生事业扬历[③]皆遍，及觉则依然故吾[④]，始知其为梦也，因谓之“黄粱梦”。矧[⑤]时异事殊[⑥]，城池苑囿[⑦]之富、风俗人物之盛，焉保[⑧]其常如畴昔[⑨]哉！缅怀往事，殆犹梦也，名曰《梦粱录》云。脱[⑩]有遗缺，识者幸[⑪]改正之，毋哂[⑫]。

甲戌岁[⑬]中秋日

钱塘吴自牧书

【译】卢生睡了一顿饭的工夫，梦见了他一生的经历，

① 昔人：指唐沈既济《枕中记》主人公卢生。

② 一炊：指烧一顿饭的时间。

③ 扬历：显扬其所经历。

④ 故吾：过去的我。

⑤ 矧（shěn）：况且。

⑥ 时异事殊：时间不同，事情也和以前不一样。意思是事物随着时间改变而发生变化。亦作“时异势殊”。

⑦ 苑囿（yòu）：指划定一定范围的（如墙垣等），具有生产、游赏等功能的皇家专属领地。“苑囿”一词常见于古籍中。

⑧ 焉保：何能保留。

⑨ 畴昔：往昔；以前。

⑩ 脱：倘若。

⑪ 幸：希望。

⑫ 哂（shěn）：讥笑。

⑬ 甲戌岁：宋度宗咸淳十年（公元 1274 年）。

等到醒来后发现还是过去的我，才知道自己做了一个梦，因此称为“黄粱梦”。况且时间不同，事情也和以前不一样，城池苑囿的富足、风俗人物的兴盛，怎么能保留过去的原样呢！缅怀往事，几乎就像梦一样，起名为《梦粱录》。倘若有遗缺，希望有识之士能帮助改正，不要讥笑。

甲戌年中秋

钱塘吴自牧书

卷一

正月

正月朔日[①]，谓之“元旦”，俗呼为“新年”。一岁节序[②]，此为之首。官放公私僦屋[③]钱三日，士夫[④]皆交相贺，细民[⑤]男女亦皆鲜衣，往来拜节。街坊[⑥]以食物、动使[⑦]、冠梳[⑧]、领抹[⑨]、缎匹、花朵、玩具等物，沿门[⑩]歌叫“关扑[⑪]”。不论贫富，游玩琳宫梵宇[⑫]，竟日不绝[⑬]。家家饮宴，笑语喧哗。此杭城风俗，畴昔侈靡之习，至今不改也。

---

① 朔日：指每月的第一日。中国农历将朔日定为每月的第一天，即初一。朔日有从平旦（天刚亮的时刻）、鸡鸣、夜半为开头的三种算法。当天月球和太阳黄经相等，称为朔，月球运行到地球和太阳之间，和太阳几乎同时出没，在地球上是看不到月亮的。

② 节序：节令的顺序。

③ 僦（jiù）屋：租赁房屋。

④ 士夫：读书人。

⑤ 细民：平民。

⑥ 街坊：这里指街巷。

⑦ 动使：指日常使用的器具。

⑧ 冠梳：宋代妇女的一种头饰。早在南朝妇女就爱在发髻上插饰梳栉。北宋宫中妇女多在饰冠上安插白角长梳，后来传至民间。

⑨ 领抹：领系之类服饰。

⑩ 沿门：指挨家挨户。

⑪ 关扑：以商品为诱饵赌掷财物的博戏。

⑫ 琳宫梵宇：道观和佛寺。

⑬ 竟日不绝：从早到晚都没有停过。

【译】正月初一，称为“元旦”，俗称“新年”。一年中节令的顺序，它算第一个。官府免除三天公私租赁房屋钱，读书人都相互祝贺，平民百姓男男女女也都身着鲜艳的衣服，相互拜年。街巷里的小贩挑着食物、动使、冠梳、领抹、缎匹、花束、玩具等物品，挨家挨户地叫着“关扑”。人们不论贫富，都要去道观和佛寺游玩，从早到晚都没有停过。家家户户都有酒宴，聚在一起大声说笑。这是杭州的风俗，传承了往日侈靡的习俗，至今没有改变。

元旦大朝会

元旦侵晨①，禁中景阳钟②罢，主上③精虔④炷⑤天香⑥，为苍生祈百谷于上穹⑦，宰执⑧百僚⑨，待班于宫门之次，犹

① 侵晨：黎明；早晨初现光亮。

② 景阳钟：始于南朝时期，齐武帝以宫深不闻端门鼓漏声，置钟于景阳楼上，宫人闻钟声，早起装饰，后人称之为“景阳钟”。每日景阳钟响，宣告早朝开始，群臣百官在钟声中上殿排列班次。

③ 主上：皇上。

④ 精虔：诚敬貌。

⑤ 炷：燃香。

⑥ 天香：祭神、礼佛的香。

⑦ 上穹：上天；天帝。

⑧ 宰执：又称“宰执官”，为宰相与执政官的合称，是宋元时期的政治概念。在宋代，宰执具有举足轻重的地位。

⑨ 百僚：又作“百寮”。百官。

见踈[①]星绕建章[②]，但禁门未启。而虾蟆梆鼓并作，攒点[③]即放鱼钥，阊阖门[④]下，方启龙闉[⑤]，执梃人[⑥]传呼，头帽号纷然，卫士杂廷绅报到。闉开，百僚联辔[⑦]入宫城，簇拥皆从殿庑[⑧]行。

【译】元旦（正月初一）的清晨，皇宫中的景阳钟刚刚响过，皇上诚敬地点燃天香，为苍生向上天祈求粮食大丰收。宰执官和百官们，都在宫门外待班，这时仍然可以见到稀疏的星星绕着宫阙，但宫门还没有开启。随着虾蟆梆鼓一齐敲响，攒点立即打开鱼形的锁，皇宫正门下，才能开启龙闉。手执梃杖的内侍传呼后，文武百官整肃衣冠，使头帽纷然，卫士也并入到朝官中去报到。龙闉打开后，文武百官连骑或并乘，一同进入宫城，相互簇拥着顺着宫殿的走廊行进。

遇大朝会，驾坐大庆殿，有介胄[⑨]长大武士四人，立于

---

① 踈（shū）：古同“疏”。

② 建章：西汉宫殿名。这里指宫阙。

③ 攒点：宋制，宫中更漏比民间短，宫中五更过后，民间才是四更尽；宫中五更完毕，梆鼓交作，始开宫门，称为“攒点”。俗称“虾蟆更”“六更”。

④ 阊（chāng）阖（hé）门：原是古代神话传说中的天门，后指宫城正门。

⑤ 龙闉（yīn）：装有龙头形状铺首（含有驱邪意义的传统建筑门饰）的瓮城的门。闉，瓮城的门。

⑥ 执梃人：手执梃杖的内侍。

⑦ 联辔（pèi）：联骑，连骑或并乘。辔，驾驭牲口的嚼子和缰绳。

⑧ 庑（wǔ）：堂下周围的走廊、廊屋。

⑨ 介胄（zhòu）：甲胄，铠甲和头盔。

殿陛之角，谓之“镇殿将军”。殿西庑皆列法驾[①]、卤簿[②]、仪仗，龙墀[③]立青凉伞[④]十把，效太宗朝立诸国王班次，如钱武肃[⑤]、孟蜀王[⑥]等也。百官皆冠冕[⑦]朝服，诸州进奏吏[⑧]各执方物之贡。诸外国正副贺正使[⑨]随班入贺。百僚执政，俱于殿廊侍班[⑩]，而阁门[⑪]催班吏高唤云：“那行[⑫]！”吏进序班立毕，内侍当殿厉声问：“班齐未？”禁卫人员随班奏：“班齐！”千官耸列朝仪整，已见龙章[⑬]转御屏，日表才瞻临玉座，

---

① 法驾：天子车驾的一种。天子的卤簿分大驾、法驾、小驾三种，其仪卫之繁简各有不同。

② 卤簿：古代帝王驾出时扈从的仪仗队。出行之目的不同，仪式亦各别。自汉以后亦用于后妃、太子、王公大臣。

③ 龙墀（chí）：犹丹墀。皇帝殿前石阶，涂上红色，叫作丹墀。墀，台阶上的空地，亦指台阶。

④ 青凉伞：皇帝赏赐给重臣的礼器，青色丝织物。

⑤ 钱武肃：吴越武肃王钱镠（公元 852—932 年），字具美（一作巨美），小字婆留，杭州临安（今浙江杭州）人，吴越开国国君。

⑥ 孟蜀王：五代十国时后蜀高祖孟知祥（公元 874—934 年），字保胤，邢州龙冈县（今河北邢台），五代十国时期后蜀开国皇帝。

⑦ 冠冕：古代官员的帽子。

⑧ 进奏吏：进奏官，宋承唐制，各州置邸于京师。以本州的人为进奏官，负责呈送本州公文，并接受诏令与朝廷各部门公文送回本州。

⑨ 贺正使：正月元日外国派遣来朝贺的外交使节。

⑩ 侍班：古代臣下轮流在宫内或行在所随侍君王，记事、记注起居，或处理其他事务，称侍班，即入直。

⑪ 阁（gé）门：古代宫殿的侧门。

⑫ 那行：移步向前。

⑬ 龙章：龙纹；龙形，也释义为最高者的象征。

连声清跸[1]震班庭。

【译】遇上大朝会，圣驾坐在大庆殿上，有四个身披甲胄的高大武士，站立于殿阶的四角，称为“镇殿将军”。殿西走廊都站立着法驾、卤簿、仪仗，龙墀上立着十把青凉伞，仿效太宗当时朝立诸归降国王的班次，如钱武肃、孟蜀王等。百官都头戴冠冕、身穿朝服，各州的进奏吏各自拿着特产来进贡。各个外国的正副贺正使也随班入殿祝贺。百官及执政，都于殿廊处随侍，而宫殿侧门处催班吏高声喊道：“那行！”官员们前往排列班次，内侍当殿厉声问道：“班齐了吗？”禁卫人员随班奏道：“班齐！”可谓是“千官耸列朝仪整，已见龙章转御屏。日表才瞻临玉座，连声清跸震班庭”。

上御正衙[2]，有绿衣吏执仪剑[3]突趋殿前，声谇厉[4]不可晓，乃大珰[5]走办[6]耳。宰执百僚听召宣[7]，领班蹈舞，皆称寿再拜，声传折槛边。禁卫人高声嵩呼[8]，声甚震，名为“绕殿雷”。枢密臣候称寿毕，登殿，立折槛侧，百僚俱鞠躬听制。

① 清跸（bì）：旧时谓帝王出行，清除道路，禁止行人。

② 正衙：唐宋时正式朝会听政的处所。

③ 仪剑：仪卫所持之剑。亦借指仪卫中之捧剑者。

④ 谇（suì）厉：声音大且很严厉地斥责。

⑤ 大珰（dāng）：这里指当权的宦官。

⑥ 走办：供奔走的小吏。

⑦ 召宣：宣召。谓帝王召见臣下。

⑧ 嵩呼：汉元封元年春，武帝登嵩山，从祀吏卒皆闻三次高呼万岁之声。事见《汉书·武帝纪》。后臣下祝颂帝王，高呼万岁，亦谓之“嵩呼”。

宣制[①]曰："履兹新庆，与卿等同。"朝贺毕，就殿赐宴宰执、百僚。

【译】皇上御驾亲临正衙，有穿绿衣的官吏手拿着仪剑来到殿前，大声高喊而不可以听不到，这是奔走传话的当权宦官。宰执和百官们听候宣召，随着领班舞蹈，都祝寿并再拜，声音一直传到折槛边。禁卫的人大声嵩呼，声音非常响亮，这称为"绕殿雷"。祝寿完毕，枢密大臣上殿，站立在折槛边，百官都鞠躬静听宣制。宣制说："履兹新庆，与卿等同。"朝贺完毕，皇上在殿上为宰执和百官赐宴。

外国正副使人，次日就馆赐宴，使副及三节人[②]俱与焉。翼日[③]，至明庆、灵隐等寺烧香。次至玉津御园射弓，朝家选能射武臣伴射，就园赐宴。先列招箭班[④]士十余人于垛子前，使人多用弩子射。其班士裹无脚小帽子、锦袄子，踏开弩子，舞旋[⑤]搭箭，过与使人，彼窥得端正，止令使人发牙。例朝廷差来伴射武臣，用弓箭中的则得捷，上赐闹装[⑥]、银鞍、马匹、衣帛、金银器物有差，迎迓[⑦]还舍，观者纷然。如朝使入朝辞，

---

① 宣制：宣布帝王的诏命。

② 三节人：三节人从，宋代（包括夏、辽、金）出国使节的随员。

③ 翼日：明日，次日。

④ 招箭班：属禁军殿前司诸班，由善于射箭的兵士组成。

⑤ 舞旋：耍弄。此指拨弄，瞄准目标。

⑥ 闹装：亦作"闹粧""闹妆"。用金银珠宝等杂缀而成的腰带或鞍、辔之类饰物。

⑦ 迎迓：迎接。

赐宴饯行，仍赐马匹银帛，礼物甚盛。三节人依例给赐而去。

【译】第二天皇上为外国的正副使者在其所住的驿馆赐宴，正副使者及相关随从一同赴宴。第三天（翼日），皇上到明庆、灵隐等寺烧香。随后到玉津御园射箭，朝廷选派善射的武臣陪同射箭，皇上就在玉津御园中赐宴。先招箭班的十多个军士在垛子前列队，外国使臣大多用弩弓射箭。先由一个头裹无脚小帽子、身穿锦袄子的招箭班军士踏开弩子，耍弄一番后搭上箭，再递给使臣。班士已将弩弓瞄准端正，使臣只要拨动弩弓的机关即可。按照惯例，朝廷选派的伴射武臣，用弓箭射中箭靶就算获胜，皇上便赏赐闹装、银鞍、马匹、衣帛、金银器物等不一。迎接伴射者归来时，集市上观看的人很多。如果使者入朝辞行，皇上就赐宴为他们饯行，仍赐予马匹、银帛，礼物非常丰盛。使节的随从们也依例赏赐礼物后让他们回去。

立春

临安府进春牛于禁庭。立春前一日，以镇鼓锣吹妓乐迎春牛，往府衙前迎春馆内。至日侵晨[1]，郡守率僚佐[2]以彩仗

① 侵晨：黎明。

② 僚佐：官署中协助办事的官吏。

鞭春[①]，如方州仪。太史局例于禁中殿陛下，奏律管吹灰[②]，应阳春之象。街市以花装栏，坐乘小春牛，及春幡[③]、春胜，各相献遗[④]于贵家宅舍，示丰稔之兆。宰臣以下，皆赐金银幡胜[⑤]，悬于幞头上，入朝称贺。

【译】临安府进献一头春牛到皇宫。立春的前一天，敲锣打鼓来迎春牛，到府衙前面的迎春馆内。这天黎明，郡守率属吏用彩仗来鞭春牛，就像州、郡官吏所行的仪规。按照惯例，太史局在皇宫中殿陛下，演奏律管吹灰，来应阳春之象。街市以鲜花来做栏杆，乘坐小春牛，用春幡、春胜等物，相互馈赠富贵人家，来代表丰收的征兆。宰臣以下，都获赐金银幡胜，挂在幞头上，入朝贺春谢恩。

元宵

正月十五日元夕节，乃上元天官赐福之辰。昨汴京[⑥]大

---

① 鞭春：又称“鞭春牛”，吴越地区的特色传统民俗。立春日或春节开年，造土牛以劝农耕，州县及农民鞭打土牛，象征春耕开始，以示丰兆，策励农耕。鞭春牛又称“鞭土牛”，起源较早。

② 吹灰：古代将葭（jiā）灰置于律管内测定节气。新节气至，灰则自行由相应律管内飞出。见《后汉书·律历志上》。后遂以吹灰表示节气变换。

③ 春幡：中国旧时风俗。于立春日，缀簪之于首的一种银首饰，是一枚银簪，簪尾和一片长形小银片相连，小银片悬于簪似幡。立春时佩戴以示迎春之意。

④ 献遗：谓奉赠财物。

⑤ 幡胜：中国民间风俗。一种用金银箔纸绢剪裁制作的装饰品，有的形似幡旗，故名幡胜。立春日戴在头上或系在花下。

⑥ 汴京：河南开封，是我国七大古都之一，首批历史文化名城，有2700多年的历史。

内前缚山棚[1]，对宣德楼，悉以彩结，山沓[2]上皆画群仙故事，左右以五色彩结文殊[3]、普贤[4]，跨狮子、白象，各手指内五道出水。其水用辘轳[5]绞上灯棚高尖处，以木柜盛贮，逐时放下，如瀑布状。又以草缚成龙，用青幕遮草上，密置灯烛万盏，望之蜿蜒，如双龙飞走之状。上御宣德楼观灯，有牌曰"宣和与民同乐[6]"。万姓观瞻，皆称万岁。

【译】正月十五元夕节，是上元天官赐福的日子。过去汴京的皇宫前搭建山棚，正对着宣德楼，全部以彩带结扎。山棚上都画着各种群仙的故事，左右以五色彩带装饰文殊、普贤菩萨，分别骑跨狮子、白象，分别从手指内流出五道水柱。这水是用辘轳提上灯棚的最高处，用木柜来存储，定时（辰）放下，就像瀑布一样。又用草扎成龙的形状，用青色的帷幕来遮盖，并在草内密密麻麻地放置很多灯烛，远远望去，蜿蜒起伏，就像双龙飞走一样。皇上来到宣德楼观灯，有块牌匾，

① 山棚：为庆祝节日而搭建的彩色牌楼，状如山，故名。

② 山沓（tà）：堆叠如山，形容器物众多。

③ 文殊：佛教四大菩萨之一，为智慧之象征，与般若经典关系甚深，故称为大智文殊师利菩萨。坐骑为狮子。

④ 普贤：佛教四大菩萨之一，象征着理德、行德，与文殊菩萨相对应，同为释迦牟尼佛的左、右胁侍。坐骑为六牙白象。此外，毗卢遮那如来、文殊菩萨、普贤菩萨被尊称为"华严三圣"。

⑤ 辘轳：汉族民间提水设施，流行于北方地区。由辘轳头、支架、井绳、水斗等部分构成。利用轮轴原理制成的井上汲水的起重装置。

⑥ 宣和与民同乐：天子与民同乐之意。宣和，宋徽宗年号，公元1119—1125年。

上写“宣和与民同乐”几个大字。百姓观赏，同呼万岁。

今杭城元宵之际，州府设上元[①]醮[②]，诸狱修净狱道场[③]，官放公私僦屋[④]钱三日，以宽[⑤]民力[⑥]。舞队自去岁冬至日，便呈行放。遇夜，官府支散[⑦]钱酒犒之。元夕[⑧]之时，自十四为始，对支所犒钱酒。十五夜，帅臣[⑨]出街弹压[⑩]，遇舞队照例特犒。街坊买卖之人，并行支钱散给。此岁岁州府科额支行[⑪]，庶几体朝廷与民同乐之意。姑以舞队言之，如清音、遏云[⑫]、掉刀[⑬]、鲍老[⑭]、胡女、刘衮、乔三教、乔迎酒、乔亲事、焦锤架儿、仕女、杵歌、诸国朝、竹马儿、村田乐、神鬼、十斋郎各社，不下数十。更有乔宅眷、旱龙船、踢灯、

① 上元：俗以农历正月十五为上元节，也叫元宵节。

② 醮（jiào）：道士设坛念经做法事。

③ 诸狱修净狱道场：《武林旧事·卷二·元夕》：“三狱亦张灯建净狱道场，多装狱户故事，及陈列狱具。”三狱，指大理寺、刑部、御史台。

④ 僦（jiù）屋：指租赁房屋。

⑤ 宽：由本义引申指富裕、有余。

⑥ 民力：民众的人力、物力、财力。

⑦ 支散：发放，散发。

⑧ 元夕：农历里正月为元月，古人称夜晚为“宵”或“夕”，而正月十五日又是一年中第一个月圆之夜，所以称正月十五为元夕、元宵节，根源于民间开灯祈福古俗。

⑨ 帅臣：宋代诸路安抚司的长官。这里指负责地方治安的武官。

⑩ 弹压：军事管制，严格监控。

⑪ 科额支行：似指支钱散发给舞队。

⑫ 遏云：使云停止不前，形容歌声优美动听。遏云社是宋代以唱赚为生的艺人组织。

⑬ 掉刀：古代一种刀。这里指舞掉刀。

⑭ 鲍老：古代戏剧角色名。

鲍老、驼象社。官巷口、苏家巷二十四家傀儡，衣装鲜丽，细旦[1]戴花朵□[2]肩、珠翠冠儿，腰肢纤袅[3]，宛若妇人。

【译】如今杭州城元宵节的时候，州府设上元醮，各狱也修净狱道场，官府免去三天公方和私方的房屋租赁费用，来宽裕民力。从去年冬至日开始，舞队便四处表演。到了夜里，官府发放钱、酒来犒劳他们。元宵节的时候，从正月十四开始，发放钱、酒要加倍。正月十五的夜里，帅臣上街进行军事管控，遇到舞队要按例给予特别犒赏。街坊买卖之人，也支钱散发给他们。州府年年在这个时候科额支行，大概是为了体现朝廷与民同乐的意思。姑且以舞队来说，就有清音、遏云、掉刀、鲍老、胡女、刘衮、乔三教、乔迎酒、乔亲事、焦锤架儿、仕女、杵歌、诸国朝、竹马儿、村田乐、神鬼、十斋郎等社，不下数十个。还有乔宅眷、旱龙船、踢灯、鲍老、驼象社。官巷口、苏家巷的二十四家傀儡，衣装艳丽，细旦戴着花朵□肩、珠翠冠儿，腰身纤细轻盈，就像女人一样。

府第[4]中有家乐儿童，亦各动笙簧琴瑟，清音嘹亮，最可人听。拦街嬉耍，竟夕[5]不眠。更兼[6]家家灯火，处处管弦。

---

① 细旦：宋代元宵节舞队中男性装扮舞女者称“细旦”。

② □：脱字，不详。

③ 纤袅（niǎo）：腰身纤细轻盈。

④ 府第：贵族官僚或大地主的住宅。借指官宦人家。

⑤ 竟夕：终夜；通宵。

⑥ 更兼：更加上。

如清河坊蒋检阅家，奇茶异汤，随索随应。点月色大泡灯，光辉满屋，过者莫不驻足而观。及新开门里牛羊司前，有内侍蒋苑使家，虽曰小小宅院，然装点亭台，悬挂玉栅，异巧华灯，珠帘低下，笙歌并作，游人玩赏，不忍舍去。

【译】官宦人家有家乐儿童，也是各自演奏琴瑟笙簧，声音清脆而嘹亮，非常动听。游人拦街嬉戏玩耍，彻夜不眠。更加上家家设置灯火，处处能听到管弦之声。比如清河坊蒋检阅家，供应奇茶异汤，随要随给。府中点着月色大泡灯，屋内灯火辉煌，引得过往的行人都停步观望。走到新开门里牛羊司前，有内侍蒋苑使家，虽然是个小小的宅院，但亭台装饰得很精美，雕栏上悬挂着精巧奇异的华灯，珠帘低垂，乐声歌声同时响起，游人们观看欣赏，不愿离去。

诸酒库亦点灯球，喧天鼓吹①，设法大赏②。妓女群坐喧哗，勾引风流子弟买笑追欢③。诸营班院于法不得与夜游，各以竹竿出灯球于半空，远睹若飞星。又有深坊小巷，绣额珠帘，巧制新装，竞夸华丽。公子王孙，五陵年少④，更以纱笼⑤喝

---

① 鼓吹：原指汉魏以后流行的演奏方式，源自北方少数民族地区，主要演奏乐器为打击乐器和吹奏乐曲，如鼓、笳、箫等，所以称为“鼓吹”。

② 设法大赏：这里指各个酒库设法促销。

③ 买笑追欢：嫖娼狎妓，寻欢作乐。

④ 五陵年少：指京都富豪子弟。

⑤ 纱笼：纱制的灯笼。

道[①]，将带佳人美女，遍地游赏。人都道玉漏[②]频催，金鸡屡唱，兴犹未已。甚至饮酒熏熏，倩人[③]扶着，堕翠遗簪，难以枚举。至十六夜收灯，舞队方散。

【译】各个酒库也点上球形彩灯，鼓吹之声响彻天空，设法促销库存的酒。妓女们聚集团坐在一起喧闹着，勾引着风流子弟来寻欢作乐。各营班院的军士有规定不允许参与夜游，各自用竹竿放球形彩灯到半空，远远望去就像飞星。又，深坊小巷之中，刺绣的门额，珍珠的帘幕，人们穿着巧制的新衣，相互夸赞着衣着的华丽。公子王孙、富豪子弟，命仆人提着纱制的灯笼来引路喝道，带着佳人美女，到处游玩观赏。玉漏频繁催促，金鸡屡次唱晓，游人的兴致仍未衰减。更有甚者，喝酒喝得醉醺醺，请别人扶持，珠翠、发簪遗落在地上，难以一一列举。直到正月十六的夜里才收灯，舞队才散去。

车驾诣景灵宫孟飨[④]

十六夜收灯毕，十七早五更二点，禁中催班[⑤]，从驾[⑥]官僚入殿起居[⑦]讫，出殿门外，俱立马于学士院，恭俟驾兴。

---

① 喝道：封建时代官员出门时，前面引路的差役喝令行人让路。

② 玉漏：古代计时漏壶的美称。

③ 倩人：谓请托别人。

④ 孟飨（xiǎng）：也叫“孟享”，指帝王宗庙祭礼。因于每年的四孟（孟春、孟夏、孟秋、孟冬）举行，故称。

⑤ 催班：旧时皇帝即将入朝，要大家做好准备，严肃站立，随从高功。

⑥ 从驾：随皇帝出行。

⑦ 起居：这里指拜见皇帝。

而殿东折槛下，快行家[1]皆执金莲烛炬[2]，以俟登辇。驾出和宁门，诣景灵宫行春孟朝飨礼，前后两行绛烛灯笼，导引驾行。向有宝谟学士[3]赵师睪[4]诗："风传御道跸声[5]清，两道纱笼列火城。云护帝尊天未晓，众星环拱极星明。"

【译】正月十六的夜里收灯结束，正月十七早上五更二点，是入朝的时间，随皇上出行的官员进殿拜见皇上后，出殿门外，都骑马静立在学士院，恭候皇上启程。大殿东面的折槛下，快行家们都手拿金饰莲花形的灯炬，等候皇上登辇。皇上从和宁门出来，前往景灵宫行春孟祭礼，前后两行红烛灯笼，引导皇上前行。以前有宝谟阁学士赵师睪的诗云："风传御道跸声清，两道纱笼列火城。云护帝尊天未晓，众星环拱极星明。"

驾近景灵宫前，撤去黄盖，方入宫门，此见君王虔孝之忱。至宫幄[6]少歇，奉常[7]更[8]奏行礼，内侍卷帘班道上御黄道，

---

① 快行家：也简称"快行""快行客"。宋代宫廷中供奔走传达命令的吏役。

② 金莲烛炬：金饰莲花形灯炬。

③ 宝谟学士：宝谟阁学士，宋官名。宝谟阁，嘉泰二年（公元1202年）置，藏光宗作品。置学士、直学士、待制等官。

④ 赵师睪（gāo）：赵宋皇室宗亲，字从善，号东墙，书画诗词俱佳，书画未能流传下来。

⑤ 跸声：古代帝王出行时左右侍卫止人清道的吆喝声。

⑥ 宫幄：宫中的帐幕。

⑦ 奉常：秦置九卿之一，负责宗庙礼仪。或称"太常"。

⑧ 更：交替。

步至殿前。崇禋馆道士二十四员在殿墀[①]下叙立，举玉音[②]法事。上登殿行礼，自西至东，步而入。内侍下帘，先自前殿、中殿，次后殿，虔恭行礼，以遵奉先思孝[③]之家法。礼毕，外廊赐从驾官食，而后对宣，引宰臣以下入行殿赐茶。

【译】皇上接近景灵宫前，要撤去黄盖，才进宫门，以此体现君王恭敬虔诚的孝心。皇上到宫中的帐幕稍作歇息，奉常交替行礼，再由内侍卷帘班军士导引上御黄道，步行至殿前。崇禋馆二十四名道士在殿阶下依次站立，演奏磬音，举行法事。皇上登殿行礼，自西向东，步行而入。内侍负责下帘先从前殿、中殿，再到后殿，虔诚恭敬地行礼，以遵守事奉先人、当思孝顺的家法。礼毕，在外廊赐从驾官酒食，而后对宣，引领宰相以下官员在行殿赐茶。

驾还内，其亲从官皆顶球头大帽，红缬[④]锦团搭，戏狮子衫，镀金大玉腰带，各执骨朵[⑤]；文武官皆顶双卷脚幞头[⑥]，红上大搭，天鹅结带宽衫；辇官顶双曲脚幞头，红缬团花衫，镀金束带；殿前班直顶两脚屈曲幞头，着绯[⑦]结带、

① 墀（chí）：台阶上的空地，亦指台阶。

② 玉音：指磬音。或指清越优雅的乐声。

③ 奉先思孝：事奉先人，当思孝顺。

④ 缬：有花纹的纺织品。

⑤ 骨朵：像长棍一样的古代兵器，用铁或硬木制成，顶端瓜形，唐代以后用为刑杖，宋代以后并用为仪仗。

⑥ 幞头：又名“折上巾”“软裹”，一种包裹头部的纱罗软巾。

⑦ 绯：红色。

望仙花衫，挎弓剑乘马，一扎鞍辔[①]，执缨绋[②]前导。数内有东三班，谓之“长入祇候”，幞头后各以青红头须系之，以表忠节之意。御龙直[③]幞头，一脚指天，一脚曲，着方胜[④]缬衫、花看带[⑤]，镀金束带，执从物如交椅[⑥]、金花、唾盂、水罐、次锣、乘垒、龙凤掌扇、缨绋之类，及执黄罗珠子、蹙[⑦]百花背座御椅子并脚踏[⑧]。快行家顶短小帽子，露半青头巾，带金巾，环绣体腰红缬衫，金束带，悬花看带，手执御交椅、金花瓶、兽炉一香座、御靴、缨绋、玉拄杖、小黄罗伞、御扇等物，俱搭步行，俱口呜打打头起[⑨]之。

【译】皇上返回皇宫，亲从官们都头顶球头大帽，穿红缬锦团搭、戏狮子衫，围着镀金大玉腰带，各自手拿骨朵；文武百官都头顶双卷脚幞头，穿红上大搭、天鹅结带宽衫；

---

① 鞍辔：鞍子和驾驭牲口的嚼子、缰绳。

② 缨绋：拂尘。

③ 御龙直：宋禁军番号名。宋朝皇帝最亲近这扈从禁军步军诸直中有族御马直，北宋太宗太平兴国二年（公元 977 年）改称族御龙直，后改御龙直。

④ 方胜：形状像由两个菱形部分重叠相连而成的一种首饰。

⑤ 看带：应为腰带一类的带子，具体怎么做的不详。一说指宽带。

⑥ 交椅：一种可以折叠的、有靠背的轻便椅子。

⑦ 蹙（cù）：皱，收缩。

⑧ 脚踏：今通称“脚蹬子”，古称“脚床”“踏床”，是我国古时人们在坐具前放置的一种用以承托双足的小型家具。宋、元以来，常和宝座、大椅、床榻组合使用，有的和家具本身相连，如交杌及交椅上的脚踏；有的则分开制造，如宝座及床榻的脚踏。

⑨ 起：离开原来的位置。

辇官头顶双曲脚幞头，穿红缬团花衫，围着镀金束带；殿前班直军士头顶两脚屈曲幞头，系红色结带，穿着有望仙图案的花衫，挎弓佩剑，骑着马，马上都有一套鞍子、嚼子和缰绳，手拿拂尘在前面引导。其中有东三班，被称为“长入祇候”，头顶的幞头后面各系着青红头须，来表示忠节的意思。御龙直的军士顶的是幞头，一脚指天，一脚弯曲，着有方胜图案的缬衫，系着花看带，围着镀金束带，皇上随从拿的用具有交椅、金花、唾盂、水罐、次锣、乘垒、龙凤掌扇、拂尘一类的，还有拿黄罗珠子、蹙百花背座御椅子和脚床的。快行家头顶短小的帽子，露着一半的青头巾，系着金巾，穿环绣体腰的红缬衫，围着金束带，悬挂着花看带，手拿御交椅、金花瓶、兽炉香座、御靴、拂尘、玉拄杖、小黄罗伞、御扇等器物，全都前后并列步行，都口喊打打头而行进。

昔诸司库藏，各用金刻字红牌前执，后以黄罗罩笼扛抬前导，有本库官乘驭掌其职分[①]，如诸司库藏等司属，并衫帽随号。幕士顶帽、红罗缬衫、金带、悬黄帛。御马骐骥[②]等院亦金字红牌呵喝[③]，牵辔马匹导引。亲事官各顶帽、缬衫、镀银带、执红纱贴金烛笼二百对，左右道行。驾将至，左右

---

① 职分：职务范围内应尽的责任。

② 骐骥：千里马的别称。

③ 呵喝：发怒而大声喝斥。

首各一员阁门[①]官属[②]，乘马执丝鞭。天武官[③]前导引，至官寮起居亭高声喝曰：“躬身不要拜，唱喏[④]直身立，奏圣躬万福。”嵩呼[⑤]而行。次有一员紫裳官，系阁门寄班，乘马，捧月样绣兀子[⑥]，覆于马上。天武官（一作“天武中官”）十余，簇拥扶策而行，众喝曰：“驾头[⑦]。”次以近侍[⑧]诸司官，俱乘驭前后导从。三衙[⑨]、太尉[⑩]、御带[⑪]、环卫[⑫]、知阁[⑬]、内

① 阁门：这里全称阁门司。宋有官署阁门司，负责皇帝朝会、宴享时赞相礼仪。东上阁门负责庆礼奉表，西上阁门负责慰礼进名。有东、西上阁门使与副使、宣赞舍人、阁门祇候。

② 官属：泛指官吏。

③ 天武官：禁军上四军的军官名称。天武，禁军步兵的一种，职能为守京师、供仪卫。

④ 唱喏（rě）：古代的一种交际礼俗。指男子作揖，并口道颂词。宋代已流行。用于下属对上级、晚辈对长辈，即给人作揖同时扬声致敬。

⑤ 嵩呼：指臣下祝颂帝王，高呼万岁。

⑥ 兀（wù）子：杌子，小矮凳。

⑦ 驾头：宋代帝王出行时仪仗之一。

⑧ 近侍：亲近帝王的侍从之人。

⑨ 三衙：宋代掌管禁军的机构。有殿前司、侍卫亲军马军司、侍卫亲军步军司，合称“三衙”。这里指三衙首领。

⑩ 太尉：宋三公之一，徽宗年间重定武官制度后，太尉成为武阶官之首。

⑪ 御带：武官名。宋初，选三班以上亲信武官佩带橐（tuó）鞬（jiān）、御剑为近侍，或由内臣充任。

⑫ 环卫：宋代所置武散官。环卫即禁卫之意。唐十六卫上将军、大将军、将军即环卫之官。

⑬ 知阁：官名，“知阁门事”的省称，宋代阁门司主管官员，负责朝会、游幸、宴享赞相礼仪等事。

侍、都知①，皆乘驭驾前导引。更有内等子②，即御前忠佐军头引见司③人员等，各顶帽，鬓发蓬松，着红缬衫，两手握拳，顾望导行。或有拦驾人，捶之流血。驾近则列横门，数十人系鞭视从，围子④三五重，皆执骨朵。诸亲从等都管人员，并执骨朵，列行导引。驾前有执金香座、玉斧、玉拂，及水精珠杖迎驾，高低弄把引行，如龙弄珠也。上升平头辇⑤，御龙直擎黄罗双盖，后握双黄罗扇。驾近太庙，则盖撤开，前行数步，上略抬身而过，此见尊祖敬宗之意。驾后围子⑥亦数重，卫从诸班直⑦马队从于驾后。左有宰执⑧、侍从⑨官僚，右有亲王南班⑩，俱从行⑪。驾后有曲柄红绣伞、红绣日扇，

① 都知：宋武官名，属殿前司。

② 内等子：皇宫中的禁卫。这里指御前忠佐军头引见司的人员。

③ 御前忠佐军头引见司：宋官署名。简称军头引见司。属入内侍省。宋初有军头司和引见司。宋太宗端拱二年（公元989年），改军头司为御前忠佐军头司，引见司为御前军佐引见司。后合为一司，负责供奉便殿禁卫、诸军检阅、引见、分配之政及皇帝外出遇有陈诉时，问明情况回奏。

④ 围子：帝王巡幸时的仪卫，负责驾出时警卫。

⑤ 平头辇：又称“平辇”“太平辇”，天子乘舆的一种。

⑥ 围子：帝王巡幸时的仪卫。

⑦ 班直：宋代御前当值的禁卫军。分行门班、殿前左班、殿前右班、内殿直班、金枪班、银枪班、弓箭班等二十四班，总称诸班直。

⑧ 宰执：又称“宰执官”，为宰相与执政官的合称，是宋元时期的政治概念。在宋代，宰执具有举足轻重的地位。

⑨ 侍从：宋代称大学士至待制为侍从官。因常在君主左右备顾问，故名“侍从”。

⑩ 南班：宋仁宗于南郊大祀时，赐皇族子弟的官爵，谓之“南班”。

⑪ 从行：随行。

命寄班官执驭[①]而从。

【译】从前各司的库藏物品，也各用金字红牌在前面提着，后面用黄罗罩笼扛抬着作为前导，有本库官员骑着马尽其职责。如各司库藏的官员，都穿衫戴帽跟随。幕士头戴帽子、身穿红罗缬衫、腰围金带、悬挂着黄帛。御马、千里马等院也用金字红牌来大声喝道，牵着马辔作为导引。亲事官也各戴帽子、身穿缬衫、腰围镀银带、手拿两百对红纱贴金烛笼，左右导引皇上前行。皇上即将到来，左右首各有一员阁门的官员，骑着马，手拿丝鞭。天武官在前面导引，到官员起居亭后，高声喝道："躬身不要拜，唱喏直身立，奏圣躬万福。"百官山呼万岁，皇上走过。另外，有一名身穿紫色衣裳的官员，是阁门的寄班，骑着马，捧着月牙形状的绣布小矮凳，放在马上。十多个天武官，簇拥着抬着御辇往前行，一起喊道："驾头。"还有以近侍为主的各司官员，都骑着马在前导引、在后跟从。三衙、太尉、御带、环卫、知合、内侍、都知等官员，都骑着马在皇上前面导引。还有内等子，就是御前忠佐军头引见司的人员，各自戴着帽子，鬓发蓬松，身穿红缬衫，两手握拳，环顾四周导引皇上前行。遇到有阻拦圣驾的人，立即捶打至流血。皇上到了便排列在横门，有数十人系鞭视从，仪卫有三五层，都手拿着骨朵。所有亲从官等都管人员，也都手里拿着骨朵，列队导引前行。皇上的前面有手拿金香座、

① 执驭：指驾驭车马。

玉斧、玉拂及缀有水晶珠的球杖来迎驾的人，高高低低舞弄着，来引导皇上前行，犹如龙戏珠。皇上登上平头辇，御龙直举起黄罗双盖，后面的人握着双黄罗扇。皇上接近太庙时，便撤去黄盖，前行几步，皇上略微抬身而过，以此表达尊祖敬宗的意思。皇上后面的仪卫也有很多层，随从护卫的各班直马队跟在皇上后面。左边有宰执官、侍从官，右边有亲王、南班，全都随行。皇上后面有曲柄红绣伞、红绣日扇，命寄班官驾着马车跟随着。

次日，驾再诣行后殿礼，幸太乙宫、景阳宫，行款谒①礼。其日，用教乐所②乐部，驾前作乐导引，驾后以钧容直③乘马作乐而从。驾出景灵宫，至回龙桥。教乐所人员拦驾奏致语④，杂剧⑤色打和和来，及奏《礼成回銮曲》，快行先奏报禁中，使内侍排班迎驾起居。前人有诗曰："帘卷天街看

① 款谒：拜谒。

② 教乐所：宋时官廷音乐管理机构之一，它出现于北宋末期和南宋时期。北宋时期的教乐所与传统宫廷燕乐机构教坊并存，很可能是为了将民间艺术引入宫廷而成立的专门机构，是城市文化兴盛的标志。南宋时期的教乐所则是教坊的替代者，是在传统燕乐机构教坊被废罢的背景下成立的，它取代了教坊的职能。与教坊不同，教乐所中从事演出的乐艺人员均为临时点集，教乐所只是官廷燕乐演出的组织机构，并非一个音乐团体。南宋教乐所的出现与南宋国力衰弱和民间艺术的蓬勃兴起相关。

③ 钧容直：宋时从禁军中选拔组成的仪仗乐队。它们以骑吹形式在"御驾"出行时演奏教坊乐。

④ 致语：古代宫廷艺人在演出开始时说唱的颂词。

⑤ 杂剧：一种把歌曲、宾白、舞蹈结合起来的中国传统艺术形式。最早见于唐代，和汉代的"百戏"差不多，泛指歌舞以外诸如杂技等各色节目。

驾回，锦身捷足走能齐。联声快报还宫后，扈从[①]归来日未西。”若次日出，则后宫后妃嫔侍，皆诣景灵宫，以半帐鸾[②]仪从而行。皇太后、皇后乘舆，比檐子[③]稍增广[④]花样，皆织龙，簟舆上皆立金龙，护之剪鬃。妃则用金凤，嫔妤[⑤]只用棕檐耳。次日或遇泥泞，委宰执分诣行事矣。

【译】第二天，皇上再前往行后殿礼，亲临太乙宫、景阳宫，行拜谒礼。当天，命教乐所下属的乐部在皇上前演奏音乐作为导引，皇上的后面命钧容直骑马奏乐随从。皇上出了景灵宫，到达回龙桥。教乐所人员拦住皇上并进献颂词，杂剧色表演技艺来应和，之后奏《礼成回銮曲》。快行家先到宫中奏报，让内侍排列班次来迎接皇上起居。前人有诗道：“帘卷天街看驾回，锦身捷足走能齐。联声快报还宫后，扈从归来日未西。”如果第二天再出行，则由后宫的皇后与妃嫔陪同，都到景灵宫，用半帐的銮仪并有随从而行。皇太后、皇后乘坐舆，舆比檐子稍增加了花样，都织的是龙纹。竹舆上都立着金龙，周围是剪鬃的骏马。妃子用金凤，嫔妤只能用棕檐。第二天，如果遇到雨天泥泞，就派宰执分别前往代

---

① 扈从：随侍皇帝出巡的人员。

② 鸾：同“銮”。

③ 檐子：肩舆之类。唐初盛行，用竿抬，无屏障。《宋史·舆服志二》：“龙肩舆，一名椶（zōng）檐子，一曰龙檐子，舁以二竿，故名檐子，南渡（迁都临安）后所制也。”

④ 增广：增加，扩大。

⑤ 妤（yú）：中国汉代宫中女官名。自魏晋至明代多沿置。

为行事。

二月

二月朔[①]，谓之“中和节”，民间尚以青囊[②]盛百谷[③]、瓜、果子种，互相遗送[④]，为献生子。禁中宫女，以百草斗戏[⑤]。百官进农书，以示务本[⑥]。上丁日[⑦]，国学行释奠[⑧]礼，祭文宣王[⑨]，以祭酒司业[⑩]为献官[⑪]。州县学宫[⑫]，以帅宰奉行。立春后五戊日为社[⑬]，州县祭社稷，朝廷亦差官祭于太社、太稷坛。州府自收灯后，例于点检酒所[⑭]开支关会[⑮]二十万贯，

① 朔：农历每月初一。

② 青囊：这里指布袋子。

③ 百谷：谷类的总称。

④ 遗送：赠送。

⑤ 斗戏：争胜负为戏乐。

⑥ 务本：致力于根本。

⑦ 上丁日：农历每月上旬的丁日。唐代开始，于每年仲春（二月）、仲秋（八月）的上丁日祭祀孔子。

⑧ 释奠：古代在学校设置酒食以奠祭先圣先师的一种典礼。

⑨ 文宣王：孔子，唐玄宗追封为文宣王。

⑩ 祭酒、司业：均为国子监学官。

⑪ 献官：官名。掌祭祀献爵之礼。

⑫ 学宫：总的来讲是学习的地方，也就是我们所讲的学校。

⑬ 社：春社。古时于春耕前（周用甲日，后多于立春后第五个戊日）祭祀土神，以祈丰收，谓之春社。

⑭ 点检酒所：全称为“点检行在赡军激赏酒库所”。隶属浙西安抚司，负责酒库、钱库的出纳公事。

⑮ 关会：宋代纸币关子、会子的并称。

委官属差吏倅雇唤工作，修葺[①]西湖南北二山，堤上亭馆园圃桥道，油饰装画一新，栽种百花，映掩湖光景色，以便都人游玩。

【译】二月初一，称为“中和节”，民间流行用布袋盛装谷类、瓜类、果类的种子，互相赠送，来祝愿生子。皇宫中的宫女，用百草来做游戏。百官进献农书，以表示致力于根本。上旬的丁日，国学举行释奠礼，来祭祀孔子，以祭酒、司业作为献官。州县的学校，以帅宰来履行祭礼。立春后的第五个戊日为春社，州县祭祀土地神，朝廷也派官员到太社、太稷坛祭祀。州府自从元宵收灯后，按例于点检行在赡军激赏酒库所开支关会二十万贯，委派官属差使吏辅佐雇请劳役工作，修理西湖南北的二山，堤上的亭馆、园圃、桥道都要粉刷、装饰一新。再栽种各种花草，掩映湖光山色，以便城里人来游玩。

八日祠山圣诞

初八日，钱塘门外霍山路有神曰“祠山正佑圣烈昭德昌福崇仁真君[②]”，庆十一日诞圣之辰。祖庙在广德军[③]，敕赐庙额“广惠”，自梁至宋，血食[④]已一千三百余年矣。凡邦

① 修葺（qì）：修理。

② 祠山正佑圣烈昭德昌福崇仁真君：祠山大帝，江南一带信奉的道教神仙，每年农历二月初八日举行宗教活动。

③ 广德军：一个县。属江南东路（治升州，今江苏南京）。

④ 血食：谓受享祭品。古代杀牲取血以祭，故称。

国[①]有祷、士民有告，感通[②]即应。其日，都城内外，诣庙献送繁盛[③]，最是府第及内官迎献马社[④]，仪仗整肃，装束华丽。又有七宝[⑤]行排，列数桌珍异宝器珠玉殿亭，悉皆精巧。后苑[⑥]诸作，呈献盘龙走凤，精细靴鞋，诸色巾帽，献贡不俗。各以彩旗、鼓吹、妓乐、舞队等社，奇花异果，珍禽水族，精巧面作，诸色鍮石[⑦]，车驾迎引，歌叫卖声，效京师[⑧]故体[⑨]，风流锦体[⑩]，他处所无。台阁[⑪]巍峨，神鬼威勇，并呈于露台之上。自早至暮，观者纷纷。

【译】二月初八，钱塘门外霍山路有神叫作“祠山正佑圣烈昭德昌福崇仁真君”，庆祝他的诞辰一直到二月十一。他的祖庙在广德军，皇帝赐庙额“广惠”，从后梁到宋朝，享受祭祀已达 1300 余年。凡是国家、百姓有祷告，精诚所至都有灵验。当天，都城内外，前往庙里献送的场面极为繁盛，

---

① 邦国：国家。

② 感通：谓此有所感而通于彼。意即一方的行为感动对方，从而导致相应的反应。

③ 繁盛：繁荣兴盛。

④ 马社：养马之地所设立的祭祀后土之社，以发明用马驾车之人配食。亦指配食者。

⑤ 七宝：泛指多种宝物。

⑥ 后苑：屋后的花园。

⑦ 鍮（tōu）石：指天然的黄铜矿或自然铜。

⑧ 京师：首都，这里指汴梁（今河南开封）。

⑨ 故体：旧的习惯。

⑩ 锦体：犹文身。

⑪ 台阁：这里指民间文艺演出的舞台。

其中豪门府第及内官迎献马社的仪仗最为整齐庄严且装束华丽。还有各种宝物排列成行，排列的很多桌的珍异宝器、珠玉殿亭，全都非常精巧。屋后的花园还有各种物品，呈献盘龙走凤，做工精细的靴、鞋，以及各种巾帽，所献贡的器物都高贵不俗。还有彩旗、鼓吹、妓乐、舞队等各社，进献奇花异果，珍禽水族，以及精巧的面制品和各种鍮石。迎来送往的车驾，歌唱、叫卖的声音，都仿效汴梁的旧制。风采特异的文身，是别的地方所没有的。巍峨的亭台楼阁，威猛勇敢的神鬼，一起在露台之上表现。从早到晚，观者络绎不绝。

十一日，庙中有衙前乐①，教乐所人员部领诸色②乐部，诣殿作乐呈献。命大官③排食果二十四盏，各盏呈艺。守臣委佐官代拜。

【译】二月十一，庙中有衙前乐演奏，教乐所人员率领各个乐部，到殿前奏乐。又命大官摆放二十四盏食果，每盏前都有艺人表演献艺。地方长官委托府里的其他官员代为叩拜祠山大帝。

初八日，西湖画舫尽开，苏堤游人来往如蚁。其日，龙舟六只，戏于湖中。其舟俱装十太尉、七圣④、二郎神、神鬼、

---

① 衙前乐：宋代州府衙门所置的乐队。

② 色：古代教坊所属部门的名称。

③ 大官：职位高的官；古时对有一定社会地位的男子的尊称。

④ 七圣：指传说中的黄帝、方明、昌寓、张若、謵（xí）朋、昆阍（hūn）、滑稽七人。

快行、锦体浪子、黄胖[①]，杂以鲜色旗伞、花篮、闹竿[②]、鼓吹之类。其余皆簪大花、卷脚帽子、红绿戏衫，执棹[③]行舟，戏游波中。帅守[④]出城，往一清堂弹压[⑤]。其龙舟俱呈参州府，令立标竿于湖中，挂其锦彩[⑥]、银碗、官楮[⑦]，犒龙舟，快捷者赏之。有一小节级[⑧]，披黄衫，顶青巾，带大花，插孔雀尾，乘小舟抵湖堂，横节杖[⑨]，声诺[⑩]，取指挥。次以舟回，朝诸龙以小彩旗招之，诸舟俱鸣锣击鼓，分两势划棹旋转，而远远排列成行，再以小彩旗引之，龙舟并进者二，又以旗招之，其龙舟远列成行，而先进者得捷取标赏，声喏而退，余者以钱酒支犒也。

【译】二月初八，西湖画舫全都放开供游赏，苏堤上游人来往很多像蚂蚁一样。当天，有六只龙舟在湖中荡漾。那龙舟全部装着十太尉、七圣、二郎神、神鬼、快行、文身浪子、黄胖等塑像，夹杂着颜色鲜艳的旗伞、花篮、闹竿、鼓吹之

① 黄胖：土偶。儿童玩具。

② 闹竿：又作“闹杆”。一种悬挂各种玩具或诸色杂货的竹竿。古代货郎所用。

③ 棹（zhào）：划船的一种工具，形状和桨差不多。

④ 帅守：负责治安的武官。

⑤ 弹压：军事管制，严格监控。

⑥ 锦彩：华美的丝织品。

⑦ 楮（chǔ）：纸的代称。

⑧ 节级：唐、宋军事机关中低级军佐的总称。

⑨ 节杖：古代的使臣出入关门皆有象征意义的凭证或信物，即符节。

⑩ 声喏：唱喏。

类。其余人物都头簪大花、戴卷脚帽子、身着红绿戏衫，手拿船桨划船，在湖波中荡漾。负责治安的武官出城，前往一清堂附近严格监控现场形势。那些龙舟都前往参见州府长官，长官命令在湖中设立标竿，挂上华美的丝织品、银碗、官楮，用来奖赏龙舟，对比赛第一的进行赏赐。有一名小节级，身披黄衫、头顶青巾、戴大花、插孔雀尾，乘着小舟抵达湖堂，横下节杖，唱喏，指挥所有龙舟准备比赛。再乘小船回去，向所有龙舟挥动小彩旗，各龙舟全都鸣锣击鼓，分两队划桨旋转，而远远排列成行。小节级再次挥动小彩旗，两只龙舟齐头并进。小节级又一次挥动小彩旗，龙舟远列成行，而先抵达终点的龙舟获胜，得到标竿上的赏赐。得胜者唱喏谢恩后退下，其余参赛者也都得到钱、酒等犒赏。

湖山游人，至暮不绝。大抵杭州胜景，全在西湖，他郡无此，更兼仲春景色明媚、花事方殷①，正是公子王孙、五陵年少赏心乐事之时，讵②宜虚度？至如贫者，亦解质借兑③，带妻挟子，竟日④嬉游，不醉不归。此邦风俗，从古而然，至今亦不改也。

【译】来湖山的游人，到晚上都不会中断。大概杭州的美景，全在西湖了，其他的郡是没有的，再加上仲春时节的

① 方殷：指正当剧盛之时。

② 讵：岂，怎。

③ 借兑：借支。

④ 竟日：终日；从早到晚。

景色明媚、鲜花盛开，正是公子王孙、京都富豪子弟赏心乐事的时候，岂能虚度？至于贫穷人家，也会当物借钱，携带着妻子儿女，终日在此嬉游，不醉不归。当地的风俗，从古代开始就是这样，至今也没有改变。

二月望

仲春[①]十五日为花朝节[②]，浙间风俗以为春序[③]正中，百花争放之时，最堪游赏。都人皆往钱塘门外玉壶、古柳林、杨府、云洞，钱湖门外庆乐、小湖等园，嘉会门外包家山王保生、张太尉等园，玩赏奇花异木。最是包家山桃开浑如[④]锦障[⑤]，极为可爱。此日，帅守、县宰率僚佐[⑥]出郊，召父老[⑦]赐酒食，劝以农桑[⑧]，告谕[⑨]勤劬[⑩]，奉行虔恪[⑪]。

【译】二月十五为花朝节，浙江的民间风俗认为春季的

① 仲春：春季中期，指阴历二月。

② 花朝节：简称花朝，俗称“花神节”“百花生日”“花神生日”“挑菜节”，汉族传统节日，流行于东北、华北、华东、中南等地，一般于农历二月初二、二月十二或二月十五举行。

③ 春序：春季。

④ 浑如：非常像。

⑤ 锦障：锦步障。

⑥ 僚佐：官署中协助办事的官吏，即属吏。

⑦ 父老：指古时乡里管理公共事务的人，多由有名望的老人担任，亦尊称老年人。

⑧ 农桑：泛指农业生产。

⑨ 告谕：明白告诉（用于上级对下级或长辈对晚辈）。

⑩ 勤劬（qú）：辛勤劳累。

⑪ 虔恪：恭敬而谨慎。

正中是百花争放之时，最适合游览赏玩。京城的百姓都前往钱塘门外的玉壶、古柳林、杨府、云洞及钱湖门外的庆乐、小湖等园，嘉会门外包家山内的王保生、张太尉等园，游玩欣赏奇花异木。其中包家山的桃花开得很像锦步障，非常可爱。这一天，负责治安的武官、县令率领属吏出城到郊外，召集管理公共事务的人来赏赐酒食，劝说他们要努力农业生产，明白地告诉他们要辛勤劳累、谦虚谨慎。

天庆观递年①设老君②诞会，燃万盏华灯，供圣修斋③，为民祈福。士庶拈香④瞻仰，往来无数。崇新门外长明寺及诸教院僧尼，建佛涅槃胜会，罗列幡幢⑤，种种香花异果供养，挂名贤书画，设珍异玩具。庄严道场，观者纷集，竟日不绝。

【译】天庆观年年都会有太上老君圣诞会，点燃万盏华灯，供圣修斋，为百姓祈福。百姓焚香瞻仰，来来往往的人很多。在崇新门外的长明寺及各个教院的僧尼们，建佛涅槃胜会，排列旌旗，供养各种香花异果，悬挂著名贤人的书画，摆设珍异玩具。道场非常庄严，观看的人纷纷来此聚集，终日不断。

---

① 递年：一年又一年；年年。

② 老君：中国道教对老子的神化称呼，又称“太上老君”。

③ 修斋：也叫打斋，本地人多称为做斋或喃斋。是丧事人家请道士祭祷，以求消灾祈福的一种宗教仪式。一般有叮叮、锣仔等打击乐器作诵经伴奏。

④ 拈香：焚香以敬神佛。

⑤ 幡（fān）幢：幢幡，指佛、道教所用的旌旗。从头安宝珠的高大幢竿下垂，建于佛寺或道场之前。分言之则幢指竿柱，幡指所垂长帛。

卷二

三月（佑圣真君[①]诞辰附）

三月三日上巳[②]之辰，曲水流觞[③]故事，起于晋时。唐朝赐宴曲江，倾都禊饮[④]踏青[⑤]，亦是此意。右军王羲之《兰亭序》云：“暮春[⑥]之初……修禊[⑦]事也。”杜甫《丽人行》云：“三月三日天气新，长安水边多丽人。”形容此景，至今令人爱慕。兼之此日，正遇北极佑圣真君圣诞之日。佑圣观侍奉香火，其观系属御前去处，内侍提举[⑧]观中事务，当日降赐御香，修崇[⑨]醮录，午时朝贺，排列威仪[⑩]，奏天乐于墀下，羽

---

① 佑圣真君：真武大帝，又称“玄天上帝”“玄武大帝”，道教神仙中赫赫有名的尊神，湖北武当山是真武大帝的道场，道教北极四圣之一。

② 上巳：旧时节日名。俗称三月三，是中国民间传统节日。上巳节是古代举行“祓除畔浴”活动中最重要的节日，人们结伴去水边沐浴，称为“祓禊”，此后又增加了祭祀宴饮、曲水流觞、郊外游春等内容。

③ 曲水流觞（shāng）：中国古代汉族民间的一种传统习俗，后来发展成为文人墨客诗酒唱酬的一种雅事 。夏历的三月上巳日人们举行祓（fú）禊（xì）仪式之后，大家坐在河渠两旁，在上流放置酒杯，酒杯顺流而下，停在谁的面前，谁就取杯饮酒，意为除去灾祸不吉。觞，本义为古代盛酒器，作为动词时有敬酒、饮酒的意思。

④ 禊（xì）饮：谓古时农历三月上巳日之宴聚。

⑤ 踏青：春日郊游，也称“踏春”，一般指初春时到郊外散步游玩。

⑥ 暮春：春天最后一段时间，指农历三月。

⑦ 修禊：古代民俗于农历三月上旬的巳日到水边嬉戏，以祓除不祥，称为修禊。

⑧ 提举：掌管。

⑨ 修崇：修整并推崇。

⑩ 威仪：指威严的态度。谓起居动作皆有威德有仪则。

流[1]整肃[2]，谨朝谒[3]于陛前，吟咏洞章[4]陈礼。士庶烧香，纷集殿庭。诸宫道宇，俱设醮事[5]，上祈国泰，下保民安。诸军寨及殿司衙奉侍香火者，皆安排社会，结缚台阁，迎列于道，观睹者纷纷。贵家士庶，亦设醮祈恩。贫者酌水献花[6]。杭城事圣之虔，他郡所无也。

【译】三月初三是上巳节，曲水流觞的故事，起源于晋朝。唐朝时赐宴曲江，整个长安城的人外出宴聚和踏青，也是这个意思。右军王羲之的《兰亭序》写道："暮春之初……修禊事也。"杜甫《丽人行》也写道："三月三日天气新，长安水边多丽人。"形容上巳节的胜景，至今令人爱慕。恰好这一天，又是北极佑圣真君圣诞之日，佑圣观里侍奉着香火。此观系属御前去处，由内侍管理观中事务，当天皇上降赐御香、修整并推崇醮录。午时群臣来朝贺，排列威严有序，在台阶下演奏天子之乐。道士们纪律整齐严肃，在台阶前恭敬谨慎地朝谒，吟咏着经书，奉行着礼节。百姓们纷纷聚集在殿庭上烧香。其他道观宫宇，也都设有醮事，上祈国泰，下保民安。各军军寨及殿司衙奉侍香火的地方，也都安排社团进行演出，

---

① 羽流：道士，道人。

② 整肃：形容纪律整齐严肃。

③ 朝谒（yè）：指参见尊者或圣地。

④ 洞章：指道教经书。道教经书分洞真、洞玄、洞神三部，故称。

⑤ 醮事：道士所做斋醮祈祷之事。

⑥ 酌水献花：道教礼节。

结缚于台阁，迎列于道旁，围观者络绎不绝。富贵人家和百姓家，也设醮祈恩。贫困人家也会酌水献花。杭州城侍奉圣君的虔诚度，其他郡是没有的。

诸州府得解① 士人② 赴省闱③

三月上旬，朝廷差知贡举④、监试、主文考试等官，并差监大中门官诸司、弥封⑤、誊录⑥等官，就观桥贡院⑦，放诸州府郡得解士人，并三学⑧舍生得解生员⑨，诸路运司得解士人，有官人及武举得解者，尽赴院排日⑩引试⑪，及诸州、

---

① 解（jiè）：古代乡举，举送入试。唐宋时举进士者由地方推荐发送入京的称为“解”。

② 士人：古时指读书人，亦是中国古代文人知识分子的统称。这里指考生。

③ 省闱（wéi）：唐、宋时试进士由尚书省礼部主持，故称。又称“礼闱”。元代以后，称各行省主持的考试，中式者为举人。又称“乡闱”。闱，科举时代对考场、试院的称谓。

④ 知贡举：唐宋时特派主持进士考试的大臣。

⑤ 弥封：把试卷上填写姓名的地方折角或盖纸糊住，以防止舞弊。

⑥ 誊录：誊写；抄录。

⑦ 贡院：最早出现在唐玄宗开元年间，是省试的管理机构和考试场所。

⑧ 三学：唐代称国子学、太学、四门学为三学，隶属国子监。文武三品以上官吏子孙得入国子学，五品以上子孙得入太学，七品以上子孙及平民之俊异者得入四门学。宋代称太学之外舍、内舍、上舍为三舍，亦称“三学”。

⑨ 生员：封建科举制时代，在太学等处学习的人统称“生员”。

⑩ 排日：每天，逐日。

⑪ 引试：引保就试。

郡诸路寓试[①]试得待补士人，并排日引试。国子监牒试[②]中解者，并行引试。如有避亲者，就别院引试。朝廷待士之重，差官之际，并令快行宣押[③]所差官员入内，到殿听敕。其知贡举、监试、主文，并带羞帽，穿执乘驭，同诸考试等官，迎引下贡院，然后锁院[④]，择日放试。

【译】三月上旬，朝廷派知贡举、监试、主文考试等相关官员，并派监大中门官诸司、弥封、誊录等相关官员，前往观桥贡院，安排各州府郡举送的考生，以及三学舍生里举送的生员，各路转运司举送的考生，有官职在身及考中武举的被举送的人，全部赶赴贡院逐日参加考试。还有各州、郡及各路参加寓试考中的候补考生，一起逐日参加考试。国子监牒试中举荐的人，也要一起参加考试。如有需要避亲者，就安排到别院进行考试。朝廷对读书人十分看重，派遣主试官员的时候，令快行宣布朝廷签署的文告，召这些官员殿前听取圣命。知贡举、监试、主文，全都戴着羞帽、穿靴执笏、骑着大马，各主试官员都一样，被导引到贡院，然后锁院，择日安排考试。

---

① 寓试：不在原籍，而在所居之地参加考试。

② 牒（dié）试：又称“胄试”。宋代科举考试方式。有关官员子弟、亲戚、门客，为避嫌，牒送别处贡院考试，称“牒试”。

③ 宣押：指宣布朝廷签署的文告。凡公文需书押，因称。

④ 锁院：考官受任命后，即封锁院门，以防范舞弊。

诸州士人，自二月间前后到都，各寻安泊①待试。遂经部呈验解牒②，陈乞③纳卷④用印，并收买试篮桌椅之类。试日已定，隔宿于贡院前赁房待试，就看坐图。

【译】各州的考生，在二月的时候先后赶到京城，各自寻找临时居住处来等待考试。往礼部呈送说明解试情况的公文，陈述、纳卷及所用印章，以及购买试篮、桌椅等。考试日期定后，前一天就要在贡院附近租房住宿来等待考试，并前往观看考生座位图。

其士人各引试三场：正日本经，次日论，第三日策。预试人照合试日分集于贡院竹门之外，伺候开门。放试士人，各入院内，依坐位分廊占坐讫，知贡举等官于厅前备香案，穿秉⑤而拜，诸士人皆答拜⑥，方下帘幕，出示题目于厅额。题中有疑难处，听士人就帘外上请，主文⑦于帘中详答之讫，则各就位作文，随手上卷。至晡⑧后开门，放士人出院，纳卷于中门外，书知姓氏，试卷入柜而出。其士人在贡院中，

① 安泊：居住，住宿。

② 解牒：说明解试情况的公文。

③ 陈乞：陈述请求。

④ 纳卷：考生将自己平日的习作送呈礼部，供主持进士考的礼部侍郎参考。

⑤ 穿秉：穿礼服而执朝笏。

⑥ 答拜：回拜。

⑦ 主文：这里指主考官。

⑧ 晡：晡时，下午三点到五点。

自有巡廊军卒赍[1]砚水、点心、泡饭、茶酒、菜肉之属货卖。亦有八厢[2]太保巡廊事。

【译】考生各参加三场考试：第一天考对经典的掌握情况，第二天考政论，第三天考论时务的对策。考试的当天，参加考试的考生在贡院竹门之外集合等候开门参加考试。开门后，考生分别进入院内，按照座位安排分别在廊下坐下。随后，知贡举等官员在厅前备好香案，穿礼服且执朝笏而拜，所有考生也都回拜，这才放下帘幕，在厅额出示题目。题中如果有疑难之处，考生可以到帘外请求考官来解释，主考官就在帘内作详细解答。之后各回自己座位作文，随手向上面卷起试卷。到晡时后考场开门，放考生出贡院，在中门外交卷，书写好姓氏，试卷入柜后考生再离开。考生在贡院时，自有巡廊的军卒在提着砚水、点心、泡饭、茶酒、菜肉之类进行售卖。贡院里还有八厢太保负责巡廊。

所纳卷子，径发下弥封所封卷头，不要试官知士人姓名，恐其私取故也。却于每卷上打号头[3]，三场共一号，方发往誊录所誊录卷子，依字号书写，对读[4]无差，方纳入考试官各

① 赍（jī）：怀抱着，拿着。

② 八厢：宋时京城外划分的八个居民管理区。每区各置厢官，受理争斗讼诉之事；凡情节轻微者，可直接论断。

③ 号头：号码，编号。

④ 对读：校对。

房考校[①]。如卷子考中，发过别房复考，如称众意，方呈主文，却于誊录所吊取真卷，点对[②]批取，定夺魁选[③]。伺候[④]申省奏号、揭榜[⑤]取旨。差官下院拆号[⑥]放榜[⑦]。中省魁[⑧]者殿试[⑨]陛甲，恩例[⑩]前十名亦如之。补试中榜者，至太宗武三学为生员。

【译】考生上交的卷子，全要发往弥封所封住卷头，不让考官知道考生的姓名，恐其因私心而录取自己人的缘故。却要在每张卷子上编号，三场共一个号，然后发往誊录所誊录卷子，依字号书写，校对无误后，才纳入各考官所在房间审阅校对。如卷子考中，再发往别的房间复查，如果众考官都认为好，才呈给主考官，然后到誊录所调取真卷，再对照批取，定夺第一名的人选。考生们等候申省奏号、揭榜取旨。卷子审阅完毕，朝廷派官员到贡院拆开号码并发榜。获得省

① 考校：校对。

② 点对：检点对照。

③ 魁选：科举考试中第一名，泛指位次第一。

④ 伺候：等候。

⑤ 揭榜：考试后出榜；发榜。

⑥ 拆号：拆开试卷糊名的弥封号码。

⑦ 放榜：考试后公布被录取者名单。

⑧ 省魁：省元。宋代礼部试进士第一名称“省元”。

⑨ 殿试：又称“御试”“廷试”“廷对”等，是唐、宋、元、明、清时期科举考试之一。殿试由内阁预拟，然后呈请皇帝选定。会试中选者始得参与。目的是对会试合格区别、选拔官员等第。

⑩ 恩例：指帝王为宣示恩德而颁布的条例、规定。

元的人参加殿试，皇上宣示恩德并颁布的条例，前十名也一同接受恩赐。补试中榜的人，到太、宗、武三学作为生员。

举人中省闱者，俟候都堂[①]点请复试，不过一论冒而已。复试毕，然后到殿也。此科举试，三年一次，到省士人不下万余人，骈集[②]都城。铺席买卖如市，俗语云“赶试官生活”，应一时之需耳。

【译】省闱考中的举人，要等候都堂点请复试，不过是检查有无旁人替考罢了。复试后，再到殿参加殿试。这样的科举考试，每三年一次，到礼部参加考试的考生不下一万多人，都聚集在京城。铺席生意集市一般，俗称“赶试官生活”，这也是应一时之需。

荫补未仕官人赴铨

每岁三月上旬，应文武官荫授[③]子弟、宗子[④]荫补[⑤]者，并赴铨闱[⑥]就试出官。朝廷差监试、主文、考试等官，就礼部贡院放试。试中者三名取一名。文臣试两场：本经及刑统[⑦]

---

① 都堂：唐代尚书省署居中，东有吏、户、礼三部，西有兵、刑、工三部，尚书省的左右仆射总辖各部，称为都省，其总办公处称为都堂。宋、金沿之。

② 骈（pián）集：凑集；聚会。

③ 荫授：子弟承荫而被授以官职。

④ 宗子：指族长和皇族子弟。

⑤ 荫补：指因祖先功勋而补官。

⑥ 铨闱：政府设置选拔官吏的考试场所。

⑦ 刑统：我国封建社会刑法和刑律统类的简称。犹刑事法规的汇编兼训释。

义，第三日愿试法科[①]者听。武臣试七书[②]义。三学生员入试，中榜者升内舍[③]。其时亦有试宏词[④]、法科、馆职[⑤]、贤良方正[⑥]。三省堂后官[⑦]及六部吏，并试法科，升补[⑧]额名。

【译】每年的三月上旬，文武官员荫授子弟及宗子受荫补的人，全部前往考场参加考试，然后出仕做官。朝廷派监试、主考、考试等官员，到礼部贡院举行考试。录取率是每三人选拔一人。文臣考两场，考察对经典和刑法、刑律的了解，第三天可自愿参加法科考试。武臣考察对"武经七书"的了解。三学生员参加考试，中榜者可升入内舍。当时也有博学宏词科、法科、馆职、贤良方正科等考试。三省堂后官及六部吏官，全都要参加法科考试，来补缺升级名额。

并是排日放试，合差外诸司等官吏，并循诸试例。如省

---

① 法科：以刑法律令为考试内容的科举科目。

② 七书：宋元丰间颁行的武学生应试必读的七种兵书。即《孙子》《吴子》《六韬》《司马法》《黄石公三略》《尉缭子》《李卫公问对》，又称"武经七书"。

③ 内舍：宋代太学三舍之一。初学者入外舍，由外舍升内舍，由内舍升上舍。

④ 宏词：全称"博学宏词科"。临时设置的考试科目，为制科之一种。博学宏词科要求很高。顾名思义，"博学宏词"既要"博学"，又要有"宏词"，一是渊博精深的学识，二是优美恢宏的文词。

⑤ 馆职：宋朝官制中特设的一种官职。简单地说"馆职"是指在"馆阁"中供职。

⑥ 贤良方正：指德才兼备的好人品，科举科目之一。汉武帝时推选的一种举荐官吏后备人员的制度，唐宋沿用，设贤良方正科。

⑦ 堂后官：官名。北宋中书门下属吏。五房各置三人，一人掌承受批凿圣语、定押敕草，一人掌点检书写熟状、呈押进入，一人掌对读、印押发放。

⑧ 升补：官吏升级补缺。

闱年分[①]，移于八月放试，中榜者赴吏部伺候帘试[②]，过参注差遣。武选中者，就兵部右选厅铨量读法[③]，注授[④]出官。其文武铨魁特转一资。恩例，铨魁仍置局，造题名集，设同年宴于西湖。帅运诸司，俱有送助，以为局费。盖临安辇毂[⑤]之下，中榜多是府第子弟，报榜之徒，皆是百司衙兵，谓之“喜虫儿”。其报榜人献以黄绢旗数面，上题中榜新恩铨魁姓名，插于门左右，以光祖宗而耀闾里[⑥]，乞觅[⑦]搔搅酒食豁汤[⑧]钱会外，又以一二千缗[⑨]犒之。此其常例也。

【译】全都择日安排考试，派遣外各司的官吏，按照其他考试的惯例来安排相关事宜。如遇到省闱的年份，考试就推迟到八月份进行。中榜者前往吏部参加帘试，通过后登记差遣。武选中榜的人，前往兵部右选厅考量后宣读法令。然后登记授予官职。文武考试第一名，朝廷特予赏赐一笔钱财。皇上恩例，为考第一名的设置官署，修题名集，并在西湖设

---

① 年分：年份。

② 帘试：宋代吏部补选缺官，凡中选者除同进士出身及恩科人员外，皆须赴吏部长贰厅前之考试，以防代笔之弊，谓之“帘试”。

③ 读法：宣读法令。

④ 注授：指职官铨选时的登记、授受。

⑤ 辇毂：代指京城。

⑥ 闾（lǘ）里：乡里。

⑦ 乞觅：讨取。

⑧ 搔搅酒食豁汤：似指喝酒吃肉。

⑨ 缗（mín）：古代穿铜钱用的绳子。

同年宴。帅运各司，都有钱财相送，以作局费。临安乃是京城，中榜者大多是富贵人家子弟，报榜的人也都是百司衙兵，叫作“喜虫儿”。报榜人用数面黄绢旗，上面写着新科中榜第一名的姓名，插在他的家门左右，为其光宗耀祖，可在乡里间炫耀，来讨取些喝酒吃肉钱外，中榜人家还会犒赏报榜人一二千钱。这都是惯例。

清明节

清明交三月，节前两日谓之“寒食”，京师人从冬至后数起至一百五日，便是此日。家家以柳条插于门上，名曰“明眼”。凡官、民不论小大家，子女未冠笄①者，以此日上头②。寒食第三日，即清明节。每岁禁中命小内侍于阁门用榆木钻火，先进者赐金碗、绢三匹。宣赐③臣僚④巨烛，正所谓“钻燧改火⑤”者，即此时也。

【译】清明节正逢三月，节前的两天称为“寒食节”，京师人从冬至后开始数起，一直到一百零五天便是清明节。这一天，家家户户都用柳条插在门上，称为“明眼”。凡是官、民不论小户还是大户，子女们未行成年礼的，就在这天结发

---

① 冠笄（jī）：古代男女成年时分别举行的冠礼、笄礼。《礼记·乐记》：“婚姻冠笄，所以别男女也。”郑玄注：“男二十而冠，女许嫁而笄，成人之礼。”

② 上头：旧时女子未出嫁时梳辫子，临出嫁才把头发拢上去结成发髻，叫作上头。

③ 宣赐：帝王赏赐。

④ 臣僚：指辅佐君主的文臣武将。

⑤ 钻燧改火：古时钻木取火，因季节不同而用不同的木材。

髻。寒食节的第三天，便是清明节。每年宫中都会差遣小内侍在阁门外用榆木钻火，先钻出火来的会赏赐金碗、三匹绢。皇上会赏赐文武百官大蜡烛，正所谓“钻燧改火”正当时。

禁中前五日，发宫人车马往绍兴攒宫①朝陵②。宗室、南班③亦分遣诸陵，行朝享④礼。向者从人官给紫衫、白绢、三角儿青行缠⑤，今亦遵例支给。至日，亦有车马诣赤山诸攒，并诸宫妃、王子坟堂，行享祀礼。官员士庶，俱出郊省坟⑥，以尽思时之敬。车马往来繁盛，填塞⑦都门。宴于郊者，则就名园、芳圃、奇花异木之处；宴于湖者，则彩舟画舫，款款撑驾⑧，随处行乐。此日，又有龙舟可观，都人不论贫富，倾城而出，笙歌鼎沸，鼓吹喧天，虽东京金明池⑨未必如此之佳。殢酒⑩贪欢，不觉日晚。红霞映水，月挂柳梢，歌韵清圆，

① 攒宫：帝、后暂殡之所。宋南渡后，帝、后茔冢均称“攒宫”。表示暂厝，准备收复中原后迁葬河南 。

② 朝陵：帝王拜扫祖先陵墓。

③ 南班：宋仁宗于南郊大祀时，赐皇族子弟的官爵，谓之“南班”。

④ 朝享：古代天子祭祀宗庙。

⑤ 行缠：裹足布、绑腿布。古时男女都用，后唯兵士或远行者用。

⑥ 省坟：祭扫坟墓。

⑦ 填塞：往洞穴或空着的地方填上东西，使塞满或不通。这里指堵塞了城门。

⑧ 撑驾：指点篙行船，亦泛指驾驶船只。

⑨ 金明池：北宋时期著名的皇家园林，位于东京汴梁城（今河南开封）外。园林中建筑全为水上建筑，池中可通大船，战时为水军演练场。

⑩ 殢（tì）酒：沉湎于酒，醉酒。

乐声嘹亮，此时尚犹未绝。男跨雕鞍①，女乘花轿，次第②入城。又使童仆挑着木鱼、龙船、花篮、闹竿等物归家，以馈亲朋邻里。杭城风俗，侈靡相尚③，大抵如此。

【译】清明节前五天，宫中会派人乘车马前往绍兴攒宫祭扫。宗室、南班也分别派遣到各个陵，行朝享之礼。会赐予随从的官员紫衫、白绢、三角儿青绑腿布，如今也遵照管理发放给他们。清明节的当天，也有车马前往赤山各个攒宫，以及去世的各个宫妃、王子的坟堂，行享祀之礼。官员和百姓，全都到郊外扫墓，以抒发对先人的思念和崇敬。车马往来众多，堵塞了城门。在郊外宴饮的，就前往名园、芳圃、种有奇花异木的地方；在湖中宴饮的，就乘坐着彩舟画舫，差人驾驶船只，到处行乐。这一天，又可以观看龙舟，京城人不论贫富，全都倾城而出，笙歌鼎沸，鼓吹喧天，即使是当年东京的金明池也未必有这样的胜景。游人醉酒贪欢，不知不觉天色已晚。火红的晚霞映照水中，弯弯的月牙儿挂上树梢，歌韵清圆，乐声嘹亮，此时一直持续。男子骑着骏马，女子坐着花轿，一个接一个地进入城中。又让童仆挑着木鱼、龙船、花篮、闹竿等物，带回家里赠送给亲朋邻里。杭州的风俗，铺张奢侈、相互推崇，大概就像这样。

---

① 雕鞍：雕刻花纹的马鞍。借指坐骑。

② 次第：依次，按照顺序或以一定顺序，一个接一个地。

③ 相尚：相互推崇。

诸库迎煮

临安府点检所，管城内外诸酒库，每岁清明前开煮，中前卖新迎年。诸库呈复本所，择日开沽[①]呈样。各库预颁告示，官、私妓女，新丽妆着，差雇社队鼓乐，以荣迎引。至期侵晨[②]，各库排列整肃，前往州府教场，伺候点呈[③]。首以三丈余高白布写“某库选到有名高手酒匠，酝造一色上等醲[④]辣无比高酒，呈中第一。”谓之“布牌”，以大长竹挂起，三五人扶之而行。次以大鼓及乐官数辈，后以所呈样酒数担，次八仙道人、诸行社队，如鱼儿活担、糖糕、面食、诸般市食、车架、异桧[⑤]奇松、赌钱行、渔父、出猎、台阁等社。又有小女童子，执琴瑟[⑥]；妓家伏役婆嫂，乔妆绣体浪儿[⑦]，手擎花篮、精巧笼仗[⑧]。其官私妓女，择为三等，上马先以顶冠花衫子裆裤；次择秀丽有名者，带珠翠朵玉冠儿，销金衫儿、

---

① 开沽：卖酒。

② 侵晨：天快亮的时候。

③ 点呈：检验呈献的样酒。

④ 醲（nóng）：味厚的酒。

⑤ 桧（guì）：桧柏，也叫圆柏。常绿乔木。树冠塔形，叶有鳞形、刺形两种。木材细致，有香气。

⑥ 琴瑟：据文献记载，伏羲发明琴瑟。琴与瑟均由梧桐木制成，带有空腔，丝绳为弦。琴初为五弦，后改为七弦；瑟二十五弦。古人发明和使用琴瑟的目的是顺畅阴阳之气和纯洁人心。

⑦ 浪儿：风流子弟。

⑧ 笼仗：箱笼；行李。

裙儿，各执花斗鼓儿，或捧龙阮[①]琴瑟；后十余辈，着红大衣，带皂时髻，名之“行首”，各雇赁银鞍闹妆[②]马匹，借倩[③]宅院及诸司人家虞候[④]押番[⑤]，及唤集闲仆浪子[⑥]，引马随逐，各青绢白扇马兀[⑦]供值。

【译】临安府的点检所，掌管着城内外的各个酒库。每年清明节前，各酒库开始煮酒，中秋节前卖新酒来迎新年。卖新酒前，各酒库都要向点检所呈报，再择日卖酒并呈上样酒。各酒库先颁布告示，请来官、私妓女，她们穿着打扮得光鲜靓丽，并雇请社队鼓乐，以进行大规模的迎引样酒仪式。当天刚亮的时候，各酒库排列整齐，前往州府的教场，等候检验呈献的样酒。在前面用三丈多高的白布，上面写着“某库选到有名高手酒匠，酿造一色上等酴辣无比高酒，呈中第一”，这称为“布牌”。用大长竹竿挂起，三五人扶着往前行。还有大鼓和多名乐官，后面是数担所呈样酒，再有就是八仙道人、各行社队。如鱼儿活担、糖糕、面食、各种市食、车架、异桧奇松、赌钱行、渔父、出猎、台阁等社。又有小女童子，

① 龙阮：柄上刻饰龙形的拨弦乐器阮咸。

② 闹妆：闹装。用金银珠宝等杂缀而成的腰带或鞍、辔之类饰物。

③ 借倩：暂借。这里指雇用。

④ 虞候：宋代的军事编制单位“都”一级，设置将虞候一职，地位较低，属于节级。此外，还设有大量的都虞候一职。

⑤ 押番：比士兵高一级的军士。

⑥ 浪子：不务正业过着放荡生活的人。

⑦ 马兀：马杌。坐具。大方凳。

手拿琴瑟；妓女打扮成婆嫂，乔装成文身的风流子弟、手提花篮和精巧的笼箱。官、私妓女分为三等，上马前面的妓女头戴冠子，上穿花衫子下穿裆裤；其次是挑选秀丽有名的妓女，头戴珠翠朵玉冠儿，上穿销金衫儿，下穿裙儿，各自拿着花斗鼓儿或捧龙阮、琴瑟；后面还有十多个人，身穿红大衣，头戴皂时髻，称为“行首”。租赁披着银鞍、装饰闹装的马匹，雇宅院及各司人家的虞候、押番，以及叫来一些游手好闲的人，让他们骑马跟随在队伍的后面。为他们分别提供有青绢、白扇、马兀。

预十日前，本库官小呈；五日前，点检所佥厅官大呈。虽贫贱泼妓，亦须借备衣装、首饰，或托人雇赁，以供一时之用，否则责罚而再办。妓女之后，专知大公[①]，皆新巾紫衫，乘马随之。州府赏以彩帛、钱会、银碗，令人肩驮于马前，以为荣耀。其日，在州治呈中祗应[②]讫，各库迎引出大街，直至鹅鸭桥[③]北酒库，或俞家园都钱库，纳牌放散[④]。最是风流少年，沿途劝酒[⑤]，或送点心。间有年尊人，不识羞耻，

① 专知大公：专门负责评酒的专家。

② 祗应：供奉。

③ 鹅鸭桥：桥名。

④ 纳牌放散：各酒库在新酒酿成前就已预售，以牌作为凭证，此时纳牌放酒。

⑤ 劝酒：讨酒喝。

亦复为之，旁观哂笑[①]。诸酒肆结彩欢门[②]，游人随处品尝。追欢买笑[③]，倍于常时。

【译】预先在十天前，各酒库官向点检所小呈样酒；在五天前，要向点检所佥厅官大呈样酒。迎引样酒时，即使是贫贱的妓女，也必须备好借来的衣装、首饰或者托人租赁，来供一时之用，否则就会受到责罚，命重新再办迎送仪式。妓女的后面，有专门负责评酒的专家，他们都头戴新巾、身穿紫衫，骑马在后面跟随。州府会赏赐彩帛、钱会、银碗，得到赏赐的人会让人用肩扛着走在马的前面，以此作为荣耀。当天，在州治呈样酒并供奉后，各酒库迎送样酒出京城的大街，一直走到鹅鸭桥北的酒库或俞家园都钱库，纳牌放酒。那些风流少年，沿途送点心、讨酒喝。其中也有岁数大的人，不知羞耻，也像少年们一样讨酒，旁观的人为之讥笑。各家酒店用五彩装饰门面，游人随处可以品尝到新酒。狎妓饮酒的场景，比平时热闹好几倍。

州府节制[④] 诸军春教

帅守衔带节制军马之职，每岁春、秋二教。三月正当春阅时候，择日告报本州所统军马、诸县巡尉[⑤]兵卒，及节制殿、

① 哂（shěn）笑：讥笑，有嘲讽的意思。

② 欢门：酒楼食店以五彩装饰的门面。

③ 追欢买笑：追求欢乐。多指狎妓饮酒之类。

④ 节制：指挥，管辖。

⑤ 巡尉：官名。负责巡捕盗贼的县尉。

步两司[1]军马，并赴蒲桥下后军教场教阅军伍，以备起发防秋。

【译】帅守衔带管辖军马的职责，每年的春、秋两季教阅兵马。三月正当春季阅兵的时候，择日通知本州所统军马、各县巡尉下属兵卒，以及所管辖的殿前司、侍卫亲军步军司两司的军马，一起赶赴蒲桥下的后军教场来教阅军队，以备防范秋天可能出现的战事。

至期，浙西路钤辖[2]并节制诸军统制[3]等官属，带领各部军马，诣教场伺候教阅。鸣锣击鼓，试炮[4]放烟，诸军排阵，作迎敌之势。将佐呈比体挑战之风，试弩射弓，打球走马，武艺呈中。赏犒有差，军卒劳绩，给以钱帛。午后放散，迎回府治，伺候帅座[5]回衙，方行逐便[6]回军寨。其帅首马前，排列军仗、八卦、辰宿，诸色旗队甚伙[7]。辕门帐门，界限严肃，人不敢视。亲从对对，衫帽新鲜。士卒威风，凛凛可畏。使马牵控，宝装[8]鲜新。黄轿前引，帜旗后随。乐骑拥后，

① 殿、步两司：宋代禁军有二司，即殿前都指挥使司与侍卫亲军司，简称殿前司与侍卫司。侍卫司又分侍卫亲军步军司和侍卫亲军马军司。这里指殿前司与侍卫亲军步军司。

② 钤（qián）辖：宋代武官名。

③ 统制：宋代武官名。

④ 炮：这里指飞石。

⑤ 帅座：帅使。

⑥ 逐便：顺便。

⑦ 伙：谓多。

⑧ 宝装：用珠宝加以装饰。

威声震慑。佐官弹压，以警无良。观者如堵，至暮方归。

【译】当天，浙西路钤辖并管辖各军统制等官属，带领所部军马前往教场等候教阅。现场鸣锣击鼓、试炮放烟，各军排列好战斗队形，做出迎击敌军的阵势。将佐们呈现出比试体力、相互挑战的架势，试射弩弓，打球走马，呈现武艺。赏赐和犒赏不等，军卒劳苦，赐以钱帛。午后，各军解散，先回府治，等候帅使回衙后，才顺便各回军寨。主帅的马前，排列着军用器械、八卦、辰宿，各色旗队很多。辕门和帐门，界限清晰令人敬畏，闲人不敢偷看。亲从官相对而立，衫帽崭新鲜丽。士卒威风凛凛，令人生畏。亲从官的马都有军士牵引控制，并用珠宝装饰得很漂亮。黄轿在前面引路，旗帜在后面相随。奏乐的骑兵拥聚在后，威名使人震慑。佐官监控着现场，警戒着捣乱破坏之人。围观的人多到堵塞道路，到了傍晚才回去。

向有端明厉尚书讳文翁[①]开阃[②]于杭，仪仗异于帅守，甚伙旗帜，多用斧钺之器。御马苑诸营教阅，传旨宣押。禁中教场，呈试武艺，飞枪斫柳，走马舞刀，百艺俱呈，使臣奏乐，

---

① 厉尚书讳文翁：厉文翁（公元1202—1265年），字圣锡，号小山，浙江东阳横店夏厉墅村人。吴宁厉氏二十一世祖。从叶味道学，天下形势了如指掌。为官四十载，立朝侃侃，善于谋划边事。宦迹遍及川蜀及苏浙皖赣，皆恪尽职守；经军御敌，理狱治民，均颇有建树，为一代名臣。

② 开阃（kǔn）：指将领开置府署，掌管一方的军务。这里指任临安府知府。

声彻九霄。提点[①]以下，赐予甚隆。使臣[②]兵车，颁降从例，殿步司所隶将佐军伍，俱出郊合教于椤木教场之上。赐帅将金器、彩匹，加之食品、御酒，主兵[③]官卒，俱沾雨露之恩也。

【译】从前端明殿学士、尚书厉文翁任临安府知府时，他的仪仗与一般帅守不同，所用旗帜很多，且多用斧钺之器。御马苑各营的军士教阅，需要宣布朝廷签署的文告。皇宫内的教场上，众军士呈献武艺、飞枪斫柳、走马舞刀，各种技艺表演也一并呈上。命令官员奏乐，声音响彻九霄。提点官以下的人员，得到的赏赐非常丰厚。专管缉捕武官的兵车，依例进行颁布。殿步司所隶属的将佐军队，全部到郊外的椤木教场集合进行教阅。赐予将帅金器、彩匹，还有食品、御酒，上下官兵都有恩惠。

二十八日东岳[④]圣帝诞辰

三月二十八日，乃东岳天齐仁圣帝圣诞之日，其神掌天下人民之生死，诸郡邑皆有行宫[⑤]奉香火。杭州有行宫者五，如吴山、临平、汤镇、西溪、昙山，奉其香火。惟汤镇、临平，殿庑[⑥]广阔、司案俱全。吴山庙居辇毂之下，人烟稠密，

① 提点：一种古代的官职名。任职机构是古代提点刑狱公事。

② 使臣：这里指宋代专管缉捕的武官。

③ 主兵：掌握兵权；统率部队。

④ 东岳：东岳大帝，又称“泰山神”。作为泰山的化身，是上天与人间沟通的神圣使者，是历代帝王受命于天，治理天下的保护神。

⑤ 行宫：这里指外地供奉东岳大帝的庙宇。

⑥ 庑：堂下周围的走廊、廊屋。

难以开拓，亦胜昙山梵宫内一小殿耳。

【译】三月二十八，是东岳天齐仁圣帝的圣诞之日，此神主管天下人民的生死，各郡县都有行宫奉香火。杭州城有五座行宫，如吴山、临平、汤镇、西溪、昙山，供奉东岳大帝香火。唯汤镇、临平两处的行宫殿庑广阔、司案俱全。吴山行宫在京城繁华的地方，人烟稠密，难以开拓，但也胜过昙山梵宫内的一座小殿。

都城士庶，自仲春下浣①，答赛②心愫③，或专献信香④者，或答重囚带枷者⑤，或诸行铺户以异果名花、精巧面食呈献者，或僧道诵经者，或就殿庑举法音而上寿者，舟车道路，络绎往来，无日无之。又有丐者⑥于吴山行宫献彩画钱幡，张挂殿前，其社尤盛。闻之此幡钱属后殿，充脂粉局收管。

【译】京城里的百姓，自仲春下旬开始，报祭神灵，许愿祈福。有专门进献信香的人，有为戴枷的重囚犯积德消业的人，有用异果名花、精巧面食呈献的各商行店铺，有诵经的僧人、道士，也有到殿庑诵经、奏乐而向东岳大帝祝寿的。舟车道路，行人往来，络绎不绝，没有哪天不是这样。还有

---

① 下浣（huàn）：指为官逢下旬的休息日。亦指农历每月的下旬。

② 答赛：报祭神灵。

③ 心愫（sù）：心愿。

④ 信香：我国佛教等宗教谓香为信心之使，虔敬烧香，神佛即知其愿望，因称信香。

⑤ 答重囚带枷者：指为戴枷的重囚犯积德消业。或指控诉重囚戴枷者。

⑥ 丐者：这里指施主。丐，给予，施与。

些施主在吴山行宫献彩画、钱幡，张挂在殿前，其社供奉非常丰盛。听说此幡钱属后殿，由充脂粉局收存保管。

其殿下有佐神，敕封美号[①]曰“协英灵显安镇忠惠王”。其神姓刘，父子俱为神，灵显[②]感应，人皆皈依[③]。五月二十九日诞日，诸社献送，亦复如是。姑书以记之耳。

【译】供奉东岳大帝的殿下还有佐神，敕封美号为“协英灵显安镇忠惠王”。此神姓刘，父子都是神，非常灵应，人们都归顺依附。五月二十九是他的诞辰，各社都来献送，也像东岳大帝诞辰时一样。姑且记载下来。

暮春

是月，春光将暮，百花尽开，如牡丹、芍药、棣棠、木香、酴醾[④]、蔷薇、金纱、玉绣球、小牡丹、海棠、锦李、徘徊[⑤]、月季、粉团[⑥]、杜鹃、宝相[⑦]、千叶桃、绯桃[⑧]、香梅、

---

① 美号：褒扬赞美的称号。

② 灵显：犹灵应。

③ 皈依：归顺依附。

④ 酴（tú）醾（mí）：荼蘼，花名，又称“佛见笑”，枝梢茂密，花繁香浓。

⑤ 徘徊：玫瑰。

⑥ 粉团：别称“雪球荚蒾（mí）”，忍冬科、荚蒾属落叶灌木，高达3米。当年小枝浅黄褐色，四角状。二年生小枝灰褐色或灰黑色。

⑦ 宝相：蔷薇花的一种，有大红、粉色两种。

⑧ 绯桃：桃花。

紫笑[①]、长春、紫荆、金雀儿[②]、笑靥[③]、香兰、水仙、映山红等花，种种奇绝。卖花者以马头竹篮盛之，歌叫于市，买者纷然。当此之时，雕梁燕语，绮栏莺啼，静院明轩，溶溶泄泄[④]，对景行乐，未易以一言尽也。

【译】这个月，春光将尽，百花全部盛开，如牡丹、芍药、棣棠、木香、荼蘼、蔷薇、金纱、玉绣球、小牡丹、海棠、锦李、玫瑰、月季、雪球荚蒾、杜鹃、蔷薇花、千叶桃、桃花、香梅、含笑花、长春、紫荆、金雀儿、李叶绣线菊、香兰、水仙、映山红等花，各种花都神奇绝妙。卖花的人用马头竹篮盛花，在市井歌唱叫卖，买花者纷纷而至。这个时候，燕子在装饰华美的屋梁上轻声细语，莺儿在绮丽的栏杆旁啼鸣，寂静的庭院，明亮的轩廊，此情此景，令人欢快舒畅，对景行乐的感觉，实在是一言难表。

---

① 紫笑：花名。含笑花有紫白两种，其花常开不足，仿佛含笑貌。

② 金雀儿：黄色花，似飞雀，故名。

③ 笑靥（yè）：正名“李叶绣线菊”，为蔷薇科绣线菊属灌木，枝条蔓而柔软，纤长伸展，弯曲呈拱形，繁花点点，眼目清凉，衬上绿叶翠枝，赏心悦目。晚春翠叶、白花，繁密似雪；秋叶橙黄色，亦璨然可观。

④ 溶溶泄（yì）泄：晃动貌；荡漾貌。

卷三

四月

四月，谓之“初夏”，气序[①]清和，昼长人倦，荷钱[②]新铸，榴火[③]将燃[④]，飞燕引雏，黄莺求友。正宜凉亭水阁，围棋投壶[⑤]，吟诗度曲[⑥]，佳宾劝酬[⑦]，以赏一时之景。上旬之内，车驾诣景灵宫，行孟夏[⑧]礼，驾过处，公私僦舍[⑨]，官放三日。第二日为新暑初回，令宰执分诣。

【译】四月，称为“初夏”，气候清爽和暖，白昼变长，人容易倦乏。形状如铜钱的初生小荷叶刚刚露出水面，红艳似火的石榴花即将绽放，飞燕带着雏燕飞翔，黄莺鸣叫寻找着朋友。这个季节，正适合在凉亭内或临水的楼阁里，下围棋、玩投壶、吟诗、作曲、与佳宾把酒言欢，欣赏这一时的美景。四月上旬的时候，皇上前往景灵宫，行孟夏之礼，圣驾所到

① 气序：气候顺序。

② 荷钱：状如铜钱的初生的小荷叶。

③ 榴火：形容石榴花红艳似火。

④ 燃：这里指绽放。

⑤ 投壶：古代士大夫宴饮时做的一种投掷游戏，也是一种礼仪。投壶是把箭向壶里投，投中多的为胜，负者照规定的杯数喝酒。

⑥ 度曲：指作词曲；唱曲。

⑦ 劝酬：指互相劝酒，敬酒。

⑧ 孟夏：指农历四月。

⑨ 僦（jiù）舍：租屋。

之处，官府免除三天的公私租房钱。第二天是新暑初回，皇上令宰执代为前往迎夏。

皇太后圣节[①]

初八日，寿和圣福皇太后[②]圣节。前一月，尚书省、枢密院文武百僚，诣明庆寺启建[③]祝圣道场。州府教集衙前乐乐部及妓女等，州府满散进寿仪范[④]。向自绍兴以后，教坊人员已罢，凡禁庭[⑤]宣唤，径令衙前乐充修内司[⑥]教乐所人员承应[⑦]。

【译】四月初八，是寿和圣福皇太后的生日。之前的一月，尚书省、枢密院的文武百官，就前往明庆寺预先兴建祝圣道场。州府官员则召集衙前乐乐部及妓女等，在祝寿仪式结束后举行满散仪式。自高宗绍兴以后，朝廷不再设教坊人员，凡宫廷宣召，就令衙前乐充作修内司教乐所人员，来为御前演奏乐曲。

① 圣节：历代皇帝生日或定节名，或不定节名，皆称为圣节。

② 寿和圣福皇太后：南宋理宗皇后谢道清，南宋度宗即位后，她被尊为皇太后。

③ 启建：开始兴建。

④ 州府满散进寿仪范：指州府在祝寿仪式结束后举行满散仪式，或指在祝圣道场期满后举行满散仪式。满散，做佛事或道场期满谢神的一种仪式。

⑤ 禁庭：犹宫廷。

⑥ 修内司：官署名。北宋、金、元皆置。宋属将作监，掌宫殿、太庙修缮事务。

⑦ 承应：指妓女、艺人应官廷或官府之召表演侍奉。

初四日枢密院率修武郎[①]以上，初六日尚书省宰执率宣教郎[②]以上，并诣明庆寺满散祝圣道场，次赴贡院斋筵[③]。帅[④]臣与浙西仓[⑤]宪[⑥]及两浙漕[⑦]率州县属官，并寄居文武官，就千顷广化寺满散祝圣道场，出西湖德生堂放生，然后回府治，赐宴簪花[⑧]，其礼仪盏数与御宴同也。

【译】四月初四枢密院率修武郎以上的官员，四月初六尚书省宰执率宣教郎以上的官员，一起前往明庆寺为祝圣道场举行满散仪式，再赴贡院举行斋筵。帅司、仓司、宪司、漕司的官员率领州县属官，以及寄居在京城的文武官员，到千顷广化寺为祝圣道场举行满散仪式，再到西湖的德生堂去放生，然后回府治，赐宴且都戴簪花。其礼仪所用的盏数与御宴相同。

① 修武郎：宋代阶官名。宋徽宗政和（公元1111—1117年）中，定武臣官阶五十三阶，第四十四阶为修武郎，以代旧官内殿崇班。

② 宣教郎：宋代官职名，迪功郎的别称。

③ 斋筵：做斋事时设的筵席。

④ 帅：宋代各路置安抚司掌军事与民政，简称“帅司”。

⑤ 仓：提举常平司掌常平仓与贷放钱谷等事，简称“仓司”。

⑥ 宪：提点刑狱司掌司法刑狱，简称“宪司”。

⑦ 漕：转运司掌财赋与转运，简称“漕司”。

⑧ 簪花：汉族妇女头饰的一种，用作首饰戴在妇人头上，增加了一种生机勃勃、生动活泼的生命气息，因而美。古时喜庆之日，朝廷百官巾帽上都簪花。簪花的习俗在我国已有两三千年的历史。

宰执亲王南班百官入内上寿赐宴

初八日，宰执亲王南班百官入内起居①，邀②驾过皇太后殿上寿③起居，舞蹈嵩呼，回诣紫宸殿宴。

【译】四月初八这一天，宰执、亲王、南班、百官入宫朝拜皇上，迎候皇上一并到皇太后所居宫殿朝拜、祝寿，一边舞蹈一边山呼万岁，然后回到紫宸殿，皇上赐宴群臣。

乐未作，殿前山棚④彩结飞龙舞凤之形，教乐所人员等效学百禽鸣，内外肃然，止闻半空和鸣⑤，鸾凤翔集。阁门东班引平章⑥、宰执、亲王以下起居，上殿赐坐。谢恩坐讫，赐平章、宰执、侍从、亲王、南班、武臣、观察使以上坐于殿上，余卿监⑦郎丞⑧及武臣防御使⑨以下，坐于殿庑间，军校排在山楼之后，殿上坐杌，依品位高低坐，第三四行黑漆矮偏凳

---

① 起居：这里指官员们进入皇宫朝拜皇上。

② 邀：迎候。

③ 上寿：向人敬酒，祝颂长寿。

④ 山棚：为庆祝节日而搭建的彩棚，其状如山高耸，故名。

⑤ 和鸣：互相应和而鸣。

⑥ 平章：同中书门下平章事，简称“同平章事”。平章是商量处理国事的意思。位高时，同平章事相当于宰相的官衔；位低时，官衔也在五品以上。宋中叶以后废除同平章事的名称。

⑦ 卿监：唐、宋统称各寺、监长官如光禄卿与少府监等为大卿监，各寺、监副长官如光禄少卿与少府少卿等为少卿监，总称为卿监。卿监一般指九寺五监等。

⑧ 郎丞：指正副长官。

⑨ 防御使：官名。唐代开始设置的地方军事长官。唐代防御使全称为防御守捉使。有都防御使、州防御使两种。

坐物。每位列环饼[①]、油饼、枣塔[②]为看盘。若向者高宗朝，有外国贺生辰使副[③]，朝贺赴筵，于殿上坐使副，余三节人[④]在殿庑坐。看盘如用猪、羊、鸡、鹅连骨熟肉，并葱、韭、蒜、醋各一碟，三五人共浆水饭[⑤]一桶而已。所有知阁门事官与御带、环卫等官，及阁门职事官，俱立殿陛之下也。

【译】乐曲尚未奏起，殿前的彩棚是用彩带结扎成飞龙舞凤的形状，教乐所的人员模仿百鸟的鸣叫，宫廷内外一片肃静，只听见半空中百鸟互相应和的鸣叫声，好像鸾凤飞来聚会。阁门东班引同平章事、宰执、亲王以下的官员入殿朝拜，皇上赐坐。众官谢恩落座后，皇上又赐同平章事、宰执、侍从、亲王、南班、武臣、观察使以上的官员坐在殿上。其余各卿监的正副长官及武臣防御使以下的官员坐在殿庑之间，军校以下的官员排列在彩楼的后面。殿上的坐凳，按照官阶高低而坐，第三、四行是黑漆表面且低矮的偏凳坐具。每位官员身边放置环饼、油饼、枣塔等食品为看盘。如果是之前的高宗时期，会有外国贺寿的正、副使臣，前来朝贺并参加筵席。正、副使臣坐在殿上，其余随从坐在殿庑。看盘里如

---

① 环饼：一种环钏形的油炸面食。

② 枣塔：枣制食品的一种。

③ 使副：指正使与副使。

④ 三节人：三节人从。宋代出国使节的随员。

⑤ 浆水饭：用黄豆和大米为主料做成，色洁白，饭中有片片豆花，犹如白雪，味道略酸，美味可口。且米豆同食，营养互补，提高了食物的营养价值，便于人体的消化吸收和利用。

果有猪、羊、鸡、鹅等的连骨熟肉，再放葱、韭、蒜、醋各一碟，三五个人共享一桶浆水饭。所有知阁门事官和御带、环卫等官员，以及阁门职事官，都站立在殿阶之下。

上公[①]称寿[②]，率以尚书执注碗[③]斟酒进上。其教乐所色长[④]二人，上殿于阑干[⑤]边立，皆诨裹[⑥]紫宽袍、金带、黄义襕[⑦]，谓之“看盏”。如斟御酒，看盏者举其袖引白绥[⑧]御酒，进毕，拂双袖于阑干而止。主上以宝卮[⑨]先从东后西，宣示[⑩]宰执、亲王以下，及外国使副、阁门宣赞，分班躬身齐传宣饮。尽[⑪]酒者三，群臣拜于坐次[⑫]，后捧卮饮而再拜坐。宰臣酒，色长则白绥酒如前。

【译】上公祝寿时，一般是以尚书手拿注碗斟酒进上。有两个教乐所的色长，站在宫殿上的栏杆边，他们都裹着头

---

① 上公：三公之上为上公。

② 称寿：祝人长寿。

③ 注碗：温酒具，与注子配套使用。

④ 色长：宋、元教坊司管理乐工的属官。

⑤ 阑干：栏杆。用竹、木、砖石或金属等构制而成，设于亭台楼阁或路边、水边等处作遮拦用。

⑥ 诨裹：头巾一类的东西。大多为教坊、诸杂剧人所戴用。

⑦ 襕（lán）：古代上下衣相连的服装，即长衫或袍。

⑧ 绥：这里是促饮、劝酒的意思。

⑨ 宝卮（zhī）：指皇上用的酒具。卮，古代盛酒的器皿。

⑩ 宣示：宣布。

⑪ 尽：完毕。

⑫ 坐次：座位。

巾、身穿紫色宽袍、腰束金带、垂黄义襕，这称为“看盏”。尚书给皇上斟酒时，看盏的色长举起双袖并吟唱“绥御酒”，御酒进献完毕，色长甩下双袖回到栏杆边。皇上举起酒杯，先从东后到西，宣布宰执、亲王以下的官员，以及外国正、副使者、阁门宣赞，各班都躬身举杯且一齐听令干杯。如此敬酒三次后，群臣要在座位上叩拜，然后捧杯饮酒，再叩拜后坐下。给宰臣斟酒时，看盏色长吟唱“绥酒”程序跟前面一样。

教乐所乐部例于山楼上彩棚中，皆裹长脚幞头，随乐部色服紫、绯、绿三色宽衫，黄义襕，镀金凹面腰带，前列拍板①，次画面琵琶，又列箜篌②两座。高三尺许，形如半边木梳，黑漆镂花金装画台座，张二十五弦，一人跪而交手擘③之。次高架画花地金龙大鼓④二面，击鼓人皆结宽袖、别套黄窄袖、垂结带，金裹鼓棒两条，高低互击，宛若流星。后有羯鼓⑤，如寻常番鼓子，置之小桌上，两手皆执杖击之。次中

---

① 拍板：打击乐器的一种。也称檀板、绰板。用坚木数片，以绳串联，用以击节。唐宋时拍板为六或九片，以两手合击发音，今拍板常由三片木板组成。

② 箜（kōng）篌（hóu）：中国古代传统弹弦乐器又称拨弦乐器。最初称“坎侯”或“空侯”，在古代除宫廷乐使用外，在民间也流传。在古代有卧箜篌、竖箜篌、凤首箜篌三种形制。从十四世纪后期不再流行，以致慢慢消失，只能在以前的壁画和浮雕上看到一些箜篌的图样。

③ 擘（bò）：拨弹琴弦的指法。用拇指抬弦称擘。引申为弹奏。

④ 大鼓：乐器名。打击乐器的一种，又作“太鼓”。即在中空的木制圆筒上张皮，以供打击的乐器。

⑤ 羯鼓：古代打击乐器的一种。起源于印度，从西域传入，盛行于唐开元、天宝年间。

间列铁石方响[①]，用明金彩画架子，双垂流苏[②]。次列箫、笙、埙[③]、篪[④]、觱篥[⑤]、龙笛[⑥]之类，两旁对列，杖鼓皆长脚幞头、紫绣抹额[⑦]，皆系紫宽袍、黄窄袖、结带、黄义襕。诸杂剧色皆诨裹，各服本色紫、绯、绿宽衫，义襕，镀金带。自殿陛对立，直至乐棚。每遇供舞戏，则排立叉手，举左右肩，动足应拍，一起群舞，谓之“挼曲子[⑧]”。

【译】教乐所乐部按例排列在山楼上的彩棚中，都头裹长脚幞头，按照各自所属的部门分别穿着紫、红、绿三种颜色的宽衫，垂黄义襕，围镀金凹面腰带。最前面排列的是拍板，其次是面板带有绘画的琵琶，又列着两座箜篌。箜篌高三尺多，形状像半边的木梳，有黑漆底色、雕镂着花纹、绘有精美图案的台座。每台箜篌上有二十五根弦，一人跪地用双手

① 方响：古代中国打击乐器，南朝梁代出现，是中国古代很有艺术特色并具有固定音高的敲击乐器。它出自距今一千四百多年前的南北朝时的北周（公元557—581年），后为隋、唐燕乐中常用的乐器。

② 流苏：一种下垂的以五彩羽毛或丝线等制成的穗子，常用于舞台服装的裙边下摆等处。

③ 埙（xūn）：古代用陶土烧制的一种吹奏乐器，大小如鹅蛋，六孔，顶端为吹口。又叫“陶埙”。

④ 篪（chí）：我国古代一种管乐器，也就是所谓的竹埙，是一种低音吹奏乐器。

⑤ 觱（bì）篥（lì）：又称“觱栗”。古代汉朝的一种管乐器，形似喇叭，以芦苇做嘴，以竹做管。吹出的声音悲凄，羌人所吹，用以惊中国马。

⑥ 龙笛：一种横吹木管乐器，由竹制成。

⑦ 抹额：中国古代的一种首服 ，也称“额带”“眉勒”“抹头”等，是将布帛织锦等物折叠或裁制成条状围勒于额前，多饰以刺绣或珠玉。

⑧ 挼（ruó）曲子：指随节拍伴舞。

交互弹拨琴弦。再后面是两面安放在高高的鼓架上、彩绘的花底上画着金龙的大鼓。鼓手都穿着结带的宽袖衫、另套黄色窄袖、垂挂着丝带，手拿两根由金箔包裹的鼓槌，双手高举，交替击鼓，宛如流星。再后面是羯鼓，就像普通的番鼓子一样，安放在小桌子上，鼓手两手拿着鼓杖敲打。再后面排列的是铁、石制成的方响，悬挂在金色且绘有图案的架子上，架子两端垂挂着流苏。再后面排列有箫、笙、埙、篪、觱篥、龙笛一类的乐器。两旁相对排列着杖鼓，鼓手们都裹着长脚幞头、束着紫色的刺绣抹头，都穿着背后系带的紫色宽衫、套着黄色窄袖、垂挂丝带和黄色义襕。演杂剧的各部门艺人，也都裹着头巾，根据自己的角色分别穿着紫、红、绿三种颜色的宽衫、垂挂义襕、围镀金腰带。在殿阶前两两相对而立，一直排列到乐栅边。每到歌舞艺人入场，大家都将双手在胸前交叉，耸动左右肩，舞动双足以应和节拍，一起群舞，称为“挼曲子”。

第一盏进御酒，歌板色①一名，唱中腔一遍讫，先笙与箫、笛各一管和之。又一遍，众乐齐和，独闻歌者之声。宰臣酒，乐部起《倾杯》②。百官酒，《三台》③舞旋，多是诨裹、宽

---

① 歌板色：教坊歌手。

② 《倾杯》：词牌名，又名《倾杯乐》《倾杯序》《古倾杯》，推荐一百零四字格，双调，上阕（què）十句，四仄（zè）韵；下阕十一句，四仄韵。

③ 《三台》：唐教坊曲名。宋张表臣《珊瑚钩诗话》：“乐部中有促拍催酒，谓之三台。”

衫，舞曲《破攧》[1]前一遍，舞者入，至《歇拍》[2]，续一人入，对舞数拍，前舞者退，独后舞者终其曲，谓之“舞末”。

【译】斟第一盏御酒的时候，由一名歌板色，唱中腔一遍后，先用笙与一支箫、一支笛应和。歌板色再唱一遍中腔后，各种乐器一齐奏起，然而只听到演唱者的歌声。斟宰臣酒时，乐队奏起《倾杯乐》曲子。斟百官酒时，舞者随着《三台》曲调起舞，舞者大多裹着头巾、身穿宽衫。舞曲演奏到《破攧》前一遍时，舞者入场表演。演奏到《歇拍》时，又有一名舞者入场，两人对舞数拍后，先入场的舞者退场，只有后入场的舞者一直跳到乐曲结束，这称为“舞末”。

第二盏再进御酒，歌板色唱和如前式。宰臣，慢曲子。百官，舞《三台》。

【译】斟第二盏御酒的时候，歌板色演唱同前。斟宰臣酒的时候，乐队奏起节奏舒缓的慢曲子。斟百官酒的时候，舞者随着《三台》曲调起舞同前。

第三盏进御酒，宰执、百官酒如前仪。进御膳，御厨以绣龙袱[3]盖合上进御前珍馐[4]，内侍进前供上食，双双奉托直过头。凡御宴至第三盏，方进下酒：咸豉、双下[5]驼峰角

---

①《破攧（diān）》：曲调名。

②《歇拍》：大曲曲调名。填词每阕之末，谓之“歇拍”，犹曲之煞尾。

③ 袱（fú）：包裹或覆盖用的布单。

④ 珍馐：泛指美味。

⑤ 双下：双馅儿，即一种馅料。

子[①]。宰执、百官以殿侍侧身跪传酒馔，即茶酒班[②]仗役[③]也。盖谓“殿侍高高捧盏行，天厨分脔[④]极恩荣。傍筵拜起尝君赐，不请微闻匙箸[⑤]声。”百戏[⑥]呈拽[⑦]，乃上竿、跳索、倒立、折腰、弄碗[⑧]、踢磬瓶[⑨]、筋斗之类。艺人皆红巾彩服。

【译】斟第三盏御酒、斟宰臣和百官酒的礼仪同前。进呈御膳，御厨用绣龙的布单盖在食盒上，进献美味到御前。内侍到皇上面前呈上食盒，双手捧托高过头顶。一般御宴进行到斟第三盏御酒的时候，才有佐酒的菜肴，有咸豉、双下驼峰角子。殿前侍者侧身跪传酒食给宰执、百官，这些侍者都是茶酒班杂工。有诗形容此情景曰：“殿侍高高捧盏行，天厨分脔极恩荣。傍筵拜起尝君赐，不请微闻匙箸声。”艺人们表演百戏，节目有上竿、跳索、倒立、折腰、弄碗、踢

---

① 驼峰角子：油煎食品。用酥面包熟馅，捏成饺子样且稍大，以油煎熟即成，类似今锅贴。《居家必用事类全集·庚集》：“驼峰角儿：面二斤半，入融化酥十两，或猪、羊油各半代之。冷水和盐少许，搜成剂，用骨鲁槌擀作皮，包炒熟馅子，捏成角儿，入炉鏊（ào）煿（bó）熟供。素馅也可。”

② 茶酒班：负责御用和官廷筵宴茶酒的机构。也是皇帝出巡仪卫队列中重要组成部分。

③ 仗役：似指杂工。

④ 脔（luán）：切成小块的肉。

⑤ 箸（zhù）：筷子。

⑥ 百戏：古代民间表演艺术的泛称。

⑦ 呈拽：安排。

⑧ 弄碗：弄碗注，杂技节目，或为碗等器皿中注水进行表演，而不让水溢出。

⑨ 踢磬瓶：蹴（cù）瓶伎，踢瓶使其抛上铁锋杖端，或水晶丸与瓶相值回旋。

磬瓶、筋斗等。艺人们都裹着红色头巾、身穿彩色衣服。

第四盏进御酒，宰臣、百官各送酒，歌舞并同前。教乐所伶人[①]，以龙笛、腰鼓发诨子[②]。参军色执竹竿、拂子，奏俳语[③]口号[④]，祝君寿。杂剧色打和毕，且谓："奏罢今年新口号，乐声惊裂一天云。"参军色再致语，勾合[⑤]大曲[⑥]舞。下酒杯：炙子骨头[⑦]、索粉[⑧]、白肉、胡饼。

【译】斟第四盏御酒时候的礼仪同前，斟宰臣、百官酒以及歌舞也都同前。教乐所艺人，用龙笛、腰鼓来开始表演滑稽娱乐节目。参军色手拿竹竿、拂尘，上场唱念颂词，朗诵颂诗，来祝寿。杂剧色艺人在旁应和，之后又唱道："奏罢今年新口号，乐声惊裂一天云。"参军色再次唱念颂词，随着大型歌舞曲的节奏起舞。这时的下酒菜肴有：炙子骨头、索粉、白肉、胡饼。

---

① 伶人：伶工、乐人，歌舞或戏剧演员。

② 诨子：指滑稽逗笑的节目。

③ 俳语：致语，古代宫廷艺人在演出开始时说唱的颂词。

④ 口号：宋代宫廷举行盛典宴会时，乐人念诵的颂诗，简明而短，内容主要是歌功颂德。

⑤ 勾合：犹言串通，结合。

⑥ 大曲：一种传统音乐。中国历史上存在于各重要乐种中的大型乐曲，尤指汉魏相和歌、六朝清商乐、唐宋燕乐的大曲，它们几乎都是兼有器乐演奏的大型歌舞曲。因此，通常所说的大曲亦即大型歌舞曲。

⑦ 炙子骨头：豫菜菜谱之一，以羊排为主料，烹饪技巧以明炉烤为主，口味属于炸烧味。

⑧ 索粉：以绿豆粉或其他豆粉制成的细条状食物。也称"粉丝""线粉"。

第五盏进御酒，琵琶。色长上殿奏喏，独弹玉琵琶。前辈有诗咏曰：“宝轴琵琶奏上欢，玉钩珠结响珊珊。群臣倾听天朝乐，却笑乌孙马上弹。”宰臣酒，方响。色长上殿奏喏，独打玉方响，亦有诗咏之：“垂珠宝架玉牌方，催送黄金万寿觞。疑是飞仙朝帝阙，玲珑环佩互宫商。”凡色长独奏玉乐器，例有宣赐，其弹玉琵琶者赐五两五匹，打玉方响者，赐三两三匹，乐伶当殿谢恩祗受①讫。百官酒，乐部起《三台》舞，参军色执竿奏数语，勾杂剧入场，一场两段。是时，教乐所杂剧色何雁喜、王见喜、金宝、赵道明、王吉等，俱御前人员，谓之“无过虫”。再下酒：群仙炙、天仙饼、太平毕罗②、干饭、缕肉羹③、莲花肉饼。

【译】斟第五盏御酒的时候，琵琶奏响，色长上殿演奏并唱喏，独自一人弹玉琵琶。前辈有诗咏道：“宝轴琵琶奏上欢，玉钩珠结响珊珊。群臣倾听天朝乐，却笑乌孙马上弹。”斟宰臣酒的时候，击打方响。色长上殿演奏并唱喏，独自一人击打玉方响。也有诗咏道：“垂珠宝架玉牌方，催送黄金万寿觞。疑是飞仙朝帝阙，玲珑环佩互宫商。”凡是色长独奏玉乐器，按惯例皇上会有赏赐，弹玉琵琶的人赏赐五两银

① 祗受：恭敬地领受。

② 毕罗：食品名，一种包有馅心的面制点心。也作“饆（bì）饠（luó）”。始于唐代，当时长安的长兴坊有胡人开的饆饠店。据史料，有蟹黄饆饠、樱桃饆饠、天花饆饠等，甚为著名。

③ 缕肉羹：肉丝羹。

子、五匹绢，击打玉方响的人赏赐三两银子、三匹绢，教乐所的艺人在殿上谢恩并恭敬地领受。之后斟百官酒时，乐队奏《三台》舞曲，参军色手拿竹竿上前唱念颂词，并引杂剧艺人进场表演，一场有两段。此时，教乐所杂剧色艺人何雁喜、王见喜、金宝、赵道明、王吉等，都是皇上身边的人员，称他们为“无过虫”。这时的下酒菜有：群仙炙、天仙饼、太平毕罗、干饭、肉丝羹、莲花肉饼。

前筵毕，驾兴，少歇，宰臣以下退出殿门幕次[1]伺候[2]。须臾[3]传旨追班[4]，再坐后筵，赐宰臣、百官及卫士、殿侍、伶人等花，各依品位簪花。上易黄袍、小帽儿，驾出再坐，亦簪数朵小罗帛花帽上。宰臣以下起居坐。有诗咏曰：“玉带黄袍坐正衙，再颁花宴侈恩华。近臣拜舞瞻龙表，绛蕊高笼压帽纱。”乐伶、色长看盏。

【译】前筵结束，皇上起身，稍作歇息，宰臣以下的官员退出殿门后到临时搭的帐篷中等候。不一会儿，又传旨百官按位次谒见皇上，再重新入座参加后面的筵席。赐宰臣、百官及卫士、殿侍、艺人等花，各自按照品级戴花。皇上也换上黄袍、头戴小帽儿，等皇上出来再次坐下，帽上也插着数朵小罗帛花。宰臣以下官员朝拜皇上后入座。有诗咏道：“玉

---

① 幕次：临时搭起的帐篷。

② 伺候：等候。

③ 须臾：一会儿。

④ 追班：百官按位次排列谒见皇帝。

带黄袍坐正衙，再颁花宴侈恩华。近臣拜舞瞻龙表，绛蕊高笼压帽纱。”艺人、色长座位看盏。

第六盏再坐，斟御酒，笙起慢曲子。宰臣酒，龙笛起慢曲子。百官酒，舞《三台》，蹴[①]球人争胜负。且谓：“乐送流星度彩门，东西胜负各分番。胜赐银碗并彩缎，负击麻鞭又抹枪[②]。”下酒供：假鼋鱼[③]、蜜浮酥捺花[④]。

【译】再入座后斟第六盏御酒，笙吹奏起节奏舒缓的慢曲子。斟宰臣酒的时候，龙笛奏起慢曲子。斟百官酒的时候，奏《三台》舞曲。踢球人进行比赛争胜负。有诗咏之曰：“乐送流星度彩门，东西胜负各分番。胜赐银碗并彩缎，负击麻鞭又抹枪。”这时的下酒菜肴有：假鼋鱼、蜜浮酥捺花。

第七盏进御酒，筝。色长上殿奏喏，七宝筝独弹，宣赐谢恩。有诗咏曰：“雁行飞入玉琮琤[⑤]，满殿齐看七宝筝。弹到急催花片处，春声依约上林莺。”宰臣酒，慢曲子。百官酒，舞《三台》。参军色作语，勾杂剧入场，三段。下酒供：排炊羊、胡饼、炙金肠。

【译】斟第七盏御酒的时候，筝响，色长上殿演奏唱喏，

① 蹴（cù）：踢。

② 负击麻鞭又抹枪：输的一队球头就要受到在脸上抹白粉和挨麻鞭抽打的惩罚。抹枪，抹跄，宋代谓百戏艺人以色粉涂面。

③ 假鼋（yuán）鱼：指用面粉或其他食物做成鼋状。鼋，大鳖。

④ 蜜浮酥捺花：似用冷凝的酥油做出一朵朵白色的茉莉花，漂在盛了蜜的盘中。浮酥，酥油。捺花，柰花，茉莉花。

⑤ 琮琤：象声词，形容筝声。

独弹七宝筝，皇上照例赏赐，色长恭领并谢恩。有诗咏曰：“雁行飞入玉琮琤，满殿齐看七宝筝。弹到急催花片处，春声依约上林莺。”斟宰臣酒的时候，奏起慢曲子。斟百官酒的时候，奏《三台》舞曲。舞毕，参军色上前致辞，招引杂剧艺人进场表演，一场有三段。这时的下酒菜肴有：排炊羊、胡饼、炙金肠。

御前宣劝[①]殿上宰执、亲王、使相、侍从、外国使副毕，中使[②]二员至御座前奏过，分东西殿庑，传宣[③]台官[④]、卿监郎丞簿饮，尽酒者三，拜而饮之。并传宣外国使副下三节官属，皆厉声喏三声，拜而饮。有诗咏曰：“内臣拱立近天光，奏罢传宣下御廊。来听番官三节喏，不须重译尽来王。”

【译】皇上赐酒劝饮殿上的宰执、亲王、使相、侍从及外国正副使者后，两名宦官走到皇上前奏过，分别到东西殿庑，传令宣召台官、卿监的正副长官薄饮，敬酒三次，大家叩拜后饮酒。也传令宣召外国正副使者以下的随从人员饮酒，都大声唱喏三声，叩拜后饮酒。有诗咏道：“内臣拱立近天光，奏罢传宣下御廊。来听番官三节喏，不须重译尽来王。”

---

① 宣劝：皇帝赐酒劝饮。

② 中使：宫中派出的使者。多指宦官。

③ 传宣：传令宣召。

④ 台官：唐宋御史台长官的统称。

第八盏进御酒，歌板①。色长唱踏歌②。宰臣酒，慢曲子。百官酒，舞《三台》。众乐作合曲破③舞旋④。下酒供：假沙鱼、独下⑤馒头、肚羹。

【译】斟第八盏御酒的时候，歌板响，色长唱《踏歌词》。斟宰臣酒的时候，乐队奏起节奏舒缓的慢曲子。斟百官酒的时候，奏《三台》舞曲。众乐演奏，和着《曲破》跳起舞旋。下酒的菜肴有：假沙鱼、独下馒头、肚羹。

第九盏进御酒、宰臣酒，并慢曲子。百官，舞《三台》。左右军即内等子相扑⑥。下酒供：水饭、簇饤⑦、下饭⑧。宴罢，群臣下殿，谢恩退。前辈有诗云："宴罢随班下谢恩，依然骑马出宫门。归来要侈需云盏，留得天香袖上存。"

【译】斟第九盏御酒的时候，还有斟宰臣酒的时候，都奏起节奏舒缓的慢曲子。斟百官酒的时候，奏《三台》舞曲。左右军的禁卫来表演相扑。下酒的菜肴有水饭、堆叠在食具

---

① 歌板：拍板。歌唱时用以打拍子，故名。

② 踏歌：《踏歌词》，唐代乐曲名。

③ 曲破：唐宋乐舞名。大曲的第三段称为"破"，单演唱此段称"曲破"。节奏紧促，有歌有舞。

④ 舞旋：古代一种回旋的舞蹈。

⑤ 独下：似独馅儿，即一种馅料。

⑥ 相扑：一种竞技体育运动。相扑源于中国春秋时代，从春秋到秦汉时期时名为"角抵"，带有武术性质。

⑦ 簇饤（dìng）：堆叠在食具中供陈设的食品。

⑧ 下饭：指小菜。

中供陈设的食品、小菜。筵席结束，群臣下殿，谢恩后告退。前辈有诗道："宴罢随班下谢恩，依然骑马出宫门。归来要侈需云盏，留得天香袖上存。"

皇帝初九日圣节

四月初九日，度宗生日。尚书省、枢密院官僚，诣明庆寺如前开建满散。至日侵晨，平章、宰执、亲王、南班、百官入内大起居[①]，舞蹈称贺，随班从驾过皇太后殿起居毕，回集英殿赐宴，仪式不再述。

【译】四月初九，是宋度宗生日。尚书省、枢密院的官员，像前面一样前往明庆寺开建祝圣道场，举行满散仪式。当天一大早，同平章事、宰执、亲王、南班、百官入宫朝拜皇上，一边舞蹈一边祝寿。百官依官阶次序跟随皇上前往皇太后所居宫殿朝拜，之后回到集英殿，皇上赐宴群臣，其仪式不再赘述。

其赐宴殿排办[②]事节[③]云：仪銮司预期先于殿前绞缚山棚及陈设帏幕[④]等。前一日，仪銮司、翰林司、御厨、宴设库、应奉司属人员等人，并于殿前直宿[⑤]。至日侵晨，仪銮司排

---

① 大起居：宋制，文武朝官每五日赴内殿参见皇帝。

② 排办：准备；安排。

③ 事节：事实情节；事宜。

④ 帏幕：帷幔；帐子。

⑤ 直宿：值夜。

设御座龙床，出香金[①]、狮蛮[②]、火炉子、桌子、衣帏等，及设第一行平章、宰执、亲王座物，系高座锦褥。第二、第三、第四行，侍从、南班、武臣、观察使以上，并矮坐紫褥。东西两朵殿庑百官，系紫沿席，就地坐。翰林司排办供御茶、床上珠花看果[③]，并供细果，及平章、宰执、亲王、使相高坐果桌上第[④]看果，殿上第二、第三、第四行侍从等平面桌子，三员共一桌。两朵殿廊卿监以下，并是平面矮桌，亦是三员共一桌。果桌于未开内门时预行排办。御前头笼燎炉[⑤]，供进茶酒器皿等，于殿上东北角陈设，候驾御玉座应奉[⑥]。

【译】在大殿赐宴，准备工作是：仪銮司预先在殿前绑缚山棚及陈设帐子。前一天，仪銮司、翰林司、御厨、宴设库、应奉司等部门人员全部在殿前值夜。当天一大早，仪銮司排设御座龙床，出香金、狮蛮、火炉子、桌子、衣帏等物品，以及摆设第一行同平章事、宰执、亲王的座位器物等，高高的座位上垫着锦绣的褥子。第二、第三、第四行，是侍从、南班、武臣、观察使以上官员的座位，低矮的座位上垫着紫色的褥子。东西两朵殿庑下是百官，全都席地而坐，垫

① 香金：指施给寺庙的赞助费用。

② 狮蛮：宋代重阳节蒸糕上的粉制饰物。亦借指这种蒸糕。

③ 看果：以木、土、蜡等制作的果品，供祭祀或观赏用。

④ 上第：上等。

⑤ 燎炉：供烘烤或取暖用的炉子。

⑥ 应奉：侍奉。

的是紫边的席子。翰林司准备供应御茶、龙床上的珠花看果，并摆设细果，以及同平章事、宰执、亲王、使相等高座果桌上的上等看果。殿上第二、第三、第四行是侍从人员等，面前摆的是平面桌子，三名官员共一桌。两朵殿廊各卿监的正副长官以下，面前摆的全是平面矮桌，也是三名官员共一桌。果桌在宫门还未打开时就先行准备好了。宴设库、应奉司准备好炉头被罩着的燎炉及饮茶酒的器皿等，摆设在殿上东北角，等待皇上御临玉座时侍奉。

其御宴酒盏皆屈卮①，如菜碗样，有把手。殿上纯金，殿下纯银。食器皆金棱②漆碗、碟。御厨制造宴殿食味③，并御茶床上看食④、看菜⑤、匙箸、盐碟、醋樽⑥，及宰臣亲王看食、看菜，并殿下两朵庑看盘、环饼、油饼、枣塔，俱遵国初⑦之礼在，累朝⑧不敢易之。故礼其宴设库提点⑨监造五局宴食、常行油餓⑩。百官食味，称盘斤两，毋令阙少。御

---

① 屈卮：有曲柄的酒杯。

② 金棱：指碗、碟的金边。棱，指物体上不同方向的两个平面连接的部分。

③ 食味：这里指酒席上的食品。

④ 看食：酒席上的点心类食品。

⑤ 看菜：供陈设的菜肴。

⑥ 樽（zūn）：古代盛酒的器具。

⑦ 国初：王朝建立初期。

⑧ 累朝：历朝。

⑨ 提点：官名。

⑩ 油餓：一种油炸面食。

酒库排办前后御宴酒及宣劝御封酒。

【译】御宴上使用的酒盏都是带曲柄的，像菜碗的样子，盏上有把手。殿上用的是纯金的，殿下用的是纯银的。盛食品的器皿都是带金边的漆碗、漆碟。由御厨为殿上宴会制造所需要的各种食品，摆设好御茶及龙床上的看食、看菜、匙箸、盐碟、醋樽等，还有宰臣、亲王桌上的看食、看菜，及殿下两侧走廊百官桌上的看盘、环饼、油饼、枣塔等，全部遵守本朝建立初期制定的礼仪，历朝不敢改变。按照旧礼，宴设库提点监造五局宴会上常有的油馓子。分给百官的食品，要用秤称好斤两，不能缺少分量。御酒库准备前后的御宴用酒及劝饮和封酒的工作。

僧寺结制

四月十五日结制，谓之“结夏”。盖天下寺院僧尼庵舍设斋供僧，自此僧人安居禅教律寺①院，不敢起单②云游。自结制后，佛殿起楞严会③，每日晨夕合寺僧行持④诵经咒，燃点巨烛，焚爇⑤大香。或有寺院，朝廷降赐钱会、匹帛、金

① 禅、教、律寺：古代佛寺分禅寺、教寺、律寺。禅寺，中国佛教禅宗的修行道场；教寺，从事世俗教化之寺院；律寺，着重研习及传持戒律的律宗修行。

② 起单：谓僧人离开原住寺庙，外出云游或另谋他所。

③ 楞严会：佛教禅林古法。自农历四月十三日至七月十三日九十天中，众僧要禁足安居，设楞严坛，每日早晨粥罢，服装整齐地在坛前集合，讽诵经咒，咒罢，唱摩诃，举行楞严会。

④ 行持：精勤修行，持守佛法戒律。

⑤ 爇（ruò）：烧。

银钱，启建祈忏会[1]四十九昼夜，每日六时修忏，祈国安民，其僧人一刻不敢妄出，斋戒严肃，不敢触犯，神天报应在目前。大刹[2]日供，三日或五日换堂，俱都寺[3]主办，皆十万檀信[4]施助耳。盖孟夏望日[5]，乃法王[6]禁足[7]、释子[8]护生之日，自此有九十日，可以安单办道。

【译】四月十五日，各僧寺开始结制，称为“结夏”。天下的寺院及僧尼庵舍设斋供僧，从此僧人安居禅、教、律寺院中，不敢外出云游。从结制以后，佛殿开设楞严法会，每日早晚全寺僧人诵经念咒，点燃巨烛，焚烧大香。有的寺院会得到朝廷降赐的钱会、匹帛、金银钱，建立祈忏会要历经四十九昼夜，每天六时修忏，祈祷国泰民安。其僧人一刻也不敢随便出去，斋戒非常严格，不敢触犯，因为神天的报应就在眼前。大寺庙每天堂前的供奉，要三天或五天更换一次，都由太常寺主办，都是十万施主的施助。四月十五日，是法王禁止外出、僧徒护生的日子，从此日开始要九十天，僧人要常住寺院、举办法事。

① 祈忏会：祈祷、忏悔的法会。

② 大刹：大寺庙。

③ 都寺：太常寺的别称。

④ 檀信：犹施主。指修檀行的信士。

⑤ 望日：每月十五。

⑥ 法王：佛教对佛的尊称。

⑦ 禁足：禁止外出。指佛教僧尼坐夏，避免灾祸或因过失受罚而不得外出。

⑧ 释子：僧徒的通称。取释迦弟子之意。

是月，园圃瓜茄初生①，禁中增价②市之，进以赏时新③。内侍之家及府第富室，亦如此。

【译】这个月，园圃里的瓜茄刚刚上市售卖，宫中就出高价来购买，来品尝应时而鲜美的东西。官宦之家、大户人家也是这样的。

五月（重午附）

仲夏一日，禁中赐宰执以下公服罗衫。五日重午节④，又曰"浴兰令节"，内司意思局以红纱彩盝子⑤，以菖蒲或通草⑥雕刻天师驭虎像于中，四围⑦以五色染菖蒲悬围于左右。又雕刻生百虫铺于上，却以葵、榴、艾叶、花朵簇拥。内更以百索⑧彩线、细巧镂金花朵，及银样鼓儿、糖蜜韵果、巧粽、五色珠儿结成经筒符袋、御书葵榴画扇、艾虎⑨、纱匹段，分赐诸阁分、宰执、亲王。兼之诸宫观亦以经筒、符袋、灵

---

① 初生：初现。这里指刚刚上市售卖。

② 增价：指出高价。

③ 时新：应时而鲜美的东西。

④ 重午节：端午节。

⑤ 盝（lù）子：古代一种小型妆具。

⑥ 通草：指通脱木，常绿灌木或小乔木。通脱木的茎髓大，质地轻软，颜色洁白，称为"通草"，切成的薄片称为"通草纸"，供精制纸花和小工艺品原料。中药用通草做利尿剂，并有清凉散热功效。

⑦ 四围：四周。

⑧ 百索：端午节的吉祥饰物。

⑨ 艾虎：古俗，端午日采艾制成虎形的饰物，佩戴之谓能辟邪祛秽。

符、卷轴、巧粽、夏橘等送馈贵宦之家。如市井看经道流，亦以分遗施主家。所谓经筒、符袋者，盖因《抱朴子》问辟五兵之道[①]，以五月午日佩赤灵符[②]挂心前，今以钗符[③]佩带，即此意也。

【译】仲夏一日，宫中赏赐宰执以下的官员公服和罗衫。五月初五是重午节、端午节，又称“浴兰令节”。内司意思局取红纱彩金盝子，将菖蒲或通草雕刻天师驭虎像放在里面，四周用五色染菖蒲围绕。又雕刻生百虫铺在上面，再用葵、榴、艾叶、花朵来簇拥。宫内还用百索彩线、细巧镂金花朵以及银样鼓儿、糖蜜韵果、巧粽、五色珠儿编结成的经筒符袋、御书葵榴画扇、艾虎、纱匹缎等物，分别赐予诸嫔妃、宰执、亲王。此外，诸宫观也以经筒、符袋、灵符、卷轴、巧粽、夏橘等馈送给贵官显宦。像市井里的僧人、道士，也以此类物品赠送给施主家。所谓经筒、符袋之类，大概是因为《抱朴子》中有人问及避免血光之灾的方法，在五月初五将赤灵符挂在心前，如今佩戴钗符，也是这个意思。

杭都风俗，自初一日至端午日，家家买桃、柳、葵、榴、

---

① 因《抱朴子》问辟五兵之道：东晋葛洪《抱朴子·杂应》：“或问辟五兵之道或以五月五日作赤灵符，着心前。”五兵，本指兵器，后指战争。这里指血光之灾。

② 赤灵符：旧时佩挂胸前以避灾邪的符箓。

③ 钗符：端午节避邪的一种头饰。

蒲叶、伏道[①]，又并市茭、粽、五色水团、时果[②]、五色瘟纸，当门供养[③]。自隔宿及五更，沿门唱卖声，满街不绝。以艾与百草缚成天师，悬于门额上，或悬虎头白泽[④]。或士宦等家以生硃于午时书“五月五日天中节[⑤]，赤口白舌尽消灭”之句。此日采百草或修制[⑥]药品，以为辟瘟疾等用，藏之果有灵验。杭城人不论大小之家，焚烧午香[⑦]一月，不知出何文典。其日正是葵榴斗艳、栀艾争香、角黍[⑧]色金、菖蒲切玉，以酬佳景。不特富家巨室[⑨]为然，虽贫乏之人，亦且对时[⑩]行乐也。

【译】杭州的风俗，自五月初一至端午节的当天，家家户户买桃、柳、葵、榴、蒲叶、伏道艾，又一并购买茭、粽、五色水团、应时水果、五色瘟纸，对着门，供奉安置。从前一晚到第二天的五更，沿门唱卖声，满街不断。用艾叶与百草绑缚成天师的形象，悬挂在门额上，或悬挂虎头、白泽。

① 伏道：伏道艾。宋时以为艾中之佳品，因其产于汤阴伏道，故称。古代端午节用以辟邪。

② 时果：应时的水果。

③ 供养：指供奉安置。

④ 白泽：中国古代神话中地位崇高的神兽，祥瑞之象征，是令人逢凶化吉的吉祥之兽。白泽能说人话，通万物之情，晓天下万物状貌。

⑤ 天中节：端午节的别称。

⑥ 修制：对药物进行整理、清洁、切削等过程。

⑦ 午香：旧俗阴历五月每日中午用以祭祀的香。

⑧ 角黍：粽子。以箬叶或芦苇叶等裹米蒸煮使熟。状如三角，古用黏黍，故称。

⑨ 富家巨室：指广有财产的大户人家。

⑩ 对时：指一整天。

有的官宦人家在端午节用生朱砂书写“五月五日天中节，赤口白舌尽消灭”的句子，张贴在门上。在这一天采集百草或修制药品，作为辟瘟疾等用，收藏起来果真灵验。杭州城内，不论大户还是小家，都会焚烧一个月的午香，不知出自哪部典籍的记载。端午节这天正是葵花榴花争艳、栀子花艾叶争香之时，包裹着金色糯米的粽子和切成玉一般的菖蒲，正好来报答此时美景。不只是广有财产的大户人家这样享受，虽是穷的人家，一整天也都在享乐。

士人赴殿试唱名

诸路举人到者，排日赴都堂，帘引[①]讫，伺候择日殿试。前三日，宣押知制诰[②]、详定、考试等官赴学士院锁院，命御策题[③]，然后宣押赴殿。士人诣集英殿起居[④]，就殿庑赐坐引试，依图分庑坐定，各赐印刊策题，其士人只许带文房及卷子，余皆不许挟带文集。士人入东华门，各行搜检身内有无绣体私文[⑤]，方行放入。午则赐食与士人，其砚水之类，皆殿直、

① 帘引：帘官。科举时代，乡试会试时的考官，分内帘官与外帘官。在外提调、监试等谓之外帘官；在内主考、同考谓之内帘官。

② 知制诰：官名。唐初以中书舍人为之，掌外制。其后亦有以他官代行其职者，则称某官知制诰。开元末，改翰林供奉为学士院，翰林入院一岁，则迁知制诰，专掌内命，典司诏诰。宋代因之，为清要之职。

③ 策题：科举策试的试题。

④ 起居：向皇上请安。殿试名义上是皇上亲自主持的考试。

⑤ 绣体私文：指为了作弊而刺绣的文身和事先撰成的文章。

祗直[1]供办。午后纳卷而出。

【译】诸路到京城的举子，逐日前往尚书省都堂，报到登记之后，等待择日殿试。殿试前三日，朝廷宣诏知制诰、详定官、考试官等前往学士院锁院，商议出科举策试的试题，然后宣诏考官前往考场所在的宫殿。考生前往集英殿向皇上问安，然后在大殿走廊的座位上引保就试，按照座次表分别在庑下坐定，发给刊印的科举策试试题。考生们只允许携带文房四宝和自己的卷子，不许挟带其他的参考文集。考生从东华门进来时，都要被搜身，检查身上有没有文身和事先撰成的文章，方可被放进入考场。中午会赐给考生饭食，砚、墨一类的用具，都由殿前的值班人员提供。午后交卷并离开考场。

旧制，士人卷子仍弥封，卷头打号，然后纳初放官[2]，次下复考[3]，考定次第，后送定参详[4]一同，方定甲名资次，而定夺三魁。伺候上御文德殿临轩唱名[5]，进呈[6]三魁试卷，

① 殿直、祗直：指大殿的供奉官、值班人员。

② 初放官：这里指负责初阅的考官。

③ 复考：为二阅考官。

④ 定参详：为终审考官。

⑤ 临轩唱名：宋朝开始出现皇帝临轩唱名赐第制度，称为“临轩唱名”。《宋会要辑稿》记载，雍熙二年共得进士二十五名，宋太宗按名次逐一呼出每位登第者的姓名，这一举措凸显了皇帝对科举选才的重视。自此以后，这一制度一直延续下来，其仪式也逐渐制度化。临轩，皇帝不坐正殿而御前殿。殿前堂陛之间近檐处两边有槛楯，如车之轩，故称。

⑥ 进呈：恭敬地献上。

天颜[①]亲睹三魁，排定姓名资次，然后宣唤三魁姓名。其三魁听快行宣唤[②]数次，方敢应名而出，扣问[③]三代乡贯年甲同方[④]。请入状元侍班处，更换所赐绿襕[⑤]、靴、简[⑥]。第一名状元及第，第二名榜眼，第三名探花。

【译】按照旧制，考生的卷子仍需弥封，卷头打上编号。然后交给初放官先阅，打分后再交给复考官阅，核定顺序，最后送给定参详三阅，统一意见后，定出科甲考试的名次，且定夺三魁。等到皇上驾临文德殿临轩唱名时，将三魁的试卷恭敬地献上，由皇上亲阅，并排定三人的次序，然后下令宣唤三魁的姓名。三魁在考生队伍中要听到快行家宣唤多次，才敢应名走出来。皇上询问他们的籍贯、年龄、在京城为官的同乡等。随后三魁被请入状元侍班处，更换皇上所赐的绿色的襕、靴子和手笏。第一名应试中选者称“状元”，第二名称“榜眼”，第三名称“探花”。

其状元官授承事郎[⑦]，职除[⑧]上郡签判[⑨]；榜眼授承奉郎，

---

① 天颜：天子的容颜。这里指皇上。

② 宣唤：皇上下令宣召、传唤。

③ 扣问：询问。

④ 乡贯年甲同方：指籍贯、年龄、在京城为官的同乡等。

⑤ 襕：这里指官服。

⑥ 简：手笏，大臣上朝时所持。

⑦ 承事郎：宋代文官官阶的一种。以下承奉郎、承务郎、迪功郎等皆同。

⑧ 除：授予官职。

⑨ 签判：全称“签书判官厅公事”，掌诸案文移事务。

探花授承务郎，职注中郡或下郡签判。或无见阙，则节推、察推[①]之职。三魁进诗[②]谢恩，上赐御筵、赐诗与状元。以下第一甲举人赐“进士及第”，第二甲赐“进士出身”，第三至第五甲并赐“同进士出身”。如有魁及前下名太、宗学内舍生员，并升甲[③]。恩例[④]，其老榜者，谓之特奏名[⑤]为魁者，附第五甲，补迪功郎[⑥]。余皆授诸州文学助教。武举进士前三名照文科，为状元、榜眼、探花，恩例各赐紫囊、金带、靴、笏。状元授秉义郎[⑦]，榜眼授从义郎[⑧]，探花授保义郎[⑨]。俱殿步司正副将之职。除武举进士，皆循文科例，赐进士及第出身。如进士欲赴御教场内射弓升甲，听从其便，盖招箭班祇直也。

【译】状元官授承事郎，授予官职为上郡签判；榜眼授承奉郎，探花授承务郎，授予官职为中郡或下郡签判。如果签判一职没有空缺，就授予节推、察推之职。三魁进献诗章谢恩，皇上赐御宴、赐诗给状元。三魁以下的第一甲举子赐“进士及

---

① 节推、察推：节度推官和观察推官，位次于判官，掌推勾狱讼之事。

② 进诗：进献诗章。

③ 升甲：擢升甲第。有提升名次之意。

④ 恩例：皇上为宣示恩德而颁布的条例、规定。

⑤ 特奏名：宋代科举制度的一种特殊规定。考进士多次不中者，另造册上奏，经许可附试，特赐本科出身，叫“特奏名”，与“正奏名”相区别。

⑥ 迪功郎：官名。始于宋。

⑦ 秉义郎：宋代官名。

⑧ 从义郎：宋代官名。

⑨ 保义郎：宋代官名。

第”，第二甲赐“进士出身”，第三至第五甲并赐“同进士出身”。其中若有先前考试落榜的太、宗学内舍的生员，一并擢升甲第。这是皇上为宣示恩德而颁布的规定，考进士多次不中者，另造册上奏，经许可附试，特赐本科出身，称为“特奏名”，夺魁的，附于第五甲，补为迪功郎。其余的人授予各州文学助教的职务。武举进士的前三名与文科一样，为状元、榜眼、探花，皇上为宣示恩德各赐紫囊、金带、靴子、手笏。状元授予秉义郎，榜眼授予从义郎，探花授予保义郎，都任命为殿步司正副将之职。其余武举进士，也都按照文科的制度，赐“进士及第”或“进士出身”。如果进士想去御教场内射弓以求擢升甲第，听从其便，由招箭班来负责。

帅漕二司[①]，于未唱名前，差人吏客司官等项[②]，行排办礼部贡院充文科状元局[③]，或别院、或借祥符寺充武科状元局，以伺唱名。帅漕与殿步司排办鞍马仪仗，迎引文武三魁，各乘马带羞帽到院，安泊[④]款待。每日祗直，皆两司给官钱供应。及于诸州府守臣、诸路三司，及制阃[⑤]殿步三司等官，

① 帅漕二司：宋代在诸路置安抚司或经略安抚司，以朝臣充任，掌一路军政之事，称“帅司”。管理催征税赋、出纳钱粮、办理上供以及漕运等事的官署或官员。北宋称“转运司”，南宋称“漕司”。

② 差人吏客司官等项：不明何意。

③ 局：指聚会。

④ 安泊：安置。

⑤ 制阃（kǔn）：谓统领一方军事。

俱有馈送助局钱酒。两状元差委[①]同年进士充本局职事官，措置[②]题名登科录[③]。帅司差拨[④]六局人员，安抚司关借[⑤]银器等物、差拨妓乐[⑥]，就丰豫楼开“鹿鸣宴[⑦]”，同年人俱赴团拜于楼下。

【译】帅、漕二司，在未唱名之前，差人吏客司官等项，安排礼部贡院充作文科状元局，或以别院、或借祥符寺充作武科状元局，来等候唱名。帅、漕二司与殿步司置办鞍马仪仗，来迎接文、武三魁，新科进士各自骑着高头大马、戴着羞帽来到院中，要安置并款待。每天值班，各项费用开支都由两司的钱币来支付。各州府的守臣、诸路三司，以及统领一方军事的殿步三司等官员，都会馈赠钱酒给状元局。文、武两科的状元委派同年进士充作本局的职事官，置办题有新科进士姓名的登科录。帅司派遣六局人员，安抚司借出银器等物，并派遣妓人来表演音乐舞蹈，到丰豫楼开办“鹿鸣宴”，同年考中的进士们都聚集在楼下，相互道贺行礼。

---

① 差委：委派。

② 措置：安排；料理。

③ 登科录：又称“殿试录”。始于唐之“登科记”，宋以后名“登科录”，载有进士姓名与诸科人数。

④ 差拨：派遣。

⑤ 关借：行文征借。

⑥ 妓乐：指妓人表演的音乐舞蹈。

⑦ 鹿鸣宴：又作“鹿鸣筵”。科举时代，乡举考试后，州县长官宴请得中举子或放榜次日，宴主考、执事人员及新举人，歌《诗·小雅·鹿鸣》，作魁星舞，故名。

文、武状元注授[①]毕，各归乡里。本州则立状元坊额牌所居之侧，以为荣耀。州县亦皆迎迓[②]，设宴庆贺。如遇龙飞年分[③]，则三魁黄甲[④]及其余进士，皆倍加恩例，却与常年不同，则状元可除下郡通判[⑤]。于此可见，士子读书之贵，而朝家[⑥]待士之厚，不可不知也。故书以记，为士者察之。

【译】文、武状元经职官登记、注册后，都各自回归家乡。家乡的州府在其居所的旁边树立状元坊额牌，来显示荣耀。州县都安排人员迎接状元荣归故里，并设宴庆贺。如果遇上新皇登基的年份，则甲科三魁及其余进士，都会加倍得到恩赐，与其他年份不同，状元可授予下郡通判之职。由此可见，学子读书之可贵，朝廷待学子的恩厚，不可不知道啊。所以把这些记下来，希望学子们明察。

① 注授：指职官铨选时的登记、授受。

② 迎迓（yà）：迎接。

③ 龙飞年分：新皇登基的年份。分，同“份”。

④ 黄甲：科举甲科进士及第者的名单。因用黄纸书写，故名。

⑤ 通判：州府副长官。

⑥ 朝家：朝廷。

卷四

六月（崔真君诞辰附）

六月季夏[①]，正当三伏炎暑之时，内殿朝参之际，命翰林司供给冰雪，赐禁卫殿直观从，以解暑气。

【译】六月是夏季的最末一个月，正是三伏天炎热酷暑之时，皇帝在内殿接受大臣朝参时，都会命翰林司供给冰雪，也赐给禁卫军士和殿前值班人员，以解暑气。

六月初六日，敕封护国显应兴福普佑真君诞辰，乃磁州崔府君[②]，系东汉人也。朝廷建观在阛门[③]外聚景园前灵芝寺侧，赐观额名曰“显应”。其神于靖康时高庙为亲王日出使到磁州界，神显灵卫驾[④]，因建此宫观，崇奉[⑤]香火，以褒其功。此日，内庭差天使降香设醮，贵戚士庶，多有献香化纸。是日，湖中画舫俱舣[⑥]堤边，纳凉避暑，恣眠[⑦]柳影，饱挹荷

① 季夏：夏季的最末一个月，即农历六月。

② 崔府君：中国民间信仰的神仙之一。姓崔名珏，字子玉，隋、唐时期鼓城县（故治今河北晋州老城区）人。

③ 阛门：杭州城西清波门之俗称。

④ 卫驾：护卫圣驾。

⑤ 崇奉：崇拜奉祀。

⑥ 舣（yǐ）：停船靠岸。

⑦ 恣眠：舒服、自在地睡觉。

香，散发披襟①，浮瓜沉李②，或酌酒以狂歌，或围棋而垂钓，游情寓意，不一而足③。盖此时烁石流金④，无可为玩，姑借此以行乐耳。

【译】六月初六，是敕封护国显应兴福普佑真君的诞辰，也就是磁州崔府君，他是东汉时人。朝廷在清波门外聚景园前灵芝寺的旁边建了宫观，赐观额名曰“显应”。靖康年间，高宗皇帝还是亲王时，出使到磁州界，此神显灵、护卫圣驾，因此建了这个宫观，崇拜奉祀香火，以赞美表扬他的功劳。这一天，宫内派出使者到显应观中赐香设道场，有很多皇亲国戚、平民百姓会来敬香、烧纸钱。当天，西湖中的画舫全都停靠在长堤边，人们在纳凉避暑，恣眠柳影，饱挹荷香，散发披襟，浮瓜沉李。有的人饮酒后狂歌，有的人边下围棋边垂钓，游情寓意，不一而足。大概是此时天热得能将金石熔化，没有什么可玩的，所以游人们便借此行乐吧。

七月（立秋附）

七月秋孟⑤，例于上旬内车驾诣景灵宫行孟享之礼，以秋阳正炎，上命宰执分诣。立秋日，太史局委官吏于禁廷内，

---

① 散发披襟：蓬松着头发，敞开衣襟。形容不修边幅的悠闲神态。

② 浮瓜沉李：吃在冷水里浸过的瓜果。形容暑天消夏的生活。

③ 不一而足：指同类的事物不止一个而是很多，无法列举齐全。

④ 流金：谓高温熔化金属。多形容气候酷热。

⑤ 秋孟：孟秋。指农历七月。

以梧桐树植于殿下，俟交立秋时，太史官穿秉[1]奏曰：“秋来。”其时梧叶应声飞落一二片，以寓报秋意。都城内外，侵晨满街叫卖楸叶[2]，妇人、女子及儿童辈争买之，剪如花样，插于鬓边，以应时序[3]。

【译】七月孟秋，按照惯例，皇帝车驾在上旬内要前往景灵宫行孟享之礼，因这时秋阳还很炎热，所以皇上派宰执代为前往。立秋当天，太史局派官吏在宫廷内的大殿下种下梧桐树，等到立秋时分，太史官穿着礼服、手执朝笏奏道：“秋来。”当时应声飘下一两片梧桐叶，以寓报秋之意。这天黎明，京城内外的大街上满是卖楸叶的小贩，妇人、女子以及儿童都争相购买，剪成花的形状，插在鬓角边，来顺应时节。

七夕

七月七日，谓之“七夕节”。其日晚晡时，倾城儿童、女子，不论贫富，皆着新衣。富贵之家，于高楼危榭[4]，安排筵会，以赏节序。又于广庭[5]中设香案及酒果，遂令女郎望月，瞻斗列拜，次乞巧[6]于女、牛。或取小蜘蛛，以金银小盒儿盛之，

① 穿秉：穿礼服而执朝笏。

② 楸叶：楸树叶。为紫葳科植物楸德叶片，具有消肿拔毒、排脓生肌的功效，主治肿疡、发背、瘰（luǒ）疬、白秃等症状。因“楸”与“秋”同音，故戴楸叶以迎秋。

③ 时序：时节。

④ 危榭：耸立于高台上的屋宇。

⑤ 广庭：宽阔的厅堂。

⑥ 乞巧：旧俗，农历七月初七的晚上，妇女在院子里陈设瓜果，向织女星祈祷，请求帮助她们提高刺绣缝纫的技巧。

次早观其网丝圆正，名曰“得巧”。内庭与贵宅皆塑卖“磨喝乐[①]”，又名“摩睺罗孩儿”，悉以土木雕塑，更以造彩装襕座[②]，用碧纱罩笼之，下以桌面架之，用青绿销金[③]桌衣围护[④]，或以金玉珠翠装饰尤佳。

【译】七月初七，称为“七夕节”。这天晚上晡时，全城的儿童和女子，不论贫富，都穿着新衣。富贵之家则在高高的楼榭上安排酒席宴会，来欣赏节气。还在宽阔的厅堂中设置香案并摆上酒果，令家中女子望着天上的月亮依次叩拜，请求织女星、牛郎星帮助提高刺绣缝纫的技巧。有的人捉来小蜘蛛，将其盛放在金或银的小盒中，到了第二天早上，看蜘蛛网丝是否圆正，如果圆正，就称为“得巧”。皇宫内苑与权贵之家都塑造“磨喝乐”，又叫作“摩睺罗孩儿”，都用泥或木雕刻而成，又制作了彩饰的底座，再用碧纱罩罩住，放在桌子上，用青绿嵌金色的桌衣来围绕并在四周保护。有的人以金玉珠翠来装饰，非常漂亮。

又于数日前，以红熬鸡[⑤]、果食、时新果品互相馈送。禁中意思蜜煎局亦以“鹊桥仙”故事，先以水蜜木瓜进入。

---

① 磨喝乐：梵文音译，是佛祖释迦牟尼的儿子，佛教天龙八部之一，传入中国以后经过一番汉化，由蛇首人身的形象演化为可爱儿童形象，成为“七夕”节供奉牛郎、织女的一种土泥偶人。

② 造彩装襕座：制作彩饰的底座。

③ 销金：指嵌金色的物品。

④ 围护：围绕并在四周保护。

⑤ 红熬鸡：似卤熟的鸡。

市井儿童手执新荷叶，效“摩睺罗”之状。此东都流传，至今不改，不知出何文记也。

【译】七夕节的几天前，各家以红熬鸡、果食以及应时的果品互相馈送。宫中的意思蜜煎局也根据“鹊桥仙”故事，先进呈水蜜木瓜。市井里的儿童手里拿着新生的荷叶，效仿“摩睺罗”的形状。这是洛阳流传下来的风俗，至今没有改变，不知道出自哪里的文献记载。

解制[①]日（中元[②]附）

七月十五日，一应大小僧尼寺院设斋解制，谓之“法岁[③]周圆之日”。自解制后，禅教僧尼，从便给假[④]起单[⑤]，或行脚[⑥]、或归受业[⑦]，皆所不拘。其日，又值中元地官[⑧]赦

---

① 解制：犹解夏。

② 中元：中元节。又称“七月节”或“盂兰盆会”，为三大鬼节之一。中元节是道教的说法，七月半，放灯之习俗就是为了让鬼魂可以托生。

③ 法岁：佛教语。出家受戒后的僧人，每年夏天安居三个月。安居毕，即增加一年的“法岁”。因以“法岁”称僧人出家的年资。

④ 给假：准予休假。

⑤ 起单：谓僧人离开原住寺庙，外出云游或另谋他所。单，指题有众僧之名，贴在僧堂壁上的小纸片，有单之位，即席。亦谓之单位。起单者自其单位起身。

⑥ 行脚：又作游方、游行。谓僧侣无一定的居所，或为寻访名师，或为自我修持，或为教化他人而广游四方。游方之僧，即称为行脚僧，与禅宗参禅学道的云水同义。

⑦ 受业：跟随老师学习。

⑧ 中元地官：道教所奉的三官之一，三官分别为上元天官、中元地官、下元水官。古人以农历正月十五为上元天官赐福日，举行盛大的庆祝活动，称为“上元节”“元宵节”。以农历七月十五为中元地官赦罪日，道观设醮，僧寺建会，民间祭祀先祖，称为“中元节”“盂兰盆节”。以农历十月十五为下元水官解厄日，拜祭水官，称为“下元节”。

罪之辰，诸宫观设普度[1]醮，与士庶祭祓[2]。宗亲[3]贵家有力者，于家设醮饭僧荐悼[4]，或祓孤魂。僧寺亦于此日建盂兰盆会，率施主钱米，与之荐亡。家市卖冥衣[5]，亦有卖转明菜花、油饼、酸馅、沙馅、乳糕、丰糕之类。卖麻谷棵儿[6]者，以此祭祖宗，寓预报秋成之意。鸡冠花供养祖宗者，谓之“洗手花”。此日都城之人，有就家享祀者，或往坟所拜扫者。禁中车马出攒宫，以尽朝陵之礼，及往诸王妃嫔等坟行祭享[7]之诚[8]。后殿赐钱，差内侍往龙山放江灯万盏。州府委佐官就浙江税务厅设斛[9]，以享江海鬼神。

【译】七月十五，所有大、小僧尼寺院都设斋解制，称为“法岁周圆之日”。自解制以后，各禅寺教寺的僧尼，无论给假还是起单，一切从便，或行脚、或回到本寺受业，都无所拘束。这一天，又正值中元地官赦罪之辰，各宫观设置普度醮，让百姓来祭祀。同宗富贵人家财力雄厚的，就在家

① 普度：佛教用语，指广施法力，超度众生，也指广行剃度。

② 祭祓（fú）：这里指祭祀。祓，古代为除灾求福而举行的一种仪式。

③ 宗亲：指以姓氏为区分的同宗亲属。

④ 荐悼：做佛事悼念死者。

⑤ 冥衣：指祭奠给死人的衣冠。

⑥ 麻谷棵儿：指农田里的农作物。

⑦ 祭享：供奉祭品祭神或祖先。

⑧ 诚：心意。

⑨ 设斛：施食。食以斛计，故称。斛，中国旧量器名，亦是容量单位，一斛本为十斗，后来改为五斗。

中设醮、布施斋饭，请僧人做佛事来悼念死者或为孤魂超度。僧寺也在这天建盂兰盆会，将施主布施的钱米，馈赠给死者家属。集市里有卖冥衣的，也有卖转明菜花、油饼、酸馅、沙馅、乳糕、丰糕之类食品的。还有卖麻谷棵儿的，可以买来祭祀祖宗，也有预报秋天收获之意。用鸡冠花来供养祖宗的，称为“洗手花”。这一天的京城人有在家祭祀先人的，也有前往坟墓叩拜祭扫的。宫中派出车马前往攒宫，去行祭拜之礼。也派人前往各个王爷和妃嫔等的墓地，来供奉祭品以表示祭祖的心意。宫中也会赐钱，派内侍前往龙山放万盏江灯。州府委佐官会前往浙江税务厅去施食，来祭祀江海里的神鬼。

是月，瓜桃梨枣盛有，鸡头[①]亦有数品，若拣银皮[②]子嫩者为佳，市中叫卖之声不绝。中贵[③]戚里[④]，多以金盒络绎买入禁中，如宅舍市井欲市者，以小新荷叶包裹，掺以麝香，用红小索[⑤]系之。

【译】这个月，瓜、桃、梨、枣都成熟了，大量地上市，鸡头米也有很多种，银皮子如果挑到嫩的是最好，集市中叫卖之声不断。有权势的官宦及外戚，大多买来用金盒盛装带

---

① 鸡头：鸡头米，水生植物芡实的种子。

② 银皮：又称“云皮”。指毛壳麝香的棕色内层皮膜，内包含颗粒状及粉末状的麝香仁和少量细毛及脱落的皮膜组织，习惯称“银皮”“云皮”“黑衣子”。

③ 中贵：古代泛指皇帝宠爱的近臣。

④ 戚里：借指外戚。

⑤ 小索：小绳。

入宫中。如果住在街市上的人家想买，就用新生的小荷叶包裹，掺入麝香，用小红绳扎起来。

八月

八月上旬丁日，太、宗、武、府、庠、县学[①]俱行秋丁释奠[②]礼。秋社[③]日，朝廷及州县差官祭社稷[④]于坛，盖春祈[⑤]而秋报[⑥]也。秋社日，有士庶家妻女归外家回[⑦]，皆以新葫芦儿、枣儿等为遗，俗谚云谓之“宜良外甥儿”之兆耳。中秋前，诸酒库中申明点检所，择日排办迎新，帅府率本州军伍[⑧]及九县场巡尉军卒，并节制殿步两司军马，往蒲桥教场教阅，都人观睹，尤盛于春季也。

【译】八月上旬的丁日，太学、宗学、武学、府学、庠学、县学都会举行奠祭先圣先师的典礼。秋社日的当天，朝廷及州县都会派官吏到社坛祭祀土神和谷神，大概是春社时祈求丰收而秋社时报恩收成的意思。这天，有百姓家的妻女

① 太、宗、武、府、庠(xiáng)、县学：宋时官学。其中太学、宗学、武学是中央官学，府学、庠学、县学是地方官学。宋朝以每年仲春二月、仲秋八月上丁日，举行盛大的祭祀孔子的活动。

② 释奠：古代在学校设置酒食以奠祭先圣先师的一种典礼。

③ 秋社：古代秋季祭祀土神的日子。

④ 社稷：土神和谷神，古时君主都祭祀社稷，后来就用社稷代表国家。

⑤ 春祈：指春季举行的祭祀。祈，向神求祷。

⑥ 秋报：指秋季举行的祭祀。报，为报恩而祭祀。

⑦ 归外家回：指回乡省亲后返回夫家。

⑧ 军伍：军队，队伍。

回乡省亲后返回夫家，都要带上葫芦儿、枣儿等作为馈赠礼物，也就是俗谚所说的“宜良外甥儿”的寓意。中秋节前，各酒库向点检所要申明情况，择日准备迎新酒的仪式。帅府要率领本州军士及下属九县巡尉军卒，加上所管辖的殿步两司的军马，一并前往蒲桥教场教阅军队。京城的人争相围观，场面比春季时还要盛大。

中秋

八月十五日中秋节，此日三秋恰半，故谓之“中秋”。此夜月色倍明于常时，又谓之“月夕”。此际金风①荐爽、玉露生凉、丹桂②香飘、银蟾③光满；王孙公子、富家巨室，莫不登危楼、临轩玩月；或开广榭，玳筵④罗列，琴瑟铿锵，酌酒高歌，以卜竟夕⑤之欢。至如铺席之家⑥，亦登小小月台，安排家宴，团圆子女，以酬佳节。虽陋巷⑦贫窭⑧之人，解衣市酒，勉强迎欢⑨，不肯虚度。此夜天街卖买，直到五鼓⑩，

---

① 金风：指秋风。

② 丹桂：观赏植物，花为橘红色。

③ 银蟾：中国古代文化中常用蟾蜍来代表月亮。

④ 玳筵：玳瑁筵，指豪华的筵席。

⑤ 竟夕：终夜；通宵。

⑥ 铺席之家：开设小商铺的人家。即做小买卖的人家。

⑦ 陋巷：狭窄的街巷。

⑧ 贫窭（jù）：贫乏，贫穷。

⑨ 迎欢：寻欢。

⑩ 五鼓：五更。

玩月游人，婆娑[①]于市，至晚不绝。盖金吾[②]不禁故也。

【译】八月十五是中秋节，这一天是三秋刚好过去一半，所以称为“中秋”。这夜的月色比平常倍加明亮，又称为“月夕”。此时秋风送爽、玉露生凉、丹桂飘香、月圆光满；公子王孙和富贵人家无不登上高楼、靠在窗边赏月；有的人还在广榭中设筵，罗列美食珍馐，席间琴瑟铿锵，宾客酌酒高歌，寻欢作乐，通宵不断。至于那些做小买卖的人家，也登上小小的月台，安排家宴，聚集子女，以度佳节。即使是陋巷中的贫穷人家，也会脱下衣服当钱买酒喝，勉强寻欢，不肯虚度此良宵美景。此夜御街上的买卖一直持续到五更时分，赏月的游人在街市上尽情游乐，直到凌晨都不愿散去。这也是禁军不禁止的缘故。

解闱

三年一次。八月十五日，放贡举[③]应试，诸州、郡、县及各路运司，并于此日放试[④]。其本州贡院，止放本州诸县应举[⑤]士人。运司放一路寓居[⑥]士人，及有官文武举人，并宗

① 婆娑（suō）：盘旋舞动的样子。这里指游人在街市上尽情游乐。

② 金吾：禁军，卫军。

③ 贡举：古时地方官府向帝王荐举人才，有乡里选举诸侯贡士之制，至汉始合贡、举为一，而浑称“贡举”。

④ 放试：举行考试。

⑤ 应举：对参加科举考试的称呼，中者为举人。

⑥ 寓居：古代指寄居他国的官僚贵族。这里指寄居他乡的考生。

女[①]夫等。本州贡院在钱塘门外王家桥，运司贡院在湖州市。三学生员就礼部贡院赴解试[②]，宰执、侍从、在朝文武官子侄等并于国子监牒试。则就州县，并于十五日为头排，日试三场。若诸州、府及各漕司，亦于十五日放试。

【译】每三年举行一次解闱。八月十五，安排贡士参加考试，各州、郡、县及各路转运司，也都在这一天举行考试。本州的贡院，只允许本州及下属各县的考生参加考试。各路转运司则允许寄居在本地的考生参加考试，以及有官职的文武举人，加上宗女之夫等。本州贡院在钱塘门外的王家桥，转运司贡院在湖州市。三学生员则前往礼部贡院参加解试，宰执、侍从以及在朝的文武官员的子侄等都到国子监参加牒试。各州县都要在八月十五这天举行头场考试，每日考试三场。各州、府及各转运司，也在八月十五这天举行考试。

其诸处贡院前赁待试房舍，虽一榻之屋，赁金不下数十楮[③]。亲朋馈送赴解士人点心，则曰"黄甲头魁鸡"。以德物称之，是为佳谶[④]。杭城辇毂之地，恩例特优。本州原解额[⑤]七十名，今增作八十九名。诸州各有定额，两浙运司寓试[⑥]

① 宗女：君主同宗的女儿。

② 解试：科举时代唐、宋州府举行的考试。

③ 楮：纸币。

④ 谶（chèn）：迷信的人指将要应验的预言、预兆。

⑤ 解额：唐制，进士举于乡，给解状有一定名额，故称"解额"。

⑥ 寓试：不在原籍，而在所居之地参加考试。

士人约一百名取一名，有官文武人及登仕郎[①]皆十人取一人。国子牒试则五人取一名。太、宗、武学士人约四五人取一名。举州贡院放榜之际，帅臣[②]亲往院中，开拆一银牌，亲书得解[③]人姓名，付捷音往报。诸路州郡供设“鹿鸣宴”待贡士。又取程文[④]次者为待补[⑤]，名数无定额，伺来岁[⑥]朝廷放补，诸州路得补士人皆到都就试，中榜者则入太学为生员，免三学。得补者经吏部给授绫缗[⑦]，然后参学[⑧]。此朝廷待士之重，功名皆自此发轫也。

【译】各处贡院附近都有供考生租住以待考试的房舍，即使是只有一张床的小屋子，租金也不下几十楮。亲朋会馈送参加解试考生点心，称为“黄甲头魁鸡”。以好言辞称呼，作为吉祥的谶语。杭州是本朝的都城，恩例特别优厚。本州原有解额七十名，如今已增至八十九名。各州也都有定额，两浙转运司的不在原籍且在所居之地参加考试的考生大约是

① 登仕郎：文散官名。唐始置，为文官第二十七阶，正九品下。宋正九品。徽宗崇宁二年（公元 1103 年）用以代知录事参军、知县令，政和六年（公元 1116 年）改为修职郎，为文官第三十六阶。金正九品上。

② 帅臣：宋代各路安抚司的长官。

③ 得解：谓获得乡荐。

④ 程文：科场应试者进呈的文章。

⑤ 待补：候补。

⑥ 来岁：来年。

⑦ 绫缗：这里指日常开支费用。绫，一种丝织品。

⑧ 参学：泛指游学。

每一百名取一名，有官职的文武举人及登仕郎都是每十人取一人。国子监牒试则是每五人取一人。太学、宗学、武学的考生每四五人取一人。本州贡院放榜之时，各路安抚司的长官亲自前往贡院中，折开一个银牌，亲自书写得解人的姓名，随后派人到得解人的住处传报喜讯。各路及各州、郡开设“鹿鸣宴”以款待贡士。又将次一等的应试文章而未得解的人作为候补，名额不限，等到来年朝廷举行考试的时候，各州路的候补的考生都到京城参加考试，中榜者则进入太学为生员，不参加三舍的升迁。候补考生由吏部给予日常开支费用，然后参学。这些都体现了朝廷对待考生的恩厚，博取功名也都从这里开始。

观潮

临安风俗，四时①奢侈，赏玩殆无虚日②。西有湖光可爱，东有江潮堪观，皆绝景也。每岁八月内，潮怒胜于常时，都人自十一日起，便有观者，至十六、十八日倾城而出，车马纷纷。十八日最为繁盛，二十日则稍稀矣。十八日，盖因帅座③出郊，教习、节制水军。自庙子头直至六和塔，家家楼屋，尽为贵戚④、内侍等雇赁作看位观潮。

【译】杭州的风俗，四季都是很奢侈的，几乎天天赏玩

① 四时：四季。

② 殆无虚日：几乎没有一天空着。形容几乎天天如此。

③ 帅座：帅使。

④ 贵戚：指帝王本姓的亲族。

不断。西面有西湖之景讨人喜爱，东面有钱塘江潮值得一观，都是绝妙的美景。每年的八月，潮水比平时更加汹涌澎湃。从八月十一日开始，京城里就有观潮的人，到八月十六、八月十八日会倾城而出来观潮，车马纷纷。八月十八日观潮人非常多，到了八月二十日观潮人渐渐稀少。八月十八日这天，帅使前往城郊，教练、指挥水军。从庙子头直到六和塔，家家户户的楼屋都被皇亲、内侍等承租并作为观潮的看位。

向有白乐天《咏潮》诗曰："早潮才落晚潮来，一月周流六十回。不独光阴朝复暮，杭州老去被潮催。"又，苏东坡《咏中秋观夜潮》诗："定知玉兔十分圆，已作霜风①九日②寒。寄语重门休上钥③，夜潮留向月中看。""万人鼓噪慑吴侬④，犹似浮江老阿童。欲识潮头高几许，越山浑在浪花中。""江边身世两悠悠，久与沧波共白头。造物亦知人易老，故教江水向西流。""吴儿生长狎涛渊，重利轻生不自怜。东海若知明主意，应教斥卤⑤变桑田。""江神河伯两醯鸡⑥，海若东来气似霓。安得夫差水犀手⑦，三千强弩射

① 霜风：秋风。

② 九日：九月。

③ 上钥：上锁。

④ 吴侬：吴人。

⑤ 斥卤：盐碱地。

⑥ 醯（xī）鸡：蠛（miè）蠓（měng），一种小虫，古人以为是酒醋上的白霉变成。后以"瓮里醯鸡"来比喻见识浅陋的人。

⑦ 水犀手：披水犀甲的弩手。

潮低。”林和靖《咏秋江》诗云：“苍茫沙嘴鹭鸶眠，片水无痕浸碧天。最爱芦花经雨后，一篷烟火饭鱼船。”治平[①]郡守蔡端明[②]诗：“天卷潮回出海东，人间何事可争雄？千年浪说鸱夷[③]怒，一汐[④]全疑渤澥[⑤]空。浪静最宜闻夜枕，峥嵘须待驾秋风。寻思物理真难到，随月亏圆亦未通。”

【译】从前白乐天有《咏潮》诗道：“早潮才落晚潮来，一月周流六十回。不独光阴朝复暮，杭州老去被潮催。”又，苏东坡有《咏中秋观夜潮》诗：“定知玉兔十分圆，已作霜风九日寒。寄语重门休上钥，夜潮留向月中看。”“万人鼓噪慑吴侬，犹似浮江老阿童。欲识潮头高几许，越山浑在浪花中。”“江边身世两悠悠，久与沧波共白头。造物亦知人易老，故教江水向西流。”“吴儿生长狎涛渊，重利轻生不自怜。东海若知明主意，应教斥卤变桑田。”“江神河伯两醯鸡，海若东来气似霓。安得夫差水犀手，三千强弩射潮低。”林和靖有《咏秋江》诗道：“苍茫沙嘴鹭鸶眠，片水无痕浸碧天。最爱芦花经雨后，一篷烟火饭鱼船。”治平年间杭州郡守蔡襄有诗道：“天卷潮回出海东，人间何事可争雄？千年浪说

① 治平：北宋英宗赵曙年号，公元 1064—1067 年。

② 蔡端明：蔡襄，字君谟，北宋名臣，书法家、文学家、茶学家。宋英宗即位后正授三司使，再以端明殿学士出知杭州。治平四年（公元 1067 年），蔡襄逝世。

③ 鸱（chī）夷：鸱夷子皮，范蠡。春秋末期政治家、军事家、经济学家和道家学者。曾献策扶助越王勾践复国，兴越灭吴，后隐去。

④ 汐（xī）：指夜间的海潮。

⑤ 渤澥（xiè）：古代称东海的一部分，即渤海。

鸱夷怒，一汐全疑渤澥空。浪静最宜闻夜枕，峥嵘须待驾秋风。寻思物理真难到，随月亏圆亦未通。”

其杭人有一等无赖不惜性命之徒，以大彩旗或小清凉伞、红绿小伞儿，各系绣色缎子满竿，伺潮出海门，百十为群，执旗泅[①]水上，以迓[②]子胥[③]弄潮之戏，或有手脚执五小旗浮潮头而戏弄。向于治平年间，郡守蔡端明内翰[④]见其往往有沉没者，作《戒约弄潮文》云：“斗、牛之外，吴、越之中，惟江涛之最雄，乘秋风而益怒。乃其俗习，于此观游。厥有善泅之徒，竞作弄潮之戏，以父母所生之遗体，投鱼龙不测之深渊，自谓矜夸[⑤]。时或沉溺，精魄永沦于泉下，妻孥[⑥]望哭于水滨[⑦]，生也有涯，盍[⑧]终于天命；死而不吊[⑨]，重弃于人伦。推予不忍之心，伸尔无家之戒。所有今年观潮，并依

① 泅：游泳。

② 迓（yà）：迎接。

③ 子胥：伍员，字子胥，春秋时期楚国人，因父兄为楚王所杀，入吴为将，率军破楚复仇。后因谗臣构陷，为吴王夫差所杀，尸体被投入钱塘江中。民间传说伍子胥的满腔怨恨化作滔天巨浪，形成了钱塘江怒潮。

④ 内翰：唐宋称翰林为内翰。

⑤ 矜（jīn）夸：指骄傲自夸。

⑥ 妻孥（nú）：妻子和儿女。

⑦ 水滨：岸边。

⑧ 盍（hé）；何不。表示反问或疑问。

⑨ 死而不吊：《礼记·檀弓上》：“死而不吊者三：畏、厌、溺。”意思是死了不值得凭吊的有三种情况：含冤不白而自裁者（一说临阵畏敌者）、行止于危墙之下被压死者、游泳逞能被淹死者。

常例，其军人百姓，辄敢弄潮，必行科罚①。”自后，官府禁止，然亦不能遏②也。向有前辈作《看弄潮诗》云：“弄罢江潮晚入城，红旗飐飐③白旗轻。不因会吃翻头浪，争得天街鼓乐迎。”

【译】杭州有一些无依赖、不珍惜生命的人，以大彩旗或小清凉伞、红绿小伞儿，分别系上满竿的绣色缎子，等潮水出海门时，他们百十人为一群，手拿彩旗，在水中游泳，做迎接伍子胥亡魂的弄潮游戏。还有人手脚持五小旗浮于潮头去戏弄。之前在治平年间，郡守蔡襄内翰见弄潮儿经常有沉水淹死的，于是作了《戒约弄潮文》，大意是：“斗宿、牛宿之外，吴地、越地之中，只有江涛最为雄壮，乘着秋风则更加汹涌。本地之风俗，在秋时来观潮。有一些善于泅水的人，争相在潮头游戏弄潮，将父母所赋予的身体，投入鱼龙不测的深渊，还骄傲自夸。有不幸沉溺的，精神魂魄永远沦于泉下，妻子儿女在岸边张望痛哭。人的一生有限，何不终于天命呢？死了不值得凭吊，是因为他抛弃了人伦。推及我的不忍之心，重申死者家破人亡之戒，故今年观潮之相关事宜，全部依照常例，军人、百姓如有敢弄潮的，必定加以处罚。”从此以后，官府禁止弄潮，然而并不能完全断绝。之前有前辈作《看弄潮诗》道：“弄罢江潮晚入城，红旗飐飐白旗轻。不因会吃翻头浪，争得天街鼓乐迎。”

---

① 科罚：处罚。

② 遏（è）：有阻止、断绝的意思。

③ 飐（zhǎn）飐：飘动貌。

且帅府节制水军，教阅水阵，统制部押于潮未来时，下水打阵展旗，百端呈拽，又于水中动鼓吹，前面导引，后台将官于水面，舟楫分布左右，旗帜满船，上等舞枪飞箭，分列交战，试炮放烟，捷追敌舟，火箭群下，烧毁成功，鸣锣放教[①]，赐犒等差。盖因车驾幸禁中观潮，殿庭下视江中，但见军仪于江中整肃队伍，望阙奏喏[②]，声如雷震。余扣及内侍，方晓其尊君之礼也。其日帅司备牲礼[③]、草履[④]、沙木板，于潮来之际，俱祭于江中。士庶多以经文，投于江内。是时，正当金风荐爽、丹桂飘香，尚复身安体健，如之何[⑤]不对景行乐乎？

【译】帅府指挥水军，教练水阵，统制部率在潮水还没有来的时候，下水布阵、展示旗帜，呈现出百般阵势。又在水中奏起鼓吹，前面有人引导，后面有人将将官抬出水面。船只分布左右，旗帜插满船。军士们上竿舞枪飞箭，分成队列演习交战，试放炮烟，快速追击敌舟，火箭群下，烧毁敌人则为功成，最后鸣锣下令，帅府赐予不同级别的犒赏。皇上也会在皇宫中观潮，自殿庭下遥望江中，只见水军在江中整齐严肃，望着皇宫的方向唱喏，声音像雷震一样。我向内

① 放教：使；令。这里指下令。

② 奏喏：唱喏。

③ 牲礼：祭祀时的用牲之礼。视等级不同而有差异。

④ 草履：古代中国鞋类，使用草编织的鞋子。

⑤ 如之何：怎么；为什么。

侍打听，才知道这是尊敬君主的礼节。这一天，帅司还准备牲礼、草鞋、沙木板，在潮水来的时候，一并投入江中祭祀。百姓们大多将经文投入江中。这时正当金风送爽、丹桂飘香，如果身体健康，为什么不对此美景而行乐呢？

卷五

九月（重九附）

日月梭飞，转盼重九。盖九为阳数，其日与月并应，故号曰“重阳”。是日，孟嘉登龙山落帽[①]，渊明向东篱赏菊，正是故事。今世人以菊花、茱萸浮于酒饮之，盖茱萸名“辟邪翁”、菊花为“延寿客”，故假此两物服之，以消阳九之厄。年例，禁中与贵家皆此日赏菊，士庶之家，亦市一二株玩赏。其菊有七八十种，且香而耐久，择其尤者言之：白黄色蕊若莲房者，名曰“万龄菊”；粉红色者名曰“桃花菊”；白而檀心[②]者名曰“木香菊”；纯白且大者名曰“喜容菊”；黄色而圆名曰“金铃菊”；白而大心黄者名曰“金盏银台菊”。数本最为可爱。

【译】日月如梭，时光飞逝，转眼就到了重九。因为《易经》中将九定位阳数，九月初九，日月并阳，故称为“重阳”。这一天，孟嘉登龙山落帽，渊明去东篱赏菊，都是有关重阳的故事。如今世人以菊花、茱萸泡酒喝，都是因为茱萸被称

---

① 孟嘉登龙山落帽：九月九日，桓温在龙山举行宴会，下属官吏都来到了这里。当时下属官吏们都穿着军服，有风吹来，把孟嘉的帽子吹了下来，孟嘉没有感觉到。桓温让身边的人不要声张，想观察他的举动。孟嘉上厕所过了很久，桓温让人把帽子还了回来，让孙盛作文戏谑孟嘉，把帽子和文章一起放在了孟嘉的座位上。孟嘉回来后看见，当即对孙盛的文章给予了答复，孟嘉的文章非常美，四周在座的人发出了佩服的感叹声。

② 檀心：浅红色的花蕊。

为“辟邪翁”、菊花被称为“延寿客”，故借服用此两物，来消除阳九的厄运。每年的惯例，皇宫中和富贵之家都会在此日赏菊。百姓人家，也会买上一两株菊花来赏玩。菊花有七八十个品种，香气浓郁且耐久，挑选其中好的来说说：花白黄色而花蕊像莲房一样的，称为“万龄菊”；花粉红色的称为“桃花菊”；白色花而浅红色花蕊的，称为“木香菊”；纯白色花且花朵较大的，称为“喜容菊”；黄色花且花呈圆形的，称为“金铃菊”；白色花且较大、花蕊呈黄色的，称为“金盏银台菊”。以上几种花都是特别讨人喜爱的。

兼之此日都人店肆，以糖面蒸糕，上以猪羊肉、鸭子为丝簇饤[①]，插小彩旗，名曰“重阳糕”。禁中阁分及贵家相为馈送。蜜煎局以五色米粉塑成狮蛮[②]，以小彩旗簇之，下以熟栗子肉杵为细末，入麝香、糖、蜜和之，捏为饼糕小段，或如五色弹儿，皆入韵果糖霜，名之“狮蛮栗糕”，供衬进酒，以应节序。其日诸寺院设供众僧。顷[③]东都有开宝、仁王寺院设狮子会，诸佛菩萨皆驭狮子，则诸僧亦皆坐狮子上[④]作佛事，杭都却无此会也。

【译】重阳当天，京城里的居民和店铺，都用面粉蒸糕，

① 簇饤：堆叠在食具中供陈设的食品。

② 狮蛮：宋代重阳节蒸糕上的粉制饰物。

③ 顷：近来。

④ 坐狮子上：应指坐在石狮子上或坐在有狮子图案的座位上。诸佛有以狮子为坐骑者，但众僧明显不能驭狮。

上面用猪肉、羊肉、鸭子切丝堆叠在食具中，再插上小彩旗，称为“重阳糕”。宫中的嫔妃以及富贵人家也以此糕相互赠送。蜜煎局用五色米粉塑成狮子、蛮王的形状，再插上小彩旗。糕中还会掺和杵成细末的熟栗子肉，再加入麝香、糖、蜜来拌和，捏成小段的糕饼，或者捏成五色弹儿的形状，再加入韵果糖霜，称为“狮蛮栗糕”，作为下酒菜的陪衬，以顺应节气。这天各寺院都会设斋会以供众僧。近来洛阳有开宝寺和仁王寺，在重阳日设狮子会，各佛菩萨都骑着狮子，其他僧人也都坐在石狮子上或坐在有狮子图案的座位上做法事，如今的杭州城就没有这样的盛会了。

明禋[①]年预教习车象

明堂大祀[②]，三年一次，春首颁诏天下明禋，以九月逢上辛日大飨天地，侑[③]以祖宗，咨尔[④]百官各扬乃职。此循[⑤]隋、唐制也。夏首，修筑泥路，选差三卫[⑥]羽林兵，营筑天街，砥梓平，黄道中间，明日月备严。法驾欲安行，预于两月前教习车象。其车每日往来，历试[⑦]于太庙前，至丽正门，回

① 明禋（yīn）：指明洁诚敬的献享。

② 明堂大祀：一种祭祀天、地、祖宗的大礼。

③ 侑（yòu）：配享；从祀。

④ 咨尔：用于句首，表示赞叹或祈使。

⑤ 循：遵守，依照沿袭。

⑥ 三卫：又称“三衙”，指殿前司、侍卫亲军马军司、侍卫亲军步军司。

⑦ 历试：屡试，多次考验或考察。

车辂院一次。若仅阅车，每车须用铁千斤压之。如郊禋[1]之岁，以车五乘教习。正谓“辂马仪车五色轮，双扶彩索稳擎云。遥知帝势巍巍重，精铁应须压万斤”。其明禋年，止一车以代玉辂[2]。

【译】明堂大祀，每三年举行一次，当年春初就会颁诏天下。在九月上辛日祭祀天地，从祀祖宗先王，百官要各行其职。这是遵循隋、唐的旧制。夏初，开始修筑泥路，选派三衙的羽林兵，营筑京城的街道，要像磨刀石一样平，中间是皇上专行的黄道，并公布戒严的日期。皇上将要出行，预先在两个月之前就要训练车象。车每天都要往来，在太庙前频繁演练，直到丽正门，然后回车辂院一次。如果仅仅是检阅车乘，每辆车上需用千斤铁压住。如遇上郊禋的年份，就以五乘车代替“五辂”来演习训练。正所谓：“辂马仪车五色轮，双扶彩索稳擎云。遥知帝势巍巍重，精铁应须压万斤。”到第二年祭祀时，只用一乘车来代替玉辂。

仪注[3]，车上置青旗二面、鼓一面，驾以数马，挟车卫士皆紫衫、帽子。车前数人，击鞭行车。前列朱旗数十面，铜锣鼙鼓[4]十数面，执旗鼓人，俱服紫衫、帽子。后以大象二头，每一象用一人，裹交脚幞头，紫衫，跨象颈而驭，手执短柄

① 郊禋：古代帝王升烟祭祀天地的大礼。

② 玉辂：古代帝王所乘之车，以玉为饰。

③ 仪注：制度；仪节。

④ 鼙（pí）鼓：小鼓和大鼓。古代军队所用；古代乐队也用。

银镬[1]，尖其刃，象有不驯者击之。至太庙前及丽正门前，用镬使其围转，行步数遭，成列；令其拜，亦令其如鸣喏[2]之势。御街观者如堵。市井扑卖[3]土木粉捏妆彩小象儿，并纸画者，外郡人市去，为土宜遗送。

【译】按照礼仪，每辆车上须设两面青旗、一面鼓，由多匹马来驾驶，在车辆旁护卫的卫士都身着紫衫、头戴帽子。车前有很多人，挥舞着鞭子行车。大象前排列数十面朱旗，安置十多面铜锣鼙鼓，举旗和击鼓的人，都身着紫衫、头戴帽子。后面是两头大象，每头象由一人驾驭，都裹着交脚幞头、身穿紫衫，跨在象的颈部来驾驭它。驾象人手拿短柄银镬，镬的刃非常尖利，大象一旦有不驯服的行为，立刻用镬击刺它。到达太庙及丽正门前的时候，用镬驱使大象转圈，行走数圈后排成队列。再令象跪拜，也让大象像唱喏一样鸣叫。御街上围观的人像一堵墙。市井扑卖以泥土、木材、面粉等捏成小象儿并涂上彩妆，还有各种纸画，外地的人买走，作为京城的特产馈赠他人。

明堂差五使执事官

明禋：差大礼使、礼仪使、仪仗使、卤簿使、桥道顿递

① 镬（jué）：这里指一种金属利器。

② 鸣喏：指大象表示敬意的鸣叫。

③ 扑卖：宋元民间盛行的一种博戏。以钱为博具，以字幕定输赢。小贩多用以招揽生意。

使[①]，及差摄[②]侍中、大宗伯[③]、太常少卿[④]，进接[⑤]大圭[⑥]、进爵、进牲、进册[⑦]、捧册、读册官、太常丞、协律郎[⑧]、光禄卿丞、捧币官、诸百执陪祀官、分献[⑨]功臣官、九宫贵神[⑩]、十二宫神[⑪]、诸星陪祀、分祀社稷官、执绥官[⑫]、总务官，及巡警、都巡、检使，及诸执事官，俱敕牒差候。礼成日，各推赏锡[⑬]，赐分银、绢匹有差，仍转行宫。

【译】明堂大祀：差遣大礼使、礼仪使、仪仗使、卤簿使、桥道顿递使负责全部事务，同时派侍中、大宗伯、太常少卿，

---

① 桥道顿递使：为大礼时临时差遣，事毕即罢。

② 差摄：派人代理。

③ 大宗伯：掌邦国祭祀、典礼等事。

④ 太常少卿：北魏始置太常少卿，北齐称太常寺少卿，为太常寺副长官，历代沿置。唐制，太常寺少卿二人，正四品上，祭祀宗庙时由其率太祝、斋郎安排香烛，整理揩拂神座与幕帐，迎送神主。举行祭礼时，与良酝署令共同斟酒。

⑤ 进接：通常指从低级到高级的过程。

⑥ 大圭：古代皇帝所执的玉质手板。形状狭长而锐上，略似剑叶。

⑦ 册：古代帝王祭告天地神祇的文书。

⑧ 协律郎：官名。汉代称协律都尉，武帝以李延年善新声，为之置此官。晋改称协律校尉。北魏以后各朝设有协律郎，掌管音律，属太常寺。唐为正八品上，明为正八品。清在乐部设协律郎，后废。

⑨ 分献：古代祭祀，向配飨（xiǎng）者行献爵献帛礼。与"正献"相对而言。

⑩ 九宫贵神：特指唐宋两朝官方祭祀的九位正神。

⑪ 十二宫神：指天秤宫尊神、天蝎宫尊神、人马宫尊神、摩羯宫尊神、双鱼宫尊神、宝瓶宫尊神、白羊宫尊神、金牛宫尊神、双子宫尊神、巨蟹宫尊神、狮子宫尊神、室女宫尊神这十二位星君。

⑫ 执绥官：陪帝王乘车的侍臣。

⑬ 赏锡：赏赐。锡，通"赐"。

进接大圭、进爵、进牲、进册、捧册、读册等官，太常丞、协律郎、光禄卿丞、捧币官、诸多手拿礼器的陪祀官、分献功臣官、祭祀九宫贵神、十二宫神以及陪祀诸星之官、分祀社稷官、执绥官、总务官，以及巡警、都巡、检使，及诸多执事官员，全都手拿敕牒，等候差遣。大礼完成当天，官员全都给予赏赐，赐给不同品级的银、绢匹，然后仍旧回到行宫。

而其总务官职任甚繁，皆亲历坛壝[①]事务，事无大小，俱亲点视[②]也。如擦祭器，涤濯[③]无垢，以奉粢[④]盛。次视涤官，得其牲牢[⑤]豢养肥丰，以严荐飨[⑥]。继往文思、军器、法物等库，点视仪仗，整备无缺，法物顿增光彩，以表虔恭[⑦]。“前期修奉卜刚辰，役使太匠方兴作，修整坛堂十分新。”点察帅府，严差官吏，监造酝五齐[⑧]，“须用黄幄[⑨]严围护，诚心供飨荐馨香”。修视太常旗裳组绣之具，琴瑟钟磬之乐，监督“宝

① 坛壝（wěi）：天子外出平地筑坛围以矮墙作为临时住宿之所。

② 点视：查点察看。

③ 涤濯（zhuó）：洗涤。

④ 粢（zī）：古代供祭祀用的谷类。

⑤ 牲牢：牲畜。

⑥ 荐飨：祭献。

⑦ 虔恭：诚敬。

⑧ 五齐：古代按酒的清浊分为五等，合称“五齐”。后亦泛指酒。

⑨ 黄幄（wò）：黄色的帐幕，天子所用。

装銮辂[①]欲增明，例耗黄金数百星，躬督工程无弊蠹[②]，不惟省费又晶莹。翰苑鸿传进乐章，和格神人皆允洽。百执宗臣赴太常，教习仪范各宜恭。聒天雅奏随品节，节止毋令乱旧章”。

【译】其中总务官的职责最为繁重，需要亲自前往坛壝处理各种事务，事无大小，都需要亲自察看过目。比如擦拭祭器，洗涤得没有污垢，用来盛装祭祀的谷物。这是检查涤官的工作。得到牲畜后要将其豢养得肥美，用来作为祭献。还要前往文思、军器、法物等仓库，检查仪仗、器物，确保其整齐、完备、无缺，要使法物顿增光彩，以表达祭祀的诚敬。“前期修奉卜刚辰，役使太匠方兴作，修整坛堂十分新。”还要检查帅府，严差官吏，监督酿造五齐酒，“须用黄幄严围护，诚心供飨荐馨香”。还要检查太常旗、礼服、丝绣饰物等器具，检查琴瑟钟磬等乐器，监督“宝装銮辂欲增明，例耗黄金数百星，躬督工程无弊蠹，不惟省费又晶莹。翰苑鸿传进乐章，和格神人皆允洽。百执宗臣赴太常，教习仪范各宜恭。聒天雅奏随品节，节止毋令乱旧章”。

五使以下，集于贡院，“笙镛[③]琴瑟按工师[④]，八音竞奏

---

① 銮辂：銮驾。

② 弊蠹（dù）：弊病、祸害。

③ 笙镛：又作“笙庸”。古乐器名。镛，大钟。

④ 工师：这里指乐师。

无违节[1]，想像灵坛率凤仪[2]”。五使集百僚及执事官于尚书省，集习景灵、太庙、明堂仪。若郊祀，习郊坛仪于郊坛，“奉璋秉德如神在，匪事仪刑欲可观，敕差太社[3]令积薪[4]”。扫设神席，升坛束茅，当“仰止宸衷[5]严祀事，扫清坛壝不留尘”。总务官拱立于龙墀，“秉辂进呈入正阙，历试御路止庙宫，都人观瞻称万岁”。五使百僚，赴都堂受誓戒，“秋卿[6]仪立凛冰霜，森列朝班政事堂。祀事旨严须誓戒[7]，耸听谁敢不斋庄[8]”。

【译】五使以下的官员，聚集于贡院，“笙镛琴瑟按工师，八音竞奏无违节，想像灵坛率凤仪”。五使又召集百官及执事官到尚书省集中学习皇上前往景灵宫、太庙、明堂祭祀的礼仪。如果当年郊祀，则又到郊外祭坛学习郊祀礼。“奉璋秉德如神在，匪事仪刑欲可观，敕差太社令积薪”。扫设神席，登坛束茅，应该仰止宸衷严祀事，扫清坛壝不留尘”。总务官拱手立于龙墀旁边，“秉辂进呈入正阙，历试御路止庙宫，

① 违节：违背制度、法规。

② 凤仪：比喻英俊的姿容。

③ 太社：古代天子为群姓祈福、报功而设立的祭祀土神、谷神的场所。

④ 积薪：积聚木柴。

⑤ 宸衷：帝王的心意。

⑥ 秋卿：《周礼》以秋官司寇掌刑狱，后世因以“秋卿”为刑部尚书习称，此处或指朝堂上的卫士。

⑦ 誓戒：约束训诫。

⑧ 斋庄：严肃诚敬。

都人观瞻称万岁”。五使以及百官，前往都堂接受训诫，“秋卿仪立凛冰霜，森列朝班政事堂。祀事旨严须誓戒，耸听谁敢不斋庄”。

宿斋之日，宣押国戚入禁中，守护内钥事务。晡时，平章率百官及陪祀官等入内，奏请主上致斋[1]于大庆殿。“卫士铁衣[2]官结佩，帷宫[3]斋洁[4]于仪刑[5]。”

【译】皇帝在宫外住宿斋戒之日，下诏命国戚进宫，守护内钥事务。到了晡时，同平章事率百官及陪祀官等入宫，奏请皇上在大庆殿行斋戒之礼。“卫士铁衣官结佩，帷宫斋洁于仪刑。”

驾出宿斋殿

明禋：行礼前三日，平章、宰执率百官恭请主上宿大庆殿致斋寄班，“舍人殿上亲警跸[6]，要知不是御常朝”。上御驾出，绣锦包兀子安于殿中御榻上。盖太祖受位之初，累帝明禋郊祀俱坐之，三年一次增锦包一层耳。法驾、仪仗、

---

① 致斋：行斋戒之礼。

② 铁衣：这里指铠甲。

③ 帷宫：古代帝王出行时以帷幕布置成的行宫。

④ 斋洁：犹斋戒。

⑤ 仪刑：效法；法式。

⑥ 警跸（bì）：为古代帝王出入时清道止行。

卤簿，俱列龙墀之左右。禁廷钟鼓楼上，有太史局[①]生员官，测验刻漏[②]。每刻作鸡鸣，击鼓一下，则服绿者一人，执牙牌[③]至殿下奏曰："某时几刻。"或曰："某时正也。"

【译】明堂大祀：行礼的前三天，同平章事、宰执率领百官恭请皇上移居大庆殿，行斋戒之礼并设临时朝班，"舍人殿上亲警跸，要知不是御常朝"。皇上上殿，将用绣锦包着的小矮凳安置在殿中的御榻上。是因为太祖即位之初定此规制，以后历代皇帝明堂大祀、郊祀时也都要坐在兀子上，每三年增包一层绣锦。法驾、仪仗、卤簿，全部陈列于龙墀的左右。殿庭中的钟楼上，有太史局属员在测量、检验刻漏。每到一"刻"，就让鸡鸣，并击鼓一下，于是就有一个身穿绿衣的人手拿牙牌到殿下奏报说："某时几刻。"或者说："某时正也。"

宰执百僚，皆服法服[④]、环佩[⑤]、法履、头冠。其头冠各有品从：宰执、亲王九梁，加貂蝉笼巾[⑥]；侍从官七梁；余官

① 太史局：官署名。隋朝秘书省置，初称曹，后改局，有令、丞各二员，司历二员、监侯四员；其历、天文、漏刻、视祲，各有博士及生员。北宋神宗元丰年间（公元1078—1085年）改制复名太史局，隶秘书省，掌测天文，考定历法。

② 刻漏：漏壶，一种古代计时器，以铜为壶，底穿一孔，壶中立一有刻度的箭形浮标，从壶中水滴漏而显示箭上的度数而知其时刻。

③ 牙牌：象牙或骨角制的记事签牌。

④ 法服：做法事穿的衣服。

⑤ 环佩：古人所系的佩玉。后多指女子所佩的玉饰。

⑥ 貂蝉笼巾：貂蝉冠。貂尾与蝉羽皆古代显官冠上之饰物。貂蝉冠起源于秦代，起初为侍中、常侍等贵近之臣的冠饰，而后发展为高级官员的礼冠。

六梁至二梁有差；台谏[1]官增豸[2]角耳。所谓梁者，则冠前额梁上排金铜叶是也。俱服绛袍[3]，皂绿方心曲领[4]，中单[5]环佩，云头履鞋，随执简笏。余执事人皆介帻[6]绯袍，亦有等差。惟阁门、御史台诸吏，加方心曲领。后堂官俱依品位服入殿。只应人服色，依法定色服，各给黄方号，余黄长号、绯方长号，各有入殿、宫、坛门去处，如无号妄入者，准违制论也。

【译】宰执及百官，都穿戴法服、环佩、法履、头冠。他们所戴的冠冕各有品级：宰执、亲王九梁，加貂蝉冠；侍从官七梁；其余官员从六梁至二梁不等；而台谏官员则在冠上增加了豸角。所谓“梁”，指的就是冠前额的梁上排列了金铜叶。所有官员都身穿深红色纱袍、镶着黑边、方心曲领、内穿里衣、身系佩玉、脚穿云头履鞋，各随官阶手拿不同的朝笏。其余办事人员全都头裹长耳裹发巾、身穿红袍，也有等级差别。只有阁门、御史台的官员，加方心曲领。后堂的官吏都各依品位穿戴冠服入殿。当值的人依照规制服装的颜

① 台谏：唐宋时以专司纠弹的御史为台官，以职掌建言的给事中、谏议大夫等为谏官。两者虽各有所司，而职责往往相混。

② 豸（zhì）：獬豸，古代传说中的异兽（一说独角兽），能辨是非曲直，能识善恶忠奸。

③ 绛袍：绛纱袍，深红色纱袍。古代常用为朝服。

④ 方心曲领：套在宋代朝服交领上的用白罗制成的饰件，上圆下方，形似璎珞，是宋代朝服最为显著的特点，它是宋代遵循唐制的结果，体现了天圆地方这一中国古代最核心的世界观宇宙观，具有“象法天地”的古代设计特征。

⑤ 中单：亦作“中禅”，古时朝服、祭服的里衣。亦泛指“汗衫”。

⑥ 介帻（zé）：古代的一种长耳裹发巾。始行于汉魏，即后来的“进贤冠”。

色，各给黄色方形号牌，其余当值的人发放黄色长形号牌和红色方形或长形号牌，按号牌入殿内或去宫、坛门等处等候差遣，如果没有号牌而随意进入的人，就按违犯规制论罪。

奏请致斋日，殿门内外及丽正门外，皆禁卫羽林兵，俱全装铁骑[①]，数万围绕大内。是夜，殿前仪卫之外，左右六军、仪仗、卤簿分列于丽正、和宁。更有裹绿小帽、服锦络缝宽衫兵士，十余人作一队，各执银裹头黑漆杖子[②]，谓之“喝探兵士”，聚首而立，凡十数队。各队一名，喝曰：“是与不是？”众声答曰：“是。”又曰：“是甚人？”众声应曰：“殿前都指挥使某人。”及喝五使[③]姓名，更互喝叫不停声。或作鸡鸣，是众人一同喝道。自初更至四更一点方止，此谓之“禁更”。前人诗咏之曰：“将军五使欲来时，停着更筹问‘是谁’。审得姓名端的了，齐声喝道不容迟。”

【译】奏请行斋戒之礼的当天，殿门内外以及丽正门外，都是禁卫羽林兵，他们都是装束整齐的铁骑，数万人围绕着皇宫。此夜，内殿除仪仗、卫队之外，左右六军、仪仗、卤簿均分列在丽正门、和宁门外。还有头戴镶着绿色锦边的小帽、身穿锦络缝制的宽衫的兵士，十余人为一队，分别手拿银裹头黑漆杖子，这称为“喝探兵士”。他们聚集并站立在一起，

---

① 铁骑：古代军事战争中骑兵的一种，属重型兵种，又称重骑兵，是古代战争中威力巨大的兵种之一。

② 杖子：棍棒。

③ 五使：唐宋行大典时所置五官，均命大臣任之。

一共有十几队。各队中有一人喝道："是与不是？"众人答道："是。"那人又喝道："是什么人？"众人答道："殿前都指挥使某人。"一直喝到五使的姓名，各队更替喝叫不停。有时作鸡鸣，是众人一起喝道。从初更直到四更一点才停止，这称为"禁更"。前人有诗咏此情景道："将军五使欲来时，停着更筹问'是谁'。审得姓名端的了，齐声喝道不容迟。"

又，置警场①于丽正门外，名为"武严兵士"。以画鼓画角二百，其角皆以彩帛如小旗脚结其上。兵士皆小帽、黄绣抹额、黄绣宽衫、青窄衬衫，日晡及三更时，各奏严②也。每奏先鸣角二声罢，一军校执一长软藤条，上系朱拂子擂鼓。时众鼓手观其拂子，随其高低，以拂子应其鼓声高下。宿太庙，宿郊坛青城行宫，俱用严更③警场也。

【译】又，在丽正门外设置警场，其军士称为"武严兵士"。警场有画鼓二百面配有号角，那些号角都用彩帛做成小旗尾形状的装饰物系在上面。兵士们都头戴小帽、裹着黄色刺绣抹额、身穿黄色刺绣宽衫、内穿青色窄衬衫。在日晡时和三更时，分别奏乐严鼓。每次奏乐前先鸣号角两声，随后一军校手拿一根长软的藤条，上面系着红色的拂尘，挥舞着指挥擂鼓。这时，众鼓手看着拂尘，跟着它的高、低，用鼓声的高、

① 警场：古代帝王祭祀行大礼前夕奏乐严鼓，侍卫警夜，止人清场，谓之"警场"。

② 奏严：奏乐严鼓。古代戒夜称"严"，转指戒夜更鼓。捶一鼓为一严，二鼓为二严，三鼓为三严。

③ 严更：警夜行的更鼓。

低来应和拂尘的指挥。皇上住太庙、郊坛青城行宫时，也都要用严更警场。

五辂仪式

明禋止用玉辂，郊祀用五辂，俱顿于太庙侧辂屋下。玉辂，按《周礼·春官》："巾车[①]，掌王之玉辂。钖[②]繁（音盘）缨[③]十有再[④]就，建太常[⑤]十有二[⑥]斿，以祀。"康成注曰："玉辂，以玉饰诸末。"今玉辂顶耀叶三层，凡八十一叶，皆镂金间真玉龙，大莲叶攒簇[⑦]，四柱栏槛，镂玉盘花龙凤，悬挂照山河社稷大镜，及悬缨旂佩。御座后真锦绣围之，后出青绣山河龙凤旗二面。有诗咏曰："镂琼云朵贴瑶箱，珠网雕檀七宝床。首建太常鸣大佩，玉龙耀叶发祥光。"

【译】明堂大祀只用玉辂，郊祀时才用五辂，全部停靠在太庙旁边的辂屋下。玉辂，按《周礼·春官》记载："巾车，掌王之玉辂。钖繁缨十有再就，建太常十有二斿，以祀。"康成在注中说道："玉辂，以玉饰诸末。"现在的玉辂，顶上有三层耀叶，一共八十一叶，全都是镂金且中间夹杂着真

---

① 巾车：古代官名。

② 钖（yáng）：马额上的金属装饰物。马走动时发出声响。

③ 繁缨：古代天子、诸侯所用辂马的带饰。繁，马腹带。缨，马颈革。

④ 十有再：十二。

⑤ 太常：这里指旗名。其正幅上画有日月星辰，正幅下边缀有十二根旒。旒（liú），旌旗下边或边缘上悬垂的装饰品。

⑥ 十有二：十二。

⑦ 攒簇：集在一处；簇拥。

玉龙，用大莲叶簇拥着。四根柱子的栏槛，雕刻着玉盘花龙凤，悬挂着照山河社稷的大镜，还悬挂着缨、旒、佩等配饰。御座后面用真锦绣来围绕着，后面竖起两面青绣山河龙凤旗。有诗咏道：“镂琼云朵贴瑶箱，珠网雕檀七宝床。首建太常鸣大佩，玉龙耀叶发祥光。”

余金、象、木、革四辂，俱镀金耀叶簇之。俱按《周礼》巾车职篇曰：“金辂，钩[①]繁缨九就。”康成注曰：“金辂，以金饰辂。”制以“五凤升龙间火珠，黄衣黄弁[②]驾黄车，画轮金辂旂裳裹，铃响螭头[③]震九衢[④]”。“象辂，朱繁缨七就。”康成注曰：“象辂，以象饰辂。”制以“铜叶金涂灿有光，贴牙墤轼坐龙床，赤号六驾繁缨七，旗绣红罗鸟集翔”。“革辂，龙勒[⑤]条[⑥]缨五就。”康成注曰：“革辂，輓之以革，而漆之无他饰。”制以“赤白飞铜六驾驰，联翩龙虎（“龙虎”当作“熊虎”）浅黄旂，革輓漆制条缨五，戎弁宽裁对凤衣”。“木辂，

---

① 钩：马颈的装饰物。按，这里只说钩，未说钖，并非金辂上就没有钖而是只有皮制的钖，没有附加镂金为饰的钖。

② 弁（biàn）：古代男子戴的一种帽子。

③ 螭头：又叫“螭首”。螭是古代传说中的一种动物，属于传说中的蛟龙类。龙为炎黄子孙最崇拜的神兽，把它装饰在碑头上成为螭首，碑的身价就变得更为高贵。

④ 九衢（qú）：纵横交叉的大道；繁华的街市。

⑤ 龙勒：应作“駹（máng）勒”，似指以杂有白黑两色的兽皮制成的笼头。駹，白面黑马。

⑥ 条：通“绦”，丝绳，丝带。一说条下当有“繁”字。

前繁鹄缨[1]建大麾[2]。"康成注云:"木辂,不輓,以革漆之。'前'读为'鬋剪'之'剪'。浅黑。"制以"凤衔铃佩响交加,御座华裀[3]织百花,十六金龙齐夹毂[4],皂罗[5]麾上绣龟蛇"。

【译】其余金、象、木、革四辂,都用镀金的耀叶来簇拥。按《周礼》巾车职篇记载:"金辂,钩繁缨九就。"康成在注中说道:"金辂,以金饰辂。"其形制是"五凤升龙间火珠,黄衣黄弁驾黄车,画轮金辂旂裳裹,铃响螭头震九衢"。"象辂,朱繁缨七就。"康成在注中说道:"象辂,以象牙装饰车辂。"其形制是"铜叶金涂灿有光,贴牙壝轼坐龙床,赤号六驾繁缨七,旗绣红罗鸟集翔"。"革辂,龙勒条缨五就。"康成在注中说道:"革辂,輓之以革,而漆之无他饰。"其形制是"赤白飞铜六驾驰,联翩熊虎浅黄旂,革輓漆制条缨五,戎弁宽裁对凤衣"。"木辂,前繁鹄缨建大麾。"康成在注中说道:"木辂,不輓,以革漆之。'前'读作'鬋剪'之'剪'。浅黑。"其形制是"凤衔铃佩响交加,御座华裀织百花,十六金龙齐夹毂,皂罗麾上绣龟蛇"。

---

① 前繁鹄缨:用浅黑色的牛皮饰樊,用白色牛皮饰缨。前,通"翦",指浅黑色。鹄,指白色。

② 大麾(huī):旗名。旗上画有龟、蛇,缀有四根飘带。

③ 裀(yīn):垫子;褥子。

④ 毂(gǔ):泛指车。

⑤ 皂罗:一种色黑质薄的丝织品。皂,黑色。

差官軷祭[1]及清道

禋祀与郊祀，俱差祠官軷祭。按《周礼·大驭》：“掌玉辂，以祀及犯軷[2]。”注曰：“行山曰軷。犯者封土为山象，以菩刍[3]棘柏为神主。既祭，以车轹[4]之而去，喻无险难也。”清道之神，乃三重。王出入，则八人夹道行，服武弁绯袍绣衫，执黑漆杖。按《周礼》，祀，“条（音涤）狼氏，掌执鞭以趋避[5]”之义也。愚详之，即半夜而过，连声告报[6]两街看位，俱令灭灯烛者是也。

【译】明堂大祀与郊祀，都要派遣祠官先行軷祭。按《周礼·大驭》载：“掌玉辂，以祀及犯軷。”有注说道：“行山曰軷。犯者封土为山象，以菩刍棘柏为神主。既祭，以车轹之而去，喻无险难也。”清道之神有三重。皇上出入，则有八人夹道而行，都头戴武冠、外穿红袍、内穿绣衫，手执黑漆杖。按《周礼》记载，“条狼氏，掌执鞭以趋避”指的就是这八个人。我对此熟知，即使皇上半夜过街，条狼氏也会连声告知街道两侧的看位，命令他们都灭掉灯烛。

---

① 軷（bá）祭：指出行前祭路神的仪式。

② 犯軷：进行軷祭。

③ 菩刍：菩，香草。刍，谷类植物的茎秆。

④ 轹（lì）：车轮碾压。

⑤ 趋避：遥见奔马，趋避路旁。

⑥ 告报：告知；报告。

驾诣景灵宫仪仗

主上宿大庆殿致斋，次早五更，摄大宗伯诣殿前执牙牌奏，中严外办①。护卫铁骑，自四更时接续番里②，导行诸司局分内侍人员司属，前往宫闱③排班。百官各法服冠佩，入朝起居毕，各出殿门辔驭，在学士院伺候。快行、卫士各执莲炬④，在槛下伺驾登逍遥辇⑤，从驾诣景灵宫行奏告礼。次第朱旗数十面，锣鼓队引，驱象二头，各以宫锦为衾⑥披之，以金装莲花宝座安于背中，金辔笼络其首体。宝座前，一衣锦袍人执银镢，跨颈驱行。按，《晋书·舆服⑦志》及《汉卤簿》，在前宋朝开宝初，广南来贡，吴越王以广南交趾⑧献于朝，以备大驾⑨。南渡以后，入贡⑩南帑⑪，给锦衾覆之。理庙朝⑫，

---

① 外办：指警卫宫禁。

② 番里：应为"番衮"，指依次而行，不得阻塞。

③ 宫闱：帝王的后宫，后妃的住所。

④ 莲炬：莲花形的灯。

⑤ 逍遥辇：皇上乘坐的轿的名字。

⑥ 衾（qīn）：被子。

⑦ 舆（yú）服：车舆冠服与各种仪仗。古代车舆与冠服都有定式，以表尊卑等级。

⑧ 交趾：又名"交址"，中国古代地名，先秦时期为百越支下骆越的分部，初期范围为今越南北部红河流域一带。秦朝以后，设"交趾郡"，为今越南北部。

⑨ 大驾：皇帝出行，仪仗队之规模最大者为大驾，在法驾、小驾之上。

⑩ 入贡：向朝廷进献财物土产。

⑪ 帑（tǎng）：古代指收藏钱财的府库。这里指金帛。

⑫ 理庙朝：使者来到朝廷。理，使者。庙朝，朝廷。

安南贡至，令备大驾先驱[①]之仪仗。

【译】皇上住宿在大庆殿行斋戒之礼，第二天早晨五更时分，摄大宗伯到殿前，手拿牙牌去上奏，中庭戒严、警卫宫禁。护卫的铁骑从四更时分就相继出发，导行各司局分内侍人员及下属，前往后宫排列班次。百官穿戴礼服、冠冕及配饰，入朝朝拜后，各出殿门，车马等候在学士院。快行、卫士各手拿莲花形的灯，在槛下侍候皇上登逍遥辇，随从皇上前往景灵宫行奏告礼。依次排列数十面朱旗，锣鼓队在前面导引，驱赶着两头大象，分别用宫锦当作被子，披盖在大象背上，以金装莲花宝座安放在大象的背上，金辔缠络在大象的头上。莲花宝座前，有一个身穿锦袍的人手拿银鑁，跨在大象的颈上，驱使它前行。按《晋书·舆服志》及《汉卤簿》记载，在宋朝开宝初年，广南来朝廷纳贡，吴越王将广南交趾郡的大象献于朝廷，为了皇上大驾的时候使用。宋室南渡以后，广南又进贡金帛，将其做成锦被盖在大象的背上。有使者来到朝廷，安南进贡的大象到了，于是下令让它在大驾仪仗时前行开路。

卤簿有幡帜[②]者，谓之“告止、传教、信幡[③]”，各以绯帛杂错采。告止者，以为行之节；传教者，有教令所不及，置幡以传；信幡者，题表官号以为符信也。盖谓：“教信幡

① 先驱：前行开路。

② 幡帜：又作“幡织”。旗帜。

③ 信幡：古代题表官号、用为符信的旗帜。

传告止幡，凌风朱佩锦衣间。一停一举皆如节，直自圜丘[①]至九关[②]。”卤簿仪仗，有高旂大扇，画戟长矛，以五色。介胄跨马之士，或小帽锦绣抹额者，或顶黑漆圆顶幞头者，或以皮为兜鍪[③]者，或漆皮如戽斗[④]而笼巾者，或衣红黄罨画[⑤]锦绣服者，或衣纯青纯皂以至鞋袜皆纯青纯皂者，或裹交脚幞头，或锦为绳如蛇绕系身者，或数人唱引大旗行过，或执大斧挎剑锐牌持镫棒[⑥]者，或持竿上悬豹尾者，持短竿者，于戟上缀五色结带铜铎[⑦]者。

【译】卤簿中有些旗帜，被称为“告止、传教、信幡”，各用红帛夹杂其中使其色彩错杂。所谓“告止”，是作为行进或停止的节制；所谓“传教”，是有教令所不能传达的地方，就设置幡旗来传达；所谓“信幡”，是古代题表官号、用为符信的旗帜。有言道：“信幡传告止幡，凌风朱佩锦衣间。一停一举皆如节，直自圜丘至九关。”卤簿、仪仗中有高旗、大扇、画戟、长矛，五色都有。穿着甲胄骑着马的武士，有

① 圜（yuán）丘：古代帝王冬至祭天的地方。后亦用以祭天地。

② 九关：九重天门或九天之关。

③ 兜鍪（móu）：古代战士戴的一种头盔。秦汉以前称“胄”，后叫“兜鍪”。

④ 戽（hù）斗：一种取水灌田用的旧式汉族农具。形似斗，两边有绳，使用时两人对站，拉绳汲水。

⑤ 罨（yǎn）画：色彩鲜明的绘画。

⑥ 镫棒：古代一种棒形武器，其一端饰马镫形铜制品。后用作仪仗。

⑦ 铜铎：摇奏体鸣乐器，即铎。青铜铸，故称。常系于牲口颈部，也悬挂于庙、塔的檐角之上，风吹即发声，俗称风铃，也用于军队仪仗队中敲击。

的戴着小帽、裹着锦绣抹额，有的戴着黑漆圆顶幞头，有的戴着像兜鍪一样的皮帽，有的戴着上过漆的皮制的形状像庳斗或貂蝉冠的帽子，有的穿着红黄两色且上有鲜明绘画的锦绣之服，有的穿着纯青、纯黑色衣服以至鞋、裤也都是纯青或纯黑色的，有的裹着交脚幞头，有的用锦做成绳并将它像蛇一样缠绕在身上，还有很多人唱着曲子手举着大旗走过，有的手拿大斧，有的挎着利剑，有的手拿锐牌，有的手持镫棒，有的手持上面悬挂豹尾的长竿，有的手持短竿，有的手持上面缀着五色结带铜铎的矛戟。

又有仪仗内名“穙槊[①]”者。按《开元礼志》：“金吾将军，执穙稍以察队伍，去其非违[②]。形如剑而三刃，以虎、豹皮为袋盛之。其制始于秦、汉。”《尔雅》云：“穙稍，牛抵触，百兽不敢当。故制牛首于上。”正谓：“虎剑囊封似剑形，刻成牛首兽皆惊。后先卤簿彰威德[③]，纠察非违孰敢撄[④]。”或持朱藤结方圆网者，名“罼罕[⑤]”。按，徐妥《释疑》曰：“乘舆黄麾[⑥]内，左罼右罕，以朱藤结网二，螭首，红丝拂。

---

① 穙（bó）槊（shuò）：古代仪仗用的一种兵器。

② 非违：指非法违命之徒。

③ 威德：指威势和德政、刑罚和恩赏。

④ 撄（yīng）：触犯。

⑤ 罼（bì）罕：捕鸟的网。这里指帝王出行时前导的仪仗。

⑥ 黄麾：古代天子或大臣所乘车舆的装饰品。

盖罼方罕圆，取毕昴[①]二星象。”又云：“天文毕昴之中，谓之‘天街’，故以罼罕前导也。”建物旗者，其制有黄龙负图[②]，君王万岁、天文彩绣、日月合璧、五星连珠、重轮庆云、五岳四渎[③]、四方祥物、祥光瑞气、双莲秀芝、嘉禾瑞瓜、金牛赤豹、鸾凤龙麟、白狼鹦鹉、鹍鸡[④]番锦、罽[⑤]帜犀祥、鹤扈[⑥]君王。

【译】又有称为“襂槊”的仪仗兵器。按《开元礼志》中记载：“金吾将军，执襂槊以察队伍，去其非违。形如剑而三刃，以虎、豹皮为袋盛之。其制始于秦、汉。”《尔雅》中写道：“襂槊，牛抵触，百兽不敢当。故制牛首于上。”正所谓：“虎剑囊封似剑形，刻成牛首兽皆惊。后先卤簿彰威德，纠察非违孰敢撄。”还有手拿朱藤结成的或方或圆的网的仪仗，称为“罼罕”。按，徐妥的《释疑》中写道：“乘舆黄麾内，左罼右罕，以朱藤结网二，螭首，红丝拂。盖罼方罕圆，取毕昴二星象。”还写道：“天文毕昴之中，谓之‘天

---

① 毕昴（mǎo）：毕星与昴星。二星至秋季时，晨见于东方，故常用以表示天将黎明。

② 负图：背负河图。河图是上古时代汉族神话传说中伏羲通过黄河中浮出龙马身上的图案，与自己的观察，画出的“八卦”，而龙马身上的图案就叫作“河图”。因此，负图有肩负天下重任的意思。

③ 四渎：我国古代对四条独流入海的大河的称呼，即“江、河、淮、济”（长江、黄河、淮河、济水）。

④ 鹍（kūn）鸡：凤凰的别名。

⑤ 罽（jì）：指毛织物。

⑥ 扈（hù）：随从；护卫。后多指随侍帝王。

街’，故以罼罕前导也。”所竖起的各种旗帜，其形制是黄龙负图，即君王万岁、天文彩绣、日月合璧、五星连珠、重轮庆云、五岳四渎、四方祥物、祥光瑞气、双莲秀芝、嘉禾瑞瓜、金牛赤豹、鸾凤龙麟、白狼鷃鹈、鹍鸡番锦、罽帜犀祥、鹤扈君王。

执方伞、曲盖[①]、朱圆扇者。按，张帛避雨[②]谓之“伞”，赤质紫表，正方四角，有铜螭头。其曲盖者，武王时，大风折柄，太公用之而制。曲绣团朱扇，按汉制，乘舆用也。法驾、卤簿仪仗队引者，如“节幢殳戟带祥烟，角氅[③]弓刀列后先。五十队中分六引，设官领袖尽华韀[④]”。

【译】还有手举方伞、曲盖、朱圆扇的仪仗。按，张开用于避雨的布帛称为“伞”，红色的质地，紫色的外表，正方形有四个角，有铜螭头的装饰。所谓“曲盖”，在周武王伐纣时，有大风折断伞盖，姜太公就着折盖的形状而制成的。曲绣团朱扇，根据汉制，是乘舆所用。在前面导引的法驾、卤簿、仪仗队的态势，可谓“节幢殳戟带祥烟，角氅弓刀列后先。五十队中分六引，设官领袖尽华韀”。

有大旗，名“盖天旗”，立于丽正门外御路中心。又有旗高三四丈，谓之“次黄龙旗”，往太庙前立；若郊祀，移

① 曲盖：仪仗用的曲柄伞。

② 张帛避雨：打开用布帛制作的雨伞来挡雨。

③ 氅（chǎng）：鹙鸟的羽毛。

④ 韀（jiān）：垫马鞍的东西。

于青城行宫门外立之，亦名“盖天旗”也。更有含索旗座，以百余人立之。有天武、金吾、亲勋诸班，号“奉神（“神”作“宸”）队”。“密匝[①]九重环宝辇，绣衣飞采卷香尘。”又有交脚幞头、挎剑、足靴，如四直使者[②]一二百人，不可名状[③]。

【译】有一种大旗，称为“盖天旗”，立在丽正门外的御路中心。也有一种旗高三四丈，称为“次黄龙旗”，立在太庙前；如果进行郊祀，则移立在青城行宫门外，也称为“盖天旗”。更有带有绳索的旗座，需一百多人才能立起来。有天武、金吾、亲勋各班的军士，号为“奉神队”，他们“密匝九重环宝辇，绣衣飞采卷香尘”。还有裹着交脚幞头、挎利剑、足蹬靴子，有一两百名装束像四值功曹的军士，其容貌不好一一用语言描述。

诸殿直亲从官皆帽衣结带红锦，或红罗上紫团搭戏狮子，短后打甲背子[④]。御龙直裹真珠结络花儿短巾、衣紫上杂色小绣花衫、镀金束带、腰悬花看带、彩鞋。天武官皆顶朱漆金

① 密匝：严实稠密的样子。

② 四直使者：道教中的四值功曹。民间信仰和道教所奉的天庭中值年、值月、值日、值时四神。相当于天界的值班神仙。这四神分别是值年神李丙、值月神黄承乙、值日神周登、值时神刘洪。

③ 名状：形容，描述。

④ 背子：褙子。汉服的一种，始于隋朝。褙子直领对襟，两侧从腋下起不缝合，多罩在其他衣服外穿着。流行于宋、明两朝。宋朝褙子直领对襟，两腋开叉，衣裾短者及腰，长者过膝。

装笠儿、衣红上团花背子。其国朝九宝，如大朝会，置于殿陛[①]前；郊明大祀，迎于仪仗中。符宝官二员，左右奉宝以从驾，谓之“迎宝舆”也。三衙太尉并御带、环卫官，皆小帽背子，或紫绣战袍，跨马前导。内侍亦小帽、紫绣袍，从驾导行。千乘万骑[②]，驾到[③]景灵宫入次[④]少歇，奏请诣圣祖殿行礼，以醪[⑤]茗、蔬果、麸酪飨之，乐奏《乾安》《大安》《灵安》《兴安》《祖安》《正安》《冲安》《报安》之章，乐舞《发祥》《流庆》《降真》《观德》之曲。奏告毕，驾回太庙宿斋[⑥]。

【译】各殿直亲从官都头戴帽子、结带、身穿红锦袍，或穿红罗制成的紫色底子上有团答戏狮子的图案，后襟短的打甲褙子。御龙直的军士都头戴着珍珠结络的花儿短巾、身穿紫色的上有杂色小花的绣衫、束着金带、腰悬花看带、脚穿彩鞋。天武军的官员都头戴朱漆金装笠子、身穿红色的上有团花图案的褙子。本朝的九宝，如遇大朝会，放在御殿前的石阶前；郊祀或明堂大祀时，放在仪仗中。有两名符宝官，在仪仗左右捧着九宝来随从皇上，称为“迎宝舆”。三衙太尉和御带、环卫官员，都戴小帽、穿着褙子，或穿紫色刺绣

① 殿陛：御殿前的石阶。

② 千乘万骑：形容车马之盛。

③ 驾到：敬词，称客人来到。

④ 入次：进入行列。

⑤ 醪（láo）：浊酒。

⑥ 宿斋：古代指举行祭祀等礼仪前的斋戒。这里指斋戒。

战袍，骑马为前导。内侍也戴小帽、穿紫色绣袍，随从皇上为前导。众多的车马，来到景灵宫后排好队列稍作歇息，奏请皇上前往圣祖殿行礼，以酒、茶、蔬果、麸酪献享。所奏的乐曲有《乾安》《大安》《灵安》《兴安》《祖安》《正安》《冲安》《报安》等，所奏的舞曲有《发祥》《流庆》《降真》《观德》等。奏告完毕，皇上回到太庙斋戒。

驾回太庙宿奉神主出室

上御平顶辇，回宿太庙斋殿，其禁卫铁骑，尽移至太庙，绕瑞石山前后护卫。天武、金吾、武勋、羽林等兵士，并列卫。六军仪仗、卤簿，移屯①太庙后，夜移丽正，喝探②严更警惕，并如致斋③夕。于黄昏时，钟鼓院官赴太庙前，报出动④更筹⑤，喝过姓名，如前同也。

【译】皇上乘坐平顶辇，返回并住宿在太庙斋殿，禁卫铁骑全都移至太庙，围绕着瑞石山前后进行护卫。天武、金吾、武勋、羽林等兵士并列护卫。六军仪仗、卤簿，也转移驻防太庙后，晚上移驻到丽正门，为了戒备规定了戒严呼询的口令和警夜行的更鼓，就像行斋戒礼的晚上一样。到了黄昏时分，钟鼓院官来到太庙前，汇报开始行动的时间，须通报姓名，

---

① 移屯：转移驻防。

② 喝探：戒严呼询口令。

③ 致斋：行斋戒之礼。

④ 出动：开始行动。

⑤ 更筹：借指时间。

过程与之前一样。

三更行事，大宗伯奏中严外办。上出斋殿，礼直官等导引诣太庙诸室殿庭，行奏告礼。上诣殿上东南隅，面西立，行三献[①]，献牲牢[②]，宫架乐奏《乾安》《兴安》《正安》《禧安》之章，乐舞《文德》《武功》《皇武》《大定》《昭文》《美成》《治隆》《大明》《重光》《承天》《瑞庆》《大德》《大伦》《大和》之曲。礼毕，奉太祖、太宗、高宗三神主[③]出室。殿下横街之北，分设七祀[④]位，如司命、户、灶、中溜、门、厉、行等神。横街之南，设配飨[⑤]功臣赵韩王以下二十五位分祀。差南班宗室奉行其三神主。命内侍以仪仗迎往明禋殿。

【译】三更开始行事，大宗伯上奏中庭皇帝出行前整备戒严等事。皇上出斋殿，礼直官等导引前往太庙各室殿庭，行奏告礼。皇上到殿上东南角，面向西而立，行三献之礼，奉献牲畜，奏宫架《乾安》《兴安》《正安》《禧安》等乐曲，再奏《文德》《武功》《皇武》《大定》《昭文》《美成》《治隆》《大明》《重光》《承天》《瑞庆》《大德》《大伦》《大和》等舞曲。礼毕，捧着太祖、太宗、高宗三个牌位出殿。殿下横街的北面，分别设置七祀的位置，供奉司命、中溜、国门、

---

① 三献：古代聘礼及祭祀典礼，奠酒仪式分初献、亚献、终献，合称三献。

② 牲牢：牲畜。

③ 神主：指供奉祖先或死者用的小木牌，即牌位。

④ 七祀：周代设立的七种祭祀，即司命、中溜、国门、国行、泰厉、户、灶。

⑤ 配飨：贤人或有功于国家文化的人，附祀于朝，同受祭飨。同“配享”。

国行、泰厉、户、灶等神。横街的南面，分别设置配享功臣赵韩王以下的二十五位的位置，差遣南班、宗室奉行太祖、太宗、高宗的三个牌位，命令内侍将仪仗迎到明禋大殿。

天明时，乘黄[①]令进玉辂，奏请登玉辂。“珠旄[②]牙戟翠流苏，环佩天香爇[③]宝炉。中敕[④]乘黄亲进御[⑤]，玉虬[⑥]拥驾下云衢[⑦]。”上御冠服，如图画星官之状，其通天冠[⑧]俱用北珠[⑨]卷结，又名“卷云冠”；服绛袍，玉佩，执玉元圭[⑩]。正座玉辂上，左右各一内侍，名“御药”，冠服执笏侍立[⑪]。左首栏槛边，一从侍中书宦者，曲身冠服，旁立于栏，以红丝绦系定，恐致疏失[⑫]，名为“执绥官”，以备玉音顾问[⑬]。

---

① 乘黄：泛指良马。

② 旄（máo）：古代用牦牛尾装饰的旗子。

③ 爇（ruò）：烧。

④ 中敕：告诫；告谕。

⑤ 进御：指皇上驾临。

⑥ 玉虬（qiú）：传说中的虬龙。

⑦ 云衢：云中的道路。

⑧ 通天冠：皇帝戴的一种帽子。

⑨ 北珠：产于我国北方地区的珍珠，古代又称“珠”“东珠”“真珠”，颗粒大、珠光强，一直是历代王朝的专享贡品。

⑩ 元圭：玄圭。一种黑色的玉器，上尖下方，天子祭祀时所持，或将其赏赐给建立特殊功绩的人。

⑪ 侍立：恭顺地站立在旁边伺候。

⑫ 疏失：疏忽失误。

⑬ 顾问：谘商询问。多指执政者对于近臣的谘询。

"和鸾[①]争羡侍中裾，玉辂亲承接帝俞[②]。儒学已通稽古力，更求民瘼[③]备嘉谟[④]。"驾辂卫士，裹漆圆顶盖耳帽子，着黄生色宽衫，青衬衫，青杌头裤，青履，系锦绳。辂后四人攀行[⑤]，如攀枝孩儿。辂前有服法服朝冠二人，执简，导辂行。辂之左右，亦二人，服法服乘马，从辂行办严[⑥]。于辂放行时，参政前遮，奏"少迟"。"预饬[⑦]金吾街仗使，威容浸盛[⑧]务如仪。"盖奏请少迟，欲令万骑千官，整齐导引。"法仪森严按典刑，逍遥平辇小舆轻。金龙闲饰彤霞[⑨]彩，缓引天街宝辂行。"诞马[⑩]六匹。按宋孝武诏王侯诞马不得过二匹。诞，散也。旧并施鞍鞯[⑪]。景祐初志今辂，前凡六匹诞马者，正谓之："红檐诞马控双行，项下朱丝系彩缨。驺士[⑫]锦衫勤执御，共夸汗血似云轻。"按，马者衣锦宝相花衫也。又，

---

① 和鸾：古代的一种铃铛，挂在车前横木上称"和"，挂在轭首或车架上称"鸾"。

② 俞：文言叹词，表示允许。

③ 民瘼（mò）：人民的疾苦。

④ 嘉谟（mó）：嘉谋。高明的经国谋略。

⑤ 攀行：似指手拉手前行。

⑥ 办严：置办行装。

⑦ 饬（chì）：整顿，使整齐。

⑧ 浸盛：指逐渐强盛。

⑨ 彤霞：红色的云霞。

⑩ 诞马：但马。仪仗队中不施鞍辔的备用马。

⑪ 鞍鞯：马鞍和马鞍下面的垫子。

⑫ 驺（zōu）士：驺人。为长官驾驭车马的人。

御马常仪外，有甲骑[1]，缀以金铃，在辂前引行。“銮铃[2]犀甲[3]控青骢[4]，凡马俄惊一洗空。御笔赐名犹记得，牙牌金刻草头风。”此本朝故事，郊禋皆遵制导引矣。

【译】天亮的时候，令良马进玉辂，并奏请皇上登上玉辂。正所谓：“珠旄牙戟翠流苏，环佩天香爇宝炉。中敕乘黄亲进御，玉虬拥驾下云衢。”皇上穿上冠服，像图画上的星官一样，其通天冠都用北珠卷结，又称为“卷云冠”；皇上身穿红袍、佩带玉佩、手拿玄圭、正坐在玉辂上。左右各有一名内侍，称为“御药”，他穿戴冠服、拿着手笏恭顺地站立在旁边伺候。在左首的栏槛边，有一随从侍候的中书官者，他穿着冠服、弯着身子站在栏旁，用红丝绦系好，恐其疏忽失误，称为“执绥官”，以备皇上谘商询问。正所谓：“和鸾争羡侍中裾，玉辂亲承接帝俞。儒学已通稽古力，更求民瘼备嘉谟。”驾驶玉辂的卫士，头戴漆圆顶盖耳帽子，身穿黄色宽衫，内穿青衬衫，下穿青机头裤，脚穿青色鞋，系着锦绳。玉辂的后面有四人手拉手前行，就像攀枝的孩儿。玉辂前有两个穿戴法服朝冠的人，手拿笏板引导玉辂前行。玉辂的左右也有两人，身穿法服，骑着马，随从玉辂置办行装。在玉辂放行的时候，参政还要先到前面阻挡，奏道“少迟”，

---

① 甲骑：披甲的骑兵。

② 銮铃：古时皇帝车上的仪铃。

③ 犀甲：古代用犀牛甲做成的步兵战衣 。

④ 青骢（cōng）：毛色青白相杂的骏马。

即“预饬金吾街仗使，威容浸盛务如仪”。奏请少迟，是为了让百官和骑兵排好队列后再导引，正所谓：“法仪森严按典刑，逍遥平辇小舆轻。金龙闲饰彤霞彩，缓引天街宝辂行。”另还有六匹诞马。按，宋孝武帝曾下诏王侯的诞马不得超过二匹。诞，散的意思。过去诞马上也设鞍鞯，这是景祐初年的记载。如今玉辂前共有六匹诞马，正所谓：“红檐诞马控双行，项下朱丝系彩缨。驺士锦衫勤执御，共夸汗血似云轻。”按，驾马的人都身穿有宝相花纹饰的锦衫。另外，关于御马，在常规的礼仪外，还有披甲的骑兵，马缀金铃作为装饰，在玉辂前引行。所谓：“銮铃犀甲控青骢，凡马俄惊一洗空。御笔赐名犹记得，牙牌金刻草头风。”这些都是本朝的故事，郊禋时也要遵此礼制去导行。

驾宿明堂斋殿行禋祀礼

上自太庙御玉辂入丽正门，宿斋殿，遵先朝亲祀明禋故事。明堂殿即文德殿，中配飨。太常寺奉常官于殿上立。正配四位，皆用黄褥设板位：居北面南，昊天上帝①位；居东面西，太祖、太宗、高宗位。惟矮案上设礼物，及殿庑设天星岳渎②百神版位。推设祭器，设玉册于殿陛之间，乃玉刻金縢③宝

---

① 昊天上帝：又称皇天上帝、天帝、老天爷、昊神，是中国神话传说中的“众神之主”，“天”的尊号最早出现在商朝，周朝时期正式出现对帝的尊称。

② 岳渎：五岳和四渎的并称。

③ 金縢（téng）：《周武王有疾周公所自以代王之志》，出自《清华大学藏战国竹简（壹）》，在《尚书》中称为《金縢》。

册[①]文。“铺张景铄[②]掩前闻，在天列圣[③]皆欣顾，宜有蕃釐[④]赐圣君。”凡大祀，差太祝[⑤]一员，进抟黍[⑥]及肺，祭奠玉册。得其“玉册文章礼极恭，为民祈福吁苍穹。凭谁设玉诣祠坛，帝敕清朝小府官。苍璧黄琮[⑦]仍瓒[⑧]爵，灵光下烛宝光寒”。

【译】皇上自太庙乘坐玉辂进入丽正门，住宿在斋殿，遵循先朝皇帝亲行明堂大祀的旧制。明堂殿即文德殿，中间设配飨板位。太常寺奉常官在殿上站立。正面配四位，都用黄褥设板位：坐北朝南，是老天爷的板位；坐东朝西，是太祖、太宗、高宗的板位。只在矮案上设礼物，并在殿庑设天星、五岳、四渎百神的板位。推设各种祭器，在殿陛之间设置玉册，乃玉刻金縢宝册的板文。正所谓：“铺张景铄掩前闻，在天列圣皆欣顾，宜有蕃釐赐圣君。”凡是大祀，都要派遣一名太祝，进献捏好的饭团和肺，还有祭奠用的玉册。正所谓：“玉册文章礼极恭，为民祈福吁苍穹。凭谁设玉诣祠坛，帝敕清朝小府官。苍璧黄琮仍瓒爵，灵光下烛宝光寒。”

---

① 宝册：帝王用于上尊号或册立、册封的诏册。

② 景铄：盛美，盛明。

③ 列圣：指历代帝王。

④ 蕃釐：洪福。

⑤ 太祝：又称大祝，古代官名。太常寺的官，主管祭祀。

⑥ 抟（tuán）黍：捏成的饭团。

⑦ 黄琮：黄色的瑞玉。古代祭祀用。

⑧ 瓒（zàn）：古代祭祀用的一种像勺子的玉器。

镬[1]水者。按，《周礼·小司寇》："凡禋祀五帝实镬水。"今差从官一员奉礼，"满倾镬水洁而清，耗试随时更沃增。腥熟[2]视[3]来无失节，馔成犹自气蒸腾。光禄牵牲有旧章，诣厨更复属丞郎[4]。各供乃职知严恪[5]，芳薦丰陈鼎俎[6]香。"荐牲官，"茧栗[7]牺牲总用骍[8]，近坛视宰尚闻声。须臾玉俎供肥腯[9]，主上躬临奏荐牲。妙选甘泉侍从臣，列祠太乙九宫神。高禋上赐垂灵贶[10]，同卫宸旒[11]奉帝真。"乃分祀九宫贵神[12]于东青门外祠坛也。"分祀农师重至諴[13]，有司设壝势岩岩。报崇人主亲禋日，不比春祈[14]咏《载芟》[15]。"

---

① 镬（huò）：大锅。第一次加满水是为了把牲肉洗干净，纳烹时加满水是为了烹煮牲肉。

② 腥熟：这里指牲肉的生或熟。

③ 视：观看，察视。

④ 丞郎：唐、宋尚书左右丞、六部侍郎通称。

⑤ 严恪：庄严恭敬。

⑥ 鼎俎：鼎和俎。古代祭祀、燕飨时陈置牲体或其他食物的礼器。

⑦ 茧栗：牛角初生之状。借指牛犊。

⑧ 骍（xīng）：赤色的马和牛，亦泛指赤色。

⑨ 肥腯（tú）：牲畜兽类膘肥肉厚。

⑩ 灵贶（kuàng）：神灵赐福。贶，赠。

⑪ 宸旒（liú）：帝王之冠。借指帝王。

⑫ 九宫贵神：指唐宋两朝官方祭祀的九位正神。

⑬ 至諴（xián）：极其和顺的德行。

⑭ 春祈：春季祭祀。

⑮ 《载芟》：《周颂·载芟》，是中国古代第一部诗歌总集《诗经》中的一首诗。

【译】负责给镬添满水的人，按，《周礼·小司寇》载："凡禋祀五帝实镬水。"如今派一名从官来奉礼，正所谓："满倾镬水洁而清，耗试随时更沃增。腥熟视来无失节，馔成犹自气蒸腾。光禄牵牲有旧章，诣厨更复属丞郎。各供乃职知严恪，芳荐丰陈鼎俎香。"献牲畜的官员，其职责是："茧栗牺牲总用骍，近坛视宰尚闻声。须臾玉俎供肥腯，主上躬临奏荐牲。妙选甘泉侍从臣，列祠太乙九宫神。高禋上赐垂灵贶，同卫宸旒奉帝真。"又在东青门外的祠坛分别祭祀九位正神。正所谓："分祀农师重至诚，有司设壝势岩岩。报崇人主亲禋日，不比春祈咏《载芟》。"

其夜三更，摄大宗伯执牙牌奏中严外办，奏行事，驾出斋殿，面南设一大幄次[①]，更换祭服，青衮[②]龙服，中单朱舄[③]，绳玉佩，裹平天冠，二十四旒，并大真珠[④]为旒。知阁、御带、环卫及大礼使、太常礼直官前导，二内侍御辇扶侍。上自黄道，撒瑞脑香而行，至明堂殿小幄次，请上升御座，少歇，伺礼节严整[⑤]。其登歌[⑥]道士十余人，列钟磬二架，歌

① 幄（wò）次：古代帝王休憩或祀神用的帷帐。

② 衮：古代君王等的礼服。

③ 舄（xì）：鞋。

④ 真珠：指露珠，水珠。又被翻译为珍珠。形圆如豆，乳白色，有光泽，是某些软体动物（如蚌）壳内所产。

⑤ 严整：谨严；严密。

⑥ 登歌：升堂奏歌。古代举行祭典、大朝会时，乐师登堂而歌。宋徽宗好道，故用道士。

色琴瑟等，有五七执事人在殿上执役，殿前设宫架乐，在列编钟、玉磬。其架如方响者同，但增广而高大，立于地。编钟形稍扁。玉磬状似曲尺，系其曲尖处，皆上下四层，挂之架，两角缀以流苏。次列数架大鼓，或三或五，以木穿贯[①]，立于架座上。又有大钟，曰“景钟”。曰“节鼓”。有如琴而长者。如筝而大者。截竹如箫管、两头存节而横吹者。有土烧成，如圆弹而开窍者。如笙而大者，如箫而增管者。有歌声则声清亮。宫架前立两竿，乐工皆裹介帻如笼巾，着绯宽衫，勒帛[②]。其舞者顶紫色冠，冠上有横板，皂服，朱裙、履。乐作，初则文舞[③]，手执小牌，比文舞者加数人。击铜铙[④]响环[⑤]，又击如铺灶凸者[⑥]，又两人共移一铜瓮就地击者。舞者形如击刺，如乘云，如分手，皆舞容矣。“冕旒奕奕接灵光，酌醴惟勤举祼将[⑦]。文德武功皆寓舞，自然缀兆[⑧]合彝

① 穿贯：穿通连接。

② 勒帛：丝织腰带。

③ 文舞：古代宫廷雅乐舞蹈之一，与武舞相对，用于宫廷典礼与郊庙祭祀，因是歌颂帝王以文德治天下，故称作文舞。用于宫廷典礼与郊庙祭祀。

④ 铙（náo）：铜质圆形的打击乐器，比钹大。

⑤ 响环：乐器名。

⑥ 灶凸者：铙的隆起部分。

⑦ 祼（guàn）将：助王行祼祭之礼。

⑧ 缀兆：谓古代乐舞中舞者的行列位置。

章[①]。”“舞分《八佾[②]》乐章谐，执羽扬干古意回。莫道缛仪无祖述，两阶曾格有苗来。”乐作，先击柷[③]。以木造，如方壶，画山水之状。每奏乐击之，内外共九下。乐止，则击敔[④]。如伏虎形，脊上皆锯齿，一曲终，以破竹刮之，而乐止。明堂乐章，奏《乾安》《景安》《嘉安》《广安》《化安》《丰安》《光安》《禧安》《彰安》《德安》《正安》《熙安》之曲。凡乐曲共十九章，明禋祀俱用十二章，景灵宫及太庙四章，互相更易以奏，皆“安”字为名，“清庙灵宫暨禋坛，伶工总属奉常官。八音欲格神人悦，乐曲更成十九安”。明堂乐舞，文德武功[⑤]之舞，凡登歌宫架乐，全凭押乐官掌之。凡大祀用登歌宫架乐，差摄太常丞二员，一则充坛上举麾[⑥]，一则充坛下举麾。又差协律郎[⑦]二员，一则视坛上举麾，一则视坛下举麾，则拜。“宫架登歌属奉常，举麾押乐选丞郎。殿堂互奏钧天乐，亟拜[⑧]精虔合典章。”

① 彝章：常典；旧典。

② 八佾（yì）：古代只有天子才有资格使用的舞蹈规格，为八行八列，故称其“八佾”。佾，古代乐舞的行列。

③ 柷（zhù）：古代乐器，木制，形状像方形的斗。

④ 敔（yǔ）：中国古代的一种打击乐器，常在乐队中使用。形如伏虎，以竹条刮奏，用于历代宫廷雅乐，表示乐曲的终结。

⑤ 文德武功：指施行政教的功德和从事征战的功劳，即歌功颂德。

⑥ 麾：这里指指挥乐队的旗子。

⑦ 协律郎：官名。汉代称协律都尉，武帝以李延年善新声，为之置此官。晋改称协律校尉。北魏以后各朝设有协律郎，掌管音律，属太常寺。唐为正八品上，明为正八品。

⑧ 亟（jí）拜：一再作揖行礼。

【译】这夜的三更时候，摄大宗伯手拿牙牌上奏，整备戒严等事，奏请正式行祀礼。皇上出斋殿。面朝南设一顶大帷帐，皇上在此更换祭服，身穿青色龙服，内穿里衣，脚穿红鞋，腰系玉佩，头戴平天冠，冠上有二十四旒，旒都是大个的珍珠。知阁、御带、环卫以及大礼使、太常礼直官等在前面导引，有两名内侍扶侍着御辇。皇上在撒了瑞脑香的黄道上经过，一直到达明堂殿的小帷帐，请皇上登上御座，稍作歇息，等待严密的礼节。有十余名道士升堂奏歌，排列两架钟、磬，还有歌色及琴、瑟之类的乐器。有五至七个执事人员在殿上进行服侍。在殿前设有宫廷乐队，前面排列着编钟、玉磬。悬挂编钟、玉磬架子就像悬挂方响的架子，但有所扩大且很高大，立在地上。编钟形状稍扁。玉磬形状像曲尺，有绳索系在曲尖处，都分上下四层，挂在架子上，架子的两角系着流苏。另外还摆着几架大鼓，或是三面或是五面，用木棍来穿通连接，放置在架座上。还有大钟，叫作“景钟”。也有鼓，叫作“节鼓”。有像琴而比琴要长的。也有像筝而比筝要大的。有截断竹子形状像箫管、两头有竹节而是横吹的。有用土烧制、形状像圆弹而有开孔的。有像笙而比笙大的。有像箫而管更长的。有唱歌的在献唱，歌声清脆嘹亮。在宫廷乐队前立着两根竿子，乐工们都头裹形似貂蝉冠的长耳裹发巾，身穿红色的宽衫，束着丝织的腰带。跳舞的艺人头顶紫色冠，冠上有横板，穿着黑衣服和朱红色的裙子，穿着朱红色的鞋。

乐声奏起，起初是文舞，跳舞的艺人都手拿一个紫色的囊，囊里盛一支结着丝带的笛管。武舞的艺人则一只手拿着短矛，另一只手拿着小牌，比文舞的艺人多了很多。有的击打铜铙的响环，又有的击打铜铙上隆起的地方，还有两人共同拿着一个铜瓮就地敲击。跳舞的艺人动作变换万千，像用刀剑击刺，像乘云飞仙，像情人分别，这都是跳舞艺人的舞姿。正所谓：“冕旒奕奕接灵光，酌醴惟勤举祼将。文德武功皆寓舞，自然缀兆合彝章。”“舞分《八佾》乐章谐，执羽扬干古意回。莫道缛仪无祖述，两阶曾格有苗来。”乐声再次奏起，先击柷。柷是用木制成，形状像方壶，上面画有山水图案。每次奏乐，先击打柷，柷的里外共击打九下。乐声停止后，就击打敔。敔的形状像伏虎，脊背上都有锯齿，一曲终了后就用破开的竹片来刮敔。明堂上所奏的乐章，有《乾安》《景安》《嘉安》《广安》《化安》《丰安》《光安》《禧安》《彰安》《德安》《正安》《熙安》等曲。乐曲总共十九章，明堂大祀的时候用十二章；景灵宫及太庙祭祀时用四章，互相变换着演奏，都以“安”字为名。正所谓：“清庙灵宫暨禋坛，伶工总属奉常官。八音欲格神人悦，乐曲更成十九安。”明堂上演奏的乐舞，是歌功颂德的舞蹈，凡是登歌乐和宫廷乐，全凭押乐官来掌握。凡是大祀的时候须登歌乐和宫廷乐，就派遣两名太常丞，一名到坛上举旗，一名到坛下举旗。还派遣两名协律郎，一名观察着坛上来举旗，一名观察着坛下来举旗，并叩拜。正所谓："宫架登歌属奉常，举麾押乐选丞郎。殿堂互奏钧天乐，亟拜精虔合典章。"

一常直官于小幄次奏请行礼，导引上至殿阶下，惟有礼直及大礼使两使扶侍上登殿，其知阁、御带、环卫俱侍立殿槛下伺驾回。上登殿，诣正北一位昊天上帝前拜跪，摄殿中监察东向一拜，进爵，再拜。复次引诣正东太祖、太宗、高宗位拜跪，进爵，并行初献礼。驾绕升殿，宫架乐止，则殿上登歌乐作。驾降殿，则登歌乐止，宫架乐复作。"龙衮初升殿陛墀，奉天酌祖蒇[①]皇仪。虎关夕启咸[②]来燕，从坐纷纶[③]卫百祇。"

【译】一个常直官在小帷帐奏请皇上行祀礼，导引着皇上至殿阶下，只有礼直官和大礼使两个官员扶侍皇上登殿，其余的知阁、御带、环卫全都侍立在殿槛下，等候皇上返回。皇上登上大殿，前往正北昊天上帝的板位前跪拜，又命殿中监察向东一拜，进献爵盏，再拜后起身。接下来前往正东的太祖、太宗、高宗的板位前跪拜，进献爵盏，并行初献礼。皇上登殿时宫廷乐止，而殿上登歌乐奏起。皇上下殿时登歌乐停止，宫廷乐再次奏起。正所谓："龙衮初升殿陛墀，奉天酌祖蒇皇仪。虎关夕启咸来燕，从坐纷纶卫百祇。"

亚献，差亲王代行礼，理庙朝委皇太子充亚献。其祭服

① 蒇（chǎn）：完成，解决。

② 咸：全，都。

③ 纷纶：杂乱貌；众多貌。

准制度，按，《宋朝会要》："服衮冕，垂白珠九旒，章大小双绶，谓之'衮冕'。""□□珠旒荐二觞，九章双绶[1]表储皇[2]。由来钦若[3]为家法，嗣服[4]无疆有道长。"亚献毕，礼直官再奏请驾升殿，诣昊天上帝位前，左右二员奉玉册官，登册而跪。上拜跪奠酒[5]，执玉圭而跪，中书舍人读玉册。正谓"币玉高擎授上公，发函读册颂成功。捧来宝爵亲监涤，醴酒浮香琥珀红。"上复降殿小幄内。

【译】亚献的时候，派遣亲王代为行礼，宋理宗时委任皇太子负责亚献。其祭服的标准制度，按，《宋朝会要》记载："服衮冕，垂白珠九旒，章大小双绶，谓之'衮冕'。"正所谓："□□珠旒荐二觞，九章双绶表储皇。由来钦若为家法，嗣服无疆有道长。"亚献完毕，礼直官再次奏请皇上登殿，前往昊天上帝的板位前，左右有两名捧玉册的官员，他们跪地捧着玉册。皇上跪拜并把酒洒在地下，拿着玉圭而跪，中书舍人宣玉册，正所谓："币玉高擎授上公，发函读册颂成功。捧来宝爵亲监涤，醴酒浮香琥珀红。"这之后，皇上再次下殿回到小帷帐内。

终献，差亲王行礼。"祗事明禋与几筵，礼成三奠乐重宣。

① 双绶：两条绶带。

② 储皇：皇太子，储君。

③ 钦若：敬顺。

④ 嗣服：指继承帝位。

⑤ 奠酒：把酒洒在地下表示祭奠。

欲令庙祏[1]如磐固，宗祀先来肺腑贤。”终献毕，礼直官奏请上登殿，饮酒受胙[2]，进玉爵[3]跪进，上跪受。“穹皇鸿福万年觞，三咽仍分饮胙香。敛锡庶民皆协极，受元纯福喜新尝。”饮胙毕，送神。“景安乐舞众灵旋，诚达穹旻[4]彻豆笾[5]。羽葆[6]霓旌[7]回盼独，福流鸿祉[8]万斯年。”上降殿，诣小幄前拱立则望燎，上殿礼科币帛玉册，并由右阶而下。南去有燎炉，上有一人点喝诸物，入炉焚之。殿侧与庑廊陪祀天星百神，陪祀官及执事官皆面北而立班[9]，赞者喝卿拜，众俱拜而出。上自小次前登小舆，还大次，更服登辇，教乐所伶人在殿门排列，奏庆礼成曲。一甲士[10]舞礼成曲破讫，伶人进口号，乐复作，丽正门外诸军鼓吹俱作，声振天地。辇入垂拱殿，宰执百官常服入贺，大起居，蹈舞九拜[11]，嵩呼称寿。枢密

---

① 庙祏（shí）：宗庙中藏神主的石匣。借指祖宗神灵。

② 受胙（zuò）：接受胙肉。胙，古代祭祀时供的肉。

③ 玉爵：玉制的酒杯。

④ 穹旻（mín）：犹穹苍。

⑤ 豆笾（biān）：祭器。木制的叫“豆”，竹制的叫“笾”。

⑥ 羽葆：帝王仪仗中以鸟羽联缀为饰的华盖。亦泛指卤簿或作为天子的代称。

⑦ 霓旌：缀有五色羽毛的旗帜，为古代帝王仪仗之一。亦借指帝王。

⑧ 鸿祉：鸿福。

⑨ 立班：古代官员上朝时依品秩站立。

⑩ 甲士：披甲的战士，泛指士兵。

⑪ 蹈舞九拜：臣下朝贺时对皇帝表示敬意的一种仪节。

宣制[①]曰："履兹[②]新庆，与卿等同。"摄礼部郎奏解严[③]于殿前，宰臣百官出丽正门外幕位[④]，伺候天明，入登门放赦。

【译】终献的时候，派遣亲王代为行礼。正所谓："祇事明禋与几筵，礼成三奠乐重宣。欲令庙祏如磐固，宗祀先来肺腑贤。"终献完毕，礼直官奏请皇帝再次登殿，饮酒并接受胙肉。礼直官跪着进献玉盏和胙肉，皇上也跪着接受。正所谓："穹皇鸿福万年觞，三咽仍分饮胙香。敛锡庶民皆协极，受元纯福喜新尝。"饮酒并接受胙肉后，就开始送神。正所谓："景安乐舞众灵旋，诚达穹旻彻豆笾。羽葆霓旌回盼独，福流鸿祉万斯年。"皇上下殿，到小帷帐前拱手而立望着燎炉。殿上刚才祭礼所用的币帛玉册，都由右阶下殿。南面有燎炉，上面有人边清点边大声报出各种物品，并送入炉内焚烧。殿侧与庑廊是陪祀的天星百神，陪祀官及执事官全都面向北依品秩站立，赞礼者大声高喊，令百官跪拜，百官跪拜后出去。皇上在小帷帐前登小舆，回到大帷帐，更换冠服后登辇，教乐所的伶人在殿门排列，演奏庆贺礼成之曲。一名士兵跳舞跳到礼成曲破结束，伶人进献口号，音乐再次奏起，丽正门外各军乐队也都演奏，此时声音震动了天地。御辇进入了垂拱殿，宰执及百官着常服入殿祝贺，向皇上问安，蹈舞九拜，

① 宣制：宣布帝王的诏命。

② 履兹：正在经历这个情况。

③ 解严：解除戒严状态。

④ 幕位：办公处所。

山呼万岁，祝愿皇上长寿。枢密使宣布帝王的诏命：“履兹新庆，与卿等同。”命礼部郎在殿前宣布解除戒严，宰臣等百官到丽正门外的办公处所，等到了天明，再进门登楼放赦。

明禋礼成登门放赦[①]

宰执百官立班于丽正楼下，驾兴，宫架乐作，上升楼，而“扇盖初临楼槛外，卷帘敞坐正临轩，要令祭泽该方国，先示尧民肆罪恩”。丈竿尖直，上有盘，立金鸡，衔红幡，上书“皇帝万岁”，盘底以红彩索悬于四角，令四红巾百戏人争先沿索而上，先得者执金鸡嵩呼谢恩。前辈有诗曰：“立起青云百尺盘，文身骁勇上鸡竿。嵩呼争得金幡下，万姓均欢仰面看。”御楼上以红锦索引金凤衔赦文放下，至宣赦台前，通事舍人接赦宣读，大理寺[②]帅漕两司等处，以见禁[③]杖罪[④]之囚，衣褐衣，荷花枷，以狱卒簪花跪伏门下，传旨释放。“汤网[⑤]蠲除[⑥]不任刑，圣心仁恕给民生，传宣脱去花枷后，万岁声连快活声。”楼上帘已垂，伞扇[⑦]已入，上回内，伶人乐大震，迎驾入内。“赦颁郡邑急翻行，迎拜宣传广圣仁。四海一家

---

① 放赦：释放赦免。

② 大理寺：官署名，掌刑狱案件审理。

③ 见禁：现在正被监禁。

④ 杖罪：应判杖刑的罪行。

⑤ 汤网：比喻君王仁政。

⑥ 蠲（juān）除：免除。

⑦ 伞扇：古代的两种仪仗物。均有长柄，上端分别为伞形和扇形。

沾大霈[1]，尽令黎庶[2]庆维新[3]！”

【译】宰执、百官在丽正楼下依品级站好，皇上起驾，宫廷乐奏乐，皇上登上丽正楼，正所谓：“扇盖初临楼槛外，卷帘敞坐正临轩，要令祭泽该方国，先示尧民肆罪恩。”立着一根数丈长的又尖又直的竹竿，竹竿上有一个盘子，盘子上立着一只金鸡，口衔红幡子，上面写着“皇帝万岁”四个字。盘子底部用红彩绳垂挂于四角，让四个头裹红巾的百戏艺人顺着绳索爬上去，第一的人手捧金鸡来到楼前山呼万岁，谢恩而去。前辈有诗描绘此情景曰：“立起青云百尺盘，文身骁勇上鸡竿。嵩呼争得金幡下，万姓均欢仰面看。”御楼上用红锦绳引一金凤衔着赦书沿着绳索放下，赦书落到宣赦台前，通事舍人接到赦书后宣读。大理寺、帅漕两司等衙署，提出正被监禁、应判杖刑罪行的囚犯，他们身穿褐色衣服，戴着有荷花图案的枷锁，由插着簪花狱卒押着，跪伏在门下，随后传旨释放囚犯。正所谓：“汤网蠲除不任刑，圣心仁恕给民生，传宣脱去花枷后，万岁声连快活声。”放赦后，楼上帘幕垂下，伞扇已经入宫，皇上也回宫了。伶人演奏乐声大震，欢送皇上回宫，正所谓：“赦颁郡邑急翻行，迎拜宣传广圣仁。四海一家沾大霈，尽令黎庶庆维新！”

---

① 大霈（pèi）：谓皇帝大施恩泽。多指大赦。

② 黎庶：众民，民众。

③ 维新：反对旧的，提倡新的。通常指变旧法，行新政。

郊祀年驾宿青城端诚殿行郊祀礼

向于咸淳年间，度宗亲飨南郊祀，用正月朔正，系上辛日行事。前三日，致斋于大庆殿内。次日驾诣景灵宫奏告，回太庙致斋，奏请三祖出室。第三日，自太庙升玉辂，其金、象、革、木四辂从行，幸嘉会门外，至郊台次侧青城端诚行殿致斋。“通天冠缀宝珠明，五彩云中警跸声。万骑千官齐导从①，君王今夜幸端诚。”所谓青城，止以青布为幕，画甃砌②之文，旋结城阙③，以净明院为行宫，建端诚行殿，以备一日之幸。旧东都宣和④间用土木盖造行殿，以青布幕围之。仪仗卤簿排列至行宫，铁骑围绕卫护，分命三卫主管卫兵。“貔貅⑤万旅护郊坰⑥，特戒都门早放扃⑦。分命三衙亲典领⑧，卫严行殿悉安宁。”

【译】过去在咸淳年间，正月的上辛日这天，度宗亲自往南郊行郊祀礼。郊祀的前三天，在大庆殿内行斋戒之礼。

① 导从：古时帝王、贵族、官僚出行时，前驱者称导，后随者称从，因谓之导从。

② 甃（zhòu）砌：本指以砖石等砌垒的井壁。

③ 城阙：指宫殿。

④ 宣和：北宋时期宋徽宗的第六个年号和最后一个年号（公元 1119—1125 年）。北宋使用宣和这个年号一共七年。

⑤ 貔（pí）貅（xiū）：中国古书记载和民间神话传说中的一种凶猛的瑞兽。中国古代风水学者认为貔貅是转祸为祥的吉瑞之兽。这里借指护卫军士。

⑥ 郊坰（jiōng）：泛指郊外。

⑦ 扃（jiōng）：从外面关闭门户用的门闩、门环等。借指门扇。

⑧ 典领：主持领导；主管。

第二天，皇上前往景灵宫奏告，再回太庙行斋戒之礼，奏请太祖、太宗、高宗三祖出室。第三天，皇上从太庙登上玉辂，金、象、革、木四辂随从而行，至嘉会门外，到郊外的祀台旁边的青城内的端诚行殿行斋戒之礼。正所谓："通天冠缀宝珠明，五彩云中警跸声。万骑千官齐导从，君王今夜幸端诚。"所谓青城，就是只用青布作为幕，上面画上砌砖的纹路，结扎成的宫殿。以净明院为行宫，建造端诚行殿，以备皇上驾临一天。过去在东都开封，宣和年间用土木建造行殿，再用青布幕围起来。仪仗卤簿在行宫排列，卫兵围绕在宫外护卫，分别命令三衙首领主管卫兵。正所谓："貔貅万旅护郊坰，特戒都门早放扃。分命三衙亲典领，卫严行殿悉安宁。"

上宿青城行宫，在都城外三里，总务官与殿帅皇城司[①]提点官，遇夜互行，提举卫兵，谓之"锦鞯金勒[②]出宫城，还入龙闉缀殿行。珠帽绣衣提举处，连营喏震四山声"。又有紫巾绯衣数队千余人，罗布郊野守卫。又差行宫都巡检使，部领甲军[③]，往来巡逻，至夜严更警惕喝探，并如明禋式。行宫前立盖天旗于青城御街中，"大旗五丈粲星躔[④]，高揭圆坛八陛前。君德天临无不盖，故令备物象纯乾。"其夕澄

① 皇城司：宋代禁军官司名。旧名武德司，位于东京左承天门内。为宋代特务机构，性质类似明代锦衣卫。执掌宫禁、周庐宿卫、刺探情报。

② 金勒：借指骑马的人。

③ 甲军：玄甲军。汉代的军队普遍身着铁质铠甲。

④ 星躔（chán）：日月星辰运行的度次。

明，天气清朗[1]，星斗增辉，云彩缤纷。前人作诗咏曰："涓选休成举泰禋，四方冠盖集都城。格天圣德将何验？昼日如春夜朗明。"

【译】皇上住宿的青城行宫，在都城外的三里处，总务官与殿帅皇城司提点官，在夜间往来行走，指挥卫兵巡逻警戒，称为"锦韝金勒出宫城，还入龙阛缀殿行。珠帽绣衣提举处，连营喏震四山声"。另有头裹紫巾、身穿红衣的多支卫队共一千多人，分布在郊野进行守卫。又派遣行宫都巡检使，率领玄甲军，往来巡逻，在夜里守卫警戒、探查盘问过往之人，都像明堂大祀时的规制。行宫前的青城御街中树立着盖天旗，正所谓："大旗五丈粲星躔，高揭圆坛八陛前。君德天临无不盖，故令备物象纯乾。"日落时分，天空清澈明洁，天气凉爽晴朗，星斗争辉，云彩缤纷，前人作诗咏此情景曰："涓选休成举泰禋，四方冠盖集都城。格天圣德将何验？昼日如春夜朗明。"

三更时，摄大宗伯奏中严外办，礼直官奏请行事。"乌帻朱衣引近檐，奏知外办与中严。对传金字牙牌退，帝幄中官喝卷帘。"上出端诚殿，升安辇，南行曲尺[2]，西去百步，乃郊坛，入外壝[3]东门，至第二壝，里面南一大幄次。驾幸

---

① 清朗：凉爽晴朗。

② 曲尺：指木工及钳工常用的一边长一边短的直角尺。这里指向南行，再折向西。

③ 外壝：围绕祭坛的矮土墙。也泛指祭坛。

大次[1]，更换祭服毕，礼直官、知阁、御带、环卫，大礼使导引。“天步舒徐曳衮裳，旒珠圭玉俨[2]斋庄。欲腾明德惟馨远，黄道先扬瑞脑香。属鞬[3]特特[4]选银珰[5]，班压朱衣与奉常[6]。前导衮衣亲大祀，金槌铁甲斗争光。”上之坛下小幄，谓之“小次”，设御座在内，奏升御座，少歇，礼直官催礼科办严[7]，鸣景阳钟，其声甚大且清。钟如寺观钟楼者大，上铸日月星斗列曜[8]，中铸五辂仪仗，下铸六街三市[9]于钟上。“礼严登极享高灵[10]，枣栗牲牢荐德馨[11]。鼖鼓[12]景钟催节奏，洪声考击彻青冥[13]。”然后宫架乐作，奏请上升郊坛行事。其郊坛“象

① 大次：帝王祭祀时临时休息的篷帐。

② 俨：恭敬，庄重。

③ 鞬：马上的盛弓器。

④ 特特：马蹄声。

⑤ 银珰：汉代近侍之臣中常侍的冠饰。珰当冠前，以白银为之。后以为宦者之代称。

⑥ 奉常：官名，秦置，为九卿之一，掌宗庙礼仪。

⑦ 办严：置办行装。

⑧ 列曜（yào）：群星；星宿。

⑨ 六街三市：六街，唐代长安城中的六条大街。市，古代称早晨、中午、傍晚为三时之市。泛指大街小巷。

⑩ 高灵：指上苍，神灵。

⑪ 德馨：品德高尚。

⑫ 鼖（fén）鼓：古代军中用的大鼓。

⑬ 青冥：形容青苍幽远。指青天。

天立制筑圜丘[1]，飨帝于郊法有周。坛陛崇高霄汉[2]近，云车风马接灵游”。坛高三层，有七十二级，坛面方圆各三丈。坛有四阶，正南曰“午阶”，正东曰“卯阶”，正西曰“酉阶”，正北曰“子阶”。坛上设黄褥四位，大飨苍穹，奉太祖、太宗，配于高宗。昨孝庙时，按周成宗祀洛中陟配[3]于文王。惟汉武合祠汶上，今推严于高宗也。

【译】三更时分，摄大宗伯上奏中庭戒严、警卫宫禁，礼直官奏请开始行礼。正所谓：“乌帻朱衣引近檐，奏知外办与中严。对传金字牙牌退，帝幄中官喝卷帘。”皇上走出端诚行殿，登上安辇，向南行再折向西行百步，就是郊坛，从外围矮土墙的东门进入，到第二层矮土墙里，面朝南设有一个大帷帐。皇上进入临时帐篷，更换祭服后，礼直官、知阁、御带、环卫、大礼使在前面导引皇上来到祭坛前。正所谓：“天步舒徐曳衮裳，旒珠圭玉俨斋庄。欲腾明德惟馨远，黄道先扬瑞脑香。属鞬特特选银珰，班压朱衣与奉常。前导衮衣亲大祀，金槌铁甲斗争光。”皇上到了祭坛下的小帷帐，这称为“小次”，里面设有御座，奏请皇上在御座上稍作歇息，礼直官催促祭礼执事人员严置办行装。敲响景阳钟，钟声很大且非常清脆。这个钟比一般寺观钟楼上的要大，上面铸日

① 圜（yuán）丘：皇帝举行冬至祭天大典的场所。

② 霄汉：云霄和天河，指天空。

③ 陟配：谓天子升遐后，于祭天时配享。

月星斗及众星宿，中间铸五辂仪仗，下铸大街小巷图案。正所谓："礼严登极享高灵，枣栗牲牢荐德馨。蕢鼓景钟催节奏，洪声考击彻青冥。"随后奏起宫廷乐，礼直官奏请皇上登祭坛行礼。那祭坛"象天立制筑圜丘，飨帝于郊法有周。坛陛崇高霄汉近，云车风马接灵游"。祭坛高三层，有七十二级台阶，坛顶的平台方圆有三丈多。祭坛有四条台阶：正南的叫作"午阶"，正东的叫作"卯阶"，正西的叫作"酉阶"，正北的叫作"子阶"。祭坛上用黄色的褥垫设了四个神位，主祭上天，祀奉太祖、太宗，并以高宗配享。从前孝宗在位时，根据周成王在洛中祭祀时，以周文王来配享。汉武帝在汶上明堂祭祀时，也在郊祀时将配享的对象推及高宗。

坛龛十二壝，从祀诸神位七百六十有七，板位系朱牌金字。"穹示宗祖萃天星，岳渎方维会百灵。金札明标朱板位，传令放怫飨精诚。""雅乐遵堂奏《豫和》①，声文②昭假③协登歌。星驱④日御⑤均歆顾，天静无风海不波。"上登坛，登歌乐作，行初献礼毕。降坛，委亲王行亚献礼。上再登坛，读玉册，跪奠讫，再降坛。亲王行三献礼毕，升坛⑥，饮福受胙，送

① 《豫和》：唐代祭天神所奏乐曲名。

② 声文：声调。

③ 昭假：向神祷告，昭示其诚敬之心以达于神。

④ 星驱：传说中星的驭者。

⑤ 日御：原指古代中国神话中为太阳驾车的神，名羲和 。后亦指古代掌记天象历数之官。或指太阳。

⑥ 升坛：登上祭坛。

神毕。上登坛，立小次前。“邀请君王望燎光，礼严燔瘗[①]各随方。奉常赞引令班退，环佩琮琤[②]夜未央[③]。”其礼科币帛玉册，并由西阶而下。出南壝门外，去坛百步，有燎炉，高丈余，如明禋，点喝入炉焚之。其郊坛三层四阶，有十二龛灯、十二宫神，内外壝俱设神位，每位一板位、一烛、一爵、一矮桌，置牺牲[④]二、笾豆一，币各差。陪祀官及奉常吏、赞礼焚燎讫，宫架乐止，鼓吹未作，坛下肃然，惟闻轻风环佩声，恍若[⑤]天仙下临，清雅之甚。

【译】祭坛上设有十二个神龛，从祀的神位有七百六十七个，板位都是写着金字的朱牌。正所谓：“穹示宗祖萃天星，岳渎方维会百灵。金札明标朱板位，传令放佛飨精诚。”“雅乐遵堂奏《豫和》，声文昭假协登歌。星驱日御均歆顾，天静无风海不波。”皇上登上祭坛，奏起登歌乐，初献礼毕。皇上走下祭坛，委派亲王行亚献礼。亚献礼毕，皇上再上祭坛，读玉册，拜跪奠酒后，再下祭坛。亲王行终献礼毕，登上祭坛，饮酒并接受胙肉，然后送神。随后皇上登祭坛，站在小帷帐前。正所谓：“邀请君王望燎光，礼严燔瘗各随方。奉常赞引令班退，环佩琮琤夜未央。”祭礼上

---

① 燔（fán）瘗（yì）：祭品。瘗，掩埋。

② 琮琤：象声词，形容敲打玉石的声音、流水的声音、金属撞击发出的声音、琴声。

③ 夜未央：长夜没有到高点，子时以前。

④ 牺牲：祭神用的牲畜。

⑤ 恍若：仿佛，好像。

所用的币帛玉册，全由酉阶送下。向南矮墙门外，距离祭坛一百步处有个高一丈多的燎炉，像明堂大祀时一样，边清点边大声报出各种物品并送入炉内焚烧。祭坛分三层、四处台阶，有十二个龛灯、十二宫神，矮墙内外都设有神位，每个神位一个板位、一支烛、一爵盏、一张矮桌，放着两头祭神用的牲畜、一个笾、一个豆，不同数量的币帛。陪祀官及奉常吏、赞礼等焚烧各种物品完毕，宫廷乐停止，鼓吹还尚未演奏，祭坛的人都恭敬肃立，只听见轻风吹动环佩发出的声音，好像天仙下凡一样，清雅之至。

维时[①]近侍、禁卫、快行，以灯烛二三百枝，列成围子，照如白日。上登安辇，幸大幄更衣，奏请升大安辇。辇如玉辂制度，无轮。“云龙耀叶迭[②]三层，藤织金花御座新。十四穗球珠间结，四垂大带耀辉人。”此辇按唐制，合用五番辇官四百五十人，服色如挟辂卫士同。以教乐所伶工在外壝东门排列，奏乐导引，驾回青城殿，受礼成贺。“桦焰光随万烛明，大安宝辇入端诚。百僚拜舞丹墀[③]下，震地仙韶[④]贺礼成。”“前后钲铙[⑤]奏礼成，导随法驾返青城。纯音直彻云霄外，

① 维时：当时。

② 迭：同“叠”。

③ 丹墀（chí）：皇帝殿前石阶，涂上红色，叫作丹墀。

④ 仙韶：仙韶曲。亦泛称宫廷乐曲。

⑤ 钲铙：指铜锣。

疑是钧天广乐[1]声。”上幸端诚殿，宰执百官拜舞庆礼成，枢臣“宣制班庭尽鞠躬，履兹新庆与卿同。臣心归美将何报？愿祝君王寿亿穹。”百官班退。“法宫邃密[2]护重帘，跪执牙牌奏解严。班卷驾行莲炬暖，礼容[3]犹自耸观瞻。”

【译】当时有近侍、禁卫、快行，拿着两三百盏灯烛，列成仪卫队形，照得如同白昼一样明亮。皇上登上安辇，到大帷帐更衣，然后奏请皇上登大安辇。大安辇的规制如玉辂，没有车轮。正所谓：“云龙耀叶迭三层，藤织金花御座新。十四穗球珠间结，四垂大带耀辉人。”根据唐朝制度，此辇共用五番辇官有四百五十人，他们的着装及颜色与护卫玉辂的军士相同。派教乐所的伶工在祭坛外矮墙的东门排列，奏乐导引皇上返回青城行宫，接受礼成之贺。正所谓：“桦焰光随万烛明，大安宝辇入端诚。百僚拜舞丹墀下，震地仙韶贺礼成。”“前后钲铙奏礼成，导随法驾返青城。纯音直彻云霄外，疑是钧天广乐声。”皇上来到端诚行殿，宰执、百官都叩拜舞蹈，来庆贺郊祀礼成，宰辅重臣“宣制班庭尽鞠躬，履兹新庆与卿同。臣心归美将何报？愿祝君王寿亿穹”。百官按次序退去，正所谓：“法宫邃密护重帘，跪执牙牌奏解严。班卷驾行莲炬暖，礼容犹自耸观瞻。”

---

① 钧天广乐：指天上的音乐。

② 邃（suì）密：幽深。

③ 礼容：礼制仪容。

天明，仪仗、卤簿、甲骑①卷班②回丽正门。上登大安辇，左右二御药③侍立，前有教乐所伶工作乐，后有钧容直及部伍④鼓吹后从。上升辇，辇前侍中一员奏升降承旨。“紫坛彻后驾还宫，黄牒前期命侍中。密扆衮衣升降处，辂前承旨示恩隆。”五辂从辇后回丽正门，上至内门里降辇，平章、宰执、百官立班于门下伺候。上登楼临轩，立金鸡竿放赦，如明禋礼同。太皇“垂帘设幄内庭旁，慈母亲来看嗣皇。忽奉起居仍问劳，往来互遣贵貂珰⑤”；“钦看回銮报六宫，内东帘幕舞翔龙。大安辇上瞻天表⑥，熙事⑦圆成尚正容”。

【译】天明时分，仪仗、卤簿、披甲的骑兵。按班次顺序退回丽正门。皇上登上大安辇，左右侍立两名御药，前面有教乐所的伶工演奏音乐，后面有钧容直及军队的乐队随从。皇上登辇，辇前有一员侍中，承应皇上谕旨，奏告升辇或降辇。正所谓：“紫坛彻后驾还宫，黄牒前期命侍中。密扆衮衣升降处，辂前承旨示恩隆。”五辂跟随在辇后回到丽正门，皇上到内门里下辇，同平章事、宰执等百官排列好班次，在门下伺候。

① 甲骑：披甲的骑兵。

② 卷班：朝见后官员们随本班班首顺次后转退出。

③ 御药：官名。掌禁中医药并兼管礼文。

④ 部伍：泛指军队。

⑤ 貂珰：貂尾和金、银珰，古代侍中、常侍的冠饰。借指宦官。

⑥ 天表：这里指天子的仪容。

⑦ 熙事：吉祥的事。

随后皇上登楼临轩，树立金鸡竿进行放赦，其规制与明堂大祀时相同。太上皇则“垂帘设幄内庭旁，慈母亲来看嗣皇。忽奉起居仍问劳，往来互遣贵貂珰”；“钦看回銮报六宫，内东帘幕舞翔龙。大安辇上瞻天表，熙事圆成尚正容”。

卷六

十月

十月孟冬，正小春之时，盖因天气融和，百花间有开一二朵者，似乎初春之意思，故曰“小春”。月中雨，谓之“液雨”。百虫饮此水而藏蛰；至来春惊蛰，雷始发声之时，百虫方出蛰。朔日，朝廷赐宰执以下锦，名曰“授衣”。其赐锦花色，依品从给赐①。百官入朝起居，衣锦袄。三日，士庶以十月节出郊扫松②，祭祀坟茔③。内庭车马，差宗室南班往攒宫行朝陵礼。有司进暖炉炭。太庙享新，以告冬朔。诸大刹寺院，设开炉斋供。贵家新装暖阁，低垂绣幕。老稚④团圆⑤，浅斟低唱⑥，以应开炉之序。

【译】十月为孟冬，正当小春之时，因天气暖和，百花中有一两朵开放的，似乎有点初春的意思，所以称为“小春”。月中有雨，称为“液雨”。百虫饮此雨水后藏匿蛰伏；到来年春天的惊蛰，第一声春雷响时，百虫才出蛰。十月初一，朝廷会赏赐宰执以下的官员锦袄，称为“授衣”。所赐锦袄

① 给赐：赐予。

② 扫松：扫墓。

③ 坟茔（yíng）：坟墓。

④ 老稚：老人和小孩。

⑤ 团圆：团聚。宋朝习俗，十月初一开始生火取暖这天要举行一个仪式，称为暖炉会。

⑥ 浅斟低唱：慢慢地喝酒，低低地歌唱；形容封建时代的士大夫消闲享乐的情状。

的花色，根据品级官阶的不同来赐予。百官入朝朝拜皇上时，都身穿锦袄。十月初三，京城的百姓都出城到郊外扫墓，祭祀先祖坟墓。皇家宗室的车马，也派遣宗室南班前往攒宫行朝陵礼。有关部门也开始发放冬季取暖的炉炭。太庙里供应着新的祭品，以告冬天开始了。京城里各大庙、寺院，开炉供应斋食。富贵的人家新安装的暖阁，低垂着绣幕。老少团聚在暖阁，慢慢地喝酒，低低地歌唱，来顺应开炉的节序。

立冬

立冬日，朝廷差官祀神州地祇、天神、太乙。十五日，水官①解厄②之日，宫观士庶，设斋建醮，或解厄，或荐亡③。立冬之后，如遇瑞雪应序④，朝廷支给“雪寒钱⑤”关会二十万，以赐军民。官放公私赁钱五七十⑥，以示优恤。

【译】立冬的这一天，朝廷会派遣官员祭祀神州地神、天神、太乙。十月十五是水官来解救危难的日子，百姓在道观之中设斋建醮，或解救危难，或为死者超度。立冬之后，如顺应时序下了瑞雪，朝廷就发放二十万关会的“雪寒钱”赏赐给军民。官府免除公私租屋钱五七十，来表示优待照顾。

① 水官：中国民间信仰的神仙之一。道教奉天、地、水三神，亦叫三官，水官即其中之一。水官名为下元三品解厄水官，洞阴大帝，隶属于太清境。

② 解厄：解救危难。

③ 荐亡：指为死者念经或做佛事，使其亡灵早日脱难超升。

④ 应序：顺应时序。

⑤ 雪寒钱：下雪之时朝廷对军民的赏赐，相当于现在的社会福利。

⑥ 五七十：具体未详。

孟冬行朝飨礼遇明禋岁行恭谢[1]礼

每岁孟冬，例于上旬行孟冬礼，遇明禋，行恭谢礼。系先一日朝飨，次日方行恭谢。百官与宰相起居，在学士院伺候驾出景灵宫。“待旦[2]催班入帝廷，殿中椽烛彻空明。卫军拱立听宣辇，华炬金莲引驾行。”驾前教乐所伶工导行，作乐逍遥，辇后钧容直动鼓吹从后，诣景灵宫行恭谢礼。礼成，就西斋殿赐平章、执政、亲王、百官宴，盏次食品，并如朝会、圣节[3]同凡，群臣饮量，内侍先奏定，酒斟浅深，每盏用平尺量分数，各有定数，不得留残。

【译】每年的孟冬，按例在上旬要行孟冬朝飨礼，遇明堂大祀，还要行恭谢礼。具体是前一天行朝飨礼，第二天才行恭谢礼。百官与宰相入宫迎接皇上，再到学士院等候皇上一并前往景灵宫。正所谓：“待旦催班入帝廷，殿中椽烛彻空明。卫军拱立听宣辇，华炬金莲引驾行。”皇上的前面，有教乐所伶工奏乐并引导，逍遥辇后是钧容直的军士奏着乐跟在后面，前往景灵宫行恭谢礼。礼成后，皇上到西斋殿赐同平章事、执政、亲王、百官宴，宴会上酒盏和食品的规格，都与朝会、圣节时相同。一般群臣饮酒的多少，内侍先奏定，再行斟酒，各人多少不等，每杯酒都要用平尺量好数量，各有定量，不得残留多余。

---

① 恭谢：指皇帝举行的郊祭等大典。

② 待旦：宋代宫中谓天明前的一段时间。

③ 圣节：指皇帝的生日。

前筵毕，上降辇转御屏[①]，百官小歇，传宣赐群臣以下簪花，从驾、卫士、起居官、把路军士人等并赐花。检《会要》：“嘉定四年十月十九日降旨：遇大朝会、圣节大宴，及恭谢回銮，主上不簪花。”又条：“具遇圣节、朝会宴，赐群臣通草花[②]。遇恭谢亲飨，赐罗帛花[③]。”其臣僚花朵，各依官序赐之：宰臣、枢密使合赐大花十八朵、栾枝花十朵；枢密使同签书枢密使院事，赐大花十四朵、栾枝花八朵；敷文阁学士[④]赐大花十二朵、栾枝花六朵；知阁官系正任[⑤]承宣观察使赐大花十朵、栾枝花八朵；正任防御使至刺史各赐大花八朵、栾枝花四朵；横行使副赐大花六朵、栾枝花二朵；待制官[⑥]大花六朵、栾枝花二朵；横行正使赐大花八朵、栾枝花四朵；武功大夫至武翼赐大花六朵，正使皆栾枝花二朵；带遥郡赐大花八朵、栾枝花二朵；阁门宣赞舍人大花六朵，簿书官加栾枝花二朵；阁门祗候大花六朵、栾枝花二朵；枢密院诸房逐房副使承旨大花六朵；大使臣大花四朵；诸色祗应

---

① 御屏：皇帝用的屏风。

② 通草花：用通草（通脱木）制作的花。

③ 罗帛花：用罗帛制作的花。

④ 敷文阁学士：宋官名。敷文阁，绍兴十年（公元1140年）建，以藏宋徽宗作品，置学士、直学士、待制等官。

⑤ 正任：五代时授官任职为正任，宋时仅食俸禄而无实职。

⑥ 待制官：古代官员头衔。早唐时为皇帝咨询近臣的称号，晚唐至宋朝时成为高级官员的头衔，位于学士、直学士之下。

人等各赐大花二朵。自训武郎以下、武翼郎以下，并带职[①]人并依官序赐花簪戴[②]。快行官帽花朵细巧，并随柳条。教乐所伶工、杂剧色，浑裹上高簇花枝，中间装百戏，行则动转。诸司人员如局干、殿干[③]及百司下亲事等官，多有珠翠花朵，装成花帽者。惟独至尊[④]不簪花，止平等辇后面黄罗扇影花而已。都人瞻仰天表，御街远望如锦。

【译】 前宴结束后，皇上下辇转到屏风后，百官稍作歇息，传圣旨赏赐群臣以下簪花，随从皇帝出行的卫士、起居官、沿路护卫的军士等全都赐花。查阅《宋朝会要》记载：“嘉定四年十月十九日降旨：遇大朝会、圣节大宴，及恭谢回銮，主上不簪花。”又有记载：“具遇圣节、朝会宴，赐群臣通草花。遇恭谢亲飨，赐罗帛花。”群臣所戴的花朵，各依品级官阶来赏赐：宰臣、枢密使共赐大花十八朵、栾枝花十朵；枢密使同签书枢密使院事，赐大花十四朵、栾枝花八朵；敷文阁学士赐大花十二朵、栾枝花六朵；知閤官系正任承宣观察使赐大花十朵、栾枝花八朵；正任防御使至刺史各赐大花八朵、栾枝花四朵；横行使副赐大花六朵、栾枝花两朵；待制官赐大花六朵、栾枝花两朵；横行正使赐大花八朵、栾枝

① 带职：指在本职之外兼任其他职务。

② 簪戴：在幞头巾上插花。

③ 局干、殿干：局办干、殿办干，宋代官职名，全称“干办公事”。“干办”原作“勾当”，避高宗赵构名讳改。都督、制置使、总领、留守、安抚使、镇抚使、招讨使、转运使等的属官。

④ 至尊：皇上。

花四朵；武功大夫至武翼赐大花六朵，正使都赐栾枝花两朵；带遥郡赐大花八朵、栾枝花两朵；阁门宣赞舍人赐大花六朵，簿书官加赐栾枝花两朵；阁门祗候赐大花六朵、栾枝花两朵；枢密院各房逐房副使承旨赐大花六朵；大使臣赐大花四朵；各个祗应人等各赐大花两朵。自训武郎、武翼郎以下的官员，所有带职的人都依照官阶赐花并簪戴。快行官帽上的花朵尤为细巧，还伴有柳条。教乐所的艺人、杂剧演员，头巾上都高插着花枝，他们在中间表演百戏，行动时头上的花就随着转动。各司人员如局办干、殿办干以及百司以下的亲事等官员，也多受赐珠翠花朵，装饰成花帽。唯独皇上不插花，只是平等辇后面的黄罗扇有花影而已。京城百姓瞻仰天子仪容，远远望去，御街好像一幅彩锦。

向有朝臣吟二十八字曰："景灵行驾到和宁，头上宫花射彩云。归向慈严夸盛事，誓殚忠力[①]报吾君。"又有恭谢一二词咏之，名《满庭芳》："凤阁祥烟，龙城佳气，明禋恭谢时丰。绮罗争看，帘幕卷南风。十里仙仪宝仗，暖红翠，玉碾玲珑。銮回也，箫韶[②]缓奏，声在五云中。千官迎万乘，丝纶叠叠，锦绣重重，听鸣銮辇路，宴罢鳌宫，瞻仰天颜有喜，君恩霈，寰宇雍容[③]。生平愿，洪基巩固，圣寿永无穷。"《庆清朝》："银漏花残，红消烛泪。九重鱼钥欢声沸，奏

① 忠力：尽忠效力。

② 箫韶：泛指美妙的仙乐。

③ 寰宇雍容：指国家繁荣、物产丰富。

万乘[①]、祥曦门外。盖圣君、恭谢灵休[②]，谨访景明嘉礼。天意好，祥风瑞月，时正当、小春天气。禁街十里香中，御辇万红影里。千官花底，控绣勒、宝鞭摇曳。看万年，永庆吾皇，拈指又瞻三载。”《御街行》：“时康三载升平世，恭谢三朝礼。群臣禁卫戴花回，龊巷[③]儿郎精锐，战袍新样团雕拥，重隘围子队。绣衣花帽挨排砌，锦仗天街里，有如仙队玉京[④]来，妙乐钧天盈耳。都民观望时，果是消灾灭罪。”《瑞鹤仙》：“是欢声盈万户，庆景灵礼毕，銮舆游步，西郊暖风布。喜湖山深锁，非烟非雾，传收绣羽[⑤]，骅骝驰骤[⑥]绒缕，望彤芳，稳稳金銮，衮鸾翔舞。云驭[⑦]。近回天厩[⑧]，锡宴琼津，洪恩均顾，霞天向幕，翠华动，舞韶举，绛纱笼千点，星飞清禁，银烛交辉辇路。瑞光中，渺祝无疆，太平圣主。”车驾还内，后妃殿阁蒙颁犒饼胾[⑨]，高装数百重，均给随銮禁卫士狼餐[⑩]，皆有喜欢容。

---

① 万乘：指天子。

② 灵休：神灵的福佑。

③ 龊（chuò）巷：街巷戒严。

④ 玉京：道家称天帝所居之处。

⑤ 绣羽：指色彩斑斓的鸟。

⑥ 骅骝驰骤：骏马驰骋。骅骝，周穆王八骏之一。泛指骏马。

⑦ 云驭：指驭云而行。传说仙人以云为车。

⑧ 天厩：宋朝养马机构。

⑨ 胾（zì）：切成大块的肉。

⑩ 狼餐：形容人贪吃的样子。这里指尽情地吃。

【译】（略）

十一月冬至

十一月仲冬，正当小雪、大雪气候。大抵杭都风俗、举行典礼，四方①则之为师。最是冬至岁节②，士庶所重，如馈送节仪及举杯相庆，祭享宗禋，加于常节③。士庶所重，如晨鸡之际，太史观云气以卜休祥④，一阳⑤后日晷⑥渐长，比孟月则添一线之功。杜甫诗曰："愁日愁随一线长。"正谓此也。此日，宰臣以下行朝贺礼，士夫、庶人互相为庆。太庙行荐黍之典，朝廷命宰执祀于圜丘⑦。官放公私僦⑧金三日。车驾诣攒宫朝享。

【译】十一月是仲冬，正逢小雪、大雪气候。大概杭州的风俗、举行的典礼，各地往往都会效仿。尤其是冬至年节，最为百姓所看重。像彼此间的馈赠礼节以及设宴举杯相庆祝，供奉祭品祭神、祭祀祖先，都要比平常更加隆重。百姓还要看重的，如在清晨鸡鸣的时候，太史观望云气来占卜吉祥，冬至后太阳的影子渐长，比十月时更添一线之功。杜甫有诗

① 四方：东、南、西、北，泛指各处。

② 岁节：年节。

③ 常节：指常有节制。

④ 休祥：吉祥。

⑤ 一阳：冬至。

⑥ 日晷（guǐ）：本义是指日影。也指古代通过太阳的位置来测量时间的一种设备。

⑦ 圜丘：帝王冬至日祭天的地方。

⑧ 僦（jiù）：租赁。

曰“愁日愁随一线长。”说的正是这个。这一天，宰臣以下的官员要行朝贺礼。读书人和普通百姓相互庆贺。太庙要行荐黍之典，朝廷命宰执到郊外祭坛祭祀。官府会免除三天的公私租金。皇宫内会派宗室车马前往攒宫行朝享礼。

十二月

季冬①之月，正居小寒、大寒时候。若此月雨雪连绵，以细民②不易，朝廷赐关会，给散军民赁钱，公私放免不征。自冬至后戌日③，数至第三戌，便是腊日，谓之“君王腊”。腊月内可盐④猪、羊等肉，或作腊䏲⑤、法鱼⑥之类，过夏皆无损坏。惠民局及士庶修制⑦腊药⑧，俱无虫蛀之患。此月八日，寺院谓之“腊八”。大刹等寺，俱设五味粥，名曰“腊八粥”；亦设红糟，以麸乳诸果笋芋为之，供僧，或馈送檀施⑨、贵宅等家。二十四日，不以穷富，皆备蔬食、饧豆祀灶。此日，市间及街坊叫买五色米食、花果、胶牙饧⑩、萁

① 季冬：农历十二月，即冬季最末一个月。

② 细民：平民。

③ 戌日：腊日，我国农历纪日法中的日子。

④ 盐：用盐腌制。

⑤ 䏲（bā）：这里同“羓（bā）”，经过腌制的干肉。

⑥ 法鱼：风干的鱼。

⑦ 修制：修制的范围很广，它包括对药物进行整理、清洁、切削等过程。中药绝大部分都是来源于动物、植物、矿物。

⑧ 腊药：腊冬所制药剂。多供滋补用。

⑨ 檀施：施主。

⑩ 胶牙饧（xíng）：用麦芽制成的糖，食之黏齿，故名。旧俗常用作送灶时的供品。

豆[1]，叫声鼎沸。其夜家家以灯照于卧床下，谓之“照虚耗”。二十五日，士庶家煮赤豆粥祀食神，名曰“人口粥”，有猫狗者，亦与焉。不知出于何典。

【译】十二月是季冬，正是小寒、大寒的时候。如果这个月内雨雪连绵，要顾念百姓的不易，朝廷会发放关会来抚恤，军民的租屋钱，公私都会免除不征。自冬至后的戌日，数到第三个戌日，就是腊日了，这称为“君王腊”。腊月里可以用盐腌制猪、羊等肉，也可以制作干肉、风干鱼一类的食物，一直到来年的夏天都不会损坏变质。惠民局及百姓们会修制腊药，可以避免虫蛀之患。十二月初八，寺院称为“腊八”。大的寺庙等都会熬制五味粥，称为“腊八粥”。也会制作红糟，用麸乳、各种果品、笋、芋为原料，供给僧人或馈送施主、贵宅等。十二月二十四，不论贫富之家，都会置办蔬食、饧豆等来祭祀灶神。这一天，集市及街坊都有叫卖五色米食、花果、胶牙饧、萁豆的，声音嘈杂。夜里家家户户都用灯照卧床下，称为“照虚耗”。十二月二十五，百姓家会煮红豆粥来祭祀食神，称为“人口粥”。有猫、狗的人家，也会给猫、狗吃。这些不知出于哪部典籍的记载。

考之此月，虽无节序，而豪贵之家，如天降瑞雪，则开筵饮宴，塑雪狮，装雪山，以会亲朋，浅斟低唱，倚玉偎

① 萁（qí）豆：用豆子做成的食品点心。

香[1]，或乘骑[2]出湖边，看湖山雪景，瑶林琼树[3]，翠峰似玉，画亦不如。诗人才子，遇此景则以腊雪煎茶、吟诗咏曲、更唱迭和[4]。或遇晴明，则邀朋约友，夜游天街，观舞队以预赏元夕[5]。岁旦在迩[6]，席铺百货，画门神、桃符、迎春牌儿，纸马铺印钟馗、财马、回头马等，馈与主顾。更以苍术、小枣、辟瘟丹相遗。如宫观羽流，以交年疏[7]、仙术汤等送檀施家。医师亦馈屠苏袋[8]，以五色线结成四金鱼、同心结子或百事吉结子，并以诸品汤剂，送与主顾第宅，受之悬于额上，以辟邪气。街市扑买[9]“锡打春幡胜”“百事吉斛儿”，以备元旦悬于门首，为新岁吉兆。其各坊巷叫卖苍术、小枣不绝。又有市爆杖、成架烟火之类。自此入月，街市有贫丐者，三五人为一队，装神鬼、判官、钟馗、小妹等形，敲锣击鼓，

① 倚玉偎香：古指迷恋女色。

② 乘骑：乘坐，骑马。

③ 瑶林琼树：就像美玉做的树木一样；形容人容貌智力出众。

④ 更唱迭和：指互相呼应配合。

⑤ 元夕：农历正月十五日是夜称元夕，与“元夜”“元宵”同。

⑥ 岁旦在迩（ěr）：新的一年将近。

⑦ 年疏：旧俗年节时僧尼道士送给施主为其祈福的祝告文。

⑧ 屠苏袋：以袋盛辟邪草药，悬挂于门头或井中，农历正月初一寅时，取以酒煎服辟邪，称为“屠苏酒”。

⑨ 扑买：宋代一种全民热衷的博彩行为，小到衣物玩偶，大到车马宅院，出售时都搞“扑卖”，这个词经过演变，在今天的陕北话里保留了部分词义，叫作“扑面”。

沿门乞钱，俗呼为“打夜胡”，亦驱傩[1]之意也。

【译】分析起来这个月，虽然没有节日，但是豪贵人家，如遇到天降瑞雪，就会办酒席饮宴，堆雪狮，装饰雪山，来会亲朋好友，浅斟低唱，倚玉偎香。有的人骑马来到西湖边，欣赏湖山雪景，只见瑶林琼树、翠峰似玉，画中的美景也比不上这里。诗人才子，遇此景则用腊雪煎茶、吟诗咏曲，互相呼应配合。或遇晴朗天气，就邀朋约友，夜游天街，观看舞队表演以及提前点起的元宵节的灯火。新的一年将近，百货店铺为老顾客赠送门神、桃符、迎春牌儿，纸马铺也印制钟馗、财马、回头马等年画，馈赠给顾客。又用苍术、小枣、辟瘟丹相互赠送。宫观里的道士，用交年疏、仙术汤等赠送给施主家。医师也馈赠屠苏袋，用五色线结成四金鱼、同心结子或百事吉结子，并用各种汤剂，送到主顾宅邸，受赠之家将其悬挂在门额上，可以辟邪气。街市里的扑卖有卖“锡打春幡胜”“百事吉斛儿”的，以备新年时悬挂在门头，求新年的吉兆。各坊巷里不断有叫卖苍术、小枣的声音。还有卖爆仗、成架烟火之类的。自这个月开始，街市出现了乞丐，三五人为一队，装扮成神鬼、判官、钟馗、小妹等样子，敲锣打鼓，挨家挨户乞讨钱物，俗称为“打夜胡”，也是驱鬼迎神的一种活动。

---

① 驱傩（nuó）：中国年终或立春时节驱鬼迎神赛会活动。驱傩在宋代有大傩仪、小傩仪之分。盛行于宫中的主要为大傩仪。

除夜

十二月尽，俗云“月穷岁尽之日”，谓之“除夜”。士庶家不论大小家，俱洒扫[①]门闾[②]，去尘秽，净庭户，换门神，挂钟馗，钉桃符，贴春牌，祭祀祖宗。遇夜则备迎神香花供物，以祈新岁之安。禁中除夜呈大驱傩[③]仪，并系皇城司诸班直戴面具，着绣画杂色衣装，手执金枪、银戟、画木刀剑、五色龙凤、五色旗帜；以教乐所伶工装将军、符使、判官、钟馗、六丁、六甲、神兵、五方鬼使、灶君、土地、门户神尉等神。自禁中动鼓吹，驱祟出东华门外，转龙池湾，谓之“埋祟[④]”而散。

【译】十二月结束，就是俗称的“月穷岁尽之日”，称为“除夜”。百姓家不论是大户人家还是小户人家，都会洒水清扫里巷，清除污秽，洁净门户，换上门神，挂上钟馗年画，钉上桃符，贴上春牌，祭祀祖宗。夜里则准备好迎神的香花供物，来祈求新年平安。除夜的时候，皇宫中举行大傩仪式，并由皇城司的亲事官、各班直的军士戴上假面具，身穿或绣或画的彩色衣服，手拿金枪、银戟、画木刀剑、五色龙凤旗帜、五色旗帜；教乐所的艺人装扮成将军、符使、判官、钟馗、六丁、六甲、神兵、五方鬼使、灶王爷、土地爷、门神户尉

① 洒扫：用水喷洒地面，然后进行打扫。

② 门闾（lǘ）：指乡里、里巷。

③ 大驱傩：大傩。

④ 埋祟：宋时宫中的一种驱除鬼怪的活动。

等神。从宫中开始演奏乐曲，一路驱祟出东华门外，转向龙池湾，称为“埋祟”，随后大家散去。

是日，内司意思局进呈精巧消夜[①]果子盒，盒内簇诸般细果[②]、时果、蜜煎、糖煎及市食[③]，如十般糖、澄沙团、韵果[④]、蜜姜豉、皂儿糕、蜜酥、小鲍螺酥[⑤]、市糕[⑥]、五色萁豆、炒槌栗、银杏等品，及排小巧玩具头儿、牌儿、贴儿。小酒器上插□□□□□□□□盒子中做造像生[⑦]大安辇或玉辂、九□□□□□□□等。是夜，禁中爆竹嵩呼，闻于街巷。□□□□□□□烟火屏风诸般事件[⑧]爆竹，及送在□□□□□□□爆竹声震如雷。士贫不以贫富家□□□□□□□如同白日[⑨]。围炉团坐，酌酒唱歌，鼓□□□□□□□谓之“守岁”。

【译】除夜这天，内司意思局进呈精巧的宵夜果子盒，盒内堆摆着各种精美果品、应时的水果、蜜煎、糖煎及商店出售的食品，如十般糖、澄沙团、韵果、蜜姜豉、皂儿糕、蜜酥、小鲍螺酥、市糕、五色萁豆、炒槌栗、炒银杏

① 消夜：夜里吃的点心，今指宵夜。

② 细果：精美果品，精致的茶食。

③ 市食：商店出售的食品。

④ 韵果：何物不详。

⑤ 鲍（bào）螺酥：一种精制的形似鲍螺的糕点。

⑥ 市糕：何物不详。

⑦ 像生：仿天然产物制成的工艺品，旧时多用绫绢、通草制成花果、人物等形状。

⑧ 事件：这里指物品、器具。

⑨ 白日：白天。

等食品，还排列着小巧的玩具头儿、牌儿、贴儿。小酒器上插□□□□□□□盒子中还有仿造的大安辇或玉辂、九□□□□□□等。这天夜里，皇宫中的爆竹声、山呼万岁声，在宫外的街巷都能听见。□□□□□□烟火屏风各种器具的爆竹，及送在□□□□□□爆竹声震如雷。百姓家不论贫家还是富家□□□□□□如同白天一样。全家人围坐在炉边，喝酒唱歌，鼓□□□□□□称为“守岁”。

卷七

杭州

杭城号①“武林”，又曰“钱塘”，次称“胥山”。隋朝特创立此郡城，仅三十六里九十步，后武肃钱王②发民丁与十三寨军卒增筑罗城③，周围七十里许，有南城门，称为龙山；东城门号为南土、北土、保德；北城门名北关，今在余杭门外，人家门首有青石墩是也；西城门曰水西关，在雷峰塔前。城中有门者三：曰朝天门，曰启化门，曰盐桥门。宋太平兴国年间，钱王纳土④，□□□□安有，号为宁海军。高庙于绍兴岁南渡，驻跸⑤于此，遂称为“行在所⑥”。其地襟江抱湖⑦，川凑□□□□□衍，民物阜蕃⑧，非殊方下郡比也。自归宋□□□□□□易名。

【译】杭州城别称“武林”，又称“钱塘”，还称“胥山”。隋朝时正式创立此郡城，当时方圆仅三十六里九十步，后武肃钱王征发民丁与十三寨军卒增筑罗城，方圆七十多里。

① 号：名称。

② 武肃钱王：五代十国时吴越国开国之君钱镠（liú），谥“武肃”。

③ 罗城：大型城郭的外城。

④ 纳土：献纳土地。指归附。

⑤ 驻跸：指帝王后妃出行时沿途停留暂住，开路清道，禁止通行。这里指临时居住。

⑥ 行在所：指天子所在的地方。

⑦ 襟江抱湖：形容江河湖泊之间相互环绕交错。

⑧ 民物阜蕃：人民、万物繁衍生息。这里指人口众多，物产丰盛。

有南城门，称为龙山门；东城门有南土门、北土门、保德门；北城门称为北关门，如今在余杭门外，就是人家门首有青石墩的地方；西城门称为水西关，在雷峰塔前。城内有三门，称为朝天门、启化门、盐桥门。宋太宗太平兴国年间，钱王归顺且献纳土地，□□□□安有，称为宁海军。高宗在绍兴年间南渡，临时在这里居住，于是称杭州为“行在所”。这里江河湖泊相互环绕交错，川凑□□□□□衍，人口众多，物产丰盛，非远方下等郡城所能比的。自归宋□□□□□更名。

旱门仅十有三，水门者五。城南门者一曰嘉会，城楼绚彩，为诸门冠，盖此门为御道，遇南郊，五辂从此幸郊台路。城东南门者七：曰北水门；曰南水门，盖禁中水从此流出，注铁沙河及横河桥下，其门有铁窗栅锁闭，不曾辄开；曰便门；曰候潮门；曰保安水门，河通跨浦桥，与江相隔耳；曰保安门，俗呼小堰门是也；曰新开门。城东门者三：曰崇新门，俗呼荐桥门；曰东青门，俗呼“菜市”；曰艮山门。城北门者三：曰天宗水门；曰余杭水门；曰余杭门，旧名“北关”是也。盖北门浙西、苏、湖、常、秀，直至江、淮诸道，水陆俱通。城西门者四：曰钱塘门；曰丰豫门，即涌金；曰清波，即俗呼“暗门”也；曰钱湖门。其诸门内便门东青、艮山，皆瓮城[①]。水门皆平屋。其余旱门，皆造楼阁。诸城壁各高三丈余，

① 瓮城：在城门外（也有在城门内侧的特例）修建的半圆形或方形的护门小城，属于中国古代城市城墙的一部分。

横阔丈余。禁约[①]严切[②]，人不敢登，犯者准条[③]治罪。城内元三门俱废之，独朝天门止存两城壁，杭人犹以门称之。

【译】杭州的旱门仅有十三个、水门有五个。城南的门有嘉会门，城楼绚彩，为各门之首，因为此门为御道，遇皇上到南郊祭祀，五辂从此经过，直至南郊的祭台。城东南有七个门：北水门；南水门，皇宫中的水从这里流出，注入铁沙河及横河桥下，南水门有铁窗栅锁着，不曾开启；便门；候潮门；保安水门，河道跨浦桥与钱塘江相隔；保安门，就是俗称的小堰门；新开门。城东有三个门：崇新门，俗称“荐桥门”；东青门，俗称“菜市门”；艮山门。城北有三个门：天宗水门；余杭水门；余杭门，就是原先的“北关门”。北门通向浙西、苏州、湖州、常州、嘉兴，直到江、淮的各个道路，水陆都通。城西有四个门：钱塘门；丰豫门，即涌金门；清波门，就是俗称的“暗门”；钱湖门。各门内的便门、东青门、艮山门都有瓮城。水门都是平房。其余的旱门都建有楼阁。各城墙壁高三丈多，横宽一丈多。官府禁止的条规很严格，普通人不敢攀登，有违犯的人要依照律条治罪。杭州城内最初的三个门都已废掉了，只有朝天门还存留两处城壁，杭州人还称其为门。

---

① 禁约：禁止某些事物的条规。

② 严切：严格。

③ 准条：抹灰时（如在墙上）先抹成的一条，作为灰泥厚度的规准。这里是依照律条的意思。

大河桥道

自和宁门外登平坊内曰登平桥，次曰六部桥，即都亭驿[①]桥。北曰黑桥。在玉牒所[②]对巷曰州桥。执政府大渠南曰安永桥，次曰国清桥，投东转北曰保安延寿桥。榷货务[③]东曰阜民桥，不通舟楫。合同场[④]前曰过军桥。杂卖场西曰通江桥。沿大河直至曰望仙桥，次曰宗阳宫[⑤]桥。介真道馆前曰三圣桥。荣王府前曰佑圣观桥。沿河看位前曰荣王府桥。常庆坊东北曰太和楼桥，俗名“柴垛”。富乐坊东曰荐桥，北曰丰乐桥。善履坊东曰油蜡局桥，旧呼“新桥”。兴福坊东曰盐桥，上奉广福孚顺、孚惠、孚佑侯蒋相公[⑥]祠，桥东一直不通水，旱桥名“蒲桥”。咸淳仓前曰咸淳仓桥，原名“东桥”。御

---

① 亭驿：古代供旅客歇宿的处所。

② 玉牒所：官署名。玉牒采编年体叙帝系及各帝王在位年数，记政令赏罚、封域户口、年岁丰歉等。

③ 榷货务：宋官署名。属太府寺。掌食粮、金帛等贸易。监官二人，以朝官、诸司使、副使及内侍充任。南宋又于榷货物置都茶场给卖花引。金榷货物属尚书户部，掌发卖给随路香花盐钞引，有使与副使。金又是有提举南京榷货司，有提举、同提举等官。

④ 合同场：北宋末至南宋置于产茶州军的买卖茶场。

⑤ 宗阳宫：前身是德寿宫，咸淳年间改建，一半改为宗阳宫，祀感生帝；另一半改为民居，筑桥，称为“宗阳宫桥”。

⑥ 广福孚顺、孚惠、孚佑侯蒋相公：据《广福庙志》所载，南宋建炎年间，杭州居民太多，粮食供不应求，穷苦百姓饿殍于野。蒋氏三兄弟崇仁（七郎）、崇义（八郎）、崇信（九郎），将家存粮食捐给饥民，救活饥民无数。又效仿西汉宣帝时用常平仓储粮供应之法，秋收时倾其家资收购米谷，储藏进仓，待次年青黄不接时，以原价售粮。咸淳年间，朝廷追封蒋七郎为孚顺侯、蒋八郎为孚惠侯、蒋九郎为孚佑侯，在盐桥上建广福庙，以资褒奖。因此，盐桥也叫“广福桥”。

酒库东曰塌坊桥。仙林寺东曰仙林寺桥。平籴[1]仓北曰西桥。丰储仓后曰葛家桥，东曰通济桥，俗名“梅家桥”。御酒库北曰小梅家桥。通济桥北曰田家桥，次曰普济桥。白洋池前曰白洋池桥，次曰方家桥。自大河直通天宗水门，至三闸[2]也。

【译】从和宁门外、登平坊内的是登平桥，再是六部桥，即都亭驿桥。北面是黑桥。在玉牒所对面的巷子是州桥。执政府大渠南是安永桥，再是国清桥，向东转北是保安延寿桥。榷货务东是阜民桥，不通船只。合同场前是过军桥。杂卖场西是通江桥。沿大河一直就到了望仙桥，再是宗阳宫桥。介真道馆前是三圣桥。荣王府前是佑圣观桥。沿河看位前是荣王府桥。常庆坊东北是太和楼桥，俗称“柴垛”。富乐坊东是荐桥，北是丰乐桥。善履坊东是油蜡局桥，过去称“新桥”。兴福坊东是盐桥，上奉广福孚顺、孚惠、孚佑侯蒋相公祠，桥东一直不通水，旱桥名叫“蒲桥”。咸淳仓前是咸淳仓桥，最初名叫“东桥”。御酒库东是塌坊桥。仙林寺东是仙林寺桥。平籴仓北是西桥。丰储仓后面是葛家桥，东是通济桥，俗称“梅家桥”。御酒库北是小梅家桥。通济桥北是田家桥，再是普济桥。白洋池前是白洋池桥，再是方家桥。从大河一直通到天宗水门，直到三闸。

① 籴（dí）：买进粮食，与“粜（tiào）”相对。

② 三闸：似指余姚的西三闸。

小河桥道

自宗阳宫桥转西河曰钟公桥，次曰清冷桥。南瓦子前曰熙春桥。南瓦内投西曰灌肺岭[①]桥。通和坊东曰金波桥，北曰普济桥，次曰巧儿桥。宝佑坊曰宝佑桥。五间楼巷东曰亨桥。贤福坊东曰平津桥，俗名“猫儿桥”，桥北曰舍人桥，次曰永清桥。铁线巷西曰水巷桥，次曰新桥。羲和坊曰芳润桥，原名“炭桥”。武志坊东曰李博士桥，次曰棚桥。新安坊东曰新安桥。出御街投北曰众安桥，投东入延定坊曰鹅鸭桥，次曰安国桥，又名“北桥”，桥北曰军头司桥。怀远坊出御街投北曰观桥，桥之西曰贡院桥，次曰藩封酒库桥。杂作院西曰祥符桥，桥西曰小新庄桥。普宁坊东曰清远桥。仁和县衙对巷曰仁和仓桥。县巷北曰万岁桥。六部架阁库前曰天水院桥。淳祐仓前曰仓桥，次曰永新桥。出余杭水门亦由于三闸水路也。其众安桥与观桥皆平坦，与御街同，盖四孟车驾经由此两桥转西礼部贡院路，一直过新庄桥，诣景灵宫行孟飨礼也。

【译】（略）

西河桥道

自众安桥转西曰众乐桥，次曰下瓦子桥。沂王府北曰结缚桥。十官宅前曰石灰桥，次曰八字桥，原呼“洗麸桥”。南曰马家桥，次曰挽鼓桥。清河坊东曰洪桥，次曰井亭桥，

---

① 灌肺岭：又叫“肉市巷”，以出售糯米灌猪肺出名。

曰施水坊桥。西横街有桥名曲阜，其桥不通舟楫，水脉自六房院后石桥下，湖水从此流出也。韩府南曰军将桥，次曰三桥子。西楼酒库前曰惠迁桥，俗呼“金叉库桥”。罗汉洞巷对曰侍郎桥，向有侍郎姓廉，名郎叔，居此，又有贤德及人，里巷贤之，以盛名以桥记之。南真道馆前曰施家桥。断河头五显祠后曰普济桥。再自八字桥转西曰清湖桥，次曰黑桥。左藏库前曰左藏库桥。杨驸马府前投西曰安济桥。潘阆[①]巷路通接洋街路曰安福桥，直抵故太学，次曰丁家桥。霍使君庙[②]前曰长生老人桥。钱塘县巷曰县桥，跨真珠河曰真珠河桥，此两桥俱不通舟。国子监前曰纪家桥，监后曰车桥，侧曰青龙桥。茶汤巷西曰长寿桥，旧名“杨姑桥”。万寿观前曰新壮桥。景灵宫前曰车马桥。镇城仓西曰师姑桥。余杭门里曰中正桥，原呼“斜桥”。水门前曰钓桥，旧名“便桥”。水路出余杭水门，通三闸也。

【译】（略）

小西河桥道

自西楼酒库侧三桥南入惠迁桥西，过惠迁井，曰太常寺后小桥，次曰台官街后门桥。六房省院对曰如意桥。度牒[③]

① 潘阆（làng）：宋初著名隐士、文人。字梦空，一说字逍遥，号逍遥子，大名（今属河北）人，一说扬州（今属江苏）人。性格疏狂，曾两次坐事亡命。真宗时释其罪，任滁州参军。有诗名，风格类孟郊、贾岛，亦工词，今仅存《酒泉子》十首。

② 霍使君庙：又名“显忠庙”，奉祀西汉博陆侯霍光。

③ 度牒：官府发给公度僧道以证明其合法身份的文字凭证。发放度牒，也是控制僧道人数的手段。

库后巷曰永安桥，即五圣庙桥，西曰渡子桥，次曰涌金桥，界于涌金三池之中矣。涌金门北沿城镊子井东曰镊子井桥，张府后俞家园东曰永安桥，六房后门曰石桥，此三桥俱不通舟，湖水溢于桥下暗沟，注入曲阜桥下，流出西河。俞家园九官宅曰白莲花桥，宅北投西巷曰红莲花桥，两桥俱旱桥耳。又自渡子桥转南转运司衙前曰普安桥。油车巷对曰德寿桥。府学前曰凌家桥。谢二节使前曰定安桥。慈幼局[①]前曰戒子桥、楼店务桥，次曰流福桥，原呼“闸儿桥”。临安府治前曰州桥，俗名“懊来桥”，盖因到讼庭者，到此心已悔也，故以此名呼之。

【译】（略）

倚郭城南桥道

城南所管地界，自白塔岭下桥曰进隆儿门里夏家桥。交木场后曰杨婆洋泮桥，东曰李家桥。本厢治所南曰洋泮桥。马仓巷口名红桥子。美政坊前曰美政桥。雪醅库东曰南新桥，俗呼“朱桥”。嘉会门外曰利涉桥。酒库巷内曰上梁家桥。颜家楼对巷曰下梁家桥。浙江亭侧跨浦桥，便门外投南横河桥。布行前亦名横河横桥。鲞团前曰浑水闸桥。南外库南曰萧公桥。太郎巷口曰上泥桥。南外酒库对巷曰清水闸桥。候潮门外南曰众惠桥。护圣步军南曰下泥桥。候潮门外直东曰上椤木桥，又名“普济”。白旗寨对巷曰下椤木桥。护圣上

① 慈幼局：宋代收养弃婴的机构。

教场门东曰上洪桥，中教场门东曰中教场桥，下教场门东曰柴市桥。盛家巷东曰济众桥。妙静寺北曰诸家桥，桥西曰保安闸桥。保安水门外曰保安桥。新门口门外富景园东名升仙桥，此是旱桥，一直向东，曰南新草桥。城东骆家跳曰骆家桥，西首寨前曰马军桥，桥东寨前曰步军桥。善应寺北曰四板桥，桥西曰万寿桥，又名“吕家桥”。景隆观后曰通利桥，次曰米市桥。老儿营后曰五柳园桥，北曰福济桥，又名“广泽”。崇新门外直东曰章家桥，北曰淳祐桥。拱圣营东曰螺蛳桥。小粉场前曰普安桥，又名“横河桥”，东曰广济桥。蒲场巷军巡铺[①]前曰安济桥。游奕教场门曰教场门桥，桥东横河军巡铺前曰报恩桥。螺蛳桥北蟹行曰蔡湖桥。游奕军佑圣殿后曰游奕寨桥，桥北曰安荣桥，南路曰小蔡湖桥。殿司双寨门前曰前军桥，东青门外直东曰菜市桥。选锋军[②]东曰太平桥，北曰端平桥，东青门曰十善桥，次曰黄姑桥。艮山门东曰顺应桥，旧名“坝子桥”。仁和尉司前曰无星桥。法明寺前曰骆驼桥，寺门外走马塘曰玺桥。尉司后曰龚家桥。沙河角头水陆寺北曰韦家桥，桥侧曰广度桥。走马塘东石斗门铺前曰石斗门桥。尉司侧曰木板桥。沙河角头曰宋家桥。城东郑家

---

① 军巡铺：我国最早的专职消防部队——军巡铺创建至今已有近千年的历史，其组织之严密，器械之众多，制度之完善，在世界消防史上属史无前例。

② 选锋军：宋代军名。神宗后所出现新的军级编制。凡用兵之际，往往先分前、右、中、左、后五军。五军之外，另有选锋军等，每军设统制管辖。其中选锋军装备精良，士卒骁勇，为军中主力。

园后曰翁泰桥，次曰冯家桥、章家桥、姚店桥。园后麦庄庙前曰麦庄桥。城东九里松大路曰樟木庙桥，庙前曰江家桥。城东卢家雪窨[1]南曰行人桥。走马塘范家村曰张娜儿桥。姚斗门铺曰新塘桥。石斗门铺前曰蔡家大桥。城东蔡家村曰蔡家小桥。高塘湾横塘路曰姚马四桥。城东官园里曰鸭舍桥。桥大路曰李家桥。官园里北曰孙家桥。金家村曰猪坊桥。姚斗门铺前唐家村曰资福桥，曰小资福桥。斗门东南陆家村曰陆家桥，沈家塘口曰欧家桥。斗门南大路曰升仙桥。看经寺前曰看经桥。城东胡陈畈[2]等处，其桥有九，名曰范家、徐家、李家、陈家、杜家、姚家、仲家、普宁、下厢等桥。五里塘路口张家桥，桥侧曰菩萨桥。殊胜寺前曰殊胜桥。塘大路曰王家桥。行人庵侧曰严家桥。塘东曰新桥，桥侧曰鲍家桥，塘西曰飞家桥。

【译】（略）

倚郭城北桥道

城北所管地界，自钱塘尉司西水磨头曰石函桥，又呼“西石头桥”。西湖孤山路曰宝佑桥，俗呼“断桥”。孤山路中曰涵碧桥。和靖林处士[3]故居所曰处士桥。延祥四圣观西曰西林桥。苏堤南来第一桥曰映波，第二桥曰锁澜，第三

① 雪窨（yìn）：收藏冰雪的地窖，以供来年夏天用。

② 畈（fàn）：田地（多用于地名）。

③ 处士：本指有才德而隐居不仕的人，后亦泛指未做过官的士人。

桥曰望山，第四桥曰压堤，第五桥曰东浦，第六桥曰跨虹。先贤堂前桥曰袁公桥，盖府尹袁大资建堂造桥，以名记之。曲院新堤路小桥曰小新堤桥。曲院大路向东曰行春桥。九里松左军教场大路西有桥，亦曰“行春桥”。飞行峰路口曰合涧桥。龙井路口曰归隐桥，盖东坡欲易于过溪①，建此桥也。麦岭西太清宫前曰孝义桥。岭口寨前曰新河桥。麦岭至龙井，其桥有三：曰善安、永安、永福桥。茆家步至丁家山有桥者三：曰双井、丁家山、小丁家山桥。高丽寺侧曰惠因桥。净慈寺北庆乐园前曰长桥。钱湖门外沿城海子口隅②下曰清化桥。清波门外，流福水路桥。聚景园前曰聚景桥。显应观前曰显应观桥。涌金门外城北水口上曰相国西桥，九曲小渡曰咸淳。新建桥曰九曲昭庆桥。大昭庆寺前曰昭庆广济桥，寺西寨前曰筑选寨桥。昭庆教场西曰教场桥，教场桥北曰崇福桥。霍山大路口曰羊坊桥。霍山行宫巷口曰保安桥。羊坊巷北曰溜水桥。精进寺北曰小溜水桥。溜水桥西北曰沈家场桥，桥前一带曰安民桥。西马塍观音庵西曰八字桥。运司竹木场前曰马军桥。羊角埂上有桥者四：曰上泥、下泥、崇寿、阎家桥。马塍乌盆场曰富春桥，又名“乌盆桥”。羊角埂西双寨门曰策选马军桥。埂西八里曰神勇步人桥。本州试院前曰大通桥、

① 东坡欲易于过溪：此句疑有缺漏。应指苏轼有归隐之意，遂造归隐桥。苏轼在杭州时，与龙井寿圣院辩才法师交好。辩才曾定“送客不过溪”的规定，却送苏轼过溪经过归隐桥。

② 隅：靠边沿的地方。

王家桥。试院东曰道姑桥，试院西曰清水桥。石塘东曰西堰桥、古塘桥，东曰方公桥，西曰观音桥。城西铜钱局前曰古塘桥，古塘里西曰惠安桥。北郭务前曰余杭桥。天宗水门外曰上堰桥。余杭桥侧曰下堰桥。北郭税务北曰糖饼桥。神勇铺曰过军桥，上闸南曰上斗门桥。下斗门西曰永兴桥，上闸南曰中斗门桥，上闸东陆家场前曰天宗栈库桥。余杭门外上闸头曰上闸桥，上闸北中闸头曰中闸桥，中闸西曰唐家桥，又名“寿安桥”。中闸北下闸头曰下闸桥、米市桥，南曰浴堂桥。下闸西北曰米市桥，米市里曰黑桥。麻线巷曰采莲桥。夹城巷口曰袁家桥、德胜桥，北曰下斗门桥。旧瓦子后曰邓家桥，又名“广利桥”。石牌头巷内曰袁公桥。籴场后德胜桥，旧名“堰桥”，因韩太尉掩击苗傅[①]，故杭人称之曰“长板桥”、曰“杨婆桥”。下界仓后曰高家、梁婆、张家三桥。五里塘大路曰东新桥。莫家场前曰范婆桥，原系“小石桥”。鱼行里曰水冰桥。接待寺南曰望佛桥，桥西曰复明桥，一名“倪郎中桥”，桥东曰雷道桥。鱼行里曰黑桥。接待寺前曰香火桥。北外酒库南大路曰左家桥。西仓南曰宝庆桥，又名“葱版蛳桥”。丰储西仓前曰西仓桥，仓北曰洞霄道院桥。城北厢巷口曰富春桥，一名“茆家桥”。西仓北醋坊桥。官界巡司东曰吴家桥，司西曰黄家桥。江涨税务东曰江涨桥，桥西南曰归锦桥。瓜山

① 韩太尉掩击苗傅：宋高宗建炎三年（公元1129年），苗傅、刘正彦趁众将分守各地，发动叛乱，逼高宗禅位，改年号为“明受”元年。后被韩世忠等讨平。

泾巷口曰洪桥，巷东曰杜公桥。董家巷北曰狮子桥。喻家桥桥侧葛家、余家二桥。喻家桥西叶家桥，北新东曰费家桥，北新南曰羊棚桥，桥北曰北新桥，元名“中兴永安桥”。北新隅北曰康家桥，桥侧曰丰惠桥。正等铺曰印墓桥、康家桥。北塘上曰板桥。

【译】（略）

禁城九厢坊巷

在城九厢①界，各厢一员小使臣注授②，任其烟火盗贼，收解③所属。其职至微，所统者军巡火下地分，以警其夜分不测耳。曰宫、城、厢、庑、坊、巷，东至嘉会门禁城角，西至中军壁小寨门，南至八盘岭，北至便门巡铺④城角矣。

【译】京城划分为九个厢界，各厢设置一员小使臣，负责预防烟火、缉捕盗贼、辖区的收进与解出。这个职位低微，任职者要率领军士巡视辖区的火情，以防夜间发生不测。京城地区由大到小依次为宫、城、厢、庑、坊、巷，东至嘉会门宫城角，西至中军壁的小寨门，南至八盘岭，北至便门巡铺的城角。

左一南厢所管坊巷：曰大隐、安荣、怀庆、和丰。并在清河坊内南首一带。

---

① 厢：宋代划分城市地区为若干厢，相当于现在的区。

② 注授：指职官铨选时的登记、授受。

③ 收解：收进与解出。

④ 巡铺：防盗防火的哨所。

左一北厢所管坊巷：曰吴山坊，即“吴山井巷”。清河坊，兴南瓦子相对。融和坊，即“灌肺岭巷”。新街融和之北太平坊，通和相对。市南坊，即“巾子巷”。市西坊，俗呼“坝头”，又名“三桥街”，并在御街西首一带。南新街，御史台相对。康裕坊，俗呼“八作司巷”。后市街、吴山北坊西相对。泰和坊，俗呼“糯米仓巷”。天井坊，即“天井巷”，旧名“通浙坊”。稍西龙舌头路中和坊，原呼“楼店务巷”，旧名“净因坊”。仁美坊俗呼“石坂巷”，在通判北厅之东。近民坊，府治东。流福坊，府治前西。丰裕坊，凌家桥西。美化坊，府学西。八巷并在清河坊北首一带，直至州府沿河至府学前凌家桥西。

左二厢所管坊巷：曰修义坊，俗呼“菱椒巷”，即“肉市”。富乐坊，俗呼“卖马巷”。众乐坊，俗呼“虎跑泉巷”。教睦坊，俗呼“狗儿山巷”。积善坊，即“上百戏巷”。秀义坊，即“下百戏巷”。寿安坊，俗名“官巷”。修文坊，即“旧将作监巷”。里仁坊，原名“陶家巷”。保信坊，俗呼“剪刀股巷”。定民坊，即“中棚巷”。睦亲坊，俗呼“宗学巷”。纯礼坊，原名“后洋街巷”。保和坊，旧称“砖街巷”。报恩坊，俗名“观巷”。以上在御街西首一带。福德坊，在保和坊巷内。招贤坊，仁和县前对巷。登省坊，县衙相对，系郭宰[①]买民地创开此坊耳。

左三厢所管坊巷：钦善坊，井亭桥南。闻扇子巷、甘泉坊、

① 郭宰：人名。

相国井巷口，与井亭桥对。清风坊，庄文府南。活水巷、清河坊，洪福桥西杨和王府前。兴庆坊，结缚桥对前洋街。德化坊、旧木子巷，在潘阆巷口。字民、平易，俱在钱塘县前。

右一厢所管坊巷：孝仁、登平二坊，和宁门外西东。寿城坊，太庙南粮料院巷。天庆坊，即“天庆观巷”。保安坊，原呼“庙巷”。怀信坊，俗呼“糍团巷”。长庆坊，入忠清庙路。以上并在大街东西。新开坊，清平巷转东上抱剑营路。常庆坊，都税务南柴垛桥巷。富乐坊，荐桥西。

右二厢所管坊巷：清平坊，即“旧沙皮巷”。通和坊，金波桥路。宝佑坊，即福王府看位一直路。贤福坊，即“坝东猫儿桥巷”。兰陵坊，水巷桥巷。义和坊，俗呼“炭桥巷”。武志坊，原名“李博士桥巷”。戒民坊，俗呼“棚桥巷”，为市曹行刑之地。新安坊，名为“新桥楼巷”。延安坊，鹅鸭桥巷。安国坊，即“北桥巷”。怀远坊，旧呼“军头司营巷”。普宁坊，在观桥之北，即“清远桥巷”。皆在御街东首一带。同德坊，旧呼“灯心巷”，在大街北。嘉新坊，北库东西，北呼“七朗堂巷”。教钦坊，俗呼“竹竿巷”，北酒库东，面南。新开南巷，荐桥。富乐坊，对新开北巷，曰新桥东。

右三厢所管坊巷：东巷坊，即“上中沙巷”。西巷坊，名“下中沙巷”。丰禾坊，全皇后府东。善履坊，即芳润桥东。兴化坊，盐桥下西北。昌乐坊，蒲桥东。

右四厢所管坊巷：名曰兴礼，自宗阳宫墙之东，至传法寺、佑圣观、郭、谢太后宅、福田宫，出街直到宁海坊，俱属所统也。盖杭旧有坊巷，废之者七，如罗汉洞旧有坊名美俗，三桥涌金路旧名“会昌坊”，洪桥杨府巷原作“紫云坊”，癸辛街巷为“从训坊”，马家桥西曾立“孝慈坊”，洗麸桥南北二岸谓之“通宝”“丰财”二坊，皆后人不可不知，姑并述之。

【译】（略）

卷八

大内

大内正门曰丽正，其门有三，皆金钉朱户，画栋雕甍[①]，覆以铜瓦，镌镂[②]龙凤飞骧[③]之状，巍峨壮丽，光耀溢目。左右列阙，待百官侍班阁子[④]。登闻鼓院[⑤]、检院相对，悉皆红杈子[⑥]，排列森然，门禁严甚，守把钤束[⑦]，人无敢辄入仰视。至晡时，各门下青布幕护之。丽正门内正衙，即大庆殿，遇明堂大礼、正朔大朝会，俱御之。如六参[⑧]起居，百官听麻[⑨]，改殿牌为“文德殿”；圣节上寿，改名“紫宸”；进士唱名，易牌“集英”；明禋为“明堂殿”。次曰“垂拱殿”，

---

① 画栋雕甍（méng）：有彩绘装饰的十分华丽的房屋。甍，屋脊。

② 镌（juān）镂（lòu）：雕刻；雕镂。

③ 骧（xiāng）：后右蹄白色的马。泛指马。

④ 侍班阁子：值班室。内侍与禁卫值日办公处。

⑤ 登闻鼓院：宋初，立登闻鼓于阙门之前，置鼓司，先以宦官，后以朝臣主管。景德四年（公元 1007 年）始改称登闻鼓院，隶司谏、正言，掌接受文武官员及士民章奏表疏。

⑥ 杈子：置于官府宦宅前阻拦人马通行的木架。古也称行马。

⑦ 钤（qián）束：管束；约束。

⑧ 六参：一月朝参六次。

⑨ 听麻：听宣麻。麻，诏书。唐宋拜相命将，用白麻纸写诏书公布于朝，称为“宣麻”。后遂以为诏拜将相之称。

常朝四参[①]起居之地。

【译】 大内正门叫丽正门，共有三个门，都是朱红色的门上钉着金钉，雕梁画栋，覆盖着铜瓦，雕镂着龙凤飞马的形状，很是巍峨壮丽、光耀夺目。左右列有阙楼，是百官等候上朝时的处所。登闻鼓院和检院相对，门前都森然排列着红杈子，门禁非常严密，有军士把守管束，一般人不敢闯入或者仰视。到了晡时，各门都放下青布幕来护门。丽正门内的正衙，也就是大庆殿，遇到明堂大礼、正朔大朝会时，皇上会驾临。六参官向皇上请安，百官听候宣召，就将殿上的牌匾改为“文德殿”；为皇上或皇太后生日祝寿时，就将殿上的牌匾改为“紫宸殿”；进士唱名时，则改牌匾为“集英殿”；明堂大祀时，改牌匾为“明堂殿”。还有就是“垂拱殿”，是正常朝会和四参官向皇上请安的地方。

内后门名“和宁”，在孝仁登平坊巷之中，亦列三门，金碧辉映，与丽正同，把守卫士严谨，如人出入，守阍人高唱头帽号。门外列百僚侍班，阁子左右排红杈子，左设阁门，右立待漏院[②]、客省四方馆。入登平坊，沿内城有内门，曰“东华”，守禁尤严。沿内城向南，皆殿司，中军[③]将卒立寨卫护，

① 四参：朝廷四参官。《宋史・礼志十九》：“乾道二年九月，阁门奏：垂拱殿四参，皇帝坐，先读奏目。”原注：“四参官谓宰执、侍从、武臣正任、文臣卿监员郎监察御史已上。”

② 待漏院：百官晨集准备朝拜之所。

③ 中军：古时行军作战队分上、中、下（或左、中、右）三军，由主帅所居中军发号施令 。

名之“中军圣下寨”。寨门外左右俱置护龙水池。沿寨向南，有便门，谓之“东便门”。禁庭诸殿更有者十：曰延和，曰崇政，曰福宁，曰复古，曰缉熙，曰勤政，曰嘉明，曰射殿，曰选德，曰奉神。御殿名“钦先孝思之殿”。

【译】大内后门称为“和宁门”，在孝仁登平坊巷之中，也是排列着三个门，金碧辉煌，与丽正门相同，把守卫士非常严谨，如果有人出入，守护瓮城城门的人就高呼该人的着装、姓名、官号。门外列有百官等候上朝时的处所，阁门左右排列红杈子，左边设阁门，右边立待漏院、客省四方馆。进入登平坊，沿着内城有内门称为“东华门”，守卫非常严密。沿内城向南，都是殿前司的军队，中军的将士建立营寨护卫，称为“中军圣下寨”。寨门外左右都设置着护龙水池。沿着军寨向南，有便门，称为“东便门”。宫廷里还有其他十个宫殿：延和殿、崇政殿、福宁殿、复古殿、缉熙殿、勤政殿、嘉明殿、射殿、选德殿、奉神殿。御殿称为“钦先孝思之殿”。

更有天章诸阁，奉艺祖[①]至理庙神御[②]御书图制之籍。宝瑞之阁，建于六部山后。供进[③]御膳，即嘉明殿，在勤政殿之前。勤政即木帷寝殿也。嘉明殿相对东廊门楼，乃殿中省六尚局御厨、祗应内侍人员，俱集于此。殿上常列禁卫两重，时刻

① 艺祖：有才艺文德的祖先，为太祖或高祖的通称。

② 神御：先朝帝王的肖像。

③ 供进：进献官廷。

提警[①]，出入甚严，内皆近侍中贵。殿之廊庑，皆知省、御药、御带、门司、内辖等官幕次，听候宣唤。小园子、快行、亲从、辇官、黄院子[②]、内诸司司属人员等上番[③]者，俱聚于廊庑，祇候[④]服役。如宫禁买卖进贡，皆由此入，惟此处浩穰[⑤]。每遇进膳，自殿中省对嘉明殿，禁卫成列，约栏[⑥]不许过往。省门上有一人呼唱，谓之“拨食”。次有紫衣裹卷脚幞头者，谓之“院子家”，托一盒，用黄绣龙盒衣笼罩，左手携一条红罗绣手巾进入，于此样约十余盒。继后又托金瓜各十余盒进入，若非时取唤，名曰“泛索[⑦]”。

【译】还有天章阁等阁，供奉从艺祖到理宗的画像、御书、图籍等。宝瑞阁建在六部山后。进献宫廷的御膳，即在嘉明殿，在勤政殿的前面。勤政殿就是有木帷的寝殿。嘉明殿正对着东廊门楼，是殿中省六尚局的御厨、当差的内侍人员，都聚集在这里。殿上常站两重禁卫，时刻提醒和警戒，人员的出入审察得非常严格，殿内都是近侍和有权势的太监。殿的四周，都是知省、御药、御带、门司、内辖等官的临时帐篷，

① 提警：提醒，警戒。

② 黄院子：宋朝时内廷的杂役人员。

③ 上番：谓轮替值勤。

④ 祇候：这里是恭候的意思。

⑤ 浩穰（ráng）：众多；繁多。

⑥ 约栏：约拦，阻拦。栏，这里同“拦”。

⑦ 泛索：古代宫中供帝王所用的点心。非定时所进，故名。

他们随时听候宣唤。小园子、快行家、亲从、辇官、黄院子、内诸司司属人员等轮替执勤的人，也聚集在殿的四周，等候差遣。宫内与外面买卖、外面到宫内进贡，都要从这里进入，所以宫中唯有此处人员众多。每遇进膳时，从殿中省到嘉明殿，禁卫军士排成行列，阻拦闲人禁止过往。殿中省门上有一人高呼，称为“拨食”。还有身穿紫衣、头裹卷脚幞头的人，称为“院子家”，手上托着一个盒子，这盒子用黄色有绣龙图案的盒衣罩着，左手拿一条红罗绣花手巾，进宫供膳，大概有十多个这样的盒子。随后又手托十多个金色瓜盒进宫，是随时被取唤的点心，称为“泛索”。

皇太后殿名曰“坤宁”，皇后殿名曰“和宁”，两殿各有大官及殿长、内侍及黄院子、幕士①、殿属、亲从、辇官等人祗候。诸宫妃嫔等位次，亦有内侍提举，名阁分②、官属、掌笺、奏院子、小园子等人祗直。和宁门外红杈子，早市买卖，市井最盛。盖禁中诸阁分等位，宫娥③早晚令黄院子收买食品下饭于此。凡饮食珍味、时新下饭、奇细蔬菜，品件不缺。遇有宣唤收买，即时供进。如府宅贵家，欲会宾朋数十位，品件不下一二十件，随索随应，指挥办集，片时④俱备，不缺一味。夏初茄瓠新出，每对可直十余贯，诸阁分、贵官

① 幕士：宫廷卫士。

② 阁分：疑似嫔妃的侍女。

③ 宫娥：宫中嫔妃、侍女。

④ 片时：片刻，不多时。

争进，增价酬之，不较其值，惟得享时新耳。

【译】皇太后所居之殿称为“坤宁殿”，皇后所居之殿称为“和宁殿”，两殿各设有大官和殿长、内侍以及黄院子、卫士、殿属、亲从、辇官等人恭候服侍。不同品级的阁宫妃嫔，也有内侍来负责殿内事务，名为阁分、官属、掌笺、奏院子、小园子等人值班服侍。和宁殿门外的红杈子的外面，早间有买卖极其热闹，是最热闹的街市。皇宫中的各阁分去这里等位，宫娥早晚也会派黄院子到这里采买食品菜肴。凡饮食珍味、时新菜肴、奇细蔬菜，一样都不缺。遇到宫内宣召收买，马上就能送进去。富贵人家的宅邸，如邀约数十位宾朋，需要不低于一二十种的菜品，随时索唤，随时供应。店家指挥操办，不多时就可备齐，不会缺少一种。夏初茄瓠之类的蔬菜刚刚上市，每对可值十多贯钱，各宫阁分、富贵之家争相购买，不惜提高价钱，根本不计较它们的价值，只为尝尝应时、鲜美的蔬菜。

德寿宫

德寿宫在望仙桥东，原系秦太师赐第，于绍兴三十二年六月戊辰，高庙倦勤[①]，不治国事，别创宫庭御之，遂命工建宫，殿匾“德寿”为名。后生金芝于左栋，改殿匾曰“康寿”。其宫中有森然楼阁，匾曰“聚远”，屏风大书苏东坡

① 倦勤：本指厌倦于勤劳的事。后引申为天子厌倦于政事的辛劳，懒于从政，或高官将辞官告退。

诗“赖有高楼能聚远，一时收拾付闲人”之句。其宫御四面游玩庭馆，皆有名匾。东有梅堂，匾曰“香远”。栽菊，间芙蕖[1]、修竹[2]处有榭，匾曰“梅坡”“松菊三径”。酴醾亭匾曰“新妍”。木香堂匾曰“清新”。芙蕖冈南御宴大堂，匾曰“载忻”。荷花亭匾曰“射厅”“临赋”。金林檎[3]亭匾曰“灿锦”。池上匾曰“至乐”。郁李花亭匾曰“半绽红”。木樨[4]堂匾曰“清旷”。金鱼池匾曰“泻碧”。西有古梅，匾曰“冷香”。牡丹馆匾曰“文杏”，又名“静乐”。海棠大楼子，匾曰“浣溪”。北有椤木亭，匾曰“绛叶”。清香亭前，栽春桃，匾曰“倚翠”。又有一亭，匾曰“盘松”。

【译】德寿宫在望仙桥的东面，原本是太师秦桧的赏赐宅第，绍兴三十二年六月戊辰，高宗厌倦于政事的辛劳，不再治理国事，于是另创宫廷居住，命工匠建宫，大殿匾额是“德寿”。后来大殿左边栋梁下生出金色灵芝，于是改匾额曰“康寿”。宫内楼阁森然，匾额曰“聚远”，屏风上用大字书写着苏东坡的诗句：“赖有高楼能聚远，一时收拾付闲人。”宫内四面都是游玩的庭馆，都有匾额题名。东边有梅堂，匾额是“香远”。栽种菊花，其间夹杂着莲花、修竹的地方有

---

① 芙蕖：开放的莲花。

② 修竹：长长的竹子，茂密高大的竹林。

③ 林檎：又名花红、沙果。落叶小乔木，叶卵形或椭圆形，花淡红色。果实卵形或近球形，黄绿色带微红，是常见的水果。

④ 木樨：桂花。

观景平台，匾额是“梅坡”“松菊三径”。荼蘼亭的匾额是“新妍”。木香堂的匾额是“清新”。芙蕖冈南边是御宴大堂，匾额是“载忻”。荷花亭的匾额是“射厅”“临赋”。金林檎亭匾额是“灿锦”。池上匾额是“至乐”。郁李花亭的匾额是“半绽红”。木樨堂的匾额是“清旷”。金鱼池的匾额是“泻碧”。西边种有古梅，匾额是“冷香”。牡丹馆的匾额是“文杏”，又叫“静乐”。海棠大楼子的匾额是“浣溪”。北面有椤木亭，匾额是“绛叶”。清香亭前，栽种着春桃，匾额是“倚翠”。还有一座亭子，匾额是“盘松”。

高庙[①]雅爱湖山之胜，于宫中凿一池沼，引水注入，迭石为山，以像飞来峰之景，有堂匾曰“冷泉”。孝庙观其景，曾赋长篇咏曰：“山中秀色何佳哉，一峰独立名‘飞来’。参差翠麓[②]俨[③]如画，石骨[④]苍润[⑤]神所开。忽闻彷像[⑥]来宫囿[⑦]，指顾[⑧]已惊成列岫[⑨]。规模绝似灵隐前，面势[⑩]恍疑天竺

---

① 高庙：宋高宗。

② 翠麓：青翠的山麓。

③ 俨：宛如，十分像。

④ 石骨：指坚硬的岩石。

⑤ 苍润：形容绘画苍劲滋润。也形容青翠滋润。

⑥ 彷像：隐约貌。

⑦ 囿（yòu）：中国古代供帝王贵族进行狩猎、游乐的园林形式。通常选定地域后划出范围，或筑界垣。

⑧ 指顾：手指目视；指点顾盼。

⑨ 岫：山穴。

⑩ 面势：方面；形势之意。

后。孰云人力非自然，千岩万壑藏云烟。上有峥嵘倚空之翠壁，下有潺湲漱玉之飞泉。一堂虚敞临清沼，密荫交加森羽葆[①]。山头草木四时春，阅尽岁寒人不老。圣心仁智情幽闲，壶中天地非人间。蓬莱方丈渺空阔，岂若坐对三神山，日长雅趣超尘俗，散步逍遥快心目。山光水色无尽时，长将挹向杯中绿。”高庙览之，欣然曰：“老眼为之增明。”后孝庙受禅[②]，议德寿宫改匾曰“重华”御之。次宪明太皇后欲御，又改为“慈福宫”。寿成皇太后亦改宫匾曰“寿慈”御之。继后宫室空闲，因而遂废。咸淳年间，度庙[③]临政，以地一半营建道宫[④]，匾曰“宗阳”，以祀感生帝[⑤]。其时重建，殿庑雄丽，圣真[⑥]威严，宫囿花木，靡不荣茂，装点景界[⑦]，又一新耳目；一半改为民居，圃地改路，自清河坊一直筑桥，号为“宗阳宫桥”。每遇孟享，车驾临幸，行烧香典礼，桥之左右，设帅漕二司，起居亭存焉。

① 羽葆：古时葬礼仪仗的一种，以鸟羽聚于柄头如盖；帝王仪仗中以鸟羽联缀为饰的华盖，也泛指卤簿或作为天子的代称。

② 受禅：王朝更迭，新皇帝承受旧帝让给的帝位。

③ 度庙：宋度宗。赵禥（公元1240—1274年），荣王赵与芮之子，初名孟启，又名孜、长源。宋理宗无子，收其为养子，先后封为建安王、永嘉王、忠王。1260年，被立为太子。景定五年（公元1264年）十月即位，第二年改年号为“咸淳”。谥号端文明武景孝皇帝，庙号度宗，葬会稽永绍陵。

④ 道宫：道观。

⑤ 感生帝：帝王在天上的父亲。

⑥ 圣真：谓儒学的真谛。

⑦ 景界：犹境界。

【译】高宗向来喜好湖山美景，在德寿宫中凿了一水池，引水注入，叠石为山，好像是飞来峰的景色，有堂匾曰“冷泉”。孝宗看到此景，作了长篇诗句：“山中秀色何佳哉，一峰独立名‘飞来’。参差翠麓俨如画，石骨苍润神所开。忽闻彷像来宫囿，指顾已惊成列岫。规模绝似灵隐前，面势恍疑天竺后。孰云人力非自然，千岩万壑藏云烟。上有峥嵘倚空之翠壁，下有潺湲漱玉之飞泉。一堂虚敞临清沼，密荫交加森羽葆。山头草木四时春，阅尽岁寒人不老。圣心仁智情幽闲，壶中天地非人间。蓬莱方丈渺空阔，岂若坐对三神山，日长雅趣超尘俗，散步逍遥快心目。山光水色无尽时，长将挹向杯中绿。”高宗看到孝宗的诗，高兴地说：“读过此诗，我的老眼更加明亮了。”后来孝宗登基，商议想把德寿宫匾额改为“重华”，在此居住。再后来宪明太皇后想在此居住，又改为“慈福宫”。寿成皇太后在此居住，改德寿宫匾额为“寿慈”。之后宫室空闲，无人居住，因而废弃。咸淳年间，度宗在位，将德寿宫一半的地方建造了道观，匾额是“宗阳”，以祭祀在天上的父亲。重建的宗阳观，殿庑雄丽，圣真威严，宫囿里的花木，无不繁盛茂密，各处装点得非常好，又能让人耳目一新；德寿宫另一半的地方改为民居，原先园圃的地方改成了道路，自清河坊一直筑了桥，称为“宗阳宫桥”。每遇孟享的时候，皇上车驾从这里经过，进行烧香典礼。桥的左右，设有帅漕两司，如今起居亭尚存。

太庙

太庙在瑞石山，绍兴间建正殿七楹十三室，二车十驾[①]款谒礼后，又幸[②]建康[③]，改为“圣祖殿”，复奉神主[④]还杭，仍复奉安[⑤]于此。礼部太常寺遵典行郊禋礼。前一日，朝飨太庙，仍设七祀板位于殿庑横阶之北，又设配飨文武功臣，自韩王赵普以下二十五位于横阶之南。后部寺奏请增建庙室，后东西增六楹，通旧十三楹为一室，东西二楹为夹室[⑥]，及增廊庑作西神门，册宝殿、祭器库屋，建斋殿及致斋阁子四十有四楹。咸淳添置一室，奉理庙神主，通为一十四室，皆正中。又筑二成之台，为祠宫升下以奉神主出入之地。四祖庙在诸室之西，奉僖、顺、翼、宣[⑦]四祖神主耳。每遇三年，以孟冬祫飨[⑧]，即庙行礼，次诣诸室，恭行祀典[⑨]。

【译】太庙在瑞石山，在绍兴年间建成，有正殿七楹十三室，二车十驾行过拜谒礼后，高宗又到南京重新建造太

---

① 二车十驾：“二”“十”不知何义，疑应并入上句。

② 幸：指封建帝王到某地去。

③ 建康：今江苏南京。

④ 神主：供奉祖先或死者用的小木牌。

⑤ 奉安：安置神像、神位等亦称奉安。

⑥ 夹室：古代宗庙内堂东西厢的后部，藏五世祖以上远祖神主的地方。

⑦ 僖、顺、翼、宣：指宋僖祖赵朓（tiǎo）、宋顺祖赵珽、宋翼祖赵敬、宋宣祖赵弘殷，分别是宋太祖赵匡胤的高祖、曾祖、祖父和父亲，皆为追尊。

⑧ 祫（xiá）飨：古代天子或诸侯把远近祖先的神主集合在太庙里进行祭祀。

⑨ 祀典：祭祀的仪礼。

庙，并将杭州太庙改为“圣祖殿”。后又奉先祖神位回杭州，仍安置在杭州太庙。礼部太常寺遵循典礼操办郊祀。前一天，在太庙朝飨，仍然在殿庑横阶的北面设置了七祀板位，又给文武功臣设置了配飨，自韩王赵普以下的二十五个板位设置在横阶的南面。后来礼部太常寺奏请增建庙室，便在东西增建六楹，加上原先七楹共十三楹为一室，东西两楹为夹室，又增建廊庑作西神门，还有册宝殿、祭器库等屋。建斋殿及致斋阁子四十四楹。咸淳年间又添置一室，供奉理宗的神位，总共十四室，都在殿的正中。又筑造一个两层的台，是祠宫中升下以奉神主出入的地方。四祖庙在各室的西面，祀奉宋僖祖赵朓、宋顺祖赵珽、宋翼祖赵敬、宋宣祖赵弘殷四祖的神位。每过三年，在农历十月进行祫飨，皇上到太庙行礼，随后前往供奉各祖神位的房间，恭敬地行祭祀之礼。

景灵宫

景灵宫在新庄桥，投北坐西，乃韩蕲王世忠原赐宅基，其子献于朝，改为宫。向中兴初，高庙銮舆幸此，四孟朝献，俱于禁中行礼。绍兴年间，臣僚奏景灵宫以奉祖宗衣冠之所，即汉享庙也，今就便殿设位以飨，未副广孝之意，遂诏临安府同修内司相度[①]，以蕲王宅基，修盖宫庙。殿门匾曰“思成”，前为圣祖庙，宣祖至徽宗殿居中，东西廊俱图配飨功臣像于壁，元天圣后与昭宪太后而下诸后，殿居于后。朝家欲再广殿庑，

① 相度：考虑、分析，观察估量，一般要求分析某事后提出解决办法或建议。

刘氏余地，其子孙复献，遂增建前殿五楹，中殿七楹，后殿十七楹，自是斋殿、进膳、更衣、寝殿，次第俱备焉。咸淳年间，再命帅臣重修各殿，度庙亲洒[①]匾目，自圣祖、宣祖、太祖至理庙十六殿，曰“天兴”“天元”“宣武”“大定”“熙文”“美成”“治隆”“大明”“重光”“承元”“瑞庆”“皇德”“系隆”“美明”“垂光”“章熙”之匾。自元天圣后至杨太后十五殿，曰“保宁”“太始”“俪极”“辉德”“衍庆”“继仁”“徽音”“坤元”“柔仪”“顺承”“缵德”“顺嗣”“徽光”“顺天”“体德”之匾。宫后有堂，自东斋殿西循庑而右，为大堂三，临池上，左右为明楼，旁有蟠桃亭，堂南为西斋殿，遇郊禋恭谢，设宴赐花于此；西有流杯堂、跨水堂、梅亭；北为四并堂，又有桔井[②]、修竹、四时花果、亭宇，不能备载。宫南建崇禋馆，命道流以奉洒扫、晨香、夕灯之职。仍设内侍官，提举宫事务，及宫司皇城兵侍卫之。按《朝野杂记》：“太庙以奉神主，一岁五飨[③]，朔祭而月荐新。其五飨，命宗室诸王奉礼，朔祭以太常卿行事。景灵宫以奉塑像，岁行四孟飨，主上亲祀之。帝后大忌。宰臣率文武官僚行香，僧道作法事，

① 洒：挥洒；书写。

② 桔井：橘井。相传苏仙公修仙得道仙去之前对母亲说：“明年天下疾疫，庭中井水，簷边橘树，可以代养。井水一升，橘叶一枚，可疗一人。”来年果有疾疫，远近悉求其母治疗。皆以得井水及橘叶而治愈。

③ 一岁五飨：指四孟（正月、四月、七月、十月）和季冬（十二月）共五次祭飨。

后妃、六宫亦皆继往。天章阁奉绘像，时节朔望[1]，帝后生、忌日，皆遍荐，内臣行礼。内庭钦先孝思殿亦奉神御，主上每日炷香，凡朔望帝后忌辰节序，皆亲行酌献之礼。”太庙之祭，以行俎豆[2]礼。景灵宫祭，以奉牙盘[3]礼。天章阁、钦先孝思殿，以奉常馔，行家人之礼。

【译】景灵宫在新庄桥的西侧朝向北，乃是原先蕲王韩世忠受赐的宅基地，他的儿子献给了朝廷，于是被改建为宫庙。过去中兴初年，高宗銮驾来到杭州，进行四孟朝献，大都在宫中行礼。在绍兴年间，臣僚奏请用景灵宫来作为供奉祖宗衣冠的场所，就像汉代的享庙。如今只在便殿设位来祭飨，不能表示宣扬孝道之意，于是皇上下诏，令临安府和修内司观察估量，以蕲王的宅基，修建宫庙。宫庙殿门匾额是“思成”，前面是圣祖庙，宣祖至徽宗殿居中，东西廊的墙壁上都画着配飨功臣的肖像，元天圣后与昭宪太后及以下各后的殿在后面。朝廷还想扩建殿庑，刘氏子孙又献出剩下的地，于是在前殿增建五楹，中殿增建七楹，后殿增建十七楹，从此斋殿、进膳殿、更衣殿、寝殿，依次都已俱备。咸淳年间，又命各路安抚司的长官重修各殿，度宗亲自书写匾额。自圣祖、宣祖、太祖至理庙十六殿，匾额依次是“天兴”“天元”“宣武”“大定”“熙文”“美成”“治隆”“大明”“重

---

① 时节朔望：指各种节日和每月的朔日、望日。

② 俎（zǔ）豆：俎和豆，古代祭祀、宴会时盛肉类等食品的两种器皿。

③ 牙盘：雕饰精美的盒子。

光”“承元”“瑞庆”“皇德”“系隆”“美明”“垂光”“章熙”。自元天圣后至杨太后十五殿，匾额依次是“保宁”“太始”“俪极”“辉德”“衍庆”“继仁”“徽音”“坤元”“柔仪”“顺承”“缵德”“顺嗣”“徽光”“顺天”“体德”。景灵宫后有堂，自东斋殿往西沿着殿庑再往右，有三个大堂，在池上，左右是明楼，旁边有蟠桃亭，堂的南面是西斋殿。遇到郊祀大典时，皇上在这里设宴赐花；西面有流杯堂、跨水堂、梅亭；北面是四并堂，又有橘井和竹林、四季花果和亭宇，不能一一记载。景灵宫南面建有崇禋馆，命道士负责清扫、清晨烧香、夜晚掌灯等工作。还派遣内侍官负责宫内事务，并派官司皇城兵负责侍卫。按《朝野杂记》记载：“太庙以奉神主，一岁五飨，朔祭而月荐新。其五飨，命宗室诸王奉礼，朔祭以太常卿行事。景灵宫以奉塑像，岁行四孟飨，主上亲祀之。帝后大忌。宰臣率文武官僚行香，僧道作法事，后妃、六宫亦皆继往。天章阁奉绘像，时节朔望，帝后生忌日，皆遍荐，内臣行礼。内庭钦先孝思殿亦奉神御，主上每日炷香，凡朔望帝后忌辰节序，皆亲行酌献之礼。”在太庙祭祀，以俎豆盛放祭品行礼。在景灵宫祭祀，用牙盘盛放祭品行礼。在天章阁、钦先孝思殿祭祀，则供奉普通祭品，行家人之礼。

万寿观

万寿观，在新庄桥西。绍兴间建殿观宇，以太霄殿奉昊，宝庆殿奉圣祖，长生殿奉长生帝[①]，西则纯福殿，奉元命[②]。后殿十二楹，为二十二室，奉太祖以下。会圣宫、章武殿应天璇运[③]，皆塑像，以存东都遗制。前殿东有圆庙，室匾曰“延圣”，章惠后室匾曰“广惠”，温成后室匾曰“宁华”。四孟庙献毕，上由御圃诣本观诸殿行烧香礼。景定改道院斋阁，以奉皇太后元命，观东建神华馆，命羽士焚修。

【译】万寿观，在新庄桥的西面。在绍兴年间建成了大殿观宇，太霄殿供奉昊天，宝庆殿供奉圣祖，长生殿供奉长生帝，西面是纯福殿，供奉皇上的本命星君。后殿有十二楹，是二十二室，供奉太祖以下的先帝。还有会圣宫、章武殿、应天璇运，都有先帝的塑像，来保存东都汴京万寿观的遗制。前殿的东面有圆庙，室的匾额是“延圣”，章惠皇后室的匾额是“广惠”，温成皇后室的匾额是“宁华”。四孟庙献结束，皇上由御圃来到本观各殿行烧香礼。景定年间改建道院斋阁，来供奉皇太后的本命星君。观的东面建有神华馆，命道士们在内焚香修行。

御前宫观　东太乙宫

御前宫观，在杭城者六，湖边者三，多是潜邸[④]改建

① 长生帝：南极长生大帝，又名玉清真王，为元始天王九子。中国神话中的长寿之神。传说经常供奉这位仙神，可以使人健康长寿，这位仙神就是南极仙翁。

② 元命：天之大命。这里指本命星君，即每个人生肖所对应的北斗星君。相传供奉它可以延年益寿、消灾免祸。

③ 应天璇运：宫殿名。《咸淳临安志》作“应天启运”。

④ 潜邸：皇帝即位前的住所。这里指原先富贵人家的宅邸。

琳宫[①]，以奉元命，或奉感生帝，属内侍提举宫事，设立官司[②]、守卫兵士。凡宫中事务，出纳金谷[③]、日膳、道众修崇醮[④]款，凡有修整宫宇及朝家给赐银帛、殿阁贴斋钱帛，并皆主计[⑤]给散，羽士俱沾恩甚隆，外观皆不及也。

【译】御前的宫观，杭州城有六座，西湖边有三座，多是富贵人家的宅邸改建的道观，以供奉本命星君，或供奉皇上在天上的父亲，派遣内侍官负责宫内事务，设立官府机构和派兵士护卫。凡宫内的事务、出纳钱财、粮食和饮食开支、道众修崇醮的款项，凡有修整宫宇及朝廷赐给银帛和殿阁贴斋钱帛，都由主计来发放，众道士都蒙受隆恩，是其他道观所不及的。

东太乙宫，在新庄桥南，原东都祠五福太乙神也。驻跸于此，以北隅择地建宫以奉，礼寺讨论宜设位塑像。按十神[⑥]者，曰五福、君基、大游、小游、天一、地一、四神、臣基、民基、直符。凡行五宫，四十五年一移，所临之地，岁稔[⑦]无兵疫。绍兴间，命浙漕度地建宫，凡一百七十四区。殿门

① 琳宫：泛指仙宫、道观、殿堂。此处特指道观。

② 官司：这里指官府，政府的主管部门。

③ 金谷：指钱财和粮食。

④ 崇醮：大醮，指道士设坛念经做法事。

⑤ 主计：汉代官名。主管国家财赋。

⑥ 十神：太一十神。

⑦ 岁稔（rěn）：年成丰熟。

匾曰“崇真”，大殿匾曰“云休”，挟殿匾曰“琼章宝室”，元命殿匾曰“介福”，三清殿匾曰“金阙”，寥阳斋殿匾曰“斋明”，火德殿匾曰“明离”。两庑俱绘三皇五帝、日月星宿、岳渎、九宫贵神①等，与从祀一百九十有五，遵太平兴国旧制。每祀用四立②日，设笾豆、簠簋③、尊罍④，如上帝礼，两庑以次降杀⑤。车驾遇四孟朝飨，尝亲诣焉。孝庙又建元命殿，匾曰“崇禧”。淳熙建藏殿⑥，匾曰“琼章宝藏”。钟楼匾曰“琼音之楼”。理庙建长生殿，奉南极。度宗建通真殿以奉佑圣⑦，中祐殿奉元命，顺福殿奉太皇元命。盖易长生名，改为延寿，俱宸翰⑧也。又北辰殿，奉北斗。

【译】东太乙宫，在新庄桥的南面，宫内供奉的就是原来开封太乙宫所祭祀的五福太乙神。高宗临时在杭州居住，在城北角选择地方建宫继续供奉，礼寺讨论说应该设神位和塑像。要供奉十神，分别是：五福、君基、大游、小游、天一、

① 九宫贵神：唐宋两朝官方祭祀的九位正神。九神名称分别为：太一、天一、招摇、轩辕、咸池、青龙、太阴、天符、摄提。

② 四立：立春、立夏、立秋、立冬四个节气的合称。

③ 簠（fǔ）簋（guǐ）：簠与簋。两种盛黍稷稻粱的礼器。

④ 尊罍（léi）：泛指酒器。

⑤ 降杀：递减。

⑥ 淳熙建藏殿：《咸淳临安志》卷一三：“淳熙四年，重建《道藏》成，御书琼章宝藏以赐。”

⑦ 佑圣：佑圣真君，即真武大帝，又称“玄武大帝”“荡魔天君”等，道教传说中的“北极四圣”之一。

⑧ 宸翰：帝王的墨迹。

地一、四神、臣基、民基、直符。太乙神往来五宫，四十五年移一宫，所来之地，年成丰熟、没有兵祸。绍兴年间，命浙漕选择地方建东太乙宫，共一百七十四区。殿门匾额是“崇真”，大殿殿门匾是“崇真”，大殿匾是“云休”，挟殿匾是“琼章宝室”，元命匾是“介福”，三清殿匾是“金阙”，寥阳斋殿匾是“斋明”，火德殿匾是“明离”。殿下的两廊都绘有三皇五帝、日月星宿、五岳四渎、九宫贵神等各神画像，一同接受祭祀，共有一百九十五位，这遵循的是太宗太平兴国年间的旧制。每次祭祀都在四立日，设笾豆、簠簋、尊罍等祭器，礼节与祭祀上帝相同，两廊祭祀时的规格依次递减。每年四孟皇上朝会宴飨，都会亲自来这里祭祀。孝宗又建元命殿，匾额是“崇禧”。淳熙年间建藏殿，匾额是“琼章宝藏”，钟楼的匾额是“琼音之楼”。理宗建长生殿，供奉的是南极仙翁。度宗建通真殿用来供奉佑圣真君，建中祐殿供奉的是本命星君，顺福殿供奉的是太皇的本命星君，又改长生殿为延寿殿，四殿的匾额都是皇上亲笔御书。还有北辰殿，供奉的是北斗星君。

崇真馆在宫南，有斋八：曰观妙、潜心、泰定、集虚、颐真、集真、洞微、虚白。馆有小圃，亭匾“武林”，山在宫后小坡，山乃杭之主山也。

【译】崇真馆在东太乙宫的南面，有八个斋殿，分别是：观妙、潜心、泰定、集虚、颐真、集真、洞微、虚白。崇真馆内有小园林，亭子的匾额是“武林”。崇真宫后有小山坡，这山是杭州的主山。

西太乙宫

西太乙宫，在西湖孤山。淳祐间，太史奏太乙临梁、益分[①]，请用天圣[②]故事，于国城西南别建新宫，以顺方向。于是择八角镇地，建宫奉安。遂析延祥观地为宫，以凉堂建正殿，匾曰“黄庭之殿”，殿门匾曰“景福之门”，安奉太乙、十神帝像。东有延祥殿，以备临幸，其外匾曰“福祥之门”。凡宫之事仪、四立祀典，皆如东太乙例遵行。咸淳间，以德辉堂为元命殿，明应堂为太皇元命殿。迎真殿在宫之右，有斋者二，曰通真、养素。宫中旧有陈朝桧，至今七百五十余年矣。苏东坡尝为僧志诠作诗以记。侧有小亭，孝庙宸翰，其诗石刻于亭下，曰：“道人手种几生前，鹤骨龙姿尚宛然[③]。双干一先神物化，九朝三见太平年。忽惊华表依岩出，乞与佳名到处传。此柏未枯君记取[④]，灰心聊伴小乘禅。”

【译】西太乙宫，在西湖孤山的附近。淳祐年间，太史局奏称太乙神往来至梁州、益州分野，请求沿用仁宗天圣年间的旧制，在京城的西南另外新建太乙宫，以顺应太乙神所在的方位。即在八角镇选地，建宫来供奉。便研究在延祥观

① 分：分野。指与星次相对应的九州地域。

② 天圣：仁宗天圣年间。

③ 宛然：真切貌；清晰貌。

④ 记取：指牢记教训、嘱咐等。

这地方建太乙宫，以原凉堂建正殿，匾额是“黄庭之殿”，殿门匾额是“景福之门”，供奉安置太乙、十神帝的塑像。东面有延祥殿，以备皇上驾临时居住，外面的匾额是“福祥之门”。凡宫内各项事宜、四立时祭祀的礼仪，都按照东太乙宫的规定进行。咸淳年间，改德辉堂为元命殿，明应堂为太皇元命殿。迎真殿宫的右面，有两个斋殿，分别是通真斋、养素斋。宫中过去有一棵陈朝时的老桧树，至今已有七百五十多年。苏东坡曾为僧人志诠作诗，记载过此树。桧树旁边有小亭，孝宗亲笔御书苏轼诗刻在亭下的石头上：“道人手种几生前，鹤骨龙姿尚宛然。双干一先神物化，九朝三见太平年。忽惊华表依岩出，乞与佳名到处传。此柏未枯君记取，灰心聊伴小乘禅。”

佑圣观

佑圣观，在端礼坊西，元孝庙旧邸。绍兴间，以普安外第[①]设立，光庙乾道年间，又开甲观之祥[②]。淳熙岁，诏改为道宫，以奉真武。绍定重建观门，曰“佑圣之观”，殿曰“佑圣之殿”，藏殿匾曰“琼章宝藏”，御制《真武赞》及宸翰《黄庭经》，皆刻之石以赐。后殿奉元命，西奉孝庙神御，即明远楼旧址也。孝庙少年时题杜甫诗曰：“富贵必从勤苦得，

① 外第：宫外府第。

② 开甲观之祥：指皇太子在此出生。甲观，皇太子所居，后泛指太子宫。

男儿须读五车书。”理庙又书全篇，锓[1]于东宫厅屏风上曰：“碧山学士焚银鱼，白马却走深岩居。古人已用三冬足，年少今开万卷余。晴云满户团倾盖，秋水浮阶溜决渠[2]。富贵必从勤苦得，男儿须读五车书。”延真馆在观之右，命道流修晨香夕炬之供。馆有道纪堂、虚白斋。

【译】佑圣观，在端礼坊的西面，原先是孝宗的旧邸。高宗绍兴年间，孝宗受封普安郡王在宫外设府第。乾道年间，光宗又在此生了皇太子。淳熙年间，孝宗下诏将此邸改为道宫，来供奉真武大帝。理宗绍定年间重建了观门，即“佑圣之观”，殿叫“佑圣之殿”，藏殿的匾额是“琼章宝藏”，皇上御制《真武赞》及御书《黄庭经》，都刻在石头上赐给此殿。后殿供奉着本命星君，西面供奉孝宗的肖像，这是明远楼的旧址。孝宗少年时题写杜甫的诗：“富贵必从勤苦得，男儿须读五车书。”理宗又书写了诗的全篇，刻在东宫厅的屏风上，即：“碧山学士焚银鱼，白马却走深岩居。古人已用三冬足，年少今开万卷余。晴云满户团倾盖，秋水浮阶溜决渠。富贵必从勤苦得，男儿须读五车书。”延真馆在佑圣观的右面，命道士负责清晨烧香、夜晚掌灯等供奉的事宜。馆内还有道纪堂、虚白斋。

---

① 锓（qǐn）：雕刻。

② 晴云满户团倾盖，秋水浮阶溜决渠：这两句描写柏学士茅屋的外景。云如倾盖之团，言其浓；水似决渠之溜，言其急也。

显应观

显应观，在丰城门外，聚景园之北，处湖之东，水四面绕观，观额宣和所赐。靖康年间，高庙为康邸，出使至磁州，神马引而南。建炎初，秀邸[①]妻梦神指一羊谓曰：“以此为识。”遂诞毓[②]孝庙。由是累朝祠祀弥谨。殿中为显应之殿，其神位曰“护国显应兴圣普佑真君”。高庙为书殿匾，且揭以御名，昭其敬也。孝庙宸书“琼章宝藏”之匾，理庙书《洞古经》以赐刻石，宁庙御题观碑其额，以表功忠。观之东有崇佑馆。

【译】显应观，在丰城门外，聚景园的北面，地处西湖的东面，被湖水四面环绕，观的匾额是宣和年间宋徽宗所赐。靖康年间，宋高宗为康王，出使至磁州，神马引他转而向南。建炎初年，秀王妻梦见有一位神指着一只羊对她说：“以此为标记。”于是诞生了宋孝宗，从此历朝都非常恭谨地祭祀。殿中是显应之殿，神位上写着“护国显应兴圣普佑真君”。高宗亲自书写殿匾，还题上御名，以表示敬重。观内藏殿有孝宗御书的“琼章宝藏”之匾，观内有理宗所赐刻有亲笔御书的《洞古经》的石碑。宁宗下诏撰观碑，御题匾额，来表彰崔府君的功劳和忠心。显应观的东面是崇佑馆。

四圣延祥观

四圣延祥观，在孤山，旧名“四圣堂”。道经云：“四圣者，

---

① 秀邸：指秀王赵子偁（chēng），宋太祖之后，宋孝宗赵昚的生父。

② 诞毓：诞生。

紫微北极大帝之四将，号曰天蓬、天猷[①]、翊圣、真武大元帅真君。”原是显仁韦太后[②]绘像，奉事甚谨，朝夕不忘香火。高庙为康邸，出使将行，见四金甲神人，执弓剑以卫。绍兴间，慈宁殿出财建观侍奉，遂于孤山古刹，徙[③]之为观。次年，内庭迎四圣圣像，奉安此观。观额诏复“东都延祥”旧名，殿匾曰“北极四圣之殿”，殿门匾曰“会真之门”，三清殿匾曰“金阙寥阳”，法堂匾曰“通真”，元命阁匾曰“清宁”，皆理庙奎墨[④]。藏殿匾曰“琼章宝藏”，孝庙亲墨。有堂扁曰“瀛屿”，原是凉堂匾，建西宫，以堂为黄庭殿，别创新堂，以此匾奉之。观有瑞真道馆，即延祥观门也。

【译】四圣延祥观，在西湖的孤山，原名“四圣堂”。道经上说：“所谓‘四圣’，就是紫微北极大帝的四将，称为天蓬、天猷、翊圣、真武大元帅真君。”四圣画像原本是显仁韦太后所画，供奉也非常恭谨，早晚香火旺盛。当年高宗还是康王时，出使金营马上要出发时，看到有四个披着金甲的神人，手拿弓剑护卫。绍兴年间，慈宁殿出钱建观来供奉四圣，于是将孤山的一处古刹改建为道观。第二年，内庭迎四圣的圣像，供奉安置在这个观。下诏观额还用“东都延祥”这个老名字，大殿匾额是“北极四圣之殿”，殿门匾额是“会

① 天猷（yóu）：中国神话中的神仙，北极四圣中排名第二位。

② 韦太后：宋徽宗显仁皇后韦氏，宋高宗生母。

③ 徙：改变。

④ 奎墨：御书。

真之门”，三清殿匾额是“金阙寥阳”，法堂匾额是“通真”，元命阁匾额是“清宁”，这都是理宗御书。藏殿匾额是“琼章宝藏”，是孝宗亲笔所书。观内有一堂，匾额是“瀛屿”，原本是别处凉堂的匾额。由于建造西太乙宫，因以原凉堂为黄庭殿，故又建造了新堂，就以“瀛屿”之匾奉上。观内有瑞真道馆，也就是延祥观门。

三茅宁寿观

三茅宁寿观，在七宝山，元“三茆堂”，因东都三茆宁寿之名，赐观额“宁寿观”，殿匾曰“太元”，奉三茆真君①像。观中有三神御殿。观中曾蒙赐三古器玩②，皆稀世之珍：一曰宋鼎，乃宋孝武帝之牛鼎③，以祀太室之鼎；二曰唐钟④，系大唐常州澄清观旧物，内庭出内帑⑤金帛易以赐之，禁中每听钟声，以奉寝兴食息之节⑥；三曰褚遂良⑦书小字《阴符经》，

① 三茆真君：三茅真君，又称“三茅君”。道教茅山派创教祖师。

② 器玩：可供玩赏的器物。

③ 牛鼎：鼎名。其足饰形似牛首。

④ 唐钟：《咸淳临安志》曰：“绍兴间有金声震于太湖，渔者莫能致，湖滨寺观争以舟迎。独澄清观迎之钟凌波而上，一引即入于舟。”

⑤ 内帑：皇帝、皇室的私财、私产。

⑥ 寝兴食息之节：指按时起居饮食。

⑦ 褚遂良：杭州钱唐（今浙江杭州）人，字登善。唐朝宰相、政治家、书法家，弘文馆学士褚亮之子。

此物宜取复赐贾秋壑[1]。观之外曰“东山”，为殿以奉元命。有亭，匾曰“宾日”，俯见日出。又有庵，匾曰“仁寿”。

【译】三茆宁寿观，在七宝山，原先是“三茆堂”，因沿用东都开封“三茆宁寿”之名，赐观额“宁寿观”，殿上匾额是“太元”，供奉的是三茆真君的画像。观中有三神御殿。观中曾蒙皇上赏赐三件古器玩，都是稀世的珍宝：一是宋鼎，它是宋孝武帝的牛鼎，是祭祀太庙时所用的鼎；二是唐钟，它是唐朝时常州澄清观的文物，内廷拿出皇上的私财金帛交换来并赐该观，皇宫中以此钟钟声为准，按时起居饮食；三是褚遂良所书写的小字《阴符经》，此物后被皇上下旨来赐予贾秋壑了。观的外面是“东山”，建殿来供奉本命星君。还有个亭子，匾额是“宾日”，在亭上俯视可见日出之景。又有个庵，匾额是“仁寿”。

开元宫

开元宫，在太和坊内秘书省后，原宁庙潜邸，为道宫。向东都有开元阳德观，以奉火德。嘉泰年，诏以嘉邸改充开元宫，仪制皆视佑圣观，匾曰“明离之殿”，祀以立夏。又诏临安府即殿左别建皇伯宣明王殿。遂徙大宗正司他所，悉以址为宫，作宁庙神御殿。又有璇玑殿，奉北斗，易匾曰“北

① 贾秋壑：贾似道，字师宪，号悦生，南宋晚期权相。浙江天台屯桥松溪人。京湖制置使贾涉之子，生母胡氏是贾涉的小妾。

辰”。衍庆殿以奉真武。顺福、神佑二殿奉元命①，皆嘉明殿②奎画③。宫北建阳德馆，以存修真之道侣。

【译】开元宫，在太和坊内秘书省的后面，原先是宁宗即位前的住所，后改建为道宫。过去东都开封有开元阳德观，供奉的是火德真君。宁宗嘉泰年间，下诏将原嘉王（宋宁宗）府改充作开元宫，礼仪制度都与佑圣观一样，匾额是“明离之殿”，在立夏时祭祀。又下诏临安府，在殿的左面另建皇伯宣明王殿。后来又将大宗正司迁到别处，以其原址扩建为开元宫，作为宁宗神御殿。还有璇玑殿，供奉北斗星君，改匾额为“北辰”。衍庆殿供奉的是真武大帝。顺福、神佑两个殿供奉的是本命星君，殿的匾额都是宋度宗御书。开元宫北面的建阳德馆，是供修行道士居住的。

龙翔宫

龙翔宫，在后市街，原理庙潜邸，旧沂靖惠王府，诏建道宫，赐名“龙翔”，以奉感生帝。大门匾曰“龙翔之宫”，中门匾曰“昭符之门”，殿匾曰“正阳之殿”。礼官讨论祀典，以正月上辛日，差侍从、三献官等，升为上祀行礼，备牲牢、

---

① 顺福、神佑二殿奉元命：据《咸淳临安志》，二殿乃宋度宗咸淳三年创建，供奉度宗与寿和圣福皇太后的本命星君。

② 嘉明殿：《咸淳临安志》作“熙明殿”，二殿皆是宋度宗咸淳年间以原东宫之堂改建。疑此处以殿名代指宋度宗。

③ 奎画：帝王的墨迹。

礼料，用十二笾豆，设祭歌宫架乐舞，受誓戒，望祭[1]斋宫行事。内牲牢依祀天地礼，例用羊、豕，所有仪像服色制度，有灵体殿庑下画像可遵。朝议以龙翔宫奉感生帝，既属羽流，合用斋醮之法，其正月上辛日望祭，自如其旧，奉旨从之。宫之左曰福庆殿，以待车驾款谒，改为神御殿。正阳之后殿为醮殿。宫西奉南真[2]，馆门曰“南真之馆”；中门曰“启晨之门”；三清殿匾曰“三境储祥”；后殿匾曰“申佑”，以奉元命；西曰顺福殿，以奉太皇元命；寿元殿奉南斗，景纬殿奉十一曜[3]；钟楼匾曰“和应之楼”，经楼匾曰“凝真之章”，藏殿匾曰“琅函宝藏”；小位次以备车驾宴坐[4]，匾曰“仙源”；羽士之室，匾曰“澄虚”；内侍之舍，匾曰“泉石”。有高士[5]三斋：曰履和、颐正、全真。

【译】龙翔宫，在后市街，原先是理宗即位前的住宅，过去的沂靖惠王府，下诏改建为道宫，赐名“龙翔”，用来供奉感生帝。大门匾额是“龙翔之宫”，中门匾额是“昭符之门”，大殿匾额是“正阳之殿”。礼官讨论祭感生帝的礼仪，决定在正月的上辛日，要派遣侍从、三献官等，要升为大型

① 望祭：遥望而祭。

② 南真：星名，即南极老人。

③ 十一曜：在道经中一般称作“十一曜星君”“十一曜真君”，指太阳帝君、太阴元君、木德岁星星君、火德荧惑星君、金德太白星君、水德辰星星君、土德镇星星君、神首罗睺星君、神尾计都星君、天一紫炁星君和太一月孛星君。

④ 宴坐：在佛教中指打坐、禅坐。宴，安静放松之意。

⑤ 高士：指志趣、品行高尚的人，高尚出俗之士，多指隐士。

祭祀的规格行礼，备办牲畜、礼器，用十二笾豆，演奏祭歌和宫廷乐舞，要约束训诫，在斋宫行望祭礼。所用的牲畜要依照祭祀天地的规格，用羊和猪，所有礼仪、形象、服色制度，有灵体殿殿廊下的画像可察看遵循。朝廷决议用龙翔宫来供奉感生帝，交给道士操办，一并用斋醮的方法。到了正月上辛日进行遥望而祭，自然还要遵循老的制度，奉旨行事。龙翔宫的左边是福庆殿，以备皇上来拜谒，后来改为理宗皇帝的神御殿。正阳之殿的后殿为醮殿。龙翔宫的西面供奉的是南极老人，馆门匾额是“南真之馆”；中门匾额是“启晨之门”；三清殿的匾额是“三境储祥”；后殿匾额是“申佑”，供奉皇上的本命星君；再往西是顺福殿，供奉太皇的本命星君；还有寿元殿供奉的是南斗六星君，景纬殿供奉的是十一曜星将；钟楼匾额是“和应之楼”，经楼匾额是“凝真之章”，藏殿匾额是“琅函宝藏”；备有小的座位供皇上闲坐，匾额是“仙源”。道士的居室，匾额是“澄虚”；内侍的屋舍，匾额曰“泉石”；还有三间隐士所居的书斋，分别是：履和、颐正、全真。

宗阳宫

宗阳宫在三圣庙桥东，以德寿宫地一半建宫，赐名，以奉感生帝。盖此地前后环建王邸，又建庙[①]毓圣[②]之所，天

① 建庙：《咸淳临安志》谓“当今皇帝”，故应指宋度宗。

② 毓圣：指皇帝诞生。

瑞[1]地符，益大彰显，诏两司相度建宫，大门匾曰“宗阳之宫”，中门匾曰“开明之门”，正殿匾曰“无极妙道之殿”，以奉三清。顺福殿奉太皇元命。三清殿后为虚皇之殿，直北有门，匾曰“真应之门”；中建毓瑞之殿，以奉感生帝；后为申佑殿，奉元命。通真殿奉佑圣。自开明门内，左有玉籁之楼、景纬之殿、寿元之殿，右有栾简之楼、琼章宝书、北辰之殿。规制祀典，并视龙翔宫。行常以原飨回归，行款谒礼。有降辇殿，曰福临之殿，门曰福临殿门，进膳殿曰端拱。后有轩，匾曰“劲霜”；有圃，建堂二，曰志敬，曰清风。亭匾曰“丹邱元圃”。亭之北凿石池，堂匾曰“垂福”，后曰“清境”。圃内四时奇花异木、修竹松桧甚盛。宫西有介真馆，堂曰大范、观复、观妙，斋曰会真、澄妙、常净，俱度庙奎藻[2]。

【译】宗阳宫在三圣庙桥的东面，以德寿宫地的一半建宫，赐名宗阳，来供奉感生帝。因此地的前后周围建有诸王的府第，又是度宗出生的地方，有天地之祥瑞，更加彰显好处，下诏命两司选择地址建宫，大门匾额是“宗阳之宫”，中门匾额是“开明之门”，正殿匾额是“无极妙道之殿”，来供奉三清尊神。顺福殿供奉的是太皇的本命星君。三清殿后是虚皇之殿，一直向北有门，门上匾额是“真应之门”；中间建有毓瑞之殿，来供奉感生帝；后面申佑殿，供奉皇上的本

① 天瑞：上天降下的祥瑞。

② 奎藻：指帝王诗文书画。

命星君。通真殿供奉的是佑圣真君。在开明门内，左面有玉籁之楼、景纬之殿、寿元之殿，右面有栾简之楼、琼章宝书殿、北辰之殿。其规制和祭祀的礼仪，与龙翔宫相同，皇上朝飨后返回，常来此按规定来谒礼。有降辇殿，称福临之殿，其门称福临殿门。进膳殿称端拱。后面有轩，匾额是“劲霜”。有个园圃，建有二堂，即志敬、清风。有个亭子，匾额是“丹邱元圃”。亭的北面凿有石池，堂之匾额是“垂福”，后堂匾额是“清境”。园圃里面四季都有生长茂盛的奇花异木、竹林、松树和桧树。宗阳宫西面有介真馆，馆内有堂，即大范、观复、观妙，又有斋房，即会真、澄妙、常净，匾额都是宋度宗御书。

卷九

三省枢使谏官

三省，即尚书省、中书省、门下省。枢密院，国初循唐旧制，置院于中省之北，今在都堂东，上为枢属列曹[①]之所。盖枢密使率以宰臣兼领，自知院[②]以下皆聚于都堂治事。省院在和宁门北首，旧福宁寺也。枢密院后建经武阁，系藏经武要略之文。中省门下后省[③]，在都堂后。谏院在后省之西。检正左右司在谏院之右向东。承旨检详编修在枢密院。三省枢密院监门[④]大门之南。三省枢密院架阁[⑤]在制敕院后。御史台在清河坊内，北向，盖取严肃之义，内有朝堂，即台厅也。自绍兴来，未尝置对[⑥]。有属台臣谳问[⑦]，则刑察[⑧]就听于大理寺问罪矣。

【译】三省，即尚书省、中书省、门下省。枢密院，本朝初年遵循唐朝旧制，在中书省的北面置枢密院，如今在都堂的东面，上面是枢密院下属分职治事的官署。因枢密使常

① 列曹：古时分职治事的官署。

② 知院：官名，职务是以枢密院掌管军政。

③ 中书门下后省：官署名。宋神宗元丰八年（公元 1085 年），改中书门下外省置。

④ 三省枢密院监门：监三省枢密院门，官署名。掌尚书、中书、门下三省及枢密院门钥。

⑤ 架阁：指架阁库，管理众多文档资料的官署。

⑥ 置对：指对问与答辩。这里指审案。

⑦ 谳（yàn）问：审理案件。

⑧ 刑察：指明察刑事。

由宰臣兼任，自知院以下官员都聚集在都堂来处理公事。省院在和宁门的北首，原先是福宁寺。枢密院后面建有经武阁，是收藏关于兵事的重要典籍。中书门下后省，在都堂的后面。谏院在后省的西面。检正左右司在谏院右面再往东。承旨检详编修在枢密院。监三省枢密院门在大门的南面。三省枢密院架阁库在制敕院的后面。御史台在清河坊内，朝北，因为取严肃的意思，御史台内有朝堂，即台厅。自绍兴年间以来，御史台不曾审案。台臣如果要审理案件，就前往大理寺明察刑事并问罪。

六部

六部在三省枢密院之南。部之中堂名曰“论思献纳之堂”。

吏部，掌天官。依唐制，以文武有官人，分左右铨选[①]，名之：尚左、尚右、侍左、侍右、司封、司勋、考功凡七司，以掌文武注授到部推赏等事。

户部，名为地官，又称民部。掌天下州郡财赋，得财用耗而复衍、仓廪[②]虚而复实之事。

【译】六部，在三省枢密院的南面。六部的中堂名为“论思献纳之堂”。

吏部，掌天下官员。按照唐朝旧制，满朝文武官员，吏部分左右铨选，有尚左、尚右、侍左、侍右、司封、司勋、

① 铨选：指负责铨选的官员。

② 仓廪（lǐn）：粮仓。贮藏米谷的仓库。

考功共七司，职掌文武官员登记授职及封赏等事。

户部，称为地官，又称民部。职掌天下州郡的财赋，负责财政的收支、复征及粮仓收支的事务。

礼部，谓之春官。掌礼仪、讨论典故，讲习典礼、大朝聘礼、庆贺朝仪，生辰圣节、元旦、冬至，朝会、郊祀、明堂、合祀、天地、祖宗，典策[1]、秋享、祭祀社稷、封赐、祀典[2]、祠庙、功臣勋烈配享，及赐家庙祭器等事。

兵部，谓之夏官。掌兵伍厢军、武举投试武艺、金吾街仗人司兵，及大将出征告庙、破贼露布[3]、卤簿字图，若番夷[4]属户授官封爵等事，及天下地图、堡寨、烽堠[5]、番夷归服内附[6]皆掌之。又称驾部，掌辇辂车乘、厩牧杂畜、乘具传驿[7]之政，令辨其出入之数。再名库部，掌军器、仪仗、卤簿、法式、随军攻城什物及供帐[8]之事。是为四司[9]主掌也。

【译】礼部，称为春官。职掌礼仪、讨论典故，讲习典礼、

① 典策：典册。

② 祀典：记载祭祀仪礼的典籍。

③ 露布：一种写有文字并用以通报四方的帛制旗子，多用来传递军事捷报。

④ 番夷：旧指边境的少数民族。

⑤ 烽堠（hòu）：又称墩堠、瞭望台、瞭望塔、望楼、监视塔、烽火台，是高耸而可以供人瞭望周围环境的塔楼式建筑。

⑥ 归服内附：归附朝廷。

⑦ 传驿：陆路的驿站。

⑧ 供帐：陈设供宴会用的帷帐、用具、饮食等物。亦谓举行宴会。

⑨ 四司：兵部四司为兵部司、职方司、库部司、驾部司。

大朝聘礼、庆贺朝仪，及帝后生辰圣节和元旦、冬至等节日的庆贺，负责朝会和郊祀明堂大祀、合祀、天地、祖宗等祭祀活动，负责保管典册、秋享、祭祀社稷、封赐臣僚、收藏祀典、兴建祠庙、功臣勋烈的配享，还负责赐予家庙祭器等事务。

兵部，称为夏官。职掌厢军兵伍、投试武举武艺、金吾街仗司的士兵，负责大将出征前祭告祖庙、破贼后发布文告、卤簿上的字图，还有归属的边境的少数民族授官封爵等事务，还有天下的地图、堡寨、烽火台及边境的少数民族归附朝廷的事务，都归兵部职掌。又称驾部，职掌皇家辇辂车乘、车马牧畜的饲养和乘具发放陆路的驿站使用之事务，记录其出入的数目。又称库部，职掌军器、仪仗、卤簿、法式、随军防城的器械及供帐等事务。因此兵部分四司职掌。

刑部，谓之秋官，掌邦典之重轻、民讼之疑惑、重刑之出入、官僚之定谳[①]，皆主之。盖民不问大小生死事体，所系四方讼刑，得其平直，发于天庭，以称其职。唐制刑部分为四司：曰刑部，曰都官，曰比部，曰司门是也。

工部，谓之冬官，掌工役程式，及天下屯田、文武官职田[②]、京都衢关[③]苑囿、山泽草木、畋猎[④]渔捕、运漕碾硙[⑤]之事。

---

① 定谳：制裁定罪。

② 职田：职分田，按官职品级授予官吏作为俸禄的土地。

③ 衢（qú）关：犹关市。

④ 畋（tián）猎：打猎。

⑤ 碾硙（wèi）：利用水力启动的石磨。

唐制名为四司：曰工部，曰屯田，曰虞部，曰水部，一皆所总也。

【译】刑部，称为秋官，负责国家法典之轻重、民事诉讼的疑惑、重大案件的出入、官僚恶意的定罪，这些都由刑部职掌。不论民众是尊是卑、是生是死，事体是大是小，凡四方之诉讼刑事，务必查出是非曲直，交给皇上定夺，以称其职。依唐制刑部分为四司，即刑部司、都官司、比部司、司门司。

工部，称为冬官，负责工程的建造和样式设计，及负责天下屯田、文武官的职田、京城的关市苑囿、山泽草木、畋猎渔捕、运漕碾硙等事务。依照唐制工部有四司，即工部司、屯田司、虞部司、水部司，全由工部来总管。

六部监门①

六部监门在六部大门之左，凡所掌之事，隶于六部，部门受其出入之时，以听上稽访。门之司存②，盖至是而愈重矣。奉行列曹之命，以正胥吏③之失，赞长贰④之惩决，以遵长官之意耳。

六部架阁⑤，其库在天水院桥，掌六曹之文书，主二十四

---

① 六部监门：宋代的一个官职的名称，绍兴二年（公元 1132 年）设置，掌尚书省六部门钥。地位和寺、监丞差不多。

② 司存：执掌；职掌。

③ 胥吏：旧时官府中办理文书的小官吏。

④ 长贰：指官的正副职。

⑤ 六部架阁：别称架阁，掌架阁库。架阁库，中国古代档案库。始设于宋代。

司之案牍[1]。故官置库掌其架阁，皆无失误矣。

【译】六部监门，在六部大门的左面，它所负责的事务，都隶属于六部。部监门负责各部官员出入的规制，以听上级的察访。监门的职责，从此更加重要。奉行各官署的命令，纠正小官吏的过失，辅佐正副职的惩治决断，以遵循长官的意思。

六部的架阁库，坐落在天水院桥，负责六部的文书，主管二十四司的公事文书。所以官府设置了仓库来管理公事文书，都没有失误。

诸寺

太常寺在罗汉洞，掌奉常礼仪[2]、讨论典故、祭器、太常、乐器等事。寺内有昭勋崇德阁，阁上绘像文武功勋大臣，自忠献赵韩王普以下二十五人于其上也。

【译】太常寺在罗汉洞，负责宗庙礼仪、讨论典故，还有负责祭器、太常、乐器等事务。寺内有昭勋崇德阁，阁上绘有文武功勋大臣的画像，自忠献韩王赵普以下的二十五人都在上面。

宗正寺玉牒所[3]在太庙南。玉牒建局，以宰臣提举从官兼修撰。宗正卿少以下，悉预修《宗藩庆系录》《仙源积庆图》

---

① 案牍（dú）：公事文书。

② 奉常礼仪：这里指宗庙礼仪。奉常，官名，秦置，为九卿之一，掌宗庙礼仪。

③ 玉牒所：官署名，属宗正寺。宋代朝廷编撰与保存皇帝及宗族谱牒档案的专门机构，承担着记录皇帝及其宗族历史的重任。

等书。检讨官亦以他职兼耳。

【译】宗正寺玉牒所，在太庙的南面。玉牒所创置，由宰执充任，侍从官兼修撰。宗正卿、少卿以下的官员，都参与编修《宗藩庆系录》《仙源积庆图》等书。检讨官也由其他官员来兼任。

大理寺在仁和县西，设卿、少丞、簿、评事、司直之官，及治狱[①]、都辖[②]、推吏等。家属皆居于寺内，以严出入之禁。掌朝廷刑棘廷尉之职，按法断刑、治狱、推劾[③]等事。

【译】大理寺在仁和县西面，设卿、少丞、主簿、评事、司直等官职，以及治狱、都辖、推吏等吏员。官员的家属都居住在寺内，出入大理寺有严格的禁令。大理寺职掌朝廷刑狱，就是廷尉之职，负责根据法律断案、审理、审讯等事务。

司农寺在保民坊内。国制以户部掌国计[④]，而司农列卿、少丞、簿赞之。如诸州府县道每年上供，及宰执、百官军粮宣限米斛，皆委专官。吏卒下各路州县坐征，以应宣限支用也。

【译】司农寺在保民坊内。我朝制度以户部负责国家的经济财富，而司农寺卿、少丞、主簿作为辅佐。如各州府县道每年的上供，以及宰执、百官粮饷和军粮的发放，都委派专门的官员来负责。吏卒下到各路州县亲自征收钱粮，保障

① 治狱：这里指官名。下文指审理案件。

② 都辖：宋时缉捕盗贼的治安机构。

③ 推劾（hé）：审问，审讯。

④ 国计：国家的经济，国家的财富。

朝廷各项费用开支。

太府寺在保民坊内，系《周官》职[①]。总局二十有四，如诸军诸司粮审四院[②]、左藏二库、买务卖场及编奎两司、和剂惠民四局、祗候钞引院，皆属掌矣。

【译】太府寺在保民坊内，是《周官》中有记载的官职，其下属部门有二十四个，如诸军诸司粮审四院、左藏东西二库、杂买务、杂卖场、编估局、打套局、和剂惠民四局、祗候库、钞引院，都属太府寺掌管。

秘书省（国史敕令附）

秘书省在天井坊之左。东都建于禁中。绍兴间，以殿司寨基建。省有殿匾，曰“右文之殿”。秘阁在殿后，专奉御书制书画、古器等，两庑列累朝制书、石刻。国史实录院在殿东，提举官阁在殿西。道山堂在阁后。东西二阁，监少之位；丞簿馆职阁，列于两廊堂之前。著作之庭，在堂后，有小轩[③]，置石刻东坡画竹于中。西有四阁，著作、著佐之位，《国史》《日历》所在。著作庭东庑，有汗青轩，编纂《会要》所在。著作庭西庑，《日历》《会要》库，经史诸子书籍库，共七库，俱列于殿外。东西两庑书列库在著作庭之右。后圃有群玉堂，以东坡画竹真迹为屏。有蓬莱亭，前为凿池，度

① 系《周官》职：《咸淳临安志》曰：“《周官》三百六十名，存于今而职不异者，大府一官耳。”

② 诸军诸司粮审四院：指诸军粮料院、诸军审计司、诸司粮料院、诸司审计司。

③ 轩：有窗的廊子或小屋子。

以石桥，池上叠石为山。又有亭者，六匾曰芸香、席珍、方壶、含章、茹芝、绎志。次有射圃[①]矣。含章亭后有浑仪基，乃太史推占星象之用也。敕令所在侍郎桥南，专为详定编修诸司敕令，盖谨法度，广贤才耳。

【译】秘书省，在天井坊的左边。东都开封的秘书省建在皇城中，绍兴年间，以殿前司军寨的基址新建秘书省。秘书省有殿匾，即“右文之殿”。秘阁在殿后，专门供奉皇上亲笔书画、古器等，两廊排列着历朝的制书、石刻。国史实录院在右文殿的东面，提举官阁在右文殿的西面。道山堂在秘阁的后面。还有东西两阁，是秘书监和秘书少监的办公场所；秘书丞和主簿馆职之阁，列于两廊堂的前面。著作之庭，在道山堂后，有个小屋子，里面放置着石刻的苏东坡画竹。西面有四个阁子，是著作郎、著作佐郎工作的地方，也是《国史》《日历》的所在。在著作庭的东廊，有汗青轩，是编纂《会要》所在。著作庭的西廊，是《日历》《会要》库，经史诸子书籍库，共有七个库，都排列在右文殿外。东西两庑的书列库在著作庭的右面。后圃有群玉堂，用苏东坡画竹真迹作为屏风。还有蓬莱亭，前面是凿的水池，上面架着石桥，池上用石头叠成假山。另有六个亭子，亭子的匾额分别是芸香、席珍、方壶、含章、茹芝、绎志。又有习射之场。含章亭后面有浑仪基，是太史推占星象所用。敕令所，在侍郎桥的南面，

---

① 射圃：习射之场。

专门负责详定编修各司的敕令，谨遵法度，广纳贤才。

诸监

国子监在纪家桥太学之侧，设祭酒、司业、丞、簿等官，专掌天子之学校、训导生员之职。总掌国子太学事务、生员出入规矩、考课试，遵训导。天子视学、皇太子齿胄①，则讲议释奠②等礼也。监厅绘《鲁国图》。东西为丞、簿位，后有书库官位。中为堂，绘《三礼图》于壁，用至道故事③。有圃亭，匾曰“芳润”，丞钱闻诗匾以隶古④。书板库在中门内。

【译】国子监在纪家桥太学的旁边，设置祭酒、司业、丞、主簿等官，专门负责天子的学校、训导生员的工作。总掌国子监、太学事务和生员出入的规矩、授课和考核，让学生遵从训导。天子视察太学和皇太子入学，都要讲议释奠等礼仪。国子监的大厅绘有《鲁国图》。东、西面是国子丞、主簿工作的地方，后面有书库官工作的地方。中间是堂，墙壁上绘有《三礼图》，遵循的是太宗至道年间的旧制。内有圃亭，匾额是“芳润”，由国子丞钱闻所题，是以隶书考校写定古篆文。书板库在中门内。

将作监在保民坊，设监、少丞、簿，掌计料监造⑤，官

---

① 齿胄：指太子入学依年龄为序。

② 释奠：古代在学校设置酒食以奠祭先圣先师的一种典礼。

③ 故事：旧日的制度。

④ 隶古：以隶书考校写定古篆文。

⑤ 计料监造：指工程监造和物料计算。

司营房、舍屋皆隶焉。盖汉制将作大匠①，沿袭秦官，亦少皞氏②以五雉③为五工正④,以利器用,唐虞⑤共工⑥,《周官·考工》之职也。

【译】将作监在保民坊，设有监、少丞、主簿等官职，职掌工程监造和物料计算，凡官署的营房、屋舍建设都归其掌管。汉朝设置的将作大匠，是沿袭秦朝的官职；少皞氏时以五雉为五工正，以改善器物用具；尧与舜的时代有共工，这是《周礼·考工记》中记载的官职。

军器监在保民坊，监有长贰、丞、簿之官。率属治与《唐六典》建官⑦不殊⑧，掌制造御前军器。别置提举、提辖等官莅其役。近年专委殿岩⑨，而监制本监益以省也。

【译】军器监在保民坊，设有监、少监、丞、主簿等官职。军器监的职能与《唐六典》中记载的设置官职没有区别，职掌制造御前军器。又设置了提举、提辖等官职分担他们的工作。

① 将作大匠：官名。职掌宫室、宗庙、陵寝及其他土木营建。

② 少皞（hào）氏：少昊，姬姓，名玄嚣，一说名己挚，也称白帝。华夏人文始祖，远古时期部落联盟首领称号，黄帝的长子，母为嫘（léi）祖（一说女节）。

③ 五雉：相传少皞时掌工务的五个官名的合称。少昊族有以鸟名官的传说。

④ 工正：官名。春秋时齐、宋、鲁等国设置，为掌百工之官。

⑤ 唐虞：唐尧与虞舜的并称。亦指尧与舜的时代，古人以为太平盛世。

⑥ 共工：氏族名，又称共工氏，为中国古代神话中的水神。这里指主管水利工程的官职。

⑦ 建官：设置官职。

⑧ 不殊：没有区别。

⑨ 殿岩：这里指殿前司。

近年来制造军器的任务专属于殿前司，而军器监的职责就可以减少一些了。

大宗正司

大宗正司在天庆坊内，以魏宪惠王[①]府旧址筑之，掌亲属、宗庙之事，自汉、魏、隋、唐迄于宋，因而不改。以皇族官位高、有德望者领之，又以本族尊属[②]为判本司，又增同知以为之辅。宗司有阁，匾曰“属籍之阁”，于以见宗属蕃衍[③]盛大而已。

【译】大宗正司在天庆坊内，是在魏宪惠王府旧址上建造的，职掌皇家亲属和宗庙之事，自汉、魏、隋、唐直到当今宋朝，其职能都没有改变。以皇族中官位高、有德望的人提领大宗正司，又以本族中辈分高的亲属来管理本司，又增设同知官来进行辅佐。大宗司内有阁子，匾额是“属籍之阁”，由此可见皇族繁衍得很大。

省所

茶盐所、会子所、公田所、封桩安边所并在三省大门内。职以都司官兼提领。旧有安边所，创于嘉定初，专充拘推[④]

---

① 魏宪惠王：指宋孝宗次子魏王赵恺，谥“惠宁”。

② 尊属：辈分高的亲属。

③ 蕃衍：繁衍，繁殖衍生，使其逐渐增多、增广。

④ 拘推：疑应为“拘催”，即拘传、催督、收缴赋税的意思。

簿录[①]家产。更有市榷所、牙契[②]所，后因吏胥[③]蠹弊[④]、走卒[⑤]繁扰[⑥]，遂废其名，拨入封桩所以并掌之。今又创市舶所，官府察见吏奸，亦行省罢[⑦]矣。

【译】茶盐所、会子所、公田所、封桩安边所一并都在三省大门内。其职由都司官兼任提领。过去有安边所，创置于嘉定初年，专门负责收缴赋税、查抄登记家产。还有市榷所、牙契所，后来因为吏胥贪污舞弊，走卒繁杂纷扰，于是将其废除，拨入封桩所一并来掌管。如今又创置市舶所，官府发现有官吏贪赃枉法，马上就予以罢免。

六院四辖

登闻检院、鼓院[⑧]始建于和宁，继移于丽正左右阙亭之

---

① 簿录：查抄登记（财产）。

② 牙契：这里指牙契税，即向牙人征收的捐税。牙人，指居于买、卖人双方之间，从中撮合，以获取佣金的人。

③ 吏胥：地方官府中掌管簿书案牍的小吏。

④ 蠹（dù）弊：弊病，弊端。这里指贪污舞弊。

⑤ 走卒：差役，比喻受人豢养而帮助作恶的人，被利用来为他人目的效劳的人。

⑥ 繁扰：繁杂纷扰。

⑦ 省罢：裁减；罢免。

⑧ 登闻检院、鼓院：登闻检院和登闻鼓院，掌接受文武官员及士民章奏表疏。

南，左检院，右鼓院。按唐旧制，设四匦[1]以通下情[2]，名曰“崇仁”。司谏[3]申明[4]，招贤遵体，以使四方贤才，便其上达[5]。

【译】登闻检院、登闻鼓院最初都建于和宁门下，后来移置于丽正门左右阙亭的南面。左边是登闻检院，右边是登闻鼓院。本朝遵循唐朝的旧制，设置四个匦院以了解下情，名曰“崇仁”。司谏郑重说明，招贤纳士，以遵大体，以招揽四方贤才，使下情能达于君上。

都进奏院[6]在朝天门外，掌邦国传送之事，以钤辖诸道传递官兵，则《周官》“行夫[7]”其帜也。

【译】都进奏院在朝天门外，职掌朝廷与地方各种文书传送的事务，以节制管辖诸道的传递官兵，其职与《周礼》

---

① 匦（guǐ）：匦院，匦使院的省称。唐武后垂拱元年（公元 685 年）置，属中书省，以谏议大夫及补阙、拾遗一人为知匦使。设方函，四面分别涂青、丹、白、黑四色，每日暮进晨出，列于署外。凡臣民有怀才自荐、匡政补过、申冤辩诬、进献赋颂者，均可以状分类投匦。至宋太宗雍熙元年（公元 984 年），改匦院为登闻鼓院及登闻检院

② 下情：指下级或群众的情况或心意。

③ 司谏：官名。宋端拱元年（公元 988 年）改左、右司谏。掌讽谕规谏，凡朝廷阙失、大事廷诤、小事论奏。

④ 申明：表示郑重说明、公开发表。

⑤ 上达：谓下情达于君上。

⑥ 进奏院：官署名。地方行政机构的驻京办事处，古代一般只有省一级单位才有设立驻京机构的资格。汉朝初建时称邸，唐宋时期称为进奏院。

⑦ 行夫：官名。《周礼》谓秋官司寇所属有行夫，设下士三十二人及府、史、胥徒等人员，掌传达邦国福庆丧荒事件时的王命。行人出使时，作为随员出行。

所记载的“行夫”相似。

官告院在部门之北。士大夫[1]自一命[2]以上，至于公卿王爵；军卒一资[3]以上，至于节钺[4]，告命[5]皆隶院给之。如文则吏部，武则兵部，宗戚及命妇[6]司封属之，考校勋绩司勋掌之。凡四司，皆集本部出诰耳。元丰改制，俱悉吏部行文武告命钞，而蕃官隶兵部。自后皆归吏部右选。

【译】官告院在部门的北面。士大夫自一命以上，一直到公卿、王爵；军卒自一资以上，一直到授予节钺的将帅，封赠文书都由官告院来颁给。文臣用吏部印，武臣用兵部印，皇室宗亲及被赐予封号的妇女用司封印，考核加勋用司封印。一共四个司，都集于本部出文书。元丰年间改制后，文武官员的封赠文书都由吏部来颁行，而蕃官则由兵部颁行。此后，又都归吏部右选来颁行。

文思院在北桥东。京都旧制，监官分两界：曰上界，造金银珠玉；曰下界，造铜铁竹木杂料。然两界监官廨舍[7]，

① 士大夫：古时指当官有职位的人，也指没有做官但有声望的读书人。

② 一命：周代官阶自一命至九命，后以一命代指卑微的官职。

③ 一资：比喻极低的官职。

④ 节钺（yuè）：符节与斧钺。古代授予将帅，作为加重权力的标志。

⑤ 告命：诰命，皇帝封赠官员的专用文书。

⑥ 命妇：古时被赐予封号的妇女，一般为官员的母亲、妻子。

⑦ 廨（xiè）舍：官吏办公和居住的地方。

毋得近本院邻墙并壁①居，所以防弊欺②也。但金银犀玉③工巧之制，彩绘装钿④之饰，若舆辇、法物、器具等皆隶焉。

【译】文思院在北桥的东面。按照东都开封的旧制，监官分为两界：上界，监督制造金银珠玉；下界，监督制造铜铁、竹木、杂料。然而两界监官办公和居住的地方，不允许他人靠近本院或与其邻墙并壁，这样做是为了防止舞弊。关于制作精巧的金、银、犀牛角、玉等器物，及制作彩绘、装钿等，以及舆、辇、法物、器具的制作都由文思院负责。

诸司诸军粮料院在洋沙坑七官宅废屋。诸司诸军察计院在保民坊内旧马军教场基置院。且如粮料院者，乃诸司诸军仰上之禄均也，尤不可不严，设官置吏，欲其专心致意，支拨无差失。

【译】诸司诸军粮料院是在洋沙坑七官宅的废屋旧址上建造的。诸司诸军察计院是在保民坊内旧马军教场基址上建造的。像粮料院这样的官署，是掌管诸司诸军官俸及军饷的部门，管理上不能不严，设置了官吏，让他们要全心全意地做好本职工作，拨付官俸及军饷不能有差错。

审计院⑤者，自宫禁朝廷百僚以下，至于内侍御士，及

---

① 邻墙并壁：指墙挨墙或并用墙壁。

② 弊欺：舞弊。

③ 犀玉：指犀牛角和玉。

④ 钿：把金属宝石等镶嵌在器物上作为装饰。

⑤ 审计院：指诸司诸军审计司。

于诸军兵卒，凡赋禄者，以式法审其名数。而其辟召[①]者，惟郊礼赐缗已。乃审禄有疑予，则诏以法。凡四方之计籍[②]上于大农，则逆其会。凡有司议调度会赋，出则诹[③]焉。

【译】诸司诸军审计司，从皇宫、朝廷的百官以下，直到内侍和御前军士，以及诸军的兵卒，凡享有俸禄的人，都要根据标准来审定其数目。而那些临时征召的人，只在郊礼时赐钱而已。审定的俸禄若有疑问，依据法律来决断。所有各地的计簿都要呈送给大司农，审计司也要参与审核讨论。有关部门商议调动赋税，如有变化审计司参与商讨。

榷货务、都茶场[④]通在桥东。盖国初循唐制，旧以九路之漕，自达[⑤]于淮，去则货茶，回则转盐。诸路留而庾[⑥]之，官纳钞引[⑦]，以便商贾[⑧]。但钞引之法通行[⑨]，则设官专职主之。课衍事繁，官曹之选，于斯重矣。

---

① 辟召：征召。

② 计籍：计簿。古代计吏登记户口、赋税、人事的簿籍。

③ 诹（zōu）：在一起商量事情。

④ 榷货务、都茶场：主管茶盐等事务的重要机构，其主要职能为给卖茶引，随行在所于榷货务置场。人吏虽分为两司，而提辖监官并通衔管干，犹如今日合署办公的一套班子、两块牌子之类职官机构。

⑤ 自达：指自己到达、通到。

⑥ 庾：储存水路转运粮食的仓库。这里指储存。

⑦ 钞引：宋代茶、盐、矾等物的生产运销由政府管制，政府发给特许商人支领和运销这类产品的证券，名茶引、盐引、矾引，统称“钞引”。

⑧ 商贾（gǔ）：泛指商人。

⑨ 通行：（在一定范围内）普遍使用；流通。

【译】榷货务、都茶场在通在桥的东面。本朝遵循唐朝的旧制，过去以九路之漕运，一直通到淮河一带，去时运茶，回时带盐。诸路将货物储存在仓库中，朝廷则收纳钞引，方便商人交易。由于收纳钞引的普遍使用，朝廷就要设专职官员来主管。因审核事务特别繁杂，官曹的选任就非常重要了。

杂买务①、杂卖场②在榷货务内。唐制谓之“宫市”；宋初为“市买司”；太平兴国年，方更名“杂买务”。奉禁中买卖，而平其值。南渡后，合局于此。凡宫禁月料、朝省纸札③、文思制造，和剂修合④，封桩⑤所积，编估以时其直，打套以籍其数，而就售焉。又置提辖，以总其务耳。

【译】杂买务、杂卖场都在榷货务内。唐朝称为“宫市”；宋朝初年称为“市买司”；太宗太平兴国年间，才更名为“杂买务”。杂买务负责宫廷的采购，而能保证价格的公平。南渡以后，杂买务、杂卖场一并设置在此。凡宫中每月所用的物资、朝廷省院所需的纸张，文思院制造的器物、和剂局采集并加工配制的药品、封桩所积累的财物，由编估局来估算其价值、打套局登记其数目，然后进行买卖。还设置了提辖官，

---

① 杂买务：宋代专为宫廷购买货物的官署。

② 杂卖场：宋代负责处理剩余物资的官署。

③ 纸札：纸张。

④ 修合：指中药的采集、加工、配制过程。修合一词，最早出现于北宋年间，是一个有关中药采制过程的术语。

⑤ 封桩：宋代的一种财政制度。凡岁终用度之余，皆封存不用，以备急需，故称。

总管各项事务。

左藏库有东、西二库，在清湖桥，又韩蕲王所献赐第基建库。东库则掌币帛纯细[①]之属，西库则掌金银泉[②]券彩纩[③]之属。盖朝廷用度[④]，多靡[⑤]于赡兵。蜀、湖之饷，江、淮之赋，则归于四总[⑥]。领饷诸屯军，则东、西两库。岁入绢计者率百四十万，以缗计之率一千万，给遣大军，居十之七；宫禁百司禄赐裁三。有非泛浩繁[⑦]之费，则请于朝，往往出内帑桩，以补其阙耳。

【译】左藏库有东、西两个库，在清湖桥，是在蕲王韩世忠后人所献赐第的基址上建造的。东库掌管钱币、布帛、绢绸等，西库掌管金银、泉券及丝棉等。朝廷的各项开支，大多在供给军队上的有浪费。四川、湖广的粮饷，江、淮的贡赋，都归于四个总领所。诸地屯驻军队发放的粮饷，都由东、西两库负责。东、西两库的收入，以绢计大概有一百四十万，以钱计大概有一千万，十分之七分发给军队；宫中百司的俸禄及赏赐裁去十分之三。有时会有特殊且繁多

① 纯（shī）细（chóu）：纯绸。纯，绢的别称。

② 泉：古代钱币的名称。

③ 纩（kuàng）：丝棉。

④ 用度：各项开支。

⑤ 靡：靡费。即浪费。

⑥ 四总：四总领所。南宋初期建有四川、湖广、淮东、淮西四个总领所，负责提供御前诸军各都统司的军需财赋。

⑦ 非泛浩繁：特殊且繁多。

的开支，则向朝廷请求拨给钱财，往往拿出封桩库中皇帝的私财，来补缺空。

封桩上库在三省大门内。封桩下库在左藏库中门。安边太平库在下库南。盖封桩上库，肇①于孝庙之时，以备缓急②支拨③。又徙户部钱物隶本所，则有上下库之别。上库窠名④者曰折帛，总制增盐三分，盐袋增额⑤，不排办⑥人使。下库窠名者曰煮酒酒息、营田盐场、芦柴坍江、江沙田额、五厘关子，为数五伙。中因文移⑦，缓弊罅⑧多，诸郡纲额，亏数甚矣哉⑨。

【译】封桩上库在三省大门内。封桩下库在左藏库中门。安边太平库在封桩下库的南面。封桩上库，开始在孝宗执政时期设置的，以备按轻重缓急去调拨。又调出户部的钱物隶属本所，于是就有了上下库之分。上库的条项称为折帛，总制增盐三分，盐袋增额，不安排人管理。下库的条项称为煮酒酒息、营田盐场、芦柴坍江、江沙田额、五厘关子，数量

① 肇：开始。

② 缓急：比喻事情有主要、次要、紧急、缓慢的区别。

③ 支拨：调拨。

④ 窠（kē）名：款目；条项。

⑤ 总制增盐三分，盐袋增额：不明何意。

⑥ 排办：安排。

⑦ 文移：文书，公文。这里代指政令。

⑧ 罅（xià）：缝隙，裂缝。用来比喻事情的漏洞。

⑨ 矣哉：语气词连用。矣表示已然或将然，哉表示感叹或反问。

很多。后因政策的变动，暴露出很多弊端和漏洞，诸郡所贡献的数额，亏空很大啊。

三衙

殿前司在凤凰山八盘岭中，置衙。有御书阁、凝香堂、整暇堂。山之上为月岩，有亭匾曰“延桂”，最高处曰“介亭”。崖石嶙峋[①]。亭之后为冲天楼，极高，江海湖山奇伟之观。

侍卫马军司移屯[②]建康[③]，以行司边帅[④]兼领[⑤]。原有帅衙在保民坊内，改为寺监公宇[⑥]。

侍卫步军司在铁冶岭西。衙有御书阁、湖山堂、锦绣楼、相公井。

【译】殿前司在凤凰山的八盘岭中，设置衙署。衙署内有御书阁、凝香堂、整暇堂。山的上面是月岩，有亭，亭子的匾额是“延桂”。最高处叫作“介亭”，山石突兀、重叠。介亭后面是冲天楼，非常高，站在楼上可俯视江、海、湖、山的奇特壮美的景观。

侍卫马军司转移驻防到南京，由行司边帅来兼任。原有的帅衙在保民坊内，现在改为诸寺诸监的处所。

① 嶙峋：形容山石等突兀、重叠。

② 移屯：转移驻防。

③ 建康：今江苏南京。

④ 边帅：边防部队的统帅。

⑤ 兼领：一并管领；兼任。

⑥ 公宇：旧时指官府处所。

侍卫步军司在铁冶岭西面。衙署里有御书阁、湖山堂、锦绣楼、相公井。

阁职

阁门在和宁门外，掌朝参、朝贺、上殿、到班、上官等仪范。有知阁、簿书、宣赞及阁门祇候、寄班等官。四方客省馆，在东华门北。客省者，掌收接圣节建奉香及贺表，外国使人往来接伴[①]之礼。四方馆者，掌收接诸州府郡朔望正冬贺表，及大礼贺表等事。

御前忠佐军头引见司，在文思院后，有内等子营。以正厅知阁提点幕官，以大使臣为干办[②]司官。

【译】阁门在和宁门外，负责朝参、朝贺、上殿、到班、上官等礼仪规范。有知阁、簿书、宣赞以及阁门祇候、寄班等官。四方客省馆，在东华门北面。所谓“客省”，就是负责收接圣节时的建奉香及贺表，以及外国使者往来接待的事项。所谓“四方馆”，就是负责收接各州、府、郡朔日、望日和正月、冬至的贺表，以及大礼贺表等事务。

御前忠佐军头引见司，在文思院的后面，有皇宫禁卫营。以正厅知阁提点幕官和大使臣为经办的司官。

监当诸局

车辂院在嘉会门外，置库安玉辂及平等车。

---

① 接伴：指接待外国使臣。

② 干办：经办；办理。

制造御前军器所在礼部贡院之西，改隶殿司所，管工役每季所制器纳内库。万全三指挥[①]东西作两营，在所之东北。

编估打套局在左藏库门内。

【译】车辂院在嘉会门外，设置库房，安放玉辂及平等车。

制造御前军器所在礼部贡院的西面，后改为隶属殿司所，负责工役每季所制造的军器都纳入内库。万全三指挥有东、西两营，在军器所的东北。

编估打套局在左藏库门内。

惠民利剂局在太府寺内之右，制药以给惠民局合暑腊药以备宣赐。太平惠民局，置五局，以藏熟药[②]、价货以惠民也。南局在三省前，西局众安桥北，北局市西坊南，南外局浙江亭北，外二局以北郭税务兼领惠民药局收赎[③]。

【译】惠民利剂局在太府寺内的右面，配制药物来供给惠民局用作配制暑药腊药以备皇上宣赐。太平惠民局，设置了五个局，以收藏熟药、售卖来惠及百姓。其中南局在三省之前，西局在众安桥北面，北局在市西坊南面，南外局在浙江亭北，外二局以北郭税务一并管领惠民药局收购工作。

草料场在天水院桥西，有廒[④]十眼，受畿[⑤]内所输稻麦豆，

---

① 万全三指挥：宋代设置的制造军器的诸局所之一。

② 熟药：经加工炮制的药材。

③ 收赎：收购。

④ 廒（áo）：收藏粮食的仓房。

⑤ 畿（jī）：古代王都所领辖的方圆千里地面。后指京城所管辖的地区。

以给骐骥、御马二院，及宰执三衙之马。

合同场在过军桥之下，掌茶、盐钞引合同。

【译】草料场在天水院桥西，有十座粮仓，接受京城所管辖的地区内运送来的草料，来供给骐骥院、御马院及宰执三衙的马匹食用。

合同场在过军桥下面，负责茶、盐钞引合同。

会子库在榷货务，置隶都茶场，悉视川钱法行之。以务门兼职，以都司官提领。日以工匠二百有四人，以取于左帑，而印会归库矣。

造会纸局在赤山湖滨。先造于徽城，次成都，以“蜀纸”起解[①]。后因路远而弗给，诏杭州置局于九曲池，遂徙。于今安溪亦有局，仍委都司官属提领。但工役经定额，见役者日以一千二百人耳。

【译】会子库在榷货务，设置、隶属于都茶场，都仿造四川发行钱引的办法来发行会子。务门作兼职，都、司官作提领，每天用工匠二百零四人，在左藏库领取材料，印制好会子再归入库中。

造会纸局在赤山湖边。原先在徽州造纸，后来在成都，将造好的“蜀纸”押送京城。后因路途遥远难以供应，下诏在杭州九曲池设造会纸局，于是便迁移过来。如今安溪也有造会纸局，仍委任都司官作提领。但工人劳役都有定额，每

---

① 起解：押送罪犯或货物上路。

天工作的人有一千二百人。

交引库在太府寺门内。专印造茶、盐钞引，遂请丞簿佥押[1]。

法物库在梅家桥北。掌祭祀法服、朝服、冠佩、带舄，及大礼明禋旗幡、衫袍等。内侍领其职。

【译】交引库在太府寺门内。专门负责印制茶、盐钞引，然后请丞、主簿来签名画押。

法物库在梅家桥北。负责祭祀时穿戴的法服、朝服、冠佩、腰带、鞋子，以及大礼和明堂大祀时用的旗幡、衫袍等。由内侍来任职。

度牒库在油车巷。掌僧道二流承恩[2]敕牒[3]。

市舶务[4]在保安门外瓶场河下。凡海商自外至杭，受其券[5]而考验之。又有新务，在梅家桥北。

【译】度牒库在油车巷。负责僧、道二流蒙受恩泽的敕牒。

市舶务在保安门外瓶场河下。凡是海商从外地来到杭州，接受其券再考验其身份。又有设置了新务，在梅家桥的北面。

---

① 佥（qiān）押：在文书上签名画押表示负责。

② 承恩：蒙受恩泽。

③ 敕牒：授官的文书，委任状。

④ 市舶务：市舶司。中国在宋、元及明初在各海港设立的管理海上对外贸易的官府，相当于海关。是中国古代管理对外贸易的机关。

⑤ 券：不明何物。

司农排岸司在前洋街。掌拘卸[①]诸州郡宣限纲运，检察搜空[②]，而絷[③]其不登数者。

三省枢密院激赏钱库在俞家园。激赏酒库在钱塘县南。

【译】司农排岸司在前洋街。负责卸置各州郡运输到京城的大宗物资，搜查是否有亏空，拘禁那些不足数额者。

三省枢密院激赏钱库在俞家园。激赏酒库在钱塘县的南面。

左右骐骥二院在漾沙坑。两院以马二十四匹为额。每月朝参，各院以御马三匹，至和宁门立于南向，朝罢回院。

象院在嘉会门外御马院。养喂安南王贡至象三豢。

【译】左右骐骥两院在漾沙坑。两院以二十四匹马为定额。每月朝参时，各院以三匹御马，到和宁门朝南站立，朝参结束后再回院。

象院在嘉会门外的御马院。这里喂养着三头安南王进贡的象。

左右骑御直在七官宅山上。

左右教骑营在丽正门左右。御马院使臣营在嘉会门外。牛羊司在榷货务后，掌御膳及祭之牲。有涤宫在六和塔之南。

【译】左右骑御直在七官宅山上。左右教骑营在丽正门

① 拘卸：将货物卸下并放置。

② 搜空：搜查是否有亏空。空，亏空。

③ 絷（zhí）：拘禁。

左右。御马院使臣营在嘉会门外。牛羊司在榷货务后，负责御膳和祭祀用的牺牲。还有涤宫在六和塔的南面。

诸仓

省仓上界在天水院桥北。其廒有八眼，受纳浙右米，以充上贡及宰执、百官、亲王宗室、内侍，仍支给王城班直、省部职员。

省仓中界在东青门外菜市塘。有廒三十七眼，皆受纳浙右苗纲[①]经常、和[②]籴公田桩积等米[③]，以供朝家科支、农寺宣限。凡诸军、诸司、三学及百司、顾券[④]、诸局工役等人皆给焉。

省仓下界在东仓铺。创于绍兴八年，旧址极广袤[⑤]。朝家更修，乃折三之二，建廒厅八十眼。

【译】省仓上界在天水院桥北面。有八座仓房，接受浙西米，上贡给皇上及宰执、百官、亲王宗室、内侍等，也支拨给皇城各班直军士和省部的职员。

省仓中界在东青门外的菜市塘。有三十七座仓房，接受浙西粮食，从常州、和州买来的米以及公田所产的积存的米，以供朝廷取用和司农寺调拨。凡是各军、各司、三学以及百司、

---

① 苗纲：粮纲。

② 和：和州，今安徽和县。

③ 公田桩积等米：公田所产的积存的米。

④ 顾券：指临时雇用的工役。

⑤ 广袤（mào）：广阔。

临时雇用的工役、诸局雇用招募的工役等人的粮食，都由省仓中界来供给。

省仓下界在东仓铺。创于绍兴八年，旧址范围极为广阔。朝廷重修，用这里三分之二的土地，建造八十座仓房。

丰储仓在仁和县侧仓桥东。以公田[①]浩瀚[②]，诸仓不足以受纳[③]，以丰储增创，成廒百眼。

丰储西仓在余杭门外佐家桥北。其廒五十九眼。

端平仓在余杭门处德胜桥东。原储漕粂，后归农寺，莅以京局官而领之。咸淳重修，有木榭，匾曰“介然”，盖取太仓箴语[④]，而并箴刻于石。有廒五十六眼。

【译】丰储仓在仁和县侧仓桥的东面。因公家之田繁多，各仓不足以容纳所产的粮食，于是增建丰储仓，有上百座仓房。

丰储西仓在余杭门外佐家桥北。有五十九座仓房。

端平仓在余杭门外德胜桥东。原先是储存经漕运买来的米，后归司农寺，命京局官来提领。咸淳年间重修，有水榭，匾额是“介然”，取自太仓的忠直之话，并将其刻在石上。有五十六座仓房。

淳祐仓在余杭门内斜桥南。原创以储米粜于帅司，其后

---

① 公田：公家之田。封建官府控制的土地。亦称“官田”。

② 浩瀚：本意为水势浩大的样子，引申为广大、繁多之意。

③ 受纳：容纳。

④ 箴（zhēn）语：衷心规劝的话，忠直之话。

朝家拨支赈粜百姓，自后付农寺以给诸军诸司。有廒一百眼。

平粜仓在仙林寺东。创以储临安米，今农米皆入焉。

咸淳仓在东青门内后军寨北。议增建廪，以储公田岁入之米。买琼华废圃及以内酒库柴炭屋，掌于帅司。建仓廒一百眼，岁贮公田米六百余万石。

【译】淳祐仓在余杭门内斜桥的南面。原先创建此仓是为了储存从帅司买来的米，后来储存朝廷调拨、售卖赈济百姓的米，后来就交付给司农寺用来储存各军各司的米。有一百座仓房。

平粜仓在仙林寺的东面。创建此仓用来储存临安的米，如今司农寺的米都入此仓。

咸淳仓在东青门内后军寨北。朝廷决定增建粮仓，以储存每年公田上收获的米。于是买琼华苑废圃以及内酒库柴炭屋的土地来建造新的粮仓，命帅司来负责管理。建有一百座仓房，每年贮藏公田米六百多万石。

凡诸仓支纳下卸[①]，自有下卸[②]指挥兵士，遇月分支遣，皆至祗役[③]。叉袋[④]自有赁者应办。如遇支界日，仓前成市，

① 下卸：装卸、搬运。

② 下卸：下卸司，宋官署名。属司农寺。掌受纳纲船所运物品。

③ 祗役：奉命任职。

④ 叉袋：袋口呈叉角的麻袋或布袋。

水陆壅塞。诸军校给打[1]诸粮，不许顾人[2]搬担，须亲于廒中肩出仓外。此祖宗立法如此。

【译】凡各粮仓支出、缴纳、装卸、搬运之事，都由下卸司的军士来负责，每月发放粮食的日子，都到各仓来服役。又袋自有出赁的人来应办。如遇到发放粮食的日子，各粮仓前就像集市一样，水陆堵塞。各军校往各仓请粮，不许雇人搬运，必须亲自由粮仓中扛出仓外。这是祖宗立下的规矩。

内司官

内侍省：知省[3]、都知、御带、御药[4]、苑使[5]、门司、殿长、阁长、内辖内监丞、受随都知、下都监、仪令、上名、扶持直掌、权苑提举、提辖、御前诸宫观提点、皇城司、御辇马、御马院，兼提举、诸内司、库藏司所等处。更有听唤[6]一百员，团练四员，两攒宫宫使、随父指教小直殿一百员。内宫散祇候，不记多数，各有所辖职名[7]、主管事务。

【译】内侍省有知省、都知、御带、御药、内苑使、门司、殿长、阁长、内辖内监丞、受随都知、下都监、仪令、

---

① 给打：打请，宋元时军队请领军粮之称。

② 顾人：雇人。

③ 知省：内侍省长官。

④ 御药：掌禁中医药并兼管礼文。

⑤ 苑使：内苑使，唐官名。又称内园使、内苑栽接使。掌禁苑中栽种蔬菜瓜果，供给皇室。以宦官充使。

⑥ 听唤：听从使唤。

⑦ 职名：犹职衔。

上名、扶持直掌、权苑提举、提辖、御前诸宫观提点、皇城司、御辇马、御马院，兼提举、诸内司、库藏司所等处。还有听从使唤的一百人，团练四名，两攒宫宫使、随父指教小直殿一百人。内宫的散祇候，多到不可计数，各有所辖和官衔以及主管的事务。

内诸司（奉安）

皇城司：禁卫所、符宝所、主管大内钥匙库、御药院、内东门司、内通进司、御前军器库、睿思殿库、内藏库、奉宸库、内军器库、南廊库、安放库、生料库、果子库、香药库、进奉库。

殿中省：后苑、御膳所、御厨、六尚局、翰林司、仪鸾司、八作司、修内司、御前内辖司、东西库、南北库、甲仗库、法物库、蜜煎库、内司纲房、青器窑、内司备内库、御前应奉所、万寿香（一作“宫”）所、御服所、裹御所、丝帛所、腰带所、八作司、意思房、灯局、御马院、教乐所、天章阁、乐器库、翰林书艺局、道场库、祇候库[①]、御蜡库、主管往来国信所[②]。

东库：御辇院、车辂院、皇城辇宫营、骐骥院、教骏营、骑从马院、象院、大辇院、内辖司、濠寨司、织染所、奉安所、御酒库、主管翰林医官局、太医局、合同凭由司[③]、良马院、

① 祇候库：宋库名。属太府寺。掌储存钱帛、器皿、衣服等，以务赏赐臣下。

② 主管往来国信所：官署名。负责与辽、金交往的具体事务机构。

③ 合同凭由司：官署名。掌宫廷取索物品时，开列品名数目，给以合同凭由，交有关物库发给。凡宫廷特殊赐予，亦开列同样凭由，交有关机构如数发给。

使臣院、快行营、黄院子营、皂院子营、轻鞴库。

外库：御前诸宫观官、太庙营、景灵万寿宫、老儿营、慈元殿库、皇后殿库、吴益国位库、淑妃昭容修仪美人才人诸位库。

以上并是内侍官兼职提点、提举等职。外有皇城司、御马院、象院，系知阁、御带、环卫官兼领干办之职。其余外库院干办之官，系右选官①领其职也。

【译】（略）

① 右选官：这里指选拔出来的官吏。

卷十

诸官舍

左右丞相、参政、知枢密院使签书[①]府俱在南仓前大渠口。侍从宅在都亭驿。东台官宅在油车巷。省府官属宅在开元宫对墙。卿监郎官宅在俞家园。七官宅在郭婆井。五官宅在仁美坊。三官宅在潘阆巷。十官宅在旧睦亲坊。六房院即后省官所居处，在涌金门东如意桥北。五房院即枢密院诸承旨所居处，在杨和王[②]府西也。

【译】（略）

府治

临安府治[③]在流福坊桥右。州桥左首亭匾曰“奉诏亭”，右首亭匾曰“迎春”。左入近民坊巷，节推、察判二厅，次则左司理院。出街右首则右司理院、府院及都总辖房。入府治大门，左首军资库与监官衙，右首帐前统制司，次则客将客司房。转南入签厅[④]，都门系临安府及安抚司佥厅，有设厅在内。佥厅外两侧是节度库、盐事所、给关局、财赋司、牙

① 签书：宋代枢密使的副官，掌管办理军事文书事宜。本作“签署”，宋人因避英宗（赵曙）讳，改作“签书”。

② 杨和王：杨存中，本名杨沂中，字正甫，代州崞县（今山西原平）人，宋朝将领。乾道二年（公元1166年）去世，时年六十五岁，追封和王，谥号武恭。

③ 府治：府衙。

④ 签厅：签书判官厅。职掌审定所进呈的文案。

契局、户房、将官房、提举房。投南教场门侧曰香远阁，阁后会茶亭，阁之左是见钱库、分使库、搭材、亲兵、使马等房。再出佥厅都门外，投西正衙门俱廊，俱是两司点检所、都吏职级平分点检等房。正厅例，帅臣不曾坐，盖因皇太子出判[①]于此，臣下不敢正衙坐。正厅后有堂者三，匾曰“简乐”“清平”“见廉”。堂后曰听雨亭。左首诵读书院。正衙门外，左首曰东厅，每日早晚帅臣坐衙[②]，在此治事。厅后有堂者四，匾曰“恕堂”“清暑”“有美”“三桂”。东厅侧曰常直司，曰点检所，曰安抚司，曰竹山阁，曰都钱、激赏、公使三库。库后有轩，匾曰“竹林”。轩之后堂，匾曰“爱民”“承化”“讲易”三堂，堂后曰牡丹亭。东厅右首曰客位[③]，左首曰六局房，祗候、书表司、亲事官、虞候、授事等房而已。府治外流福井，对及仁美坊，三通判、安抚司官属衙居焉。府治前市井亦盈，铺席甚多。盖经讼之人往来骈集，买卖耍闹[④]处也。

【译】临安府衙在流福坊桥的右边。州桥左首的亭匾额是“奉诏亭”，右首的亭匾额是“迎春”。往左进入近民坊巷，是节推、察判两个厅，往下是左司理院。出街巷，右首是右司理院、府院及都总辖房。进入府衙大门，左首是军资库与监官衙，右首是帐前统制司，往下是客将客司房。转向南进

① 出判：出任州官。

② 坐衙：指官长坐在公堂上治事。

③ 客位：宾客的位置、席位。

④ 耍闹：方言。游戏喧哗。

入签厅，都门是临安府及安抚司佥厅，在里面设有厅。佥厅外两侧是节度库、盐事所、给关局、财赋司、牙契局、户房、将官房、提举房。转向南，教场门旁是香远阁，阁后有会茶亭，阁的左边是见钱库、分使库、搭材、亲兵、使马等房。再出佥厅都门外，往西正衙门都有廊，都是两司点检所、都吏职级平分点检等房。按照惯例，帅臣不能坐在正厅上，因皇太子曾在这里出任州官，所以臣下不敢在正厅坐衙。正厅后面有三个堂，匾额是“简乐”“清平”“见廉”。堂后有亭是“听雨亭”，左首是诵读书院。在正衙门外，左首是东厅，每日早晚帅臣坐在这里处理公务。厅后有四个堂，匾额是“恕堂”“清暑”“有美”“三桂”。东厅侧面是常直司、点检所、安抚司、竹山阁，还有都钱、激赏、公使三个库。库后有轩，匾额是“竹林”。轩的后室，匾额是“爱民”“承化”“讲易”三个堂，堂后是牡丹亭。东厅右首是宾客的席位，左首是六局房，祗候、书表司、亲事官、虞候、授事等房。府衙外面有个流福井，对面是仁美坊，三通判、安抚司官属衙也在那里。府衙前的街市十分热闹，店铺很多。因打官司的人往来聚集，便成了做买卖喧哗的地方。

运司衙

西浙运司[①]衙旧在双门北，为南北二厅，今迁丰豫门南

① 西浙运司：两浙都转运盐使司分东路、西路。南宋建炎三年（公元 1129 年），升杭州为临安府，并分两浙路置两浙东、西二路，西路治所在临安府。

渡子桥西普安桥，为东西二衙：曰东衙，有宽民堂、福星楼、节爱堂、振襟堂；堂侧建别榭，曰西衙，有周咨堂、公生明堂、绣春堂、仁惠堂；堂后栽修竹而围之。运司佥厅、提领犒赏酒库所俱在运司衙门。主管文字、干办公事在俞家园。主管帐司厅，在戒子桥之北。

【译】西浙转运司衙过去在双门北，有南北两厅，如今迁到丰豫门南渡子桥西的普安桥，分东、西两衙：东衙有宽民堂、福星楼、节爱堂、振襟堂；堂侧另建榭，是西衙所在地，有周咨堂、公生明堂、绣春堂、仁惠堂；堂后环绕着茂密的竹林。运司佥厅、提领犒赏酒库所都在运司衙门内。主管文字、干办公事在俞家园。主管帐司厅在戒子桥的北面。

后戚府

昭慈圣献孟太后宅在后市街。显仁韦太后宅在荐桥东。宪节邢皇后宅在荐桥南。宪圣慈烈吴太后宅在州桥东。成穆郭皇后宅在佑圣观后。成恭夏皇后宅在丰乐桥北。成肃谢皇后宅在丰禾坊南。慈懿李皇后宅在后市街。恭淑韩皇后宅在军将桥。恭圣仁烈杨太后宅在漾沙坑。寿和圣福谢太后宅在龙翔宫侧。全皇后[1]宅在丰禾坊南。其后戚宅，原各赐家庙五室及祭器仪物。每四孟祭享，官给以御厨兵治祭馔，太常

① 全皇后：全玖，浙江会稽人，宋度宗皇后。度宗死后被尊为皇太后。公元1276年，元军兵临临安，太皇太后谢氏带领宋恭帝投降，全太后也随儿子被押解到大都。最后在大都的正智寺出家为尼而终。

寺差奉常官行赞相[①]礼，仍差主管官、影堂使臣及兵级[②]守之，以子孙世领祠事。

【译】昭慈圣献孟太后宅在后市街。显仁韦太后宅在荐桥的东面。宪节邢皇后宅在荐桥的南面。宪圣慈烈吴太后宅在州桥的东面。成穆郭皇后宅在佑圣观的后面。成恭夏皇后宅在丰乐桥的北面。成肃谢皇后宅在丰禾坊的南面。慈懿李皇后宅在后市街。恭淑韩皇后宅在军将桥。恭圣仁烈杨太后宅在漾沙坑。寿和圣福谢太后宅在龙翔宫的旁边。全皇后宅在丰禾坊的南面。其他的后、戚宅邸，原先各赐予家庙五室以及祭器仪物。每年四孟祭享的时候，官府会派御厨兵专门到府上制作祭食，太常寺也派奉常官来行赞相礼，仍派遣主管官、影堂使臣及兵级来守卫，让子孙世代都领祭祀之事。

诸王宫

吴王府在后洋街。益王府在新桥。秀安僖王府在后洋街。汉王府在西桥。庄文太子[③]府在井亭桥。沂靖惠王府在清湖北。景献太子[④]府在铁冶岭。荣文恭王府在佑圣观桥东。周汉国瑞孝长公主府在左藏库西。各赐家庙祭器，岁时[⑤]祭礼，

---

① 赞相：举行典礼时司仪赞唱导引各种仪式。

② 兵级：宋代对兵丁和级节的合称。

③ 庄文太子：宋孝宗嫡长子赵愭（qí），早逝，终年二十四岁，谥号庄文。

④ 景献太子：赵询，宋太祖赵匡胤的十世孙，宋宁宗的养子。公元1220年去世，年仅二十八岁，无后，谥号景献。

⑤ 岁时：指年节的时候。

及影堂使臣、主奉官、兵级等，循戚宅例制行之矣。

【译】吴王府在后洋街。益王府在新桥。秀安僖王府在后洋街。汉王府在西桥。庄文太子府在井亭桥。沂靖惠王府在清湖的北面。景献太子府在铁冶岭。荣文恭王府在佑圣观桥的东面。周汉国瑞孝长公主府在左藏库的西面。各府赐予家庙和祭器，年节的时候行祭礼，并派遣影堂使臣、主奉官、兵级等，遵循戚宅之例制来行祭祀之事。

家庙

忠烈张循王[1]府在清河坊，赐庙祀。循王以上五世祖，颁祭器法式，听其自造。仍差主管一员、影堂使臣二员、兵级二十七名，以子孙带领祠事。忠武韩蕲王府在前洋街，赐庙祀，颁祭器。惟赐铜爵、勺各一，余竹木颁图式，听其自制，一应事仪如前制行。

【译】忠烈张循王府在清河坊，赐予家庙祭祀。循王以上五世祖，朝廷颁给祭器的法式，任其自行制造。仍派遣一名主管、两名影堂使臣、二十七名兵士，以子孙世代领祭祀事。忠武韩蕲王府在前洋街，赐予家庙祭祀，朝廷颁给祭器。但只赐铜爵、铜勺各一个，其余竹木祭器则颁给式样、尺寸，任其自行制造，一切事仪像前边介绍的例制一样来行使。

① 张循王：张俊，字伯英，凤翔府成纪（今甘肃天水）人。南宋初年名将，与岳飞、韩世忠、刘光世并称南宋“中兴四将”。卒追封循王，谥号“忠烈”，位列七王之一。

忠勇刘鄜王[①]府在明庆寺南，建庙赐祭器，并如前式。忠烈杨和王府在洪桥清河坊，赐家庙与祭器，下将作监造以赐。岁时行礼，官给厨兵，太常遣赞相以奉常，余皆如前制行。

【译】忠勇刘鄜王府在明庆寺南，建庙并赐祭器，一切事仪像前边介绍的例制一样。忠烈杨和王府在洪桥清河坊，赐予家庙和祭器，下令将作监制造后再赐予。每年行礼的时候，官府会派御厨兵专门到府上制作祭食，太常寺也派奉常官来行赞相礼，其余一切事仪像前边介绍的例制一样行使。

太傅平章魏国公贾秋壑按旧典赐第及家庙，在葛岭集芳园，改建庙。奉五室同宇以飨，四孟月祭器，皆尚方所赐。凡点领官吏、洒扫兵士，与花果，月颁之。隶版曹[②]及京兆府[③]，如在京赐诸勋功庙仪式奏行。

【译】太傅平章魏国公贾秋壑是按照旧典赐予宅邸及家庙，在葛岭集芳园，后来改建为庙，奉同宇五室来祭飨，四孟月的祭器，都是皇上所赐。凡点领官吏、洒扫的兵士及赏赐花果，都是每月颁赐。户部左曹及京兆府，如在京城赐予功勋家庙的仪式来奏行。

---

① 刘鄜王：刘光世，字平叔，南宋高宗时抗金将领，为"南宋中兴四将"之一。保安军（今陕西延安志丹县）人。卒赠封太师，谥武僖，后追封鄜王，位列七王之首。

② 版曹：宋代户部左曹的别称。因职掌版籍，故称。亦借指户部。

③ 京兆府：唐朝开元元年（公元 713 年）设置的府，这是府作为行政区划的开始。京兆府不同于地方的是，该行政机关可以不受逐级上诉的约束，凡经证实证据确凿的案件的案犯是可以当堂判死刑的。

馆驿

樟亭驿即浙江亭也，在跨浦桥南江岸。凡宰执辞免名，出居[1]此驿待报矣。向有白乐天先生往驿访杨，旧曾赋诗曰："往恨今愁应不殊，题诗梁下又踟蹰[2]。羡君犹梦见兄弟，我到天明睡亦无。""夜半樟亭驿，愁人起望乡。月明何所见，潮水白茫茫！"

北郭驿亭在余杭门外、北郭税务之右。都亭驿在候潮门里泥路西侍从宅侧次，为馆伴外国使人之地也。

【译】樟亭驿就是浙江亭，在跨浦桥南江岸。凡宰执请求辞官免职，都迁居到此馆驿等待消息。过去有白居易先生到此驿来访问杨姓友人，曾经赋诗道："往恨今愁应不殊，题诗梁下又踟蹰。羡君犹梦见兄弟，我到天明睡亦无。"他的另一首诗道："夜半樟亭驿，愁人起望乡。月明何所见，潮水白茫茫！"

北郭驿亭在余杭门外、北郭税务的右面。都亭驿在候潮门里泥路西边的侍从宅的旁边，此馆为外国使者居住的地方。

本州仓场库务

镇城仓、常平仓、糯米仓俱在余杭门外师姑桥。盐事所、都盐仓在艮山门外。天宗盐仓在天宗水门内，所辖诸盐场十有二，曰：汤镇、仁和、许村、盐官、南路、茶槽、钱塘、

---

① 出居：迁居；移居。

② 踟（chí）蹰（chú）：心中犹疑，要走不走的样子。

新兴、蜀山、岩门、上管、下管等场。又新兴以下五场，西兴、钱清二场皆隶。

【译】镇城仓、常平仓、糯米仓都在余杭门外的师姑桥。盐事所、都盐仓在艮山门外。天宗盐仓在天宗水门内，所辖各盐场有十二个，分别是：汤镇、仁和、许村、盐官、南路、茶槽、钱塘、新兴、蜀山、岩门、上管、下管。还有新兴场等五个盐场，西兴、钱清两场都隶属天宗盐仓。

交木场在龙山。抽解竹木场在浙江亭北。又三场在江涨桥南余杭、塘上、西溪三路也。城内外场共二十有一处，以便诸官厅及民庶排日发卖[1]。铁场、炭场、船场、铸冶场在东青门外北。瓶场、㯺场在余杭门外。卖酒局在丰储仓边家渡之东。交钱局在府治后。

【译】交木场在龙山。抽解竹木场在浙江亭的北面。还有三个场在江涨桥南、余杭塘上、西溪三个地方。杭州城内外共有场二十一处，以便逐日出售给各级官府及百姓。铁场、炭场、船场、铸冶场在东青门外的北面。瓶场、㯺场在余杭门外。卖酒局在丰储仓边家渡的东面。交钱局在府衙的后面。

都钱库、激赏库、军资库、常平库、公使钱库、公使酒库、甲仗库、书版库、公使醋库俱在州衙内。回易库在荐桥北。外有公使醋子库，于城内外十有一库耳。或自沽卖[2]，止日

① 排日发卖：逐日出售。

② 沽卖：出售。多指售酒。

纳息钱于点检所。

【译】都钱库、激赏库、军资库、常平库、公使钱库、公使酒库、甲仗库、书版库、公使醋库都在州衙内。回易库在荐桥的北面。另外还有公使醋子库，在城内外共有十一个库。有的自行售卖，每日将息钱缴纳给点检所。

楼店务在流福桥北，有官设吏令宅务①合于②人员，收检民户年纳白地③赁钱。税务凡五处，名曰都税务、浙江税务、龙山税务、北郭税务、江涨税务。但州府虽有税务之名，则朝家多有除放，以便商贾，诸货壅于杭城。其都作院在白鱼池之侧，运司亦有木税场，在杭城外共八场也。船场与架阁库俱在荐桥门外。提领犒赏酒库所，在楼店务之侧。

【译】楼店务在流福桥的北面，设置官吏让宅务人员，向民户收取每年的房屋、空地租金。税务共有五处，称为都税务、浙江税务、龙山税务、北郭税务、江涨税务。州府虽然有收税的名义，但朝廷常常予以免除，以方便商人，也能使杭州城的物资丰富。都作院在白鱼池的旁边，转运司也有木税场，在杭州城的内外共有八处。船场与架阁库都在荐桥门的外面。提领犒赏酒库所，在楼店务的旁边。

---

① 宅务：楼店务原为店宅务，负责管理当时的国有房产。

② 合于：疑为衍文。

③ 白地：空地。官府将其租赁出去以收取租金。

点检所酒库

点检所官酒库，各库有两监官，下有专吏[①]酒匠掌其役。但新、煮两界[②]，系本府关给工本[③]，下库酝造[④]，所解利息，听充本府赡军，激赏公支，则朝家无一毫取解耳。

【译】点检所管理官家酒库，每库设两名监官，以下还有专权的官吏、酒匠负责这里的工作。新、煮两界，都由本府发给成本钱，在酒库酿酒，所得的利钱，任由本府供给军队、犒劳赏赐以及公共支出，朝廷不取分毫。

曰东库，清、煮俱为一，在崇新门里，有酒楼，名之曰“太和”，废之久矣。

曰西库，又名金文正库。清界库在三桥南惠迁桥侧；煮界库在涌金门外，有酒楼，匾之曰“西楼”。

【译】东库，清界库和煮界库为一体，在崇新门的里面，有酒楼，名叫“太和”，已经废弃很久了。

西库，又名金文正库。清界库在三桥南惠迁桥的旁边；煮界库在涌金门外，有酒楼，匾额是“西楼”。

南库，元名升阳宫。煮界库，在社坛南；清界库，在清河坊南，酒楼匾之曰“和乐”。

---

① 专吏：专权的官吏。

② 新、煮两界：似应为“清、煮两界”。依下文，凡酒库都有清界、煮界两库，疑煮界负责酿酒、清界负责卖酒。

③ 工本：指制造器物所用的成本

④ 酝造：酿造。

北库。煮界库在祥符桥东；清界库在鹅鸭桥东，酒楼匾之曰“春风”。

【译】南库原名升阳宫。煮界库在社坛的南面；清界库在清河坊的南面，酒楼匾额是“和乐”。

北库。煮界库在祥符桥的东面；清界库在鹅鸭桥的东面，酒楼匾额是“春风”。

曰中库在众乐坊北。造清界有酒楼，匾之曰“中和”；煮库，在井亭桥北。曰南上库呼为银瓮子库。煮酒库在东青门外；造清界库在睦亲坊北，酒楼匾之曰“和丰”。南外库，造清界库在便门外清水闸；造煮界库在嘉会门外，名之曰雪醅库。

【译】中库在众乐坊的北面。清界库有酒楼，匾额是“中和”；煮库在井亭桥的北面。南上库称为银瓮子库。煮界库在东青门外；清界库在睦亲坊的北面，酒楼匾额是“和丰”。南外库，清界库在便门外清水闸；煮界库在嘉会门外，又叫雪醅库。

北外库，造煮界库在江涨桥南；清界库在左家桥北，酒楼匾之曰“春融”。西溪库，清、煮两界俱在九里松大路，乃一门分两库耳。天宗库，造清界在天宗水门里；煮界库在余杭门外上闸东。赤山库，造清界库在赤山教场；前煮库在左军教场侧。崇新库，清、煮两界俱在崇新门外。徐村库，在六和塔南徐村市中。

【译】北外库，煮界库在江涨桥的南面；清界库在左家桥的北面，酒楼匾额是“春融”。西溪库，清、煮两界库都在九里松大路，是一扇门分为两库。天宗库，清界库在天宗水门里；煮界库在余杭门外上闸东。赤山库，清界库在赤山教场；煮界库在左军教场的旁边。崇新库，清、煮两界库都在崇新门外。徐村库，在六和塔南徐村市中。

其诸库皆有官名角妓，就库设法卖酒，此郡风流才子，欲买一笑，则径往库内点花牌，惟意所择。但恐酒家人隐庇[①]推托，须是亲识妓面及以微利啖之可也。

【译】各个酒库都有官妓名角，在库中设法卖酒，该郡的风流才子，如想买笑，就前往库中点花牌，可以任意选择。但恐怕酒家人隐藏、庇护、推托，必须亲自认识某位妓女，或是以钱财相利诱，才能叫到妓女。

又有九小库，如：安溪、余杭、奉口、解城、盐官、长安、许村、临平、汤镇。

【译】还有九个小酒库，分别是：安溪库、余杭库、奉口库、解城库、盐官库、长安库、许村库、临平库、汤镇库。

更有碧香诸库，如：钱塘门外上船亭南，名为钱塘正库，有楼，匾曰“先得”；钱塘县前，名钱塘前库[②]；鹅鸭桥北，曰北正库，正在醋坊巷口也；西桥东，曰煮碧香库；礼部贡

---

① 隐庇：隐藏庇护。

② 钱塘前库：《咸淳临安志》作“钱塘栈库”。

院对河桥西，曰藩封栈库；外有藩封正库，在常州无锡县。并隶临安府点检酒所提领耳。

【译】还有碧香各库，分别是：钱塘门外上船亭南面，名叫钱塘正库，有酒楼，匾额是“先得”；钱塘县前，名叫钱塘前库；鹅鸭桥北面，是北正库，正在醋坊巷口；西桥东，是煮碧香库；礼部贡院对河桥西，是藩封栈库；此外还有藩封正库，在常州无锡县。这些库一并由临安府点检酒所来管理。

安抚司酒库

安抚司所管一道酒库，如：余杭县闲林酒库，石濑步东西二酒库，临安县青山、桃源二酒库，外有安吉州[①]德清县市名为德清正酒库，五林闹市处曰德清东西二酒库，安吉州归安县曰琳市东西二酒库，嘉兴府华亭县曰上海酒库。

【译】安抚司所管一道的酒库，分别是：余杭县的闲林酒库；石濑步东、西两个酒库；临安县青山、桃源两个酒库；安吉州德清县的德清正酒库；五林闹市处的德清东、西两个酒库；安吉州归安县的琳市东、西两个酒库；嘉兴府华亭县的上海酒库。

厢禁军[②]

临安居辇毂下，盖倚以为重，武备[③]一日不可弛阙，而

① 安吉州：今浙江湖州。宋理宗宝庆元年（公元1225年），改为湖州安吉州，治乌程、归安二县（今浙江湖州）。

② 厢禁军：宋代军队由厢军、禁军、土军组成。

③ 武备：指武装力量和武器装备。这里指保卫工作。

守帅所统，则建炎之旧制。至防隅[1]一军，又必藉禁卫之士，别为部伍。三衙之兵，亦听帅臣节制，以倡率[2]之。姑以兵制、军号一一述之，使知兵卫各有所统耳。

【译】临安在皇城之下，朝廷特别倚重，保卫工作一天都不可松弛，而守帅所统领的军士，还遵循建炎年间的旧制。至于防隅的军队，又必须借助禁卫军士，另建军队。三衙的兵马，也听从帅臣的调遣，来作引导。姑且将兵制和军号一一叙述，以使读者知道兵卫各有所统属。

曰东南第三将，自太祖朝分隶驻扎，寨在东青门内，原管十指挥[3]，后拨威果二十八指挥、雄节九指挥于平江外，见存者威节第一、第四、第五、第六指挥，雄节第八、第十六指挥，全捷第二、第三指挥，共统八指挥军也。

【译】东南第三将，自太祖临朝开始分兵驻扎，军寨在东青门内，原先管制十指挥，后又调拨威果第二十八指挥、雄节第九指挥驻扎在平江府外，如今还留存的有威节第一、第四、第五、第六指挥，雄节第八、第十六指挥，全捷第二、第三指挥，共统领八指挥的军士。

曰京畿第三将，原系东京畿县[4]陈留、雍邱、尉氏、鄢

---

① 防隅：位于山隅之水防。

② 倡率：引导。

③ 指挥：五代、宋军队的编制单位。北宋曾公亮《武经总要》卷二："国朝军制，凡五百人为一指挥，其别有五都，都一百人，统以一营。"

④ 东京畿县：京都近旁的县份。

陵、阳武屯驻兵，后刘俊统率来捕陈留[①]，存留驻扎营在东青门里。所统武骑两指挥，勇广四指挥，广捷三指挥，忠节水军，骁猛、神威、雄勇、雄威各管一指挥，效忠三指挥，共统十七指挥军也。

【译】京畿第三将，原是在京都近旁的陈留、雍邱、尉氏、鄢陵、阳武等县驻扎兵士，后来刘俊统率军士来追捕陈通，之后就留驻在东青门里。京畿第三将所统领有武骑两指挥、勇广四指挥、广捷三指挥、忠节水军，还有骁猛、神威、雄勇、雄威各管一指挥，另有效忠三指挥，一共统领十七指挥的军士。

曰兵马钤辖司兵马，勇节、威果、全捷三指挥，宿州龙骑、归远二指挥，因讨睦寇[②]留屯，隶钤辖司所管矣。

【译】兵马钤辖司兵马，所统领有勇节、威果、全捷三个指挥，宿州龙骑、归远两个指挥，因讨伐方腊叛乱后留驻在杭州，隶属钤辖司所管。

曰厢军，崇节、捍江、修江、都作院、小作院、清湖闸、开湖司、北城堰、西河、广济、楼店务、长安、堰闸、秤斗务、北城、鼓角、匠横、江水军船务、牢城，各指挥兵士计一万五百八十七名之额。

曰城东、城西、外沙、海外、管界、茶槽、南荡、东梓、

---

① 陈留：应指陈通。宋高宗建炎元年（公元1127年）七月，胜捷军校陈通作乱于杭州。十一月刘俊率军来讨，十二月陈通被王渊讨杀。

② 睦寇：指方腊，睦州青溪（今浙江杭州淳安县西）人，宋徽宗宣和二年（公元1120年）在睦州发动起义，设置官吏将帅，建立政权。次年被讨杀。

上管、赭山、仁和、盐官、黄湾、硖石、奉口、许村巡检司十六寨，计兵卒一千三百四十四名之额。

【译】厢军统领有崇节、捍江、修江、都作院、小作院、清湖闸、开湖司、北城堰、西河、广济、楼店务、长安、堰闸、秤斗务、北城、鼓角、匠横、江水军船务、牢城等，各指挥兵士共计有一万零五百八十七名。

城东、城西、外沙、海外、管界、茶槽、南荡、东梓、上管、赭山、仁和、盐官、黄湾、硖石、奉口、许村巡检司十六个军寨，共计有兵卒一千三百四十四名。

防隅巡警

临安城郭[①]广阔，户口繁伙[②]，民居屋宇高森，接栋连檐，寸尺无空，巷陌壅塞，街道陕小，不堪[③]其行，多为风烛之患。官府坊巷，近二百余步[④]，置一军巡铺，以兵卒三五人为一铺，遇夜巡警地方盗贼烟火，或有闹吵不律[⑤]公事投铺，即与经厢察觉，解州陈讼。更有火下[⑥]地分[⑦]，遇夜在官舍[⑧]、

① 城郭：古义是指内城和外城，现在泛指城或城市。城指内城的墙，郭指外城的墙。

② 繁伙：繁多，甚多。

③ 不堪：不能。

④ 步：长度单位，历代不一。周代以八尺为一步，秦代以六尺为一步。

⑤ 闹吵不律：吵闹不守法。

⑥ 火下：一伙。指属于同一首领辖下的巡逻人员。

⑦ 地分：地区，地段。

⑧ 官舍：官吏的住宅。

第宅[1]、名望之家伏路，以防盗贼。盖官府以潜火为重，于诸坊界置立防隅官屋，屯驻军兵，及于森立望楼[2]，朝夕轮差，兵卒卓望，如有烟煙[3]处，以其帜指其方向为号，夜则易以灯。若朝天门内，以旗者三；朝天门外，以旗者二；城外以旗者一；则夜间以灯如旗，分三等也。

【译】临安城范围广阔，住户和人口繁多，百姓居住的房屋高耸林立，栋檐相连，没有一尺一寸的空隙。街巷堵塞不通，街道非常狭小，不便行走，很容易有火灾的隐患。官府在街道上，在二百余步，就设置了一军巡铺，以三五个兵卒为一铺，在夜间巡逻本地方，以防盗贼和烟火。或有吵闹不守法的人来到军巡铺，就与经厢调查情况，然后送其到州府诉讼。每个地段还有一伙巡逻人员，夜间埋伏在官吏、上层人物、名门望族等住宅附近，来防御盗贼。官府以防火为重，在各坊界设立防隅官屋，住宅兵卒，又建了许多的瞭望守御的高楼，命兵卒早晚轮班眺望，如发现有烟雾之处，就以旗帜作为信号，指明烟雾的方向，夜间则用灯。如朝天门内，举三面旗；朝天门外，举两面旗；城外举一面旗。夜间则以灯代旗，分为三等。

曰东隅有望楼，在柴垛桥都税务南；曰西隅有望楼，在

---

① 第宅：上层人物的住宅。

② 望楼：瞭望守御的高楼。

③ 烟煙（yàn）：烟光炽。煙，光炽。

白鱼池；曰南隅有望楼，在吴山至德观后；曰北隅有望楼，在潘阆巷内；曰上隅有望楼，在大瓦子后三真君庙前；曰中隅有望楼，在下中沙巷蜡局桥东堍[①]；曰下隅有望楼，在修文坊内；曰府隅有望楼，在府治侧左院墙边；曰新隅在长庆坊；曰新南隅在候潮门里东；曰新北隅在余杭门里；曰新上隅在侍郎桥东皮场庙侧；曰西南隅在寿域坊仁王寺前；曰南上隅在丽正门侧仪鸾司相对；曰城西隅在钱湖门外清化桥；曰城北上隅在北郭税务桥；曰东北下隅有望楼，在北新桥北；曰钱塘隅有望楼，在水磨头放生亭后；曰新西隅在九里松曲院路口；曰海内隅在浙江亭南油局；曰外沙隅在候潮门外外沙巡司；曰城东隅在新门外城东巡司；曰茶槽隅在东青门外茶槽巡司。

【译】东隅有望楼，在柴垛桥都税务的南面；西隅有望楼，在白鱼池；南隅有望楼，在吴山至德观的后面；北隅有望楼，在潘阆巷内；上隅有望楼，在大瓦子的后面、三真君庙的前面；中隅有望楼，在下中沙巷蜡局桥东堍处；下隅有望楼，在修文坊内；府隅有望楼，在府衙旁边左院的墙边；新隅在长庆坊；新南隅在候潮门里的东面；新北隅在余杭门里；新上隅在侍郎桥东皮场庙的旁边；西南隅在寿域坊仁王寺的前面；南上隅在丽正门的旁边、仪鸾司的对面；城西隅在钱湖门外清化桥；城北上隅在北郭税务桥；东北下隅有望

① 堍（tù）：桥两头靠近平地的地方

楼，在北新桥的北面；钱塘隅有望桥，在水磨头放生亭的后面；新西隅在九里松曲院路口；海内隅在浙江亭南油局；外沙隅在候潮门外外沙巡司；城东隅在新门外城东巡司；茶槽隅在东青门外茶槽巡司。

如遇烟救扑，帅臣出于地分，带行府治内六队救扑，将佐、军兵及帐前四队、亲兵队、搭材队，一并听号令救扑。并力扑灭，支给犒赏；若不竭力，定依军法治罪。

【译】如遇有烟火需要扑救，帅臣就根据地段，带领府衙内六队前往扑救，将佐、兵卒及帐前四队、亲兵队、搭材队，一并听候号令扑救。全力扑灭火情的，就给予犒赏；如果不竭尽全力，就依照军法治罪。

帅司节制军马

浙西安抚司节制殿步两司军校，虽系帅司节制，原无统属[①]，遇有速欲调遣及救扑熚，须伺朝旨调遣，常不及事。遂请于朝省[②]得旨，行下殿步两司，各差官兵千人，各委统制官二员带行，正任兵马钤辖都监，及添差兵马钤辖副都监职任，于城内四壁置隅，以备调遣。复请朝堂，欲再于殿步二司差军兵分任城外四壁防虞[③]之责，遂行下各司再选精军三百人，各以统制官二员，仍带本州钤辖路分之职分任也。并照城内

① 统属：统辖；隶属。

② 朝省：犹朝廷。

③ 防虞：防备不虞之患。

四壁约束，俱隶帅司节制。自后两浙运司申朝得旨，令分官城内外四壁军兵通行节制，以便救扑。且如防虞器具、桶索旗号、斧锯灯笼、火背心等器具，俱是官司给支官钱措置[①]，一一俱备。遇有救扑，百司、官吏俱整队伍，急行奔驰驻扎遗漏地方，听行调遣，不劳百姓余力，便可扑灭。如宰执帅漕殿步帅臣间到地面指挥救扑，百司、官吏亦各诣所隶官司守局[②]，以备不测。其修内司搭材等兵级，亦同内侍分头救灭。或火势侵及官舍、戚里之家，及煺烬畏威有伤百姓屋庐，内庭累令天使[③]，驭马传宣诸司帅臣，速令将佐、兵士扑灭，毋致违慢，如有违误，定行军法治之。帅漕二司遇行救扑，官舍钱买水浇灭，富室豪户亦喝钱助役。军士尽力扑灭，不致疏虞[④]。若救火军卒重伤者，所司差官相视伤处，支给犒赏，差医诊治。

【译】浙西安抚司管辖殿前司和侍卫步军司两司的军校，虽属帅司管辖，但原先并无隶属关系，遇到有急事需要调集和扑救烟火时，还须朝廷下旨调遣，常常不能成事。于是向朝廷请旨，命殿前司和侍卫步军司两司各派出一千名官兵，并委派管辖的官员来率领，正任兵马钤辖都监，又增设兵马

① 措置：筹措。

② 守局：值班。

③ 天使：指传圣旨的人。

④ 疏虞：疏忽，失误。

钤辖副都监之职，在城内四周设立隅，以备调遣。后又向朝廷请旨，想再让殿前司和侍卫步军司两司派遣军兵往城外四周分任防虞之责，于是命各司再选三百名精兵，各由两名统制官率领，仍带本州钤辖路分之职，分任正、副都监。一切都遵照城内四周的方法进行约束，都隶属帅司管辖。此后两浙转运司又向朝廷请旨，令各官通行管辖城内外四州的军兵，以便于扑救。如防虞器具、桶索、旗号、斧锯、灯笼、火背心等器具，都由官府的财政拨款来置办，一一备齐。遇有火情要扑救，百司、官吏都要集合好队伍，快速奔跑到没有驻扎部队的地方，听候调遣，不劳烦百姓的力量，便可将火扑灭。像宰执和帅、漕两司的长官、殿步两司的帅臣，也亲自到场指挥扑救，百司、官吏也各自前往所隶属的官衙来值班，以备不测。修内司搭材等兵士，也同内侍一起分头扑救。如果火势蔓延至官吏和皇上外戚的住宅，或者火势猛烈伤及百姓的房屋，内廷会多次派遣传旨官，骑马传旨到各司帅臣，令将佐、兵士迅速将火扑灭，不要违命怠慢，如果有所耽误就要依照军法治罪。帅、漕两司遇有火情救扑时，官家花钱买水灭火，富贵人家也出资赞助。兵士们会尽全力将火扑灭，不会有疏忽。如果救火的兵士有重伤的，所属部门会派人察看其伤情，予以赏赐，并派医生进行诊治。

中华烹饪古籍经典藏书

梦粱录

（下册）

中华烹饪古籍

[宋] 吴自牧 撰

中国商业出版社

图书在版编目（CIP）数据

梦粱录：全两册 /（宋）吴自牧撰 . -- 北京：中国商业出版社，2023.5
ISBN 978-7-5208-2449-1

Ⅰ . ①梦… Ⅱ . ①吴… Ⅲ . ①浙江—地方史—史料—南宋 Ⅳ . ① K295.5

中国国家版本馆 CIP 数据核字（2023）第 049985 号

责任编辑：郑 静

中国商业出版社出版发行
（www.zgsycb.com 100053 北京广安门内报国寺 1 号）
总编室：010-63180647 编辑室：010-83118925
发行部：010-83120835/8286
新华书店经销
唐山嘉德印刷有限公司印刷
*
710 毫米 ×1000 毫米 16 开 38 印张 330 千字
2023 年 5 月第 1 版 2023 年 5 月第 1 次印刷
定价：155.00 元
* * * *
（如有印装质量问题可更换）

中华烹饪古籍经典藏书
指导委员会
（排名不分先后）

中华烹饪古籍经典藏书
编辑委员会

（排名不分先后）

《梦粱录（全两册）》
工作团队

统　筹

刘万庆

注　释

刘义春　张可心　辛　鑫　韩　江

译　文

刘义春　张可心　辛　鑫　韩　江

审　校

王湜华

中国烹饪古籍丛刊
出版说明

国务院一九八一年十二月十日发出的《关于恢复古籍整理出版规划小组的通知》中指出：古籍整理出版工作“对中华民族文化的继承和发扬，对青年进行传统文化教育，有极大的重要性”。根据这一精神，我们着手整理出版这部丛刊。

我国的烹饪技术，是一份至为珍贵的文化遗产。历代古籍中有大量饮食烹饪方面的著述，春秋战国以来，有名的食单、食谱、食经、食疗经方、饮食史录、饮食掌故等著述不下百种，散见于各种丛书、类书及名家诗文集的材料，更是不胜枚举。为此，发掘、整理、取其精华，运用现代科学加以总结提高，使之更好地为人民生活服务，是很有意义的。

为了方便读者阅读，我们对原书加了一些注释，并把部分文言文译成现代汉语。这些古籍难免杂有不符合现代科学的东西，但是为尽量保持其原貌原意，译注时基本上未加改动；有的地方作了必要的说明。希望读者本着“取其精华，去其糟粕”的精神用以参考。

编者水平有限，错误之处，请读者随时指正，以便修订和完善。

中国商业出版社

1982年3月

出版说明

20世纪80年代初，我社根据国务院《关于恢复古籍整理出版规划小组的通知》精神，组织了当时全国优秀的专家学者，整理出版了“中国烹饪古籍丛刊”。这一丛刊出版工作陆续进行了12年，先后整理、出版了36册。这一丛刊的出版发行奠定了我社中华烹饪古籍出版工作的基础，为烹饪古籍出版解决了工作思路、选题范围、内容标准等一系列根本问题。但是囿于当时条件所限，从纸张、版式、体例上都有很大的改善余地。

党的十九大明确提出：“深入挖掘中华优秀传统文化蕴含的思想观念、人文精神、道德规范，结合时代要求继承创新，让中华文化展现出永久魅力和时代风采。”做好古籍出版工作，把我国宝贵的文化遗产保护好、传承好、发展好，对赓续中华文脉、弘扬民族精神、增强国家文化软实力、建设社会主义文化强国具有重要意义。中华烹饪文化作为中华优秀传统文化的重要组成部分必须大力加以弘扬和发展。我社作为文化的传播者，坚决响应党和国家的号召，以传播中华烹饪传统文化为己任，高举起文化自信的大旗。因此，我社经过慎重研究，重新系统、全面地梳理中华烹饪古籍，将已经发现的150余种烹饪古籍分40册予以出版，即这套全新的“中华烹饪古籍经典藏书”。

此套丛书在前版基础上有所创新，版式设计、编排体例更便于各类读者阅读使用，除根据前版重新完善了标点、注释之外，补齐了白话翻译。对古籍中与烹饪文化关系不十分紧密或可作为另一专业研究的内容，例如制酒、饮茶、药方等进行了调整。由于年代久远，古籍中难免有一些不符合现代饮食科学的内容和包含有现行法律法规所保护的禁止食用的动植物等食材，为最大限度地保持古籍原貌，我们未做改动，希望读者在阅读过程中能够“取其精华、去其糟粕”，加以辨别、区分。

我国的烹饪技术，是一份至为珍贵的文化遗产。历代古籍中留下大量有关饮食、烹饪方面的著述，春秋战国以来，有名的食单、食谱、食经、食疗经方、饮食史录、饮食掌故等著述屡不绝书，散见于诗文之中的材料更是不胜枚举。由于编者水平所限，书中难免有错讹之处，欢迎大家批评指正，以便我们在今后的出版工作中加以修订和完善。

中国商业出版社
2022年8月

本书简介

杭州，别名临安、钱塘、武林、杭城，素以风景秀丽而闻名于世，曾经作为南宋的首都而繁华。

本书作者吴自牧，南宋临安府钱塘（今浙江杭州）人，生平事迹不详。

本书成书年代，据自序有“时异事殊”，“缅怀往事，殆犹梦也”之语，应在元军攻陷临安之后。所署“甲戌岁中秋日”，甲戌即宋度宗咸淳十年（公元1274年），疑传抄有误。

本书共二十卷，仿效《东京梦华录》体例，记载南宋临安的郊庙、宫殿、山川、人物、市肆、物产、户口、风俗、百工、杂戏和寺观、学校等，为了解南宋城市经济活动，手工业、商业发展情况，市民的经济文化生活，特别是都城的面貌，提供了较丰富的史料。书中妓乐、百戏伎艺、角觝、小说讲经史诸节，为宋代文艺的珍贵资料。

本书一些文化史和城市地理方面的资料，更可以弥补正史、地方志之不足，使后人得以了解南宋杭州的繁华景象。

中国商业出版社

2022年12月

目录

卷十一

诸山岩

大内坐山名凤凰，即杭客山也。庙巷山名“吴山”，又曰“胥山”。上方多福寺名“七宝山”。山前连者谓之“宝莲山”。进奏院后名“石佛山”。太庙后，名“瑞石山”。妙果尼寺前名“金地山”。漾沙坑小山名“茆山”“浅山”。宝月寺前名“宝月山”。八眼井前名“峨嵋山”“草场山”。御厨营山谓之“宝山”。孝仁坊名“清平山”。府治名“竹园山”，秀峰诸山一脉耳。丰乐桥南有狗儿山，此古老相传称之，而实无山迹。东太乙宫后圃内有小土山名“虎林山”，建亭在其上，匾曰“武林”，即杭之主山也。

【译】皇城背靠的山叫作凤凰山，也就是杭客山。庙巷山叫作“吴山”，又称为“胥山”。上方有多福寺的山叫作“七宝山”。山前连绵的山叫作“宝莲山”。进奏院后面的山叫作“石佛山”。太庙后面的山名叫“瑞石山”。妙果尼寺前面的山叫作“金地山”。漾沙坑的小山叫作“茆山”“浅山”。宝月寺前面的山叫作“宝月山”。八眼井前面的山叫作“峨嵋山”“草场山”。御厨营的山叫作“宝山”。孝仁坊的山叫作“清平山”。临安府衙的山叫作“竹园山”，它是秀峰诸山的一脉。丰乐桥南有狗儿山，这是古老相传之称，实际上并没有山。东太乙宫后圃内有个小土山叫作“虎林山”，山上建有亭子，匾额是“武林”，就是杭州城的主山。

城南冷水峪上名曰“包山”，有桃花关，多贵官园圃，春间桃花数里，艳色如锦，杭人游宴①甚伙。嘉会门外泮泮桥②南名“龙山”，又曰“天龙山”。山西名“月轮”“大慈”二山，低处名“马鞍”“五云”等山。铁井栏谓之“定山”“秦望山”“浮山”。范村北乡名“排山”，杨村名“巙山”。巫山头名“庙山”，又谓之“椂山”。水乐洞前名“南高峰山”。九里松名“灵隐山”“灵茆山”“仙居山”。灵隐寺后山名“北高峰山”，寺前名“飞来峰”“白猿峰”“稽留峰”“月桂峰”“莲华峰”“涟岩”“巉③岩”。灵鹫寺右“青林岩”“理公岩”。灵隐山南名“葛坞④”“朱墅⑤”“女儿山”“玉女岩”“龙井山”“云栖山”。范村诸坞⑥山。

① 游宴：游乐宴饮。

② 泮（pàn）桥：建在古代学宫里的桥梁，它的交通作用很小，是封建礼制的一种形式体现。有将泮桥称作跨鳌桥的，也有称泮桥为状元桥的，如果是采用三座桥并列的形式，就把中间的一座称状元桥，两边的分别叫探花桥、榜眼桥。

③ 巉（chán）：山势高峻，山峰峻峭。

④ 葛坞：葛孝先所居之地。葛玄（公元164—244年），字孝先，三国吴道士，琅琊（今属山东）人。人称太极葛仙翁。

⑤ 朱墅：梁时盐官隐士朱世卿别墅。

⑥ 坞（wù）：地势四周高而中间凹的地方。

【译】城南冷水峪上的山叫作“包山”，有桃花关，这里有很多权贵官宦的园囿，春天桃花绽放数十里，艳色如锦，杭州很多人都到这里来游乐宴饮。嘉会门外洋泮桥南的叫作“龙山”，又称为“天龙山”。山的西面是名叫“月轮”“大慈”的两山，低处的名叫“马鞍”“五云”等山。铁井栏称为“定山”“秦望山”“浮山”。范村北乡的叫作“排山”，杨村的名叫“巙山”。巫山头名叫“庙山”，又称为“棕山”。水乐洞的前面的名叫“南高峰山”。九里松的名叫“灵隐山”“灵茆山”“仙居山”。灵隐寺后面的叫“北高峰山”，灵隐寺前面的叫“飞来峰”“白猿峰”“稽留峰”“月桂峰”“莲华峰”“涟岩”“巉岩”。灵鹫寺右边的叫“青林岩”“理公岩”。灵隐山南面有“葛坞”“朱墅”“女儿山”“玉女岩”“龙井山”“云栖山”。范村还有各种坞山。

西湖堤上名“孤山”，乃林和靖[①]先生隐居处，其山耸立，傍无联附，为湖山之绝胜也。钱塘界有粟山。县旧治南名“巨石山”“石甑山”。寿星寺后巾子峰山。大佛寺名“大佛石山”。张真君行宫前名“霍山”。兴教寺后曰南屏山，其山怪石耸秀[②]，中穿一洞，上有石壁如屏障，可爱，

---

① 林和靖：林逋（bū），字君复，后人称为和靖先生，汉族，奉化大里黄贤村人，北宋著名隐逸诗人。幼时刻苦好学，通晓经史百家。

② 耸秀：高耸秀丽。

司马温公书《家人卦》[1]刻之于石，见[2]存其迹矣。净慈寺对山名“雷峰寺山”，后有“慧日峰山”“龙井山”，侧名“鸡笼山”。高丽惠因寺前名“赤山”。更有一峰耸出，众山缭绕，古木列垂，森翠难描，谓之“玉岑山”也。报德寺有山名“鸦鸡峰”。无垢院有一峰如笔，卓然而立，故名“卓笔峰”。大麦岭后花家山，又名“蛇山”。放马场侧灵石山、东山（又名“仙姑山”）。王家桥试院后名“西观音山”“秦亭山”“石壁山”。

【译】西湖堤上的山名叫“孤山”，是林和靖先生隐居的地方，这山高高地直立，旁边没有山脉相连，是湖山的最佳景色。钱塘县界有粟山。旧县衙南面的山名叫“巨石山”“石甑山”。寿星寺后有巾子峰山。大佛寺的山名叫“大佛石山”。张真君行宫前面的山名叫“霍山”。兴教寺的后面有南屏山，这山怪石高耸秀丽，中间穿有一洞，上面有像屏障一样的石壁，非常可爱，司马温公写的《家人卦》刻在石上，字迹至今犹存。净慈寺的对面的山名叫“雷峰寺山”，后面有“慧日峰山”“龙井山”，旁边的山名叫“鸡笼山”。高丽惠因寺的前面的山名叫“赤山”。还有一座山峰高高地直立，非常突出，众山缭绕，古木列垂，森翠之景难以描绘，称为“玉岑山”。报德寺的山名叫“鸦鸡峰”。

① 《家人卦》：别卦。《周易》六十四卦中第三十七卦。《家人卦》象征家庭：特别注重女人在家中的作用，如果她能够坚守正道，始终如一，将会非常有利。

② 见（xiàn）：现在。

无垢院有一山峰像笔一样，卓然而立，所以称为“卓笔峰”。大麦岭的后面有花家山，又叫作“蛇山”。放马场旁有灵石山、东山（又叫“仙姑山”）。王家桥试院后面的山名叫“西观音山”“秦亭山”“石壁山”。

西溪：龙门山。长寿乡：大悲山坞。崇化乡：观山、黄社、茆涤、杨梅等山。城东北山：临平山、桐扣山、赤岸山、皋亭山、青龙山、母山、佛石山、石膏山、大婆山、白严山、方山、苎山、杨山、唐峰山、近山、大遮山、鸟尖山、饮马山、安乐山、石壁山、龙驹山、法华山。仁和县界东北有黄鹤山。永和等乡超山、亭市、龙珠山、大旗山、南北南鲍山、玉峰山、洛山、峨嵋山、乌头山、姥独山、赭石山、马嗥山。其余七县，山脉缭复，峰峦巍峨，周围数百里，难以尽述矣。虎头岩在钱塘门外，介于宝岩定业寺后山。葛沣《钱塘帝都赋》云：“岩则虎头。”故老[1]传云：“此山旧有岩石突出，如虎头形，吴越钱王纳土后，奏有望气，云杭州西湖有虎头形胜，遂命匠凿去其形。”两赤县[2]有名岩者，如连岩、青林岩、理公岩、玉女岩、象鼻岩、佛手岩。

【译】西溪有龙门山。长寿乡有大悲山坞。崇化乡有

① 故老：泛指老人。

② 赤县：唐、宋、元各代京都所治的县。南宋临安府治钱塘、仁和两县（两县县城同在临安城内），另辖临安、余杭、于潜、昌化、富阳、新城、盐官七县。

观山、黄社、茆涤、杨梅等山。城东北的山有临平山、桐扣山、赤岸山、皋亭山、青龙山、母山、佛石山、石膏山、大婆山、白严山、方山、苎山、杨山、唐峰山、近山、大遮山、乌尖山、饮马山、安乐山、石壁山、龙驹山、法华山。仁和县界的东北有黄鹤山。永和等乡有超山、亭市、龙珠山、大旗山、南北南鲍山、玉峰山、洛山、峨嵋山、乌头山、姥独山、赭石山、马嗥山。其余的七县，山脉缭绕，峰峦巍峨，周围几百里，难以一一叙述。虎头岩在钱塘门外，在宝岩定业寺的后山。葛沣《钱塘帝都赋》记载："岩则虎头。"老人们传说："此山旧有岩石突出，如虎头形，吴越钱王纳土后，奏有望气，云杭州西湖有虎头形胜，遂命匠凿去其形。"钱塘、仁和两县也有名岩，如连岩、青林岩、理公岩、玉女岩、象鼻岩、佛手岩。

岭

八蟠岭在大内后殿司衙山上。万松岭在和宁门外孝仁坊西岭上，夹道栽松，今第宅内官民居，高高下下，鳞次栉比[①]，多居于上。白乐天[②]《夜归赋诗》有"万株松树青山上，十里沙堤明月中"之句。又，东坡《腊梅》诗有"万松岭下黄千叶"之句。铁冶岭在步司[③]衙左虎翼营东。紫坊岭在漾

① 鳞次栉（zhì）比：像鱼鳞和梳子的齿一样，一个挨着一个地排列着，多用来形容房屋等密集。

② 白乐天：白居易，字乐天，号香山居士。

③ 步司：侍卫步军司。

沙坑七官宅之侧。骆驼岭在三茆观之麓[①]。灌肺岭在大街清河坊北。狗儿岭在教睦坊内。此二岭旧有坡阜[②]，今夷为坦路，而名存焉。慈云岭西在方家峪，东往郊坛路，有后唐石刻。风篁岭[③]在钱塘门外放马场西，路通龙井，其岭最高。峻岭上有亭，名曰“过溪”，又曰“二老”，东坡赋诗记之，又《探梅》诗有“问信风篁岭下梅”，又有《介亭》诗“丹青明灭风篁岭[④]”之句。

【译】八蟠岭在大内后面的殿前司衙山上。万松岭在和宁门外的孝仁坊西岭上，夹道种植松树，如今岭上的宅第、内官的住宅、民居，高高下下，鳞次栉比，他们多居住在岭上面。白居易《夜归赋诗》有“万株松树青山上，十里沙堤明月中”的诗句。苏东坡《蜡梅》诗中有“万松岭下黄千叶”的诗句。铁冶岭在侍卫步军司衙左虎翼营的东面。紫坊岭在漾沙坑七官宅的旁边。骆驼岭在三茆观脚下。灌肺岭在大街清河坊的北面。狗儿岭在教睦坊内。这两座岭原先有山坡，如今夷为平地，只是存有名字。慈云岭西是方家峪，往东是去郊坛的路，有后唐时期的石刻。风篁岭在钱塘门外的放马场的西面，有路通往龙井，这座

① 麓（lù）：山脚。

② 坡阜：指山坡。

③ 风篁（huáng）岭：又名龙泓。位于浙江杭州西南。相传晋代葛洪曾在此炼丹。岭下即为名茶产地龙井。

④ 丹青明灭风篁岭：出自苏轼《介亭饯杨杰次公》。

岭最高。高高的山岭上有个亭子，名字叫“过溪”，又称“二老”，苏东坡曾赋诗记之，有《探梅》诗中有“问信风篁岭下梅”的句子，还有《介亭》诗中有“丹青明灭风篁岭”的句子。

分金岭在钱塘旧治。西狗头岭在旧治北。梯子岭在方家峪南。钱塘司岭在城西巡司前。五子岭在龙山之北。白塔岭在龙山之东。徐村岭俗呼“姜擦子岭”。雷岭、牛马头岭俱在钱塘定山北乡。牌山岭在定山南乡。五云山岭在徐村及云栖山，俱可往来。大麦岭、小麦岭今在高丽寺西，与步司右军相连，路通坊马场岭，岭有观音阁，对山有东坡同王渝、杨杰、张铸元祐五年三月三日游三竺过麦岭题名石刻存焉。南高峰下烟霞岭、葛岭在西湖之西，葛仙翁[1]炼丹于此。有初阳台，高庙即其地创集芳园，理庙以此园赐贾秋壑建第宅家庙，盖贾公元有别墅在焉。栖霞岭又名“剑门岭”，亦名“剑门关”，在钱塘门外显明院之北，旧多栽桃花，开时烂然如霞，故名之。岭下岳鄂王[2]墓。驰巘[3]岭在九里松东。胭脂岭在九里松曲院路西。石人岭又名“冯公岭”，在灵隐寺西去半里许。又有大青岭在东墓岭南。郎当岭在大青岭

① 葛仙翁：葛洪，字稚川，自号抱朴子，丹阳郡句容（今江苏句容）人，东晋道教理论家、著名炼丹家和医药学家，世称小仙翁。后隐居于杭州的栖霞岭炼丹，施药济世。

② 岳鄂王：岳飞。

③ 巘（yǎn）：指大山上的小山。

南。黄泥岭在行春桥水竹坞步司前军寨南。胡家岭在钱塘长寿乡，其岭极峻峭，有石井，旱不涸。歌樵岭在慈山。大石姥岭在仁和界。

【译】分金岭在钱塘老县衙。西狗头岭在钱塘老县衙的北面。梯子岭在方家峪的南面。钱塘司岭在城西巡司的前面。五子岭在龙山的北面。白塔岭在龙山的东面。徐村岭俗称“姜擦子岭”。雷岭、牛马头岭都在钱塘县的定山北乡。牌山岭在钱塘县的定山南乡。五云山岭在徐村及云栖山，都有道路可以往来。大麦岭、小麦岭如今在高丽寺的西面，与侍卫步军司右军相连，道路通往坊马场，岭上有观音阁，对面的山有元祐五年三月三日苏东坡与王渝、杨杰、张铸游览三竺经过麦岭时的题名石刻，至今尚在。南高峰下烟霞岭、葛岭在西湖的西面，葛仙翁曾在此炼丹。有初阳台，宋高宗就在这里建集芳园，理宗又将此园赐给贾秋壑建宅第和家庙，因贾公原先就有别墅在此。栖霞岭又称“剑门岭”，也称“剑门关”，在钱塘门外显明院的北面，过去栽种了很多桃树，桃花盛开时灿然如霞，故以栖霞为名。岭下有鄂王岳飞墓。驰巘岭在九里松的东面。胭脂岭在九里松曲院路西。石人岭又称“冯公岭”，在灵隐寺西面半里左右的地方。又有大青岭在东墓岭南面。郎当岭在大青岭南面。黄泥岭在行春桥水竹坞步司前军寨的南面。胡家岭在钱塘县长寿乡，此岭非常峻峭，有一口石井，旱季时不干涸。歌樵岭在慈山。

大石姥岭在仁和县界内。

诸洞

杭城内有洞者三。曰青衣洞在三茅观之后；曰罗汉洞在敕令所北，其洞废塞已久，今仍呼其名；曰金星洞在凤凰山介亭下。太庙亦有洞，如其名也。城外有洞者凡一十有七。曰南高峰烟霞洞。下曰水乐洞，其洞前四望，林峦耸秀，岩石笋峙[①]；洞虚窈[②]渟[③]，涵[④]如渊泉[⑤]，味且清甜可掬[⑥]；洞中水声，如金石[⑦]之音。顷为杨和郡王别圃，凿石筑亭，最为幽雅，岁时都人游观集焉。历年多芜秽弗治[⑧]，水乐音声几绝。贾秋壑以厚直[⑨]得之，增葺[⑩]其景。顾无水音，秋壑俯睨旁听[⑪]，悠然有契，曰“谷虚而后能应，水激而后能有

① 峙（zhì）：直立，耸立。

② 窈（yǎo）：深远，幽静。

③ 渟（tíng）：水积聚而不流动。

④ 涵：水泽众多。

⑤ 渊泉：深泉。

⑥ 可掬：此指捧起泉水饮用。

⑦ 金石：指钟磬一类乐器。

⑧ 多芜秽弗治：杂草丛生，无人整治。

⑨ 厚直：高价。

⑩ 增葺（qì）：增建修葺。

⑪ 俯睨（nì）旁听：俯视侧耳细听。睨，斜着眼看。

声，今水潴[①]其中，土壅其外，欲振声，得乎[②]？”亟[③]命疏壅导潴，有声自洞间出，节奏自然，二百年胜概[④]，于今如始也。

【译】杭州城内有三个洞。青衣洞在三茅观的后面；罗汉洞，在敕令所的北面，此洞废塞了很久，如今仍然这样叫这个名字；金星洞在凤凰山介亭的下面。太庙也有洞，如其名称为太庙洞。城外一共有十七个洞。南高峰有烟霞洞。南高峰下面是水乐洞，在洞前观望四周，山峦耸立，林木茂秀，岩石如笋峙立；洞内空虚幽远，有水积聚，水泽众多就像深泉一样，泉水喝起来味道很清甜。洞中的水声如钟磬发出的乐声。过去这里是杨和郡王的别圃，凿石建亭，风景非常幽雅，每逢年节时京城人都会到这里游览集会。多年来杂草丛生，无人整治，水乐音声也几乎绝迹。贾秋壑出高价买得此地，增建、修缮这里的景致。因没有水乐音声，贾秋壑俯视侧耳细听，悠悠然而有所悟，说："谷虚而后能应，水激而后能有声，今水潴其中，土壅其外，欲振声，得乎？"立刻命人疏通壅土、导出积水，果然有乐声从洞中传出，节奏自然流畅，二百年的美景，至今又如当初了。

杨村嵝山慈严寺之后，名"风水洞"。郊台天真院有二

① 潴（zhū）：水积聚。

② 得乎：能行吗？

③ 亟（jí）：急切。

④ 胜概（gài）：美景。

洞，匾曰“登云”，曰“灵化”，东坡、和靖题名，刻于石右①。赤山殿司左军寨尼庵侧有洞，名“铁窗棂洞”。天竺山有二洞，名“呼猿”“龙泓”。烟霞石坞路大仁院有石屋洞，极高大，状如屋，周围镌刻诸佛菩萨、罗汉之像。其寺正为佛殿，朝香夕灯之供。乌坞山名“烟霞洞”。石屋寺侧曰“栖霞洞”。下竺寺内有洞，名“香林”。临平山有洞，名“龙洞”，尼庵后有洞，名“蝙蝠洞”“细砺洞”。钱塘崇化坊有白龙洞，其洞有龙居焉，朝家曾祈雨旸②有感，敕封侯爵，为“显灵孚济”美号③，赐庙额曰“敏应”。扫帚坞护国仁王寺有洞，不载其名。仁和界超山有洞，名“海云洞”，倏时④干湿，建黑龙王祠祀之。古柳林杨和王园内，名“白云洞”，盖以坡陁⑤拥土成之，此夺天之奇巧也。

【译】杨村巘山慈严寺的后面有洞，名叫“风水洞”。郊台天真院有二洞，匾额是“登云”“灵化”，苏东坡、林和靖的题名刻在石上。赤山殿前司左军寨尼姑庵旁边有洞，名叫“铁窗棂洞”。天竺山有两个洞，名叫“呼猿”“龙泓”。烟霞石坞路大仁院有石屋洞，非常高大，形如屋宇，周围镌刻很多的佛菩萨、罗汉像。其寺正为佛殿，清晨烧

---

① 石右：石上。

② 雨旸（yáng）：谓雨天和晴天。

③ 美号：褒扬赞美的称号。

④ 倏（shū）时：一瞬间。

⑤ 陁（tuó）：山坡。

香、晚上供灯。乌坞山有洞，名叫“烟霞洞”。石屋寺旁有洞，名叫“栖霞洞”。下竺寺内有洞，名叫“香林”。临平山有洞，名叫“龙洞”。尼姑庵后面有洞，名叫“蝙蝠洞”“细砺洞”。钱塘崇化坊有白龙洞，此洞有龙居住，朝廷曾在这里祈求天气阴晴，有所感应，故敕封侯爵，美号为“显灵孚济”，赐庙额是“敏应”。扫帚坞护国仁王寺有洞，名字没有记载。仁和县界超山有洞，名叫“海云洞”，可瞬间或干或湿，在这里建造了黑龙王祠用以祭祀。古柳林杨和王园内有洞，名叫“白云洞”，是就着山坡拥土而成的，可以说是夺天之奇巧。

溪潭涧浦[1]

杭郡系南渡驻跸于此，地倚山林，抱江湖，多有溪潭涧浦，缭绕郡境，实难描其佳处。

【译】杭州是皇上南渡后暂住之地，这里地势倚靠山林、怀抱江湖，有很多溪、潭、涧、浦，围绕着杭州城，实在难以描绘其优美之处。

自武林山之西，名曰“西溪”。顷者[2]有郭祥正诗题咏[3]曰：“西溪在湖外，一派濯残阳。游子托渔艇，却愁归路长。”九溪在赤山烟霞岭西南，通徐村，出大江，北达龙井。安溪在钱塘，去北关五十里。溪上有大遮山，祠龙山在

① 浦：水边或河流入海的地方。

② 顷者：往昔。

③ 题咏：歌吟某一景物、书画或某一事件而题写诗词以志纪念。

上。古人相传：风雨之夕，龙现珠有光。凌溪在钱塘长寿。奉口溪在钱塘安溪之北十八里。

【译】自武林山往西有溪，名叫“西溪”。过去有郭祥正作诗题咏：“西溪在湖外，一派濯残阳。游子托渔艇，却愁归路长。”九溪在赤山烟霞岭西南，通往徐村，出大江，往北到龙井。安溪在钱塘县，距离北关五十里。溪上是大遮山，山上有龙王祠。古人相传：风雨之夜，有龙出现，吐出的龙珠能发光。凌溪在钱塘县长寿乡。奉口溪在钱塘县安溪之北十八里。

潭者，宝月山宝月寺之西，曰“黑龙潭”，其潭莫测深浅，亢旱①不竭。一名“天井”，山下有天井巷，晴则潭水碧色可爱，将雨则水黑，郡民于此候晴雨多验。唐守白乐天曾祭龙神，撰祝文曰：“唯龙其色玄，其位坎，其神壬癸，与水通灵。日者②历祷四方，寂然无应，今故虔诚洁意，致命于黑龙。龙无水，顾何依？神无灵，将恐竭。泽能救物，我实有望于龙。物不自神，龙岂无求于我。若三日之内，雨一滂沛③，是龙之灵，亦人之幸。礼无不报，神其听之。”仁和临平镇东湖，曰“白龙潭”。渔浦潭按今《舆地志》在郡西南。龙游潭在仁和皋亭山。钵盂潭在南

① 亢旱：长久不下雨，干旱情形严重；大旱。

② 日者：古代观察天象的人。

③ 滂沛：雨水多、大貌。

高峰及仁和大年乡石塘东。玉儿潭在郡西五十里。浣纱潭在仁和临平乡。羊铁潭在艮山门外。西湖三潭，古人相传在湖中。

【译】论到潭，宝月山的宝月寺西面有潭，名叫“黑龙潭”，这潭无法揣测有多深，即使大旱时也不会枯竭。黑龙潭又称“天井”，山下有天井巷，晴天时则潭水碧色可爱，即将下雨时水会变成黑色，杭州居民在此等候观测晴天、雨天，往往很灵验。唐朝时杭州太守白居易曾在这里祭祀龙神，撰写的祝文是：“唯龙其色玄，其位坎，其神壬癸，与水通灵。日者历祷四方，寂然无应，今故虔诚洁意，致命于黑龙。龙无水，顾何依？神无灵，将恐竭。泽能救物，我实有望于龙。物不自神，龙岂无求于我。若三日之内，雨一滂沛，是龙之灵，亦人之幸。礼无不报，神其听之。”仁和县临平镇东湖有潭，名叫“白龙潭”。渔浦潭据今《舆地志》记载在杭城西南。龙游潭在仁和县的皋亭山。钵盂潭在南高峰及仁和县大年乡石塘的东面。玉儿潭在城西五十里。浣纱潭在仁和县临平乡。羊铁潭在艮山门外。古人相传西湖三潭在西湖之中。

□[1]浦者，考凤凰山下有柳浦。《咸淳志》云：“隋志置郡，晋吴喜尝游军此地，参之诸文无考。”便门侧名

① □：原文不清。

“铁幢浦”，古人相传：吴越王射潮[①]箭所止处立铁幢。又闻钱王筑塘时，高下置铁幢凡三，以为镇压，潮水退则见其幢也。淳祐戊申，帅司买民地，置亭其上。王荆公诗[②]云：“忆昨初为海上行，日斜来往看潮生。如今身是西归客，回首山川觉有情。”灵隐浦自灵隐山南徂[③]东，临浙江一派，谓之“北浦”，今资国院前是也，亦云灵隐步头。有诗咏曰：“有灵何所隐？深浦老蒹葭[④]。渔父一舟泊，却疑秋汉槎[⑤]。”白石浦、鲜船渡浦、杨村浦俱仁和临江乡。

【译】说到□浦，从前凤凰山下有柳浦。《咸淳临安志》记载：隋朝在此置郡，晋朝嵇喜曾在此驻军，但没有资料记载。便门旁边有个铁幢浦，古人相传：吴越王射潮，在箭所停止的地方立起铁幢。又听闻钱王筑塘的时候，高下共立起了三个铁幢，以镇压潮水，潮水退时就能看见铁幢。淳祐戊申年间，帅司买了百姓的地，在上面建了亭子。王荆公作诗：“忆昨初为海上行，日斜来往看潮生。如今身是西归客，回首山川觉有情。”灵隐浦自灵隐山南往东，靠近钱塘江一边，称为“北浦”，如今就是在资国院前，也叫作灵隐

① 射潮：相传吴越王钱镠（liú）射潮筑塘的故事。

② 王荆公诗：王安石《铁幢浦》。

③ 徂（cú）：往。

④ 蒹（jiān）葭（jiā）：蒹和葭都是价值低贱的水草，亦常用作谦词。《诗·秦风·蒹葭》本指在水边怀念故人，后以蒹葭泛指思念异地友人。

⑤ 槎（chá）：木筏。

步头。有诗说道："有灵何所隐？深浦老蒹葭。渔父一舟泊，却疑秋汉槎。"白石浦、鲜船渡浦、杨村浦都在仁和县的临江乡。

涧者，如合涧，在灵隐、天竺之间。十八涧在龙井山之西、步司左军寨后，路通六和塔寺。石门涧，参军陆羽《灵隐寺记》："旧有卧龙石横涧中。"有诗咏曰："启闭何人见，湍流一涧分。仙家无路入，空锁石楼云。"金沙涧在灵隐寺侧，自合涧桥绕寺山一带。唐家同石桥在军寨门内，至行春桥折入步司前军寨门，由曲院流入西湖。惠因涧在赤山高丽惠因寺侧，秦少游[①]游龙井，曾濯足[②]于涧，题名记之云："并湖而行，出雷峰，度南屏，濯足于惠因涧。入灵石坞，得支径，上风篁岭，憩于龙井亭，酌泉投石而饮之。"呼猿涧在灵隐山呼猿洞之左右也。

【译】说到涧，比如合涧，在灵隐、天竺之间。十八涧在龙井山的西面、侍卫步军司左军寨的后面，有路通往六和塔。石门涧，参军陆羽在《灵隐寺记》中记载："旧有卧龙石横涧中。"有诗说道："启闭何人见，湍流一涧分。仙家无路入，空锁石楼云。"金沙涧在灵隐寺旁，自合涧桥绕寺山一带。唐家同石桥在军寨门内，到行春桥转入侍卫步军司前军寨门，由曲院流入西湖。惠因涧在赤山高丽惠因寺旁，

① 秦少游：北宋词人秦观，字少游。下文即引其《龙井题名记》。

② 濯足：洗去脚污。

秦少游游龙井，曾在此洗去脚污，他在《龙井题名记》中记载：“并湖而行，出雷峰，度南屏，濯足于惠因涧，入灵石坞，得支径，上风篁岭，憩于龙井亭，酌泉投石而饮之。”呼猿涧在灵隐山呼猿洞的左右。

井泉

杭城内外，民物阜蕃[①]。列朝帅臣，常命工开撩井泉，以济邦民之汲，庶无枯涸之忧。

【译】杭州城的内外，人口繁多，物产丰盛。各朝的帅臣，常命工匠开掘井泉，以供百姓取水，几乎没有干涸之忧。

吴山北大井，曰“吴山井”，盖此井系吴越王时有韶国师[②]始开为钱塘第一井，山脉融液，泉源所钟，不杂江潮之水，遇大旱不涸。天井巷旧有，曰“天井”。旧志云：宝月山上亦有天井，后废之久矣。万松岭上沈婆井，岭下有郭公井。铁冶岭北有郭婆井。青平山侧有郭儿井。寿域坊仁王院前上四眼井。长庆坊竹竿坊巷曰“下四眼井”。金地山步司寨前名“白鳝井”。青沙湾有鳗井。宝月山下上八眼井。秘书省相对下八眼井。后市街大眼井。六部前甜瓜井。四方馆北及南仓前各有大井。太学后及市西坊各名沈公井。祥符寺中，向吴越王于寺内开井九百九十眼，后改创军器所堙塞[③]，仅存数井耳。荐桥北有义井，亦呼“四眼井”。道明

① 阜蕃：繁衍生息。

② 有韶国师：德韶，唐末高僧，被吴越王钱弘俶迎至杭州，尊为国师。

③ 堙塞：堵塞。

桥双井。丰乐桥西长惠井。棚前亦有双井。梵天寺灵鳗井。钱王庙前乌龙井。六和塔南沙上曰“沙井”，上以铁井栏护之。西溪有井，名“龟儿井”“方井”。净慈寺前四眼井。下竺藏院炼丹井。武林山烹茗井。清湖惠利井。铁冶岭相公井。甘泉坊相国井。安国罗汉寺名“西井”，又名“成化井”。三省激赏库名“四井坊”，俗呼“四眼井”。裴府前名“小方井”，俗呼“小眼井”。惠迁桥西有井，一而三名，曰“沈公井”，曰“金牛井”，曰“惠迁井”。州治前流福坊名“流福井”。涌金门镊子井。自惠利而镊子计八井，于西湖置水口，引水归城，使民汲之。孤山有金沙井。风篁岭龙井，有名贤题咏甚多，秦少游题名石刻、丞相郑清之[①]跋[②]、东坡之记存焉。治平寺葛公双井。杨村路上观音井。小林莲华院莲华井。仁和皋亭冯氏井。

【译】吴山北面有大井，名叫“吴山井”，此井是吴越王时德韶国师所开，是钱塘第一井。此井水由山脉流水与地下泉水汇聚而成，不夹杂江潮之水，即使遇到大旱也不会干涸。天井巷过去就有井，名叫“天井”。旧志上记载：宝月山上亦有天井，后废之久矣。万松岭上有沈婆井，岭下有郭公井。铁冶岭北有郭婆井。青平山旁有郭儿井。寿域坊的仁王院前有上四眼井。长庆坊的竹竿坊巷的井叫“下四

① 郑清之：字德源，曾和史弥远一起议定废济王赵竑而立理宗为皇帝，历官光禄大夫、左右丞相、太傅、卫国公（齐国公）等。

② 跋：文体的一种，写在书籍、文章或书画作品的后面。

眼井”。金地山步军司寨前的井叫“白鳝井”。青沙湾有鳗井。宝月山下有上八眼井。秘书省的对面有下八眼井。后市街有大眼井。六部前有甜瓜井。四方馆北及南仓前各有大井。太学后及市西坊各有一个沈公井。祥符寺中，从前吴越王在寺内开凿了九百九十眼井，后来改建为军器所，就堵塞井眼，如今仅存几眼井。荐桥北有义井，也叫作“四眼井”。道明桥有两眼井。丰乐桥西有长惠井。棚前也有两眼井。梵天寺有灵鳗井。钱王庙前有乌龙井。六和塔南沙上的井叫“沙井”，上面用铁制井栏围护。西溪的井叫“龟儿井”“方井”。净慈寺前有四眼井。下天竺寺藏院有炼丹井。武林山有烹茗井。清湖有惠利井。铁冶岭有相公井。甘泉坊有相国井。安国罗汉寺的井叫“西井”，又叫作“成化井”。三省激赏库的井叫“四井坊”，俗称“四眼井”。裴府前的井叫“小方井”，俗称“小眼井”。惠迁桥西的井有三个名称，分别为“沈公井”“金牛井”“惠迁井”。州府衙前流福坊的井叫“流福井”。涌金门有镊子井。自惠利井到镊子井共有八眼井，在西湖设置水口，引水进城，便于百姓取水。孤山有金沙井。风篁岭有龙井，这里有许多名人诗作，秦少游题诗的石刻、郑清之丞相的跋、苏东坡的记，至今犹存。治平寺有葛公双井。杨村路上有观音井。小林莲华院有莲华井。仁和县的皋亭有冯氏井。

泉者，以城外两赤县有冷泉、醴泉、温泉，并见武林山。玉泉在钱塘九里松北净空院，齐末有灵悟大师云超开山说法，龙君来听，抚掌[①]出泉，有小方池，深不及丈，水清澈可鉴，异鱼游泳其中，池侧立祠祀龙君。朝家封公爵，白乐天有诗云："湛湛玉泉色，悠悠浮云身。闲心对定水，清净两无尘。手把青藜杖，头戴白纶巾。兴尽下山去，知我是谁人？"真珠泉在大慈崇教院，为张循王真珠园内也。灵泉在寿星寺前，有亭；而广福院亦有之。金沙泉在仁和永和乡，东坡诗有"细泉幽咽走金沙[②]"之句。杯泉详于寿星寺。卧犀泉见于郑戬《灵隐天竺诗序》中。萧公泉在灵隐寺后。岁寒泉在龙井山崇因院。法华泉在南山满觉寺。参寥泉，元祐年间，此僧住上智果寺，寺有泉，东坡以僧之名为泉名，盖东坡《应梦记》云："仆[③]在黄州日，参寥[④]自吴中来访，一日梦此僧赋诗，觉而记两句云：'寒食清明都过了，石泉槐火一时新。'后七年，仆出守钱塘，此僧始卜居西湖智果院，院有泉出石缝间。寒食之明日，仆与客泛湖，自孤山来谒[⑤]，参寥子汲泉钻火，烹黄

---

① 抚掌：拍手。

② 细泉幽咽走金沙：出自苏轼《佛日山荣长老方丈五绝》。

③ 仆：谦辞。旧时男子称自己。

④ 参寥：宋代僧人参寥子。

⑤ 自孤山来谒：自孤山来拜访（参寥子）。

蘖茶[①]，忽悟予梦诗兆于七年前[②]，众客皆叹，遂书始末并题之，非虚语[③]也。”

【译】说到泉，杭州城外两个辖县有冷泉、醴泉、温泉，都在武林山。玉泉在钱塘县九里松北的净空院内，南齐末年有灵悟大师云超开山说法，龙王前来倾听，拍手而出泉水，形成一个小方池，深不足一丈，水清澈得可以照见人影，一些奇特的鱼在水中游动，池旁立祠来祭祀龙王。朝廷封公爵，白乐天有诗云：“湛湛玉泉色，悠悠浮云身。闲心对定水，清净两无尘。手把青藜杖，头戴白纶巾。兴尽下山去，知我是谁人？”真珠泉在大慈崇教院，是张循王真珠园内。灵泉在寿星寺前，建有亭子；广福院也有一个灵泉。金沙泉在仁和县永和乡，苏东坡有“细泉幽咽走金沙”的诗句。杯泉详见寿星寺。卧犀泉见于郑戬《灵隐天竺诗序》的记载。萧公泉在灵隐寺后面。岁寒泉在龙井山的崇因院。法华泉在南山满觉寺。参寥泉，神宗元祐年间，僧人参寥子住在上智果寺，寺中有泉，苏东坡就以这个僧人的名字为泉取名。苏东坡《应梦记》记载：“仆在黄州日，参寥自吴中来访，一日梦此僧赋诗，觉而记两句云：‘寒食清明都过了，石泉槐火一时新。’后七年，仆出守钱塘，此僧始卜居西湖智果院，院有泉出石缝

① 黄蘖（niè）茶：宋代名茶。产于江西瑞州。

② 忽悟予梦诗兆于七年前：忽然悟到七年前梦中的诗已经预兆今日情景了。

③ 虚语：假话；空话。

间。寒食之明日，仆与客泛湖，自孤山来谒，参寥子汲泉钻火，烹黄蘖茶，忽悟予梦诗兆于七年前，众客皆叹，遂书始末并题之，非虚语也。”

颍川泉在南高峰。观音泉者有三，法通、传灯、真如三寺也。喷月泉在南山晴竹园广福院。定光泉在西山长耳僧法相院西定光庵侧。白沙泉在灵隐寺西普贤院方丈之西，其泉自白沙中出，有诗咏曰：“不见泉来穴，沙平落细声。夜高寒月漾，银汉大分明。”周公泉又名“北闸泉”，在湖州市下闸。甘泉在城北童家巷南。惠泉在钱塘长寿乡大遮山惠泉寺。冰谷泉在临平山寂光庵侧。寒泉旧名“荐菊泉”，在钱塘门外嘉泽庙。生绿泉在南山福圣院。六一泉、仆夫泉在孤山四圣太乙道馆园内。大悲泉，在上天竺。茯苓泉在灵隐寺西无垢院。虎跑泉在大慈山。持正泉在六和开化寺。涌泉在霍山行宫西清心院前山坡下，高庙日遣人汲泉入内瀹茗[1]，寺中以朱栏护之，味极清甘，亢旱不竭。天泽泉在曲院小隐寺前，有亭覆之。安平泉在仁和安仁西乡安隐院，有池，匾曰“安平”，泉池边有亭，东坡诗曰：“策杖徐徐步此山，拨云寻径兴飘然。凿开海眼知何代，种出菱花不记年；烹茗僧夸瓯泛雪，炼丹人化骨成仙。当年陆羽空收拾，遗却安平一片泉。”城内有瑞石泉，在料粮院北瑞石山下。今太庙南有

① 瀹（yuè）茗：煮茶。

井亭。青衣泉在太庙后三茅观园内。武安泉在皇城司营，水清甘，有石刻“武安泉”三字。俱按《咸淳志》所载而述之也。

【译】颍川泉在南高峰。观音泉有三个，分别在法通寺、传灯寺、真如寺。喷月泉在南山晴竹园广福院。定光泉在西山长耳僧法相院西面的定光庵旁。白沙泉在灵隐寺西面的普贤院方丈之西，泉水从白沙中涌出，有诗赞道：“不见泉来穴，沙平落细声。夜高寒月漾，银汉大分明。”周公泉又叫“北闸泉”，在湖州市下闸。甘泉在城北童家巷的南面。惠泉在钱塘县长寿乡大遮山惠泉寺。冰谷泉在临平山寂光庵旁。寒泉原先叫“荐菊泉”，在钱塘门外嘉泽庙。生绿泉在南山福圣院。六一泉、仆夫泉在孤山四圣太乙道馆园内。大悲泉在上天竺。茯苓泉在灵隐寺西面的无垢院。虎跑泉在大慈山。持正泉在六和开化寺。涌泉在霍山行宫西面的清心院前的山坡下，高宗每天会派人在此泉水中取水来煮茶，寺中以红色的围栏来围护，泉水极其清澈甘甜，即使大旱时也不枯竭。天泽泉在曲院小隐寺前，有亭覆护。安平泉在仁和县安仁西乡安隐院，有池，匾额是“安平”，泉池边也有亭，苏东坡诗曰：“策杖徐徐步此山，拨云寻径兴飘然。凿开海眼知何代，种出菱花不记年；烹茗僧夸瓯泛雪，炼丹人化骨成仙。当年陆羽空收拾，遗却安平一片泉。”杭州城内有瑞石泉，在料粮院北的瑞石山下。如今太庙南有井亭。青衣泉在太庙后面的三茅观园内。武安泉在皇城司营，泉水清甜，有石且刻着“武安泉”三字。以上都按照《咸淳临安志》所载而记述的。

池塘

涌金池在丰豫门里，引西湖水为池，吴越王元瓘①大书②“涌金池”三字，刻石识之，其旁书“清泰三年丙午之岁，建午之月，特开此池”。有前辈赋诗咏曰：“涌金春色晚，吹落碧桃花。一片何人得？流经十万家。众沼皆涵碧，斯池独涌金。宝光终夜见，不是月华深。”圣母池在吴山中兴观侧，以石栏护之，上建圣母庙。白龟池在钱塘门里沿城南。金牛池已废。仁和仓池在仓南。明清池在大理寺议厅，池畔有潘阆诗刻。白洋池在梅家桥南。鸿雁池在龙山北。龙母池在钱粮司岭。金鱼池在开化寺后山涧，水底有金银鱼。放生亭池在西湖德生堂。瑶池在钱塘门外宝胜寺侧，今属吕氏园。有二饮马池：一在西溪饮马山下；一在菜市门外庙子湾。西水池在长桥东钱湖门外。碧沼水池在湖州市左八郎庙巷，池广三亩，水清甘，人多

① 吴越王元瓘（guàn）：吴越文穆王钱元瓘（公元887—941年），字明宝，原名传瓘。杭州临安(今浙江临安)人，吴越第二位国君，吴越武肃王钱镠第七子。钱元瓘早年曾历任盐铁发运巡官、尚书金部郎中、检校尚书左仆射、内牙将指挥使，在讨伐叛乱、抗击贼寇中立有大功。

② 大书：用大字书写。

汲饮，有匾曰“碧沼”。磨剑池，临平山下有片石，俗传钱王磨剑于此。宫城外护龙水池二十所，自候潮门里，南贴中军寨壁，宫城之东直至便门里、南水门北和宁门外，水池袤[①]一百一十尺，自是[②]近南居民去水绝远者，皆恃此防虞，以为安矣。城内外居民水远去处，官置防虞水池者二十有二，以便民之利。

【译】涌金池在丰豫门里，引来西湖水形成的池，吴越文穆王钱元瓘用大字书写“涌金池”三个字，刻在石上作为标识，旁边写着“清泰三年丙午之岁，建午之月，特开此池”。有前辈赋诗道：“涌金春色晚，吹落碧桃花。一片何人得？流经十万家。众沼皆涵碧，斯池独涌金。宝光终夜见，不是月华深。”圣母池在吴山中兴观旁，用石栏围护此池，上面建有圣母庙。白龟池在钱塘门里的沿城南。金牛池已经废弃。仁和仓池在仁和仓的南面。明清池在大理寺议厅，池畔有潘阆的诗刻。白洋池在梅家桥的南面。鸿雁池在龙山的北面。龙母池在钱粮司岭。金鱼池在开化寺后面的山涧，水底有金银鱼。放生亭池在西湖德生堂。瑶池在钱塘门外宝胜寺旁，如今属于吕氏园。还有两个饮马池：一个在西溪饮马山下；另一个在菜市门外的庙子湾。西水池在长桥东钱湖门外。碧沼水池在湖州市左八

---

① 袤（mào）：长度，特指南北距离的长度。

② 自是：从此。

郎庙巷，池方圆三亩，水很清甜，很多人在此取水饮用，有匾额是“碧沼”。磨剑池，临平山下有一片状石头，相传钱王曾在这里磨剑。宫城外有护龙水池二十处，自候潮门里，南面紧贴中军寨壁，宫城往东直到便门里、南水门北的和宁门外，水池南北长一百一十尺。从此城南离水池较远的居民就倚仗这些护龙水池来防备火患，来保障安全。城内外有不少居民住在距离水池很远的地方，官府就建造了二十二个防虞水池，以方便民众。

塘者，如艮山门外尉司衙侧，名“五里塘”。艮山门外蔡官人塘、月塘，其地宜种瓜。有周姓者擅其利，上人呼“月塘周家筭[①]筒瓜”是也。上塘，在殿司右军教场侧，又在团园头石塘北。沈塘在北关门外，又名“沈家湾”。永和塘在仁和永和乡，地接石鼎湖。白龙潭俗谓之“三里阴”，水势涨溢[②]，一遇卯风震荡，则数百顷瞬息湮没[③]，乡民患之。后得邑士[④]倡义捐财，以助修筑。塘成，岁无水患，邑宰范光命名曰“永和堤”。官河塘在北新桥之北，接广运河大塘。又有一塘，曰“西塘”，袤一十八里，抵安溪，通四州驿路，淳祐并加筑治，至今无颓圮[⑤]之患矣。

① 筭（suàn）：同“算”。

② 涨溢：暴涨。

③ 湮（yān）没：淹没。湮，同“淹”。

④ 邑士：本县士人。

⑤ 颓圮（pǐ）：堕落；败坏。

【译】说到塘，在艮山门外尉司衙旁有塘，名叫“五里塘”。在艮山门外有蔡官人塘、月塘，这里的土地适宜种瓜。有一个姓周的人独占其利，当地人所称的“月塘周家算筒瓜”就是他种的。上塘有两个，一个在殿前司右军教场旁，另一个在团园头石塘的北面。沈塘在北关门外，又叫“沈家湾”。永和塘在仁和县永和乡，地接石鼎湖。白龙潭俗称“三里阴”，水势暴涨，一遇到卯风大作，瞬间会淹没数百顷土地，是乡民的大患。后来得到本县士人仗义捐财，帮助筑堤。塘堤修成后，就再没有水患，县令范光将其命名为“永和堤”。官河塘在北新桥北面，连接广运河大塘。又有一塘，叫作“西塘”，南北长十八里，一直到安溪，通向四州的驿路，淳祐年间又加以修筑，至今都没有崩塌的隐患。

堰闸渡

清河堰在余杭门外税务东。里沙河堰在余杭门外仁和桥东。

【译】清河堰在余杭门外税务的东面。里沙河堰在余杭门外仁和桥的东面。

澄水闸在西湖长桥南。因钱湖门内诸山之水，分流为三道，一以钱湖门外北城下置海子口，流水省马院后为小渠，引水直至澄水闸入湖。又为三渠出于湖，皆有石桥，后渠为民居湮塞，然桥犹可记也。西闸在赤山教场侧。龙山浑水闸、清水闸在龙山。浙江清水、浑水二闸在便门外。保安闸在小堰门外。清湖上中下三闸在余杭门外。石函桥闸在钱塘门外水磨头，因湖水涨壅，开此泄水，出于下湖。安溪、化湾二斗门闸在钱塘县北。

【译】澄水闸在西湖长桥的南面。因钱湖门内各山上的流水分为三道，所以在钱湖门外北城下设置海子口，水流出省马院后为小渠，引水直到澄水闸入西湖。古人将此水分为三渠，都架有石桥，后来渠被民居堵塞，但是桥还在，可纪旧事。西闸在赤山教场旁。龙山浑水闸、清水闸都在龙山。浙江清水、浑水两闸在便门外。保安闸在小堰门外。清湖上中下三闸在余杭门外。石函桥闸在钱塘门外水磨头，因湖水上涨堵塞不通，所以开此闸放水，排到下湖。安溪、化湾两个斗门闸都在钱塘县北。

浙江渡在浙江亭江岸，对西兴。龙山渡在六和塔开化寺山下，对渔浦。渔山渡在大朱桥及盐仓前，两岸相望不远，江势可畏。浙东士夫，惮[①]于渡渔浦者，多由此渡船。头渡在通江桥北。周家渡在城内漆木巷。司马渡在油腊局桥。肖家渡在下中沙巷。边家渡在仁和仓东。睦家渡在丰储仓西。时家渡在德胜堰南。

【译】浙江渡在浙江亭江岸，对着西兴。龙山渡在六和塔开化寺山下，对着渔浦。渔山渡在大朱桥及盐仓前，两岸

① 惮（dàn）：怕，畏惧。

相隔不远，江势浩大，令人生畏。浙东的士大夫，害怕从渔浦渡江，大多从这里渡船。头渡在通江桥的北面。周家渡在城内漆木巷。司马渡在油腊局桥。肖家渡在下中沙巷。边家渡在仁和仓的东面。睦家渡在丰储仓的西面。时家渡在德胜堰的南面。

卷十二

西湖

杭城之西有湖，曰“西湖”，旧名“钱塘”。湖周围三十余里，自古迄今，号为“绝景”。唐朝白乐天守杭时，再筑堤捍湖。宋庆历间，尽辟[①]豪民[②]僧寺规占之地，以广湖面。元祐时，苏东坡守杭，奏陈[③]于上，谓“西湖如人之眉目，岂宜废之？”遂拨赐度牒，易钱米，募民开湖，以复唐朝之旧。绍兴间，辇毂驻跸，衣冠[④]纷集，民物阜蕃，尤非昔比，郡臣汤鹏举申明西湖条画事宜于朝，增置开湖军兵，差委官吏管领，任责盖造寨屋[⑤]舟只，专一撩湖，无致湮塞，修湖六井阴窦水口，增置斗门水闸，量度水势，得其通流[⑥]，无垢污之患。乾道年间，周安抚[⑦]淙奏乞降[⑧]指挥，禁止官民不得抛弃粪土、栽植荷菱等物。秽污填塞湖港，旧召募军兵专一撩湖，近来废阙，见存者止三十余名，乞再填刺

① 辟：开辟；开拓。

② 豪民：地方上无官职，但有财势，不守法度，凌压百姓的人。

③ 奏陈：向帝王陈述意见、事宜。

④ 衣冠：代称缙绅、士大夫。

⑤ 寨屋：营房。

⑥ 通流：通行。

⑦ 安抚：指安抚使。这里指周淙为临安知府。

⑧ 乞降：请求降旨。

补额，仍委尉司官并本府壕塞官带主管开湖职[1]，专一管辖军兵开撩，无致人户包占。或有违戾[2]，许人告捉，以违制论。自后时有禁约，方得开辟。淳祐丁未大旱，湖水尽涸，郡守赵节斋奉朝命开浚[3]，自六井至钱塘、上船亭、西林桥、北山第一桥、苏堤、三塔、南新路、长桥、柳洲寺前等处，凡种菱荷茭荡[4]，一切薙[5]去，方得湖水如旧。咸淳间，守臣潜皋墅亦申请于朝，乞行除拆湖中菱荷，毋得存留秽[6]塞，侵占湖岸之间。有御史鲍度劾奏内臣陈敏贤、刘公正包占水池、盖造屋宇、濯秽[7]洗马，无所不施，灌注湖水，一以酝酒，以祀天地、飨祖宗，不得蠲洁[8]而亏歆受之福；次以一城黎元之生，俱饮污腻浊水[9]而起疾疫之灾[10]。奉旨降官罢职，令临安府日下拆毁屋宇，开辟水港，尽于湖中除拆荡岸，得以无秽污之患。官府除其年纳利租官钱，销灭其籍，绝其所莳，本根勿复萌孽矣。

---

① 带主管开湖职：不改变原来职务而主管开湖的工作。

② 违戾（lì）：违背。

③ 开浚：挖掘；开采。

④ 荡：指浅水湖。

⑤ 薙（tì）：同“剃”。

⑥ 秽：田中多草。

⑦ 濯秽：清洗污秽。

⑧ 蠲（juān）洁：清洁。蠲，除去。

⑨ 污腻浊水：指脏东西，形容水土受到非常严重的污染，肮脏的泥，浑浊的水。

⑩ 疾疫之灾：发生疫病的灾祸。

【译】杭州城西面的湖叫“西湖”，原先叫“钱塘”，湖的周围三十余里，从古至今，号称“绝景”。唐朝白居易任杭州太守时，再次筑堤护湖。宋仁宗庆历年间，将豪民、佛教寺院圈占的土地全都开拓了，来拓宽湖面。宋哲宗元祐年间，苏东坡任杭州太守，向皇上陈述说：“西湖就好像人的眉目，怎么能废弃呢？”于是朝廷拨赐度牒，换取钱、粮食，招募民夫来开湖，以恢复唐朝时的旧貌。绍兴年间，皇上南渡这里，缙绅、士大夫云集众多，人口繁多，物产丰盛，实在不是昔日可比的。郡臣临安知府汤鹏举在朝堂申明了规划西湖之事宜，于是朝廷便增置开湖的军兵，委派官吏管辖统领，负责建造营房、船只，专门来挖湖，让湖不至于堵塞不通。又修砌了六井和暗洞水口，增置了斗门水闸，度量水势，使水流动没有污垢的隐患。孝宗乾道年间，临安知府周淙奏请朝廷降旨禁止官民向西湖抛弃粪土、不得在湖中栽植荷、菱等物，免得秽污填塞湖港。过去招募军兵专门负责挖湖，最近废置了，还仅存三十余名军兵，请求再填充名额，仍委派尉司官和本府壕寨官带来主管挖湖的职务，专门管辖军兵开掘工作，不让西湖被民户包占。若有违背的人，准许他人举报，由军士逮捕，以违制论罪。此后经常会有禁约，西湖才得以不断开辟。理宗淳祐丁未年大旱，西湖水都已干涸，临安郡守赵节斋奉朝廷之命开掘西湖，自六眼井至钱塘、上船亭、西林桥、北山第一桥、苏堤、三塔、南新路、长桥、柳洲寺前等处，凡是栽种菱、荷、茭的地方，全部铲除掉，湖水才得以恢复原貌。度宗咸淳年间，临安知府潜皋墅也向朝廷申请，请求铲除西湖中的菱、荷，不让存留以致菱、荷堵塞，以免侵占湖岸。有御史鲍度奏请弹劾内臣陈敏贤、刘公正包占水池、建造屋宇、在湖中清洗污秽和马匹，无所不为。灌注西湖的湖水，其一用来酿酒，以祭飨天地和祖宗，如果酒不清洁，所受之福就会亏损；其次一城的黎民百姓，若全都饮用脏水，就会发生疫病的灾祸。朝廷于是下令将陈、刘二人降官、罢职，令临安府立即拆毁屋宇，开辟水港，拆除湖中所有的浅水湖岸，西湖才得以没有污秽之患。官府全部免除（民户租用湖面栽种菱、荷）每年应缴纳租金，账目予以销毁，铲除所栽种的菱、荷，连根除去，不让它再萌生。

且湖山之景，四时无穷，虽有画工①，莫能摹写②。如映波桥侧竹水院，涧松茂盛，密荫清漪③，委可人意。西林桥即里湖内，俱是贵官园圃，凉堂画阁，高台危榭，花木奇秀，灿然可观④。有集芳御园，理宗赐与贾秋壑为第宅

① 画工：以绘画为职业的人。

② 摹写：描摹。

③ 清漪（yī）：水清澈而有波纹。

④ 灿然可观：形容事物色彩鲜明。

家庙，往来游玩舟只，不敢仰视，祸福立见[1]矣。西泠桥外孤山路，有琳宫[2]者二，曰“四圣延祥观”，曰“西太乙宫”，御圃在观侧，乃林和靖隐居之地，内有六一泉、金沙井、闲泉、仆夫泉、香月亭。亭侧山椒，环植梅花。亭中大书“疏影横斜水清浅，暗香浮动月黄昏”之句于照屏之上。又有堂，匾曰“挹翠”，盖挹西北诸山之胜耳。曰“清新亭”，面山而宅，其麓在挹翠之后。曰“香莲亭”，曰“射圃”，曰“玛瑙坡”，曰“陈朝桧”，皆列圃之左右。旧有东坡庵，四照阁、西阁、鉴堂、辟支塔，年深废久，而名不可废也。

【译】湖山之美景，四季无穷，虽然有画工，也不能详尽地描摹。如映波桥侧的竹水院，涧松茂盛，密荫清漪，着实让人满意。西林桥即里湖，其中全是权贵官宦的园圃，凉堂画阁，高台危榭，花木奇秀，灿然可观。还有集芳御园，是理宗赐给贾秋壑为宅第家庙，往来游玩的舟只，人们都不敢仰视，否则祸福立时可见。西泠桥外的孤山路，有两座道观，为“四圣延祥观”“西太乙宫”。皇家园圃在道观旁，是林和靖隐居的地方，其中有六一泉、金沙井、闲泉、仆夫泉、香月亭，香月亭旁是山椒，四周种植着梅花，亭中屏风

① 祸福立见：是福是祸，立时可见。这里指贾似道权势凌人，视仰视其宅者为不敬，必惩治之。

② 琳宫：仙宫。为道观、殿堂之美称。

上大字书写着“疏影横斜水清浅，暗香浮动月黄昏”的诗句。又有堂，匾额是“挹翠”，指包揽了西北各山的美景。还有清新亭，面对孤山而建，山脚在挹翠堂的后面。又有香莲亭、射圃、玛瑙坡、陈朝桧，都分别在皇家园圃的左右。原先有东坡庵，四照阁、西阁、鉴堂、辟支塔，年代久远早已废弃，而名字没有废。

曰“苏公堤”，元祐年东坡守杭，奏开浚湖水，所积葑草[①]筑为长堤，故命此名，以表其德云耳。自西迤[②]北，横截湖面，绵亘数里，夹道杂植花柳，置六桥，建九亭，以为游人玩赏驻足之地。咸淳间，朝家给钱，命守臣增筑堤路，沿堤亭榭再一新，补植花木。向东坡尝赋诗云：“六桥横绝天汉上，北山始与南屏通。忽惊二十五万丈，老葑席卷苍云空。”

【译】苏公堤，在元祐年间苏东坡任杭州太守时，奏请开挖湖水，用所积葑草堆筑为长堤，故命名“苏公堤”，以表彰他的功德。苏公堤自西向北，横截在湖面，绵延数里，夹道上种植着各种花草、柳树，又建造了六桥九亭，作为游人玩赏驻足的地方。咸淳年间，朝廷拨出钱财，命临安太守增筑堤路，将沿堤的亭榭修缮一新，补种花木。从前苏东坡曾赋诗：“六桥横绝天汉上，北山始与南屏通。忽惊二十五万丈，老葑席卷苍云空。”

---

① 葑草：一种水生植物。

② 迤（yǐ）：往；向。

曰“南山第一桥”，名“映波桥”。西偏建堂，匾曰“先贤”。宝庆年大资袁京尹韶[①]请于朝，以杭居吴会，为列城冠，湖山清丽，瑞气扶舆[②]，人杰代生，踵武[③]相望，祠祀未建，实为阙文，以公帑求售居民园屋，建堂奉忠臣孝子、善士名流、德行节义、学问功业。自陶唐至宋，本郡人物许箕公[④]以下三十四人及孝妇孙夫人等五氏，各立碑刻，表世旌[⑤]哲而祀之。堂之外堤边，有桥名“袁公桥”，以表而出之。其地前挹平湖，四山环合，景象窈深。惟堂滨湖，入其门，一径萦纡[⑥]，花木蔽翳[⑦]，亭馆相望，来者由振衣[⑧]，历古香，循清风，登山亭，憩流芳[⑨]，而后至祠下。又徙玉晨道馆于祠之艮隅[⑩]，以奉洒扫，易匾曰“旌德”，且为门便其往来。直门为堂，匾曰“仰高”。

【译】南山第一桥，名叫“映波桥”。桥西侧建堂，

① 大资袁京尹韶：临安知府袁韶。

② 扶舆：又作扶於、扶与。犹扶摇。盘旋升腾貌。

③ 踵武：指跟着前人的脚步走。比喻继续前人的事业。

④ 许箕公：许由，上古时代一位高尚清节之士。相传尧帝知其贤德要把君位让给他，他推辞不受，逃于箕山（今河南登封）下隐居。死后葬于箕山，故箕山也叫“许由山”。尧封其为“箕山公神”。

⑤ 旌：表彰。

⑥ 萦纡（yū）：旋绕弯曲；萦回。

⑦ 蔽翳（yì）：遮蔽；隐蔽。这里指花木极其繁盛茂密。

⑧ 振衣：抖衣去尘，整衣。

⑨ 流芳：散发香气。

⑩ 艮隅：东北方。

匾额是“先贤”。理宗宝庆年间临安知府袁韶向朝廷请求，认为杭州乃三吴都会，为各城之冠，湖山清丽，瑞气扶舆，人杰代生，接连不断，却未建造祠堂来祭祀，实在是有所缺漏，应用公款求购居民园、屋，建堂供奉忠臣孝子、善士名流、德行节义、学问功业的人士。从陶唐氏至宋朝，本郡人物自许箕公以下三十四人及孝妇孙夫人等五氏，各立碑刻，公之于世他们的才德并加以祭祀。先贤堂外苏公堤边，有桥名叫“袁公桥”，以表扬袁韶之功。此地前挹平湖，四山环绕，景象幽深。先贤堂正面临湖，进入门中，一小路萦回，花木极其繁盛茂密，亭馆相望，前来游赏的人都会先整好衣服，沉浸于古香，随着清风，到处散发着花香，登临山亭，稍作休息，然后再到达祠下。另外，将玉晨道馆迁徙到祠堂的东北角，让道士负责洒扫，改匾额为“旌德”，并设置了门便于进出。一进门就是堂，匾额是“仰高”。

第二桥，名“锁澜”。桥西建堂，匾曰“湖山”。咸淳间，洪帅焘买民地创建，栋宇雄杰，面势端闳，冈峦奔赴，水光荡漾，四浮图矗四围，如武士相卫。回眸顾盼，由后而望，则芙蕖菰蒲蔚然相扶，若有逊避其前之意。后二年，帅臣潜皋墅增建水阁六楹，又纵为堂四楹，以达于阁。环之栏槛，辟之户牖[①]，盖迩延远挹尽纳千山万景，卓然为西湖堂宇之冠，游者争趋焉。

---

① 户牖（yǒu）：门窗；门户。

【译】第二桥，名叫“锁澜桥”。在桥西建堂，匾额是“湖山”。咸淳年间，临安知府洪焘购买民地创建，栋宇雄杰，面势端闳，山峦起伏，水光荡漾，四座佛塔矗立在四周，如武士相互护卫。回过头来环顾四周，从后面望去，芙蕖、菰、蒲蔚然而生、相互扶持，似乎有谦虚回避的意思。两年后，知府潜皋墅增建六楹水阁，又扩建了四楹堂，使堂阁相连。四周环绕栏杆，开辟门窗，于是将远近千山万景都包揽在其中，卓越的环境变成西湖堂宇之冠，游人争相来游赏。

接第三桥，名“望仙”。桥侧有堂，匾曰“三贤”，以奉白乐天、林和靖、苏东坡三先生之祠。袁大资请于朝，切惟三贤道德名节震耀今古，而祠附于水仙庙东庑，则何以崇教化、励风俗？遂买居民废址，改造堂宇，以奉三贤，实为尊礼名胜之所。正当苏堤之中，前挹湖山，气象清旷①；背负长岗，林樾②深窈；南北诸峰，岚翠③环合，遂与苏堤贯联④也。盖堂宇参错，亭馆临堤，种植花竹，以显清概⑤。堂匾“水西”“云北”“月香”“水影”“晴光”“雨色”。

【译】接下来第三桥，名叫“望仙桥”。桥旁有堂，匾额是“三贤”，是供奉白居易、林和靖、苏东坡三先生之祠

① 清旷：清朗开阔。

② 林樾（yuè）：林木。或指林间隙地。

③ 岚翠：苍翠色的山雾。

④ 贯联：连接。

⑤ 清概：指高尚的节操。

堂。袁韶向朝廷请求说，这三位先贤的道德名节震耀今古，而祠堂却附于水仙庙的东庑，这样怎么能崇尚教化、激励风俗呢？于是购买居民的废址，来改造堂宇，以供奉三贤，打造成尊崇礼法、风景优美的地方。三贤堂正在苏堤之中，前有湖山，气象清旷；后有长岗，林木幽深，南北诸峰，环绕着苍翠色的山雾，三贤堂便与苏堤相连接。因堂宇参差交错，亭馆紧临苏堤，种植着花、竹，以显示高尚的节操。堂里匾额是“水西”“云北”“月香”“水影”“晴光”“雨色”。

曰北山第二桥，名“东浦桥”。西建一小矮桥过水，名“小新堤”。于淳祐年间，赵节斋尹京之时，筑此堤至曲院，接灵隐三竺梵宫，游玩往来，两岸夹植花柳，至半堤。建四面堂，益以三亭于道左，为游人憩息之所，水绿山青，最堪观玩。咸淳再行高筑堤路，凡二百五十余丈，所费俱官给其券工也。

【译】北山第二桥，名叫“东浦桥”。桥西面建有一座跨水小矮桥，名叫“小新堤”。在理宗淳祐年间，赵节斋任临安知府时，筑此堤直达曲院，连接灵隐、三天竺的佛寺，方便往来游玩。两岸夹杂种植着花木、柳树，直到半堤。建了四面堂，在路左边又建了三座亭子，是游人休息的地方，山清水秀，最值得游赏。咸淳年间又将堤路筑高，共二百五十多丈，所耗费钱财役工都由官府来承担。

曰北山第一桥，名“涵碧桥”。过桥出街，东有寺，名

"广化"。建竹阁，四面栽竹万竿，青翠森茂，阴晴朝暮，其景可爱，阁下奉乐天之祠焉。曰寿星寺，高山有堂，匾曰"江湖伟观"，盖此堂外江内湖，一览目前。淳祐赵尹京[①]重创广厦危栏，显敞虚旷，旁又为两亭，巍然立于山峰之顶。游人纵步[②]往观，心目为之豁然。

【译】北山第一桥，名叫"涵碧桥"。过了涵碧桥出了街，东面有座寺庙，名叫"广化寺"。寺中有用竹子建造的楼阁，四面栽着很多的竹子，青翠茂盛，天气阴、晴和早上、晚上的景致，都非常可爱，竹阁的下面供奉白居易之祠。寿星寺，在高山上且也有堂，匾额是"江湖伟观"，此堂外面是江、里面是湖，眼前尽览胜景。淳祐年间，临安知府赵节斋重建广厦高栏，使其更加广大宽阔，旁边又造了两个亭子，巍然屹立在山峰之顶。游人放开脚步前往观览，眼前豁然开朗。

曰孤山桥，名"宝祐"，旧呼曰"断桥"。桥里有梵宫，以石刻大佛，金装，名曰"大佛头"，正在秦皇缆舟石[③]山上，游人争睹之。桥外东有"森然亭"，堂名"放生"，在石函桥西。昨于真庙朝天禧年间，平章王钦若出判

① 赵尹京：临安知府赵节斋。

② 纵步：放开脚步。

③ 秦皇缆舟石：相传为秦始皇巡行杭州时，用以缆船之石。明田汝成《西湖游览志》："大石佛，旧传为秦始皇缆船石，宋宣和中僧思净者，当儿时见之作念曰：'异日出家，当镌此石为佛。'及长，为僧妙行寺，遂镌此石为佛像。饰以黄金，构殿覆之，遂名为大石佛院。"

杭州，请于朝建也。次年守臣王随记其事。元祐东坡请浚西湖，谓每岁四月八日，邦人[①]数万，集于湖上，所活[②]羽毛鳞介[③]以百万数，皆西北向稽首[④]祝万岁。绍兴以銮舆驻跸，尤宜涵养[⑤]，以示渥泽[⑥]，仍以西湖为放生池，禁勿采捕，遂建堂匾“德生”。有亭二：一以滨湖，为祝网[⑦]纵鳞之所，亭匾“泳飞”；一以枕山，凡名贤旧刻皆峙[⑧]焉，又有奎书[⑨]《戒烹宰文》刻石于堂上。

【译】孤山桥，名叫“宝祐桥”，原先叫作“断桥”。宝祐桥里有寺庙，有用石刻的大佛，佛身涂金，名叫“大佛头”，正在秦始皇缆舟石山上，游人争相观看。桥外的东面有个“森然亭”，堂名叫“放生堂”，在石函桥的西面。早在真宗天禧年间，同平章事王钦若出任杭州知府，向朝廷请求建造的此堂。第二年杭州知府王随记录此事。元祐年间苏东坡请求清除西湖的淤塞，称每年四月初八，有数万国人聚集在西湖上，所放生的动物数以百万计，人们都面向西北叩

① 邦人：国人；百姓。

② 活：这里指放生。

③ 羽毛鳞介：泛指各种动物。介，指有介甲的动物。

④ 稽首：古代一种跪拜礼，叩头到地。

⑤ 涵养：控制情绪的功夫。

⑥ 渥（wò）泽：指恩惠。

⑦ 祝网：指帝王施行仁德之政。

⑧ 峙（zhì）：直立；耸立。

⑨ 奎书：御书。皇帝亲笔书写。

头遥祝万岁。绍兴年间，皇上临时居住在这里，非常需要有涵养，以示恩惠，故仍以西湖为放生池，禁止采捕，又建造了堂，匾额是“德生”。德生堂有两座亭子，一座是滨湖，亭匾“泳飞”，是皇上仁政放生鱼类的地方；另一座是枕山，凡是过去著名贤人的石刻都耸立在这里，又有御书《戒烹宰文》的石刻放置在堂上。

曰玉莲，又名“一清”，在钱塘门外菩提寺南沿城。景定间尹京马光祖建，次年魏克愚徙郡治竹山阁改建于此，但堂宇爽闿[①]，花木森森，顾盼湖山，蔚然堪画。

【译】玉莲堂，又叫作“一清堂”，在钱塘门外菩提寺南沿城，理宗景定年间，临安知府马光祖创建，第二年魏克愚将府衙竹山阁迁移至此并改建。堂宇高大宽敞，花木森然，环顾湖山之景，美如图画。

曰丰豫门，外有酒楼，名“丰乐”，旧名“耸翠楼”。据西湖之会，千峰连环，一碧万顷，柳汀[②]花坞[③]，历历[④]栏槛间，而游桡画舫[⑤]，棹讴[⑥]堤唱，往往会于楼下，为游览

① 爽闿（kǎi）：高大宽敞。

② 柳汀：柳树成行的水边平地。

③ 花坞：种植花木的地方。

④ 历历：指清楚明白，分明可数。

⑤ 游桡（ráo）画舫：游船和装饰更华美的游船。

⑥ 棹讴：摇桨行船所唱之歌。

最。顾以官酤[1]喧杂，楼亦临水，弗与景称。淳祐年，帅臣赵节斋再撤新创，瑰丽[2]宏特，高接云霄，为湖山壮观，花木亭榭，映带[3]参错，气象尤奇。缙绅士人乡饮[4]团拜[5]，多集于此。更有钱塘门外望湖楼，又名“看经楼”。大佛头石山后名“十三间楼”，乃东坡守杭日多游此，今为相严院矣。丰豫门外有望湖亭三处，俱废之久，名贤遗迹，不可无传，故书之使后贤不失其名耳。

【译】丰豫门，门外有个酒楼，名叫“丰乐”，原名“耸翠楼”。酒楼坐落在西湖的要道上，山峰相连，一碧万顷，柳汀花坞，在栏槛间清楚可见，而游船画舫，棹歌堤唱，往往会集在酒楼下，是游览最美的地方。但因是官家酒库卖酒的场所喧闹嘈杂，酒楼也临水，与美景不太相称。淳祐年间，临安知府赵节斋撤去旧楼再建新楼，美丽宏伟，高达云霄，是湖山中壮观的景色。花木、亭阁、台榭，景物参差交会，景色十分壮观。缙绅士大夫团聚行乡饮酒礼，大多都会集在这里。还有钱塘门外的望湖楼，又叫“看经楼”。大佛头石山后面有“十三间楼”，苏东坡任杭州知府时经常到这里来游览，如今是相严院。丰豫门外还有三处望湖亭，

① 官酤：指官家酒库卖酒的场所。

② 瑰丽：形容异常美丽。

③ 映带：景物相互衬托。

④ 乡饮：古代嘉礼之一。指乡饮酒礼。

⑤ 团拜：指团聚行礼，相互庆贺。

已废弃很久，著名贤人的遗迹，不能不传，因此记录下来，使后人不忘其名。

曰湖边园圃，如钱塘玉壶、丰豫渔庄、清波聚景、长桥庆乐、大佛、雷峰塔下小湖斋宫、甘园、南山、南屏，皆台榭亭阁、花木奇石、影映湖山，兼之贵宅宦舍，列亭馆于水堤；梵刹琳宫，布殿阁于湖山，周围胜景，言之难尽。东坡诗云："若把西湖比西子，淡妆浓抹总相宜。"正谓是也。近者画家称湖山四时景色最奇者有十，曰：苏堤春晓、曲院荷风、平湖秋月、断桥残雪、柳浪闻莺、花港观鱼、雷峰夕照、两峰插云、南屏晚钟、三潭映月。春则花柳争妍①，夏则荷榴竞放，秋则桂子②飘香，冬则梅花破玉，瑞雪飞瑶③。四时之景不同，而赏心乐事④者亦与之无穷矣。

【译】湖边的园圃，如钱塘玉壶、丰豫渔庄、清波聚景、长桥庆乐、大佛、雷峰塔下的小湖斋宫、甘园、南山、南屏，都有亭阁台榭、花木奇石、影映湖山。加上富贵权官的宅邸，在水堤上设立亭馆；佛寺道观，殿阁分布在湖山之间，周围的美景，用语言难于表达。苏东坡有诗道："若把西湖比西子，淡妆浓抹总相宜。"形容得很恰当。近代画家称湖山四季景色有十处最为奇特的，分别是：苏堤春晓、曲

① 争妍：竞相逞美。

② 桂子：桂花中的一种，常绿乔木。

③ 瑶：比喻美好、珍贵、光明、洁白。

④ 赏心乐事：欢畅的心情，快乐的事情。

院荷风、平湖秋月、断桥残雪、柳浪闻莺、花港观鱼、雷峰夕照、两峰插云、南屏晚钟、三潭映月。春季则花柳争妍，夏季则荷榴竞放，秋季则桂子飘香，冬季则梅花破玉，瑞雪飞瑶。西湖美景四季不同，而来此赏心乐事的人也接连不断。

下湖

下湖在钱塘门外，其源出于西湖。一自玉壶水口流出，九曲沿城一带，至余杭门外；一自水磨头石函桥闸流出，策选锋教场、杨府云洞、北郭税务侧，合为一流，如环带形，自有二斗门潴泄[①]之。淳祐年，两湖水涸，城内诸井亦竭，尹京赵节斋给官钱米，命工自钱塘尉廨北望湖亭下凿渠，引天目山水，自余杭河经张家渡河口达于溜水桥斗门。凡作数坝，用车运水经西湖，庶得流通，城中诸市民，赖其利也。林和靖舣舟石函，因过下湖小墅，赋诗曰："平皋望不极，云树远依依。及向扁舟泊，还寻下濑[②]归。青山连石埭[③]，春水入柴扉[④]。多谢提壶鸟，留人到落晖[⑤]。"

【译】下湖在钱塘门外，它源出于西湖。其一从玉壶水口流出，经九曲沿城一带，直到余杭门外；其二从水磨头石函桥闸流出，入策选锋教场、杨府云洞、北郭税务旁，合

---

① 潴（zhū）泄：蓄水和放水。

② 下濑（lài）：下濑船。行于浅水急流中的平底快船。

③ 石埭（dài）：石筑的堤岸。

④ 柴扉：柴门。

⑤ 落晖：夕阳；夕照。

为一流，像环带的形状，自有二斗门存水放水。淳祐年间，西湖和下湖都干涸无水，城内各井也都枯竭，临安知府赵节斋支拨公家钱米，指派工人自钱塘县尉官衙门北面的望湖亭下凿渠，引天目山的水，自余杭河经张家渡河口到达溜水桥的斗门。筑起多座堤坝，用车运水注入西湖，水差不多可以流通，城内的百姓就此得到了好处。林和靖泛舟经过石函桥的时候，无意中到下湖小墅，赋诗道："平皋望不极，云树远依依。及向扁舟泊，还寻下濑归。青山连石埭，春水入柴扉。多谢提壶鸟，留人到落晖。"

钱塘定山南乡有名湖[1]，刘道真《钱塘记》云："明圣湖在县南一百步。又仁和东十八里，亦有此湖之名。仁和县东北十八里有湖名曰御息，故老相传，秦始皇东游，暂憩于此，故以名之。"县东长乐乡曰临平湖，前辈夜泛湖赋诗曰："素彩皓通津，孤舟入清旷。已爱隔帘看，还宜卷帘望。隔帘卷帘当此时，惆怅思君君不知。""三月平湖草欲齐，绿杨分映入长堤，田家起处乌龙[2]吠[3]，酒客醒时谢豹[4]

---

① 名湖：据下文应为"明圣湖。"《咸淳临安志》曰："父老相传，湖中尝有金牛见，遂以'明圣'为名。"

② 乌龙：泛指犬。

③ 吠（fèi）：狗叫。

④ 谢豹：鸟名。即子规，也叫杜宇、杜鹃。

啼。山槛正当莲叶渚[1]，水塍[2]新擘稻秧畦。人间谩说[3]多歧路，咫尺神仙洞却迷。”

【译】钱塘县定山南乡有座名湖，刘道真《钱塘记》记载：明圣湖在钱塘县南一百步（五百尺）。仁和县东十八里，也有一个明圣湖。仁和县东北十八里有座御息湖，老人相传，秦始皇东游时，在这里曾停歇，故名“御息”。钱塘县东长乐乡有座临平湖，有前辈在夜间泛湖赋诗道：“素彩皓通津，孤舟入清旷。已爱隔帘看，还宜卷帘望。隔帘卷帘当此时，惆怅思君君不知。”“三月平湖草欲齐，绿杨分映入长堤，田家起处乌龙吠，酒客醒时谢豹啼。山槛正当莲叶渚，水塍新擘稻秧畦。人间谩说多歧路，咫尺神仙洞却迷。”

仁和永和乡有湖者二：曰石桥湖，曰丁山湖。天宗门外曰泛洋湖。仁和长乐乡像光湖，唐时湖中现五色光，掘地得弥勒佛石像，乃建寺及湖，名俱曰像光。仁和桐扣山下名石鼓湖。

【译】仁和县永和乡有两座湖：石桥湖、丁山湖。天宗门外有泛洋湖。仁和县长乐乡有像光湖，唐朝时湖中现出五色光，掘地获得弥勒佛石像，于是在这里建寺和湖，名字都叫作像光。仁和县桐扣山下有石鼓湖。

---

① 渚（zhǔ）：水中小块陆地。

② 水塍（chéng）：水田。

③ 谩说：犹休说。

浙江

浙江在杭城东南，谓之“钱塘江”。内有浙江，正居江中，潮水投山下，曲折而行，有若反涛水势者。以钱塘、松江、浦阳为三①，而不知浦阳在何地。今富阳即钱塘江②，其江自古曰浙河，见于庄子书中，其为东南巨浸③昭昭④也。按《吴越春秋内传》云：“吴王赐子胥死，乃取其尸，盛以鸱夷⑤之革，浮之江中。子胥因随流扬波，依潮来往，荡激堤岸。”又按《越王外传》云：“越王赐大夫种死，葬于西山之下。一年，子胥从海上穿山胁⑥而持种去，与之俱浮于海。故前潮水潘⑦侯⑧者，伍子胥也；后重水者，大夫种也。”恐此说荒诞无稽，不敢信。以《忠清庙记》言之，非诞也。

【译】浙江在杭州城的东南，又称为“钱塘江”。江内有浙山，正在江的中部，潮水投于山下，蜿蜒而行，犹如与江涛逆反的水势。韦昭以钱塘江、松江、浦阳江为三江，而

---

① 以钱塘、松江、浦阳为三：《国语·越语上》韦昭注以吴江、钱塘江、浦阳江为三江。

② 富阳即钱塘江：现在习惯称浙江富阳段为富春江，下游杭州段为钱塘江。

③ 巨浸：大水。指大河流。

④ 昭昭：明白；清楚。

⑤ 鸱（chī）夷：革囊，即指皮革袋子。

⑥ 山胁：犹山峡。

⑦ 潘：通“蟠”，水旋流。

⑧ 侯：通“候”，迎候。

不知浦阳江在哪里。如今富阳江段即钱塘江，此江自古称为浙河，见于庄子书中，作为东南一带的大江已经很明白了。据《吴越春秋内传》记载：吴王夫差赐死伍子胥，又取来他的尸体，装在皮革袋子里，抛到江中。伍子胥的尸体随着流水兴起波浪，跟着潮水来去，冲击拍打着堤岸。又据《越王外传》记载：越王勾践赐死大夫文种，葬在西山之下。一年后，伍子胥从海上过来，穿过山峡而挟持文种离去，和他一起漂浮在海上。所以前面的潮水盘旋着前来迎候的，就是伍子胥；后面的层层波浪，就是大夫文种。恐怕这种说法荒诞无稽，不敢轻信。但《忠清庙记》中的记载，并非荒诞。

然诸家所说甚多：或谓天河激涌①；亦云地机翕张②；又以日激水而潮生，月周天而潮应；或以挺空入汉③，山涌而涛随；析木大梁，月行而水大。源殊派异，无所适从④，索隐探微⑤，宜伸确论⑥。大率元气嘘吸⑦，天随气而张敛；溟

① 天河激涌：晋代葛洪《抱朴子》："天河从北极分为两头，至于南极，其一经南斗中过，其一经东斗中过，两河随天转入地下，过而与下水相得，又与海水合，三水相荡而天转排之，故激涌而成潮水。"

② 翕（xī）张：敛缩舒张。

③ 汉：霄汉。云霄和天河，指天空。

④ 无所适从：不知听从哪一个好或不知怎么办才好。

⑤ 索隐探微：探索事物隐含的微妙道理或意义。

⑥ 确论：正确恰当的言论。

⑦ 嘘吸：大气鼓荡，吐纳呼吸。

渤[1]往来，潮随天而进退者也。盖日者，重阳之母[2]，阴生于阳，故潮附之于日也。月者，太阴[3]之精，水属阴，故潮依之于月也。是故，随日而应月，依阴而附阳，盈于朔望[4]，消于朏魄[5]，虚于上下弦[6]，息于辉朒[7]，故潮有大小焉。但月朔夜半子，昼则午刻，潮平于地。次日潮信[8]稍迟一二刻。至望日，则潮亦如月朔信，复会于子午位。若以每月初五、二十日，此四日[9]则下岸，其潮自此日则渐渐小矣。以初十、二十五日，其潮交泽起水，则潮渐渐大矣。初一至初三、十五至十八，六日之潮最大，银涛沃日，雪浪吞天[10]，声若雷霆，势不可御[11]。进退盈虚[12]，终不失期。且海门在江之东北，有山曰赭山，与龛山对峙，潮水出其间也。卢肇

---

① 溟（míng）渤：溟海和渤海。多泛指大海。

② 重阳之母：众阳之母。

③ 太阴：指月亮。

④ 朔望：朔日和望日。农历每月初一叫朔，十五叫望。

⑤ 朏（fěi）魄：新月的月光，多代指农历每月初三。

⑥ 上下弦：上弦时月地日构成直角三角形，月呈半圆形。在农历每月初七、初八出现。下弦时月地日构成直角三角形，月呈半圆形。在农历每月二十二、二十三出现。

⑦ 朒（nǜ）：亏缺；不足。

⑧ 潮信：指潮水，以其涨落有定时，故称。

⑨ 此四日：疑为“此二日”。初五、二十为两天。

⑩ 银涛沃日，雪浪吞天：指潮水汹涌，有吞天沃日之势。

⑪ 御：抵挡。

⑫ 盈虚：有余与不足。

《潮论》所谓“夹群山而远入，射一带以中投”者是也。若言狭逼[1]，则东自定海吞余姚、奉化二江，侔之浙江，尤甚逼狭，潮来闻其声。北望嘉兴、太湖水阔二百余里。故商舶船只怖于上滩，惟泛余姚小江，易舟而浮运河，达于杭、越。盖以下有沙潬，南北之隔碍洪波，蹙遏[2]潮势矣。

【译】然而关于钱塘江潮各家的说法甚多：有的说天河激涌而成潮水；也有的说大地敛缩舒张而成潮水；有的说太阳落到海里激发海水而形成的潮水；也有的说月行一周与太阳相会时潮水的应和；有的说山势涌动，耸入天空，江涛也会相随；有的说月亮运行至析木和大梁时，潮水会很大。各种说法差距很大，不知听从哪一个好，应当去探索事物隐含的微妙道理，得出一个正确恰当的观点。大致是元气嘘吸，天也随着气或张或敛；海水往复，潮也随着天而或进或退。太阳，乃是众阳之母，阴生于阳，所以潮水依附于太阳。月亮是太阴之精，而水属阴，所以潮水也依附于月亮。因此，潮水随应日月，依附阴阳，每月初一、十五时盛大，初三时消退，每月初七八或二十二三时弱小，月亮亏缺时停止，所以潮水有大有小。潮水起于每月初一夜半的子时，白天的午时潮水平于地面。第二天潮水稍微推迟一两刻。到了十五，潮水也像每月初一的时候，重会于子午位。如果在每

① 狭逼：狭窄。

② 蹙遏：阻挡，遏止。

月初五、二十，这两天下岸，潮水自这天后就渐渐变小。如果在每月初十、二十五，潮水交汇而起，且潮水渐渐变大。初一至初三、十五至十八，这六天江潮最大，银涛沃日，雪浪吞天，声若雷霆，势不可挡。潮水进退有余与不足，都是很准时的。海门在钱塘江的东北，有座山叫赭山，与龛山相对耸立，潮水出自两山之间。卢肇《潮论》所谓“夹群山而远入，射一带以中投”说的就是这里。若论狭窄之处，东起定海并入余姚、奉化两江，与浙江相比，更是狭窄，潮水来时就能听到声音。浙江向北望嘉兴、太湖水面宽两百多里。因此，商舶船只都不敢上滩，只有走余姚小江，换船从运河走，以到达杭州、越州。因其水下有沙滩，南北隔离阻碍洪波，遏止了潮势。

城内外河

茅山河东自保安水门向西，过榷货务桥转北，过通江桥，一直至梅家桥旧德寿宫之东。今宗阳宫有茅山河，因展拓宫基填塞及民户包占，虽存去水大渠，流至蒲桥后，被修内司营填塞，所不及故道，今废之久矣。

【译】茅山河东起保安水门向西，过了榷货务桥再转向北，流经通江桥，一直到梅家桥原德寿宫的东面。如今宗阳宫有茅山河，因拓展宫基而填塞河道以及民家包占，虽然去水大渠尚存，流至蒲桥后，被修内司营填塞，已完全比不上故道，如今已废弃很久了。

盐桥运河南自碧波亭州桥，与保安水门里横河合，过望仙桥，直北至梅家桥，出天宗水门；一派自仁和仓后葛家桥、天水院桥、淳祐仓前出余杭水门水道。

【译】盐桥运河南起碧波亭州桥，与保安水门里的横河相汇合，流经望仙桥，一直向北到梅家桥，出天宗水门；又一派从仁和仓后葛家桥、天水院桥、淳祐仓前，出余杭水门水道。

市河俗呼小河。东自清冷桥西，流至南瓦横河转北，由金波桥直北至仁和仓桥转东，合天水院桥转北，过便桥，出余杭水门。清湖河，西自府治前净因桥，过闸转北，由楼店务桥至转运司桥转东，由渡子桥合涌金池水流至金文库，与三桥水相合。南至五显庙后，普济桥水相合，直北由军将桥至清湖桥投北，由石灰桥至众安桥，又投北与市河相合，入鹅鸭桥转西。一派自洗麸桥至纪家桥转北，由车桥至便桥，出余杭水门。

【译】市河俗称小河。东起清冷桥西，流至南瓦横河后转向北，由金波桥一直向北至仁和仓桥再转向东，到合天水院桥再转向北，流经便桥，出余杭水门。清湖河，西起府衙前的净因桥，经过闸后转向北，由楼店务桥至转运司桥后转向东，由渡子桥汇合涌金池的水流至金文库，与三桥水相汇合。向南到五显庙后，与普济桥水相合，一直向北由军将桥至清湖桥后再向北，由石灰桥至众安桥，又转向北与市河相汇合，入鹅鸭桥后转向西；又一派从洗麸桥至纪家桥后转向北，由车桥至便桥，再出余杭水门。

城外运河南自浙江跨浦桥，北自浑水闸、萧公桥、清水闸、众惠桥、樱木桥、诸家桥转西，由保安寨至保安水门入城。土人呼城河曰“贴沙河”，一名“里沙河”。

龙山河南自龙山浑山闸，由朱桥至南水门，淤塞年深，不通舟楫。

【译】城外运河南起浙江跨浦桥，北起浑水闸、萧公桥、清水闸、众惠桥、樱木桥、诸家桥转向西，由保安寨至保安水门入城。当地人称城外运河为“贴沙河”，又叫作“里沙河”。

龙山河南起龙山浑山闸，由朱桥流经南水门，被长年的泥沙堵塞，已经不通舟船。

外沙河南自行车门北去绕城，东过红亭税务前（务已废圯）螺蛳桥，东至蔡湖桥，与殿司前军寨内河相合，转西过游弈寨前军寨桥，至无星桥坝子桥相合，入艮山河，沿城至泛洋湖水，转北至德胜桥，与运河相合。

菜市河南自新门外，北沿城景隆观后，至章家桥、菜市塘、坝子桥，入泛洋湖转北，至德胜桥，与运河合流。

【译】外沙河南起竹车门向北去环绕杭州城，东面经过红亭税务前（此务已经废圯）螺蛳桥，东至蔡湖桥，与殿前司前军寨内河相汇合，转向西经过游弈寨前的军寨桥，至无星桥与坝子桥相汇合，流入艮山河。沿城汇入泛洋湖水，转向北至德胜桥再与运河相汇合。

菜市河南起新门外，北面沿城至景隆观后，至章家桥、菜市桥、坝子桥，汇入泛洋湖再转向北，至德胜桥，与运河汇合在一起。

下塘自河南天宗水门，接沿桥运河余杭水门，接城中小河、清湖河，两河合于北郭税务前。由清湖堰闸至德胜桥，与城东外沙河、菜市河、泛洋湖相合。分为两派：一由东北上塘过东仓新桥，入大运河，至长安闸，入嘉兴路运河；一由西北过德胜桥，上北城堰，过江涨桥、喻家桥、北新桥以北，入安吉州界下塘河。

【译】下塘河从河南的天宗水门，接沿桥运河的余杭水门，再接城中小河、清湖河，两条河在北郭税务前汇合。由清湖堰闸至德胜桥，与城东外沙河、菜市河、泛洋湖相汇合。再分为两派：一支由东北上塘过东仓新桥，汇入大运河，直到长安闸，流入嘉兴路运河；一支由西北过德胜桥，上北城堰，过江涨桥、喻家桥、北新桥以北，汇入安吉州界的下塘河。

新开运河在余杭门外北新桥北，通苏、湖、常、秀[①]、

① 秀：古州名，包括今浙江嘉兴和上海部分地区。

润[1]等河。凡诸路纲运[2]及贩米客舟，皆由此达于杭都。

下湖河在溜水桥柴场北，自策选马军寨墙、八字桥，沿东西马塍、羊角埂、上泥、下泥桥，直抵步司中军寨墙北；一派自打水楼南折入左家桥河，入江涨桥河；一派自八字桥、西策选军寨、神勇寨、步人桥，至石塘桥下，折入余杭塘河；一派自西堰桥、西溪山一带至饮马山，亦折入余杭塘河。

【译】新开运河在余杭门外北新桥的北面，通向苏州、湖州、常州、秀州、润州等地的河流。凡是各路的大宗货物以及贩米的客船，都由这里到达杭州。

下湖河在溜水桥柴场的北面，自策选马军寨墙、八字桥，沿着东西马塍、羊角埂、上泥、下泥桥，一直到达步司中军寨墙的北面；又一支自打水楼往南折入左家桥河，汇入江涨桥河；又一支自八字桥、西策选军寨、神勇寨、步人桥，流到石塘桥下，转入余杭塘河；还有一支自西堰桥、西溪山一带流至饮马山，也转入余杭塘河。

子塘河自北郭税务驿亭下直抵左家桥，系下湖泄水去处。

余杭塘河在余杭门外江涨桥，投西路至余杭县。

奉口河自北新桥至奉口大溪。

---

① 润：古州名，今江苏镇江。

② 纲运：成批运送大宗货物。

【译】子塘河自北郭税务驿亭下一直到达左家桥，这是下湖泄水的去处。

余杭塘河在余杭门外江涨桥，转向西到达余杭县。

奉口河自北新桥至奉口大溪。

前沙河在菜市门外太平桥，外沙河北水陆寺前入港，可通汤镇、赭山、岩门盐场。东坡尝雨中督役[①]开汤村运盐河，赋诗曰："居官不任事，萧散[②]羡长卿[③]。胡不归去来，滞留愧渊明。盐事星火急，谁能恤农耕。薨薨晓鼓动，万指罗沟坑。天雨助官政，泫然[④]淋衣缨。人如鸭与猪，投泥相溅惊。下马荒堤上，四顾但湖泓。线路不容足，又与牛羊争。归田虽贱辱，岂识泥中行。寄语故山友，慎毋厌藜羹。"

【译】前沙河在菜市门外太平桥，于外沙河北面的水陆寺前入港，可通往汤镇、赭山、岩门的盐场。苏东坡曾在雨中监督开通汤村运盐河，赋诗："居官不任事，萧散羡长卿。胡不归去来，滞留愧渊明。盐事星火急，谁能恤农耕。薨薨晓鼓动，万指罗沟坑。天雨助官政，泫然淋衣缨。人如鸭与猪，投泥相溅惊。下马荒堤上，四顾但湖泓。线路不容足，又与牛羊争。归田虽贱辱，岂识泥中行。寄语故山友，慎毋厌藜羹。"

---

① 督役：犹监工。

② 萧散：犹潇洒。

③ 长卿：应指西汉辞赋家司马相如，字长卿。

④ 泫（xuàn）然：水流动貌。

后沙河在艮山门外坝子桥北。

官塘河在余杭门外板桥西。

蔡官人塘河在艮山门外九里松塘姚斗门，通河衡店、汤镇、赭山。

施何村河在桐扣山水澾堰东，自运河入，通里外沙河。

赤岸河在赤岸，自运河入，通高塘、横塘诸河。

方兴河在临平镇东，自运河入，通像光湖、赭山、汤镇。

【译】后沙河在艮山门外坝子桥的北面。

官塘河在余杭门外板桥的西面。

蔡官人塘河在艮山门外九里松塘姚斗门，通往河衡店、汤镇、赭山。

施何村河在桐扣山水澾堰的东面，自运河入，通往里外沙河。

赤岸河在赤岸，自运河流入，通往高塘、横塘各河。

方兴河在临平镇的东面，自运河流入，通往像光湖、赭山、汤镇。

湖船

杭州左江右湖，最为奇特，湖中大小船只不下数百舫。有一千料[1]者，约长二十余丈，可容百人。五百料者，约长十余丈，亦可容三五十人。亦有二三百料者，亦长数丈，

① 料：宋人对船舰载重的计量单位，一料等于一宋石，相当于今天一百二十斤。一千料相当于六十吨。

可容二三十人。皆精巧创造，雕栏画拱，行如平地。各有其名，曰百花、十样锦、七宝、戗金[①]、金狮子、何船、劣马儿、罗船、金胜、黄船、董船、刘船，其名甚多，姑言一二。

【译】杭州城的左边是江、右边是湖，很是奇特，湖中的大小船只不下几百种。有一千料的船，长二十多丈，可容纳一百人。有五百料的船，长十多丈，也可容纳三五十人。也有两三百料的，也长达数丈，可容纳二三十人。这些船都创造精巧，雕栏画柱，在船上行走就像在平地上行走一样。这些船分别都有名称，即百花、十样锦、七宝、戗金、金狮子、何船、劣马儿、罗船、金胜、黄船、董船、刘船。名称非常多，姑且介绍这些。

更有贾秋壑府车船，船棚上无人撑驾[②]，但用车轮脚踏而行，其速如飞。

又有御舟，安顿小湖园水次，其船皆是精巧雕刻创造，俱有香楠木为之。只是周汉国公主游玩，曾一用耳。

【译】还有贾秋壑府的车船，船棚上无人撑船，只用脚踏车轮船就能行走，速度飞快。

又有皇上所乘的船，妥当停泊在小湖园水旁，这些船都是经过精巧雕刻而制造的，都是用香楠木制成的。只是周汉

① 戗（qiāng）金：在器物图案上嵌金。

② 撑驾：指点篙行船，亦泛指驾驶船只。

国公主游玩时，曾用过一次。

灵芝寺前水次，有赵节斋所造湖舫，名曰“乌龙”，凡遇撑驾，即风波大作，坐者不安，多不敢撑出，以为弃物。

【译】灵芝寺前的水旁，有赵节斋所造的湖船，名叫“乌龙”，但一旦行驶，就会风波大作，坐在船里的人会感到不安，所以大都不敢驾驶，视为弃物。

湖中南北搬载小船甚伙，如撑船卖买羹汤、时果；掇酒瓶[①]，如青碧香、思堂春、宣赐、小思、龙游[②]，新煮酒俱有。及供菜蔬[③]、水果、船扑、时花带朵、糖狮儿、诸色千千[④]、小段儿、糖小儿、家事儿等船。更有卖鸡儿、胡齑、海蛰[⑤]、螺头，及点茶、供茶果、婆嫂船[⑥]、点花茶、拨糊盆、泼水棍小船、渔庄岸小钓鱼船。湖中有撒网鸣榔[⑦]打鱼船，湖中有放生龟鳖螺蚌船，并是瓜皮船也。又有小脚船，专载贾客、妓女、荒鼓板、烧香婆嫂、扑青器[⑧]、唱耍令[⑨]缠曲，及投壶、打弹、百艺等船，多不呼而自来，须是

① 掇酒瓶：似指促销新酒。

② 青碧香、思堂春、宣赐、小思、龙游：皆酒名。

③ 菜蔬：这里指家常饭食或宴会所备的各种菜。

④ 千千：宋代儿童玩具名。一种类似陀螺游戏的小玩意儿。

⑤ 海蛰：海蜇。

⑥ 婆嫂船：南宋时杭州西湖中出售茶点果品等食物的小船。

⑦ 鸣榔：敲击船舷使作声。用以惊鱼，使入网中，或为歌声之节。

⑧ 青器：指瓷器。

⑨ 耍令：唐宋时一种说唱或兼伴舞的民间伎艺。

出著发放支犒[1]，不被哂笑[2]。

【译】湖中由南到北有许多用作搬载的小船，有撑船买卖羹汤、时果的；也有撑船促销新酒的，青碧香、思堂春、宣赐、小思、龙游等新煮酒应有尽有。以及供应菜肴、水果、船扑、时花带朵、糖狮儿、各种玩具、小段儿、糖小儿、家事儿等物的船。更有卖鸡儿、胡齑、海蜇、螺头等食物的船，以及点茶船、供茶果船、婆嫂船、点花茶船、拨糊盆船、泼水棍小船、渔庄岸垂钓的船。湖中有撒网鸣榔打鱼船，也有放生龟、鳖、螺、蚌的船，都是瓜皮船。又有小脚船，专载商人、妓女、荒鼓板艺人、烧香婆嫂、扑卖瓷器的主顾、唱耍令和缠曲的艺人，以及投壶、打弹、百艺等船，大多不请自来，必须出手发放犒赏，才不会被人讥笑。

若四时游玩，大小船只雇价无虚日。遇大雪，亦有富家玩雪船。如二月八及寒食清明，须先指挥船户，雇定船只。若此日分[3]舫船，非二三百券不可雇赁。至日，虽小脚船亦无空闲者。船中动用器具，不必带往，但指挥船主一一周备。盖早出登舟，不劳为力，惟支犒钱耳。更有豪家富宅，自造船只游嬉，及贵官内侍多造采莲船，用青布幕撑起，容一二客坐，装饰尤其精致。

---

① 支犒：支付犒赏。

② 哂（shěn）笑：讥笑。

③ 日分：日期。

【译】如果是在四季中游玩，大小船只都被雇用，没有闲着的日子。遇下大雪的时候，也有富家人乘船赏玩雪景。如在二月初八及寒食节、清明节，必须先行指示船家，雇好船只。这段时期的船只，没有两三百钱是雇不到的。节日的当天，即使是小脚船也没有空闲的。而船中所需要的器物，游人不需要携带，只需派船主一一备办周全即可。游人早晨登船出发（傍晚归家），这期间不需劳累费力，只要支付赏钱就可以。也有富贵人家自行建造的船只在湖中游玩嬉戏，那些贵官内侍大多建造采莲船，用青布幕撑起，可容纳一两个人坐下，装饰得非常精致。

江海船舰

浙江乃通江渡海之津道，且如海商之舰，大小不等。大者五千料，可载五六百人；中等二千料至一千料，亦可载二三百人；余者谓之“钻风”，大小八橹[1]或六橹，每船可载百余人。此网鱼买卖，亦有名“三板船”。不论此等船，且论舶商之船[2]。自入海门，便是海洋，茫无畔岸[3]，其势诚险。盖神龙怪蜃[4]之所宅，风雨晦冥[5]时，惟凭针盘[6]而行，

---

① 橹：拨水使船前进的工具，置于船边，比桨长，用于摇动。

② 舶商之船：海商船，指做进出口贸易的船只。

③ 茫无畔岸：茫无边际。辽阔浩渺而无边际。

④ 蜃：大蛤蜊。

⑤ 晦冥：晦暝。指昏暗、阴沉。

⑥ 针盘：罗盘。

乃火长[①]掌之，毫厘不敢差误，盖一舟人命所系也。愚屡见大商贾人，言此甚详悉。

【译】钱塘江是通渡江海的重要水道，如海商的船舰，都大小不等。大的船五千料，可载五六百人；中等的船一千料至两千料，也可载两三百人；其余的叫作“钻风”，大小有八只船橹或六只船橹，每船可载百余人。也有打鱼的船，叫作“三板船”。这里不讨论这种船，只讨论海商船。一进入海门，就是海洋，辽阔浩渺而无边际，非常危险。海洋是神龙怪蜃居住的地方，风雨交加的时候，海商船只能靠罗盘来航行，这由舟师来负责，关系到一船人的性命，舟师丝毫都不敢有差错。我经常见到一些大商人，他们非常详细地跟我说到这方面的事。

若欲船泛外国买卖，则是泉州便可出洋，迤逦[②]过七洲洋，舟中测水，约有七十余丈。若经昆仑、沙漠、蛇龙、乌猪等洋，神物多于此中行雨[③]，上略起朵云，便见龙现全身，目光如电，爪角宛然，独不见尾耳。顷刻大雨如注[④]，风浪掀天[⑤]，可畏尤甚。但海洋近山礁则水浅，撞礁必坏

---

① 火长：又称“舟师”，古代航海技术人员，负责海船航行，类似于今日民船上的船长和军舰上的舰长。

② 迤（yǐ）逦（lǐ）：缓行貌。

③ 行雨：降雨。

④ 大雨如注：形容雨下得很大，雨水像往下灌似的。

⑤ 掀天：翻天。极言声势之大。

船。全凭南针，或有少差，即葬鱼腹。自古舟人云："去怕七洲，回怕昆仑。"亦深五十余丈。又论舟师观海洋中日出日入，则知阴阳；验云气①则知风色②顺逆，毫发无差；远见浪花，则知风自彼来；见巨涛拍岸，则知次日当起南风；见电光，则云夏风对闪。如此之类，略无少差。相水之清浑，便知山之近远。大洋之水，碧黑如靛；有山之水，碧而绿；傍山之水，浑而白矣。有鱼所聚，必多礁石，盖石中多藻苔，则鱼所依耳。每月十四、二十八日，谓之"大等日分"，此两日若风雨不当，则知一旬之内，多有风雨。凡测水之时，必视其底，知是何等沙泥，所以知近山有港。若商贾只到台、温、泉、福买卖，未尝过七洲、昆仑等大洋。若有出洋，即从泉州港口至岱屿门，便可放洋过海，泛往外国也。

【译】如果想用船运货物到外国去做买卖，那从泉州就可以出海，缓行经过七洲洋，在船上测海水深度，有七十多丈。如果经过昆仑、沙漠、蛇龙、乌猪等洋，神物多在这些洋中降雨，天空中掀起云朵，便能看见龙现出全身，目光如电，爪和角清晰可见，唯独看不见龙的尾巴。顷刻间大雨如注，风浪滔天，特别吓人。靠近山礁的海域水浅，船一旦撞礁必定毁坏。全凭指南针来指引方向，稍有偏差，船、人就要葬身鱼腹。从古至今船夫就说：出海怕过七洲洋，返航怕

① 云气：指云雾。

② 风色：风势，风向。

过昆仑洋。那里水深达五十多丈。另外，舟师通过观察海洋中的日出日落，就可判断未来是晴天还是阴天；根据云雾，就可判断风向的顺逆，没有丝毫偏差。观察远处的浪花，就可知风刮来的方向；看见巨大的海涛拍击岸边，就可知第二天应刮南风；看见电光，则可知夏风中伴着闪电。诸如此类，几乎没有偏差。观察水的清浊，便可知海与山的远近。大洋中海水，颜色碧黑如靛；有山处的水，颜色碧绿；靠山的海水，颜色白而浑浊。有鱼聚集的地方，必定有很多礁石，因石中生长苔藻，供鱼生长。每月十四、二十八日，称为“大等日分”，如果这两天风雨不当，就可知十天内会常有风雨。凡在测水深的时候，一定要察看水底，知道是何种沙泥，以此判断靠近山的地方是否有港口。如果商人只到台州、温州、泉州、福州去做买卖，就不需要经过七洲、昆仑等大洋。如果需要出洋，就从泉州港口至岱屿门，便可漂洋过海，航行至外国。

其浙江船只，虽海舰多有往来，则严①、婺②、衢、徽③等船，多尝通津买卖往来，谓之“长船等只”，如杭城柴炭、木植④、柑橘、干湿果子等物，多产于此数州耳。明、越、温、台海鲜鱼蟹鲞腊等货，亦上滩通于江浙。但往来

① 严：州名，在今浙江西部，今为浙江杭州桐庐、淳安、建德。

② 婺：州名，即今浙江金华。

③ 徽：州名，今安徽黄山。

④ 木植：木材。

严、婺、衢、徽州诸船，下则易，上则难，盖滩高水逆故也。江岸之船甚伙，初非一色，海舶[1]、大舰、网艇、大小船只、公私浙江渔浦[2]等渡船、买卖客船，皆泊于江岸。盖杭城众大之区，客贩最多，兼仕宦往来，皆聚于此耳。

【译】浙江中的船只即使是海舰也多有往来，严州、婺州、衢州、徽州等地的船只，也有很多在此通行，往来做买卖，称为“长船等只”。杭州所需的柴炭、木材、柑橘、干湿果子等物，大多产在这几个州。明州、越州、温州、台州的海鲜鱼蟹鲞腊等食材，也上滩通往江浙。但往来的严州、婺州、衢州、徽州的船只，下滩容易，上滩则很难，因滩高且是逆流的缘故。江岸的船只很多，不止一种。外国船、大舰、网艇、大小船只、公家和私家在浙江渔浦的渡船、客船，都停泊在江岸。因杭州是人口众多的区域，客人商贩也最多，再加上仕宦们往来，也都聚集在这里。

河舟

杭州里河船只，皆是落脚头船，为载往来士贾诸色等人，及搬载香货杂色物件等。又有大滩船，系湖州市搬载诸铺米及跨浦桥柴炭、下塘砖瓦灰泥等物，及运盐袋船只。盖水路皆便，多用船只。如无水路，以人力运之。向者汴京用车乘驾运物。盖杭城皆石板街道，非泥沙比，车轮难行，所

---

① 海舶：海船，特指外国船。

② 渔浦：江河边打鱼的出入口处。

以用舟只及人力耳。

【译】杭州里河的船只，都是落脚头船，为载往来的读书人、商人及各色人等以及搬载香货、杂色物件等。还有大滩船，是湖州市搬载各粮铺的米及跨浦桥的柴炭、下塘砖瓦泥灰等物，也有运盐袋的船只。因水路都很方便，所以大多用船只运载货物。如果没有水路，就要用人力运输了。过去开封则用车来运载货物。因杭城都是石板铺的街道，与土路不能比，车轮很难行，所以用船只和人力运输。

若士庶欲往苏、湖、常、秀、江、淮等州，多雇舸[1]船、舫船、航船、飞篷船等。或宅舍、府第、庄舍，亦自创造船只，从便撑驾往来，则无官府捉拿差拨之患。若州县欲差船只，多给官钱和雇，以应用度。杭城乃辇毂之地，有上供米斛，皆办于浙右诸郡县，隶司农寺所辖。本寺所委官吏，专率督催米斛，解发朝廷，以应上供支用。搬运自有纲船装载，纲头管领所载之船，不下运千余石或六七百石。官司亦支耗券雇稍船[2]米与之。到岸则有农寺排岸司掌拘卸、检察、搜空。又有下塘等处，及诸郡米客船只，多是铁头舟，亦可载五六百石者，大小不同。其老小悉居船中，往来兴贩耳。寺观庵舍船只，皆用红油舸滩，大小船只往来河中，搬运斋粮柴薪。更有载垃圾粪土之船，成群搬运而去。

① 舸：指一种木船。

② 稍船：何意不详。

北新桥外赵十四相公府侧，有殿前司红坐船于水次。管船军士专造红酝，在船私沽。官司宽大，并无捉捕之忧。论之杭城辐辏[1]之地，下塘、官塘、中塘三处船只，及航船渔舟钓艇之类，每日往返，曾无虚日。缘此是行都[2]士贵官员往来，商贾买卖骈集，公私船只，泊于城北者伙矣。

【译】如果人们要前往苏州、湖州、常州、秀州及江、淮等地，大多会雇舸船、舫船、航船、飞篷船等。有的宅舍、府第、庄舍的人，也自行制造船只，方便划船往来，官府也不会担心捉拿不法分子和派遣船只。如果州县想派遣船只，大多使用官府的钱币雇船，来作为费用开支。杭州城是皇上的居住地，需上供的米斛，都要由浙西各郡县来置办，由隶属司农寺来管理。司农寺所要委派官吏，专门负责督催米斛，解送至朝廷，来保证上供支付使用。货物自有纲船装载，由纲头管领装载货物的船，船的装在量不下于一千石或六七百石。官府也会支用钱财雇用稍船来运米。到岸后会有司农寺排岸司负责卸货、检察、搜空。还有下塘等处，停靠着各郡运米、载客的船只，大多是铁头舟，也可装载五六百石的货物，船只大小各有不同。船家的一家老小都居住在船中，往来贩卖。寺观庵舍的船只，都用红油舸滩，大小船只都在河中往来，搬运着斋粮、柴木。还有运载垃圾粪土的船只，成群搬运而去。北新桥外赵

① 辐辏：形容人或物聚集像车辐集中于车毂一样。也作“辐凑”。

② 行都：在首都之外另设的一个都城，以备必要时政府暂驻。这里指杭州。

十四相公府旁，有殿前司的红坐船停靠在水边。管船的军士专门酿造红酝，在船上私自卖酒。官府政策宽大，他们不用担心被抓。杭州城是人们的聚集地，下塘、官塘、中塘三处的船只以及航船、渔舟、钓艇等，每天都往返于河上，几乎没有一天空闲。因为杭州的士人、权贵、官员往来频繁，云集了很多做买卖的商人，很多的公、私船只停泊在城北。

卷十三

两赤县市镇

杭州有县者九，独钱塘、仁和附郭①，名曰“赤县”，而赤县所管镇市者一十有五，且如嘉会门外名“浙江市”，北关门外名“北郭市”“江涨东市”“湖州市”“江涨西市”“半道红市”，西溪谓之“西溪市”，惠因寺北教场南曰“赤山市”，江儿头名“龙山市”，安溪镇前曰“安溪市”，艮山门外名“范浦镇市”，汤村曰“汤村镇市”，临平镇名“临平市”，城东崇新门外名“南土门市”，东青门外“北土门市”。今诸镇市，盖因南渡以来，杭为行都二百余年，户口蕃盛②，商贾买卖者十倍于昔，往来辐辏，非他郡比也。

【译】杭州辖有九个县，唯独钱塘县和仁和县同在城内，名叫“赤县”，而赤县所管辖的镇市有十五个，如嘉会门外名叫“浙江市”，北关门外名叫“北郭市”“江涨东市”“湖州市”“江涨西市”“半道红市”，西溪名叫“西溪市”，惠因寺北教场南名叫“赤山市”，江儿头名叫“龙山市”，安溪镇前名叫“安溪市”，艮山门外名叫“范浦镇市”，汤村名叫“汤村镇市”，临平镇名叫“临平市”，

① 附郭：古代行政区划用语，指县治所与州、府、省等上级政府机构治所设置于同一城池内。

② 蕃盛：繁茂；兴旺。

城东崇新门外名叫“南土门市”，东青门外名叫“北土门市”。现在的镇市，自南渡以来，杭州作为行都已二百多年，人口众多，商人是过去的十倍，往来聚集，不是其他郡城能比的。

都市钱会

铜钱乃历代所用之宝，汉唐以来，天下通行。宋朝开宝中，其钱文曰“宋通元宝”，至宝元间则曰“皇宋通宝”。近世钱文皆著年号，景定年铸文曰“景定元宝”。朝省因钱法①不通，杭城增造“镴牌②”，以便行用。元都市钱陌用七十七陌③，近来民间减作五十陌行市通使。官司又印造“会关子④”，自十五界⑤至十八界行使。至咸淳年间，贾秋壑为相日，变法增造“金银关子⑥”，以十八界三贯准一贯关子，天下通行。自因颁行之后，诸行百市，物货涌贵，钱陌⑦消折矣。

【译】铜钱是每个朝代所用的货币，从汉唐以来，天

① 钱法：钱币制度。

② 镴（là）牌：钱牌。南宋非常时期所铸的一种大面额币种，呈条形，上端有圆孔。镴，铅和锡的合金，可以焊接金属，也可制造器物。

③ 陌：一百文为一陌。

④ 会关子：会子、关子，南宋发行的纸币。

⑤ 界：会子发行有分界，三年为一界，旧会子收回，但未严格执行。理宗淳祐七年（公元1247年）规定第十七、十八界会子永远行使，取消了分界发行办法。

⑥ 金银关子：又称“见钱关子”，是南宋末年通货膨胀极其严重时发行的新币种。

⑦ 钱陌：本为一百文的钱串。后成为钱的计量单位，名为一陌而实不足百文。

下通行。宋朝开宝年间，钱币上的文字是“宋通元宝”，到了宝元年间，钱币上的文字则是“皇宋通宝”。近代钱币上的文字都标明年号，如景定年间铸造的铜钱上，文字是“景定元宝”。朝廷因钱币制度实施不利，杭州增造“镴牌”，便于流通和使用。原先都市以七十七文钱为一陌，近来民间减成五十文钱为一陌，在市场流通使用。官府又印造会子、关子，自十五界至十八界来流通使用。到咸淳年间，贾秋壑为相时，变法增造“金银关子”，以三贯十八界会子等同于一贯关子，全国通行。自此法颁行之后，各行各业的物价猛涨，钱陌也因此消减了。

团行[1]

市肆谓之“团行”者，盖因官府回买[2]而立此名。不以物之大小，皆置为团行，虽医卜[3]工役，亦有差使，则与当行同也。然虽差役[4]，如官司和雇支给钱米，反胜于民间雇倩[5]工钱，而工役之辈，则欢乐而往也。其中亦有不当行者，如酒行、食饭行，而借此名。

【译】集市中的店铺被称为“团行”的，都是因为官府回买需要而得此名。不论商品的大小，都设置为团行，即

① 团行：宋代行会组织。为便于官府敛派和防止同业竞争而立。

② 回买：指买回来。

③ 医卜：医生和卜人。

④ 差役：这里指强迫人民从事的无偿劳动。

⑤ 雇倩：出钱雇请。

使是医生、卜人、受雇替人打工的人员，也各有职责，与入团行的集市中的店铺相同。然而虽然有差役，官府雇用所支给的钱米，反而比民间雇请所给的工钱要高，因此那些受雇的人，都很愿意前去。其中也有没入团行的，如酒行、食饭行，只是借称这个名字。

有名为“团”者，如城西花团、泥路青果团、后市街柑子团、浑水闸鲞团。又有名为“行”者，如官巷方梳行、销金行、冠子行、城北鱼行、城东蟹行、姜行、菱行、北猪行、候潮门外南猪行、南土北土门菜行、坝子桥鲜鱼行、横河头布行、鸡鹅行。更有名为“市”者，如炭桥药市、官巷花市、融和市南坊珠子市、修义坊肉市、城北米市。且如橘园亭书房、盐桥生帛、五间楼泉福糖蜜及荔枝圆眼汤等物。

【译】名叫“团”的有：城西花团、泥路青果团、后市街柑子团、浑水闸鲞团。名叫“行”的有：官巷方梳行、销金行、冠子行、城北鱼行、城东蟹行、姜行、菱行、北猪行、候潮门外南猪行、南土北土门菜行、坝子桥鲜鱼行、横河头布行、鸡鹅行。名叫“市”的有：炭桥药市、官巷花市、融和市南坊珠子市、修义坊肉市、城北米市。还有橘园亭书房、盐桥生帛、五间楼泉福糖蜜及荔枝圆眼汤等物。

其他工役之人，或名为“作分”者，如碾玉作、钻卷作、篦刀[①]作、腰带作、金银打钑[②]作、裹贴作、铺翠作、裱褙[③]作、装銮[④]作、油作、木作、砖瓦作、泥水作、石作、竹作、漆作、钉铰[⑤]作、箍桶作、裁缝作、修香浇烛作、打纸作、冥器作等作分。又有异名“行”者，如买卖七宝[⑥]者谓之骨董[⑦]行、钻珠子者名曰散儿行、做靴鞋者名双线行、开浴堂者名香水行。

【译】其他干杂工的人，名叫“作分”的有：碾玉作、钻卷作、篦刀作、腰带作、金银打钑作、裹贴作、铺翠作、裱褙作、装銮作、油作、木作、砖瓦作、泥水作、石作、竹作、漆作、钉铰作、箍桶作、裁缝作、修香浇烛作、打纸作、冥器作等作分。又有异名为“行”的，如买卖七宝的称为骨董行、钻珠子的称为散儿行、做靴鞋的称为双线行、开浴堂的称为香水行。

大抵杭城是行都之处，万物所聚，诸行百市。自和宁门杈子外至观桥下，无一家不买卖者，行分最多，且言其一二。最是官巷花作，所聚奇异飞鸾走凤、七宝珠翠、首

---

① 篦（bì）刀：形如篦的刀。

② 打钑（sà）：用金银在器物上嵌饰花纹。

③ 裱褙：用纸或丝织品衬托在书画下面粘糊起来，以便于书画观赏保存。

④ 装銮：在梁栋斗拱或什物塑像上施以彩绘。

⑤ 钉铰：指洗镜、补锅、锔（jū）碗等。

⑥ 七宝：佛教中指的七种珍宝，具体所指说法各异，一般以为是金、银、琉璃、水晶、砗磲、珊瑚、琥珀。

⑦ 骨董：古董。

饰花朵、冠梳及锦绣罗帛、销金衣裙[①]、描画领抹，极其工巧，前所罕有者悉皆有之。更有儿童戏耍物件，亦有上行[②]之所，每日街市，不知货几何也。

【译】因杭州城是行都的所在地，万物汇聚，诸行百市。从和宁门杈子外到观桥下，没有一家不做买卖的，行分非常多，暂且略说一二。其中官巷花作最为繁盛，所聚集的奇异飞鸾走凤、七宝珠翠、首饰花朵、冠梳及锦绣罗帛、销金衣裙、描画领抹，极其精巧，前代罕见的奇物这里都有。还有儿童戏耍物件，也有上市出售的地方，每天的街市里，不知有多少货物在出售。

铺席

杭州大街，自和宁门杈子外，一直至朝天门外清和坊，南至南瓦子北，谓之“界北”。中瓦子前，谓之“五花儿中心”。自五间楼北至官巷南街，两行多是金、银、盐钞引交易，铺前列金银器皿及现钱，谓之“看垛钱”，此钱备准榷货务算请[③]盐钞引，并诸作分打钑炉鞴[④]，纷纭无数。自融和坊北至市南坊，谓之“珠子市”，如遇买卖，动以万数。又有府第富豪之家质库[⑤]，城内外不下数十

① 销金衣裙：镶嵌有金色丝线的衣服裙子。

② 上行：上市出售。

③ 算请：指缴纳现钱申请钞引。

④ 炉鞴（bèi）：火炉鼓风的皮囊。也借指熔炉。

⑤ 质库：中国古代进行押物放款收息的商铺，当铺。

处，收解以千万计。

【译】杭州大街，从和宁门杈子外，一直到朝天门外的清和坊，南至南瓦子北，称为“界北”。中瓦子前，称为“五花儿中心”。从五间楼北到官巷南街，两边大多是金、银钞引交易的铺子，铺前陈列金银器皿和现钱，称为“看垛钱”，此钱备着缴纳榷货务来申请盐钞引。还有各种作分的打物钑物用的炉鞴，多得不计其数。从融和坊北到市南坊，称为“珠子市”，如遇到买卖，动辄数以万计。又有府第富户的当铺，城内外不下十多处，其收入抵押物品的价值也数以千万计。

向者[①]杭城市肆名家有名者：如中瓦前皂儿水[②]；杂货场前甘豆汤、戈家蜜枣儿；官巷口光家羹；大瓦子水果子；寿慈宫前熟肉；钱塘门外宋五嫂鱼羹；涌金门灌肺；中瓦前职家羊饭、彭家油靴；南瓦子宣家台衣、张家元子；候潮门顾四笛；大瓦子邱家筚篥[③]。

【译】从前杭州城有名的商铺字号有：中瓦前的皂儿水；杂货场前的甘豆汤、戈家蜜枣儿；官巷口的光家羹；大瓦子的水果子；寿慈宫前的熟肉；钱塘门外的宋五嫂鱼羹；涌金门的灌肺；中瓦前的职家羊饭、彭家油靴；南瓦子的宣

① 向者：从前，以往。

② 皂儿水：以皂荚仁为原料制成的饮料。

③ 筚（bì）篥（lì）：也称“管子”，双簧管乐器，即觱（bì）篥。多用于军中和民间音乐。流行于我国各地，为汉族、维吾尔族、朝鲜族等多民族所喜爱。

家台衣、张家元子；候潮门的顾四笛；大瓦子的邱家筚篥。

自淳祐年有名相传者：如猫儿桥魏大刀熟肉、潘节干熟药铺；坝头榜亭安抚司惠民坊熟药局；市西坊南和剂惠民药局，局前沈家、张家金银交引①铺，刘家、吕家、陈家彩帛铺，舒家纸札铺；五间楼前周五郎蜜煎铺、童家柏烛②铺、张家生药铺；狮子巷口徐家纸札铺、凌家刷牙铺、观复丹室；保佑坊前孔家头巾铺、张卖食面店、张官人诸史子文籍铺、讷庵丹砂熟药铺、俞家七宝铺、张家元子铺；中瓦子前徐茂之家扇子铺、陈直翁药铺、梁道实药铺、张家豆儿水、钱家干果铺；金子巷口陈花脚面食店、傅官人刷牙铺、杨将领药铺；市南坊沈家白衣铺、徐官人幞头铺、钮家腰带铺；市西坊北钮家彩帛铺、张家铁器铺；修义坊北张古老胭脂铺；水巷口戚百乙郎颜色铺、徐家绒线铺、阮家京果铺、俞家冠子铺、官巷前仁爱堂熟药铺；修义坊三不欺药铺；官巷北金药臼楼太丞药铺，胡家、冯家粉心铺，染红王家胭脂铺，淮岭倾锡铺；清河坊顾家彩帛铺、蒋检阅茶汤铺；升阳宫前仲家光牌铺、季家云梯丝鞋铺；太平坊南倪没门面食店；南瓦子北卓道王卖面店；腰棚前菜面店；熙春楼下双条儿划子店；太平坊大街东南角虾蟆眼酒店；漆器墙下李官人双行解毒丸；抱剑营街吴家、夏家、马家香烛裹头铺，李

① 交引：宋代采办军粮使用的代价证券。

② 柏（jiù）烛：用柏脂做成的蜡烛。

家丝鞋铺，许家槐简[1]铺；沙皮巷孔八郎头巾铺、陈家绦结铺；朝天门戴家鏖肉铺；外沙皮巷口双葫芦眼药铺；朝天门里大石板朱家裱褙铺、朱家元子糖蜜糕铺；太庙前尹家文字铺、陈妈妈泥面具风药[2]铺；大佛寺疳药铺，保和大师乌梅药铺；三桥街毛家生药铺、柴家绒线铺、姚家海鲜铺；坝桥榜亭侧朱家馒头铺；石榴园倪家豝[3]鲊[4]铺、张省干金马杓小儿药铺；三桥河下杨三郎头巾铺；清湖河下戚家犀皮铺；里仁坊口游家漆铺；李博士桥邓家金银铺、汪家金纸铺；炭桥河下青篦扇子铺；水巷桥河下针铺、彭家温州漆器铺；沿桥下生帛铺、郭医产药铺；住大树下橘园亭文籍书房；平津桥沿河布铺；黄草铺温州漆器、青白磁器；铁线巷笼子铺、生绢一红铺；荐桥新开巷元子铺；官巷内飞家牙梳铺，齐家、归家花朵铺，盛家珠子铺，刘家翠铺，马家、宋家领抹销金铺，沈家枕冠铺；小市里舒家体真头面铺、周家折揲[5]扇铺、陈家画团扇铺。

【译】（略）

自大街及诸坊巷，大小铺席，连门俱是，即无虚空之

---

① 槐简：槐木手版。

② 风药：医风湿病的药。

③ 豝（bā）：母猪。

④ 鲊（zhǎ）：泛指盐腌食品 。

⑤ 折揲（dié）：折叠。揲，折叠。

屋。每日清晨，两街巷门，浮铺[①]上行，百市买卖，热闹至饭前，市罢而收。盖杭城乃四方辐辏之地，即与外郡不同。所以，客贩往来旁午[②]于道，曾无虚日。至于故楮羽毛，皆有铺席发客[③]，其他铺可知矣。其余坊巷桥道，院落纵横，城内外数十万户口，莫知其数。处处各有茶坊、酒肆、面店、果子、彩帛、绒线、香烛、油酱、食米、下饭鱼肉鲞腊[④]等铺。盖经纪[⑤]市井之家，往往多于店舍，旋买见成[⑥]饮食，此为快便耳。

【译】从大街到诸坊巷，布满了大大小小的铺席，都是门挨门，没有一间空屋。每天清晨，两街巷门的各种铺子，上市的百货进行买卖，非常热闹，直到饭前集市才停止、店铺收铺。因为杭州城是四方聚集的地方，与其他郡不相同。所以，客人商贩往来，到处进行买卖，几乎没有空闲的日子。至于故楮羽毛这样的小物件，也都有铺席供客选购，其他的铺席可想而知。其余的坊巷桥道，院落纵横，城内外有几十万户人家，不知道其确切的数目。处处都有茶坊、酒肆面店、果子、彩帛、绒线、香烛、油酱、食米、下饭鱼肉鲞

① 浮铺：不定点的铺子。

② 旁午：四面八方，到处。

③ 发客：供客选购。

④ 鲞腊：腌制或风干的鱼肉食品。

⑤ 经纪：这里指做生意。

⑥ 见成：现成。

腊等铺席。集市里做生意的人家，往往比旅店多，购买现成的饮食，尤其快捷方便。

天晓诸人出市

每日交四更，诸山寺观已鸣钟，庵舍行者[①]头陀[②]打铁板儿或木鱼儿沿街报晓，各分地方。若晴则曰“天色晴明”，或报“大参”，或报“四参”，或报“常朝”，或言“后殿坐”；阴则曰“天色阴晦”；雨则言“雨”。盖报令诸百官听公、上番[③]虞候、上名衙兵等人，及诸司上番人知之，赶趁[④]往诸处服役耳。虽风雨霜雪，不敢缺此。每月朔望及遇节序，则沿门求乞斋粮。最是大街一两处面食店及市西坊西食面店，通宵买卖，交晓[⑤]不绝。缘金吾[⑥]不禁，公私营干[⑦]，夜食于此故也。

【译】每天四更时分，各个寺庙、道观已经鸣钟，庵舍里的行者、头陀敲打着铁板儿或木鱼儿沿街报晓，他们各分地段。如果是晴天就报“天色晴明”，或报“大参”，或报“四参”，或报“常朝”，或说“后殿坐”；如果是阴天就

① 行者：指佛教寺庙中没有经过剃度的信徒。

② 头陀：行脚乞食的僧人。

③ 上番：轮流值班。

④ 赶趁：追赶；追逐。

⑤ 交晓：直到天亮。

⑥ 金吾：古官名。负责皇帝大臣警卫、仪仗以及徼循京师、掌管治安的武职官员。其名称、体制、权限历代多有不同。

⑦ 营干：办事；干活。

报告“天色阴晦”；如果是雨天就说“雨”。报晓是为了让那些百官听公、值班的虞候、上名衙兵等人，以及各司的值班人员知道，抓紧前往各处去工作。即使是风雨霜雪天气，报晓人也从不缺席。每月的初一、十五及节日的时候，行者、头陀会挨家挨户求乞斋粮。大街上的一两处面食店及市西坊西食面店最为热闹，通宵买卖，直到天亮仍顾客络绎不绝。因金吾不加禁止，那些有公务的和干私活的人，夜里都在这里吃饭。

御街铺店闻钟而起，卖早市点心，如煎白肠、羊鹅事件[①]、糕、粥、血脏羹、羊血、粉羹之类。冬天卖五味肉粥、七宝素粥，夏月卖义粥、馓子、豆子粥。又有浴堂门卖面汤者。有浮铺早卖汤药二陈汤，及调气降气并丸剂安养元气者。有卖烧饼、蒸饼、糍糕、雪糕等点心者。以赶早市，直至饭前方罢。及诸行铺席，皆往都处，侵晨[②]行贩[③]。和宁门红杈子前买卖细色异品菜蔬、诸般嗄饭[④]及酒醋、时新果子、进纳[⑤]海鲜品件[⑥]等物，填塞街市，吟叫[⑦]百端，如汴京

① 事件：家禽家畜的内脏。

② 侵晨：天快亮的时候。

③ 行贩：古时各个地区间往来贩卖、没有固定营业地点的商贩。

④ 嗄饭：下饭的菜肴。

⑤ 进纳：犹引进。

⑥ 品件：指花色品种。

⑦ 吟叫：有节奏的叫卖声。

气象，殊可人意。孝仁坊口，水晶红白烧酒，曾经宣唤，其味香软，入口便消。六部前丁香馄饨，此味精细尤佳。早市供膳诸色物件甚多，不能尽举。自内后门至观桥下，大街小巷，在在有之[①]，不论晴雨霜雪皆然也。

【译】御街上的店铺听钟声而开张，早市上所卖的点心有：煎白肠、羊鹅内脏、糕、粥、血脏羹、羊血、粉羹等。冬天就卖五味肉粥、七宝素粥，夏天就卖义粥、馓子、豆子粥。还有在浴堂门卖面汤的。有早晨在浮铺卖汤药的二陈汤，也卖调气降气和安养元气的丸剂。也有卖烧饼、蒸饼、糍糕、雪糕等点心的。各自都赶早市做买卖，直到饭前才收摊。各行的铺席，都到杭州城的各处，在清晨流动做生意。和宁门红杈子前面有买卖特殊品种的蔬菜、各种下饭菜以及酒醋、应时而鲜美的水果、引进的各种海鲜等食物，堵塞了街市，叫卖声各种各样，像当年开封御街气象，着实令人快意。孝仁坊口卖的水晶红白烧酒，皇上曾经下令宣召过，酒的味道香软、入口便消。六部前卖的丁香馄饨，口味精细，非常好吃。早市上所售卖的各种食物非常多，不能进行全部列举。从内后门到观桥下，大街小巷，处处都有铺席，即使是晴、雨、霜、雪的天气，也都是这样。

夜市

杭城大街买卖昼夜不绝，夜交三四鼓，游人始稀；五鼓

① 在在有之：处处都有。

钟鸣，卖早市者又开店矣。

大街关扑，如糖蜜糕、灌藕、时新果子、像生花果[①]、鱼鲜猪羊蹄肉，及细画绢扇、细色纸扇、漏尘扇柄、异色影花扇、销金裙、缎背心、缎小儿、销金帽儿、逍遥巾、四时玩具、沙戏儿。春冬扑卖玉栅小球灯、奇巧玉栅屏风、捧灯球、快行胡女儿沙戏、走马灯、闹蛾儿[②]、玉梅花、元子槌拍[③]、金橘数珠、糖水、鱼龙船儿、梭球、香鼓儿等物。夏秋多扑青纱、黄草帐子、挑金纱、异巧香袋儿、木犀香数珠、梧桐数珠、藏香、细扇、茉莉盛盆儿、带朵茉莉花朵、挑纱荷花、满池娇、背心儿、细巧笼仗、促织笼儿、金桃、陈公梨、炒栗子、诸般果子及四时景物，预行扑卖[④]，以为赏心乐事之需耳。衣市有李济卖酸文，崔官人相字摊、梅竹扇面儿、张人画山水扇，并在五间楼前。

【译】（略）

大街坐铺中瓦前有戴三朵花点茶婆婆，敲响盏[⑤]，掇头儿拍板，大街游玩人看了，无不哂笑。又有虾须卖糖，福公背个张婆卖糖、洪进唱曲儿卖糖。又有担水斛儿，内鱼龟顶

---

① 像生花果：用绫绢、通草制成花果的形状。

② 闹蛾儿：中国古代妇女的一种头饰，用丝绸或乌金纸为花或草虫之形，然后用色彩画上须子、翅纹而成。

③ 拍：饼类食品。

④ 预行扑卖：指进入市场以关扑的形式售卖。

⑤ 响盏：一种敲击类乐器，因盏中盛水，又称“水盏”。宋时集市商贩揽客，多演奏乐器、表演技艺，以吸引眼球。

傀儡面儿舞[①]卖糖。有白须老儿看亲箭挞闹盘[②]卖糖。有标竿十样卖糖，效学京师古本十般糖。赏新楼前仙姑卖食药。又有经纪人担瑜石钉铰[③]金装架儿，共十架，在孝仁坊红杈子卖皂儿膏、澄沙团子、乳糖浇。寿安坊卖十色沙团。众安桥卖澄沙膏、十色花花糖。市西坊卖蚫螺滴酥[④]，观桥大街卖豆儿糕（一作"膏"）、轻饧。太平坊卖麝香糖、蜜糕、金铤裹蒸儿[⑤]。庙巷口卖杨梅糖、杏仁膏、薄荷膏、十般膏子糖。内前杈子里卖五色法豆，使五色纸袋儿盛之。通江桥卖雪泡豆儿、水荔枝膏。中瓦子前卖十色糖。更有瑜石车子卖糖糜乳糕浇，亦俱曾经宣唤，皆效京师叫声。日市亦买卖。

【译】大街坐铺中瓦前有头戴三朵花的点茶婆婆，她敲着响盏，掇头儿拍板揽客，大街上游玩的人见了她，都感觉可笑。也有卖虾须形状糖的，福公公背着张婆婆卖糖、洪进唱着曲子卖糖。又有担着水斛的，斛内的鱼、龟顶着傀儡头像晃动着，吸引顾客来买糖。有白胡子老头儿表演射箭和敲打闹盘来卖糖。有在标杆上插着十种形态的糖进行售卖的，效仿的是京城开封的古本十般糖。赏新楼前仙姑卖食药。又有生意人挑着镶嵌着玉石的金装货架，共十架，在孝仁坊的

① 傀儡面儿舞：似指鱼、龟顶着傀儡头像并晃动着。

② 看亲箭挞闹盘：何意不详。似指表演射箭和敲打闹盘。

③ 钉铰：以（金玉等）镶嵌器物。

④ 蚫螺滴酥：一种精制的形似蚫螺的酥油糕点。

⑤ 金铤裹蒸儿：金块状的类似粽子的食物。

红杈子前卖皂儿膏、澄沙团子、乳糖浇。寿安坊有卖十色沙团的。众安桥有卖澄沙膏、十色花花糖的。市西坊有卖蚫螺滴酥的，观桥大街有卖豆儿糕、轻饧的。太平坊有卖麝香糖、蜜糕、金铤裹蒸儿的。庙巷口卖杨梅糖、杏仁膏、薄荷膏和十般膏子糖。内前杈子里有卖五色法豆的，用五色纸袋儿来盛装法豆。通江桥有卖雪泡豆儿、水荔枝膏的。中瓦子前有卖十色糖的。还有用镶嵌着玉石的车子来卖糖糜乳糕浇的，这些皇上都曾经下令宣召过，卖家也都效仿京城开封的叫卖声。这些商品在白天也有售卖的。

又有夜市物件：中瓦前车子卖香茶异汤，狮子巷口爊[①]耍鱼、罐里爊鸡丝粉、七宝科头[②]，中瓦子武林园前煎白肠、煿[③]肠，灌肺岭卖轻饧，五间楼前卖余甘子[④]、新荔枝，木檐市西坊卖焦酸馅[⑤]、千层儿。又有沿街头盘叫卖姜豉、膘皮[⑥]牒子[⑦]、炙椒、酸犯儿、羊脂韭饼、糟羊蹄、糟蟹。又有担架子[⑧]卖香辣罐肺、香辣素粉羹、腊肉、细粉科头、

---

① 爊（āo）：同“熬”。

② 科头：蝌蚪形状，圆头尖尾的一种米粉，类似今天的凉虾。

③ 煿（wǔ）：煮。

④ 余甘子：中药名。具有清热利咽、润肺化痰、生津止渴的功效。主治感冒发热、咳嗽、咽痛、白喉、烦热口渴、高血压。

⑤ 酸馅：以蔬菜、果仁等为馅的素包子。

⑥ 膘皮：肥肉皮。

⑦ 牒子；薄切细切。

⑧ 担架子：指挑着货挑子。

姜虾、海蜇鲊、清汁田螺羹、羊血汤、胡齑、海蜇、螺头齑、馉饳儿[①]、齑面等，各有叫声。大街更有夜市卖卦[②]：蒋星堂、玉莲相、花字青、霄三命、玉壶五星、草窗五星、沈南天五星、简堂石鼓、野庵五星、泰来心、鉴三命。中瓦子浮铺有西山神女卖卦，灌肺岭曹德明易课。又有盘街[③]卖卦人，如心鉴及甘罗次、北算子者。更有叫“时运来时，买庄田，取老婆”卖卦者。有在新街融和坊卖卦，名“桃花三月放”者。

【译】（略）

其余桥道坊巷，亦有夜市扑卖果子、糖等物，亦有卖卦人盘街叫卖，如顶盘担架卖市食，至三更不绝。冬月虽大雨雪，亦有夜市盘卖[④]。至三更后，方有提瓶卖茶。冬闲，担架子卖茶，馓子[⑤]慈茶始过。盖都人公私营干深夜方归故也。

【译】其余的桥道坊巷，也有夜市扑卖果子、糖等物，还有卖卦人走街串巷叫卖，如顶着盘子挑着担子卖吃食的，一直到三更时分还是不断。冬季即使有大雨雪，也有夜市走街串巷叫卖。三更以后，才有提着热水瓶卖茶的。冬季农闲

① 馉（gǔ）饳（duò）儿：一种面食，有馅。一说即“馄饨”。

② 卖卦：以为人占卜谋生。

③ 盘街：走街串巷。

④ 盘卖：走街串巷叫卖。

⑤ 馓子：又称食馓、捻具、寒具、麻物子，是一种油炸食品，香脆精美。

的时候，人们挑着货挑子去卖茶，还有馓子和慈茶。这是京城那些有公务的和干私活的人深夜才归家的缘故。

诸色杂货

凡宅舍养马，则每日有人供草料；养犬，则供饧糠；养猫，则供鱼鳅[①]；养鱼，则供虮虾儿[②]。若欲换锢路[③]钉铰、修补锅铫[④]、箍桶、修鞋、修幞头帽子、补修魫冠[⑤]、接梳儿、染红绿牙梳、穿结珠子、修洗鹿胎冠子、修磨刀剪、磨镜，时时有盘街者，便可唤之。且如供香印盘者，各管定[⑥]铺席人家，每日印香而去，遇月支请香钱而已。供人家食用水者，各有主顾供之。亦有每日扫街盘垃圾者，每支钱犒之。

【译】凡是旅店养马的，就会每天有人供应草料；养狗的，就会供应饧糠；养猫的，就会供应泥鳅；养鱼的，就会供应水蚤。如果想叫人锢露钉铰、修补锅铫、箍桶、修鞋、修幞头帽子、补修魫冠、接梳儿、染红绿牙梳、穿结珠子、修洗鹿胎冠子、修磨刀剪、磨镜，就会经常有走街串巷的工匠，都可以叫过来。就像那些供应印盘香的人，各自看管好铺面的人家，每天印香后就走，主顾每月支付香钱即可。给

---

① 鱼鳅：泥鳅。

② 虮虾儿：水蚤。

③ 锢路：锢露，用熔化的金属堵塞金属物品的漏洞。

④ 铫（diào）：一种有嘴带柄的小锅。

⑤ 魫（shěn）冠：古时以鱼枕骨为饰的冠。

⑥ 管定：看管好。

住户供应饮用水的人，也各自有顾客来供应。也有每天在大街上打扫垃圾的人，自有人会按时付钱犒赏。

其巷陌街市，常有使漆修旧人，荷大斧斫柴间、早修扇子、打镴器、修灶、提漏[①]、供香饼炭墼[②]，并挑担卖油、卖油苕、扫帚、竹帚、筅帚[③]、鸡笼担、圣堂拂子、竹柴、茹纸、生姜、姜芽、新姜、瓜、茄、菜蔬等物，卖泥风炉、小缸灶儿、天窗砧头、马勺。铜铁器如铜铫、汤饼、铜罐、熨斗、火锹、火箸、火夹、铁物、漏勺、铜沙锣、铜匙箸、铜瓶、香炉、铜火炉、帘钩[④]。镴器如樽榼[⑤]、果盆、果盒、酒盏、注子[⑥]、偏提[⑦]、盘、盂、勺，酒市急须马盂[⑧]、屈卮[⑨]、滓斗、箸瓶[⑩]。家生动事[⑪]如桌、凳、凉床、交椅、兀子、长朓[⑫]、绳床、竹椅、柎笄[⑬]、裙厨、衣架、棊盘、面

① 提漏：打酒、油、酱油等液体的器具。

② 炭墼（jī）：用炭末做成的块状燃料，多呈圆柱形。

③ 筅（xiǎn）帚：炊帚（多指用竹子做的）。

④ 帘钩：卷帘所用的钩子。

⑤ 樽榼（kē）：盛酒器。

⑥ 注子：古代酒壶。金属或瓷制成。可坐入注碗中。始于晚唐，盛行于宋、元时期。

⑦ 偏提：酒壶。

⑧ 马盂：指大型的盂。

⑨ 屈卮：有曲柄的酒杯。

⑩ 箸瓶：一种瘦长的小瓶。

⑪ 家生动事：家庭生活日常应用的器具。

⑫ 长朓（tiǎo）：长板。朓，板。

⑬ 柎笄（jī）：一种簪子。

桶、项桶、脚桶、浴桶、大小提桶、马子、桶架、木勺、研槌、食托、青白瓷器、瓯、碗、碟、茶盏、菜盆、油杆杖、滑辘、鞋楦[①]、棒槌、烘盘、鸡笼、虫蚁笼、竹笊篱、蒸笼、粪箕、瓯箄[②]、红帘、斑竹帘、酒络、酒笼、筲箕[③]、瓷甏[④]、炒鋅[⑤]、砂盆、水缸、乌盆、三脚罐、枕头、豆袋、竹夫人[⑥]、懒架[⑦]、凉簟、藁荐[⑧]、蒲合、席子，及文具物件如砚子、笔、墨、书架、书攀、裁刀、书剪、簿子、连纸，又有铙子、木梳、篦子、刷子、刷牙子、减装、墨洗[⑨]、漱盂子、冠梳、领抹、针线，与各色麻线、鞋面、领子、脚带、粉心、合粉、胭脂、胶煤、托叶、坠纸等物。又有挑担抬盘架，买卖江鱼、石首[⑩]、鲚鱼[⑪]、时鱼[⑫]、鲳鱼、鳗鱼、

① 鞋楦（xuàn）：中国传统的制鞋用具。又称楦头。

② 瓯箄（bēi）：小竹笼。

③ 筲（shāo）箕：淘米洗菜等用的竹器，形状像簸箕。

④ 甏（bèng）：瓮一类的器皿。

⑤ 炒鋅（zuì）：何物不详。鋅，炼。

⑥ 竹夫人：又叫青奴、竹奴，中国民间夏日取凉用具。是一种圆柱形的竹制品。

⑦ 懒架：曲几。一种供休息用的躺坐器具。

⑧ 藁（gǎo）荐：草席。

⑨ 墨洗：洗毛笔时用以盛水的器具。

⑩ 石首：鱼名，又名“黄花鱼”，此鱼出水能叫，夜间发光，头中有像棋子的石头，故称石首鱼。

⑪ 鲚（ruò）鱼：比目鱼一类的鱼。

⑫ 时鱼：鲥鱼。

鲚鱼[①]、鲫鱼、白鳜鱼[②]、白蟹、河蟹、河虾、田鸡等物，及生熟猪羊肉、鸡、鹅、鸭，及下饭海腊、鲞鳔、炙鳅、糟藏大鱼鲊、干菜、干萝卜、菜蔬、葱姜等物。又有早间卖煎二陈汤，饭了[③]提瓶点茶，饭前有卖馓子、小蒸糕，日午[④]卖糖粥、烧饼、炙焦馒头、炊饼、辣菜饼、春饼、点心之属。

【译】（略）

四时有扑带朵花，亦有卖成窠时花，插瓶把花、柏桂、罗汉叶，春扑带朵桃花、四香、瑞香、木香等花，夏扑金灯花、茉莉、葵花、榴花、栀子花，秋则扑茉莉、兰花、木樨、秋茶花，冬则扑木春花、梅花、瑞香、兰花、水仙花、腊梅花，更有罗帛脱蜡像生四时小枝花朵[⑤]，沿街市吟叫扑卖。及买卖品物最多，不能尽述。

【译】（略）

及小儿戏耍家事儿，如戏剧糖果之类：行娇惜[⑥]、宜娘[⑦]子、秋千稠糖、葫芦、火斋郎果子、吹糖麻婆子孩儿等、糕粉孩儿鸟兽、像生花朵、风糖饼、十般糖、花花糖、荔枝

① 鲚鱼：身体侧扁，长约十厘米，银白色。生活在海洋中，春季或初夏到河中产卵。俗称“凤尾鱼”。

② 白鳜鱼：何鱼不详。

③ 饭了：饭后。

④ 日午：中午。

⑤ 罗帛脱蜡像生四时小枝花朵：用罗帛制成的脱蜡且像真的一样的四季小枝花朵。

⑥ 行娇惜：一种儿童玩具，类似于今天的陀螺。娇惜，宋时女子常用名。

⑦ 宜娘：相传为北宋名将杨文广之妹，乃杨门女将。

膏、缩砂糖、五色糖，线天戏耍孩儿、鸡头担儿、罐儿、碟儿、鑞小酒器、鼓儿、板儿、锣儿、刀儿、枪儿、旗儿、马儿、闹竿儿、花篮、龙船、黄胖儿、麻婆子、桥儿、棒槌儿，及影戏线索、傀儡儿、狮子、猫儿。又沿街叫卖小儿诸般食件：麻糖、锤子糖、鼓儿饧、铁麻糖、芝麻糖、小麻糖、破麻酥、沙团、箕豆、法豆、山黄、褐青豆、盐豆儿、豆儿黄糖、杨梅糖、荆芥糖、榧子、蒸梨儿、枣儿、米食羊儿、狗儿、蹄儿、茧儿、栗粽、豆团、糍糕、麻团、汤团、水团、汤丸、馉饳儿、炊饼、槌栗、炒槌、山里枣、山里果子、莲肉、数珠、苦槌、荻蔗、甘蔗、茅洋、跳山婆、栗茅、蜜屈律[1]等物，并于小街后巷叫卖。

【译】（略）

遇新春，街道巷陌，官府差顾淘渠人沿门通渠；道路污泥，差顾船只，搬载乡落空闲处。人家有泔浆[2]，自有日掠者来讨去。杭城户口繁伙，街巷小民之家，多无坑厕，只用马桶，每日自有出粪人瀽[3]去，谓之“倾脚头”，各有主顾，不敢侵夺，或有侵夺，粪主必与之争，甚者经府大讼，胜而后已。

【译】到了新春，大街小巷有官府差雇淘渠的人挨家挨

① 蜜屈律：枳椇的别名，也叫作拐枣、鸡爪子等。有止渴除烦、润五脏、利大小便、止呕逆境、解酒毒的功效。

② 泔浆：泔水，饭馆、家庭在吃完饭后把剩下的饭菜之类倒在一起混合的剩饭菜。

③ 瀽（jiǎn）：倾，倒。

户疏通渠道，如果道路上有泥污，就差雇船只，将其搬到乡村空闲处。各家都有泔水，自会有人每天取走。杭州城户口繁多，街巷里普通人家，大多没有厕所，只用马桶，每天自然会有倒粪的人负责倒马桶，这种行业称为“倾脚头”。这些倒粪的人各有主顾，不敢侵占，如果有侵占，粪主必定会与之相争，严重的会闹到府衙打官司，胜诉了才会罢休。

卷十四

祠祭

天子祭天地，诸侯祭社稷，大夫祭五祀[①]，上得以兼下，下不得以僭[②]上，古之制也。宋朝自郊祀宗庙社稷，与大、中、小三祠，及土域山海、江湖之神，先贤、名哲、道德之士，御灾捍患、以死勤事功烈之臣，皆宠以爵命，列于祀典，奉常有司岁时荐飨焉。

【译】天子祭天地，诸侯祭社稷，大夫祭五祀，上可以兼祭下，下不可超越上，这是自古以来的制度。宋朝施行祭祀天地、宗庙、社稷和大、中、小三祠，以及祭祀国境内的山海、江湖之神，并祭祀先贤、名哲、道德之士，还祭祀御灾捍患、尽心尽职而死的功烈之臣，并都赐以爵命，记载在祀典上，命令相关部门供奉，并在年节的时候进行祭献。

郊祀在嘉会门外三里净明院左右，春首、上辛、祈谷、四月、夏雩[③]、冬至、冬报，皆郊坛行礼。惟九月秋飨[④]，不坛而屋，设位于净明斋宫。春夏冬遇雨，亦望祭于斋宫，差

① 五祀：中国古代祭俗中所祭的五种神祇。具体神祇各文献记载不一。如户神、灶神、土神、门神、行神。

② 僭（jiàn）：僭越。越本分行事。古时指地位低下的冒用在上的名义或器物等，尤指用皇家专用的。

③ 夏雩（yú）：夏季为求雨而举行的祭祀。

④ 秋飨：秋季祭献。

宰执充献官行事。明堂郊祀，岁则不重，举飨报[1]之礼也。正月上辛，祀感生帝于宗阳宫斋殿。四立日，祀十神太乙祀于东西太乙宫。惠昭、昭庆斋宫，在净慈寺。对惠昭有坛殿及燎坛[2]。夏至日，祭后土皇地祇[3]。立夏日，祭荧惑[4]。立秋日，祭白帝[5]。昭庆有望祭殿，立夏祭南方岳渎[6]，立秋祭西方岳渎。大社大稷坛在观桥东，以春秋二仲[7]、腊前一日祭皇地祇。九宫贵神坛，在东青门外，以春秋二仲坛祭感生帝及九宫贵神。北太乙、西南摄提、正东轩辕、东南招摇、中央天符、西北青龙、正东咸池、东北太阴、正南天一之版位也。藉田[8]先农坛，在玉津园南，祀神农氏[9]，配以后稷

---

① 飨报：为报功德而祭祀。

② 燎坛：燎祭天神的高台。

③ 皇地祇：对地神的尊称。

④ 荧惑：指火星，由于火星荧荧似火，行踪捉摸不定，因此我国古代称它为“荧惑”。

⑤ 白帝：中国古神话中五天帝之一，主西方之神。

⑥ 岳渎：这里指山神。

⑦ 春秋二仲：仲春、仲秋。

⑧ 藉田：古代吉礼的一种。即孟春正月，春耕之前，天子率诸侯亲自耕田的典礼。源自原始社会，春初部落长带头耕种，然后才开始大规模春耕生产的古俗。

⑨ 神农氏：中国古代传说中农业与医药的发明者。 他教人用木制耒耜从事农业生产，反映了中国原始社会从采集渔猎进入农耕的情况。又传说他尝百草，用草药治病。

氏[1]，以岁时祀之。高禖[2]坛，在郊坛东。坛祭，设青帝神位于坛上，南向；配伏羲[3]帝、高辛[4]帝于西，向北；又设从祀简狄[5]、姜嫄[6]位于坛下卯陛[7]南西，向北。每岁春分日，遣官致祭毕，收彻二从祀馔弓韣[8]弓矢入禁中，后妃以次行礼。海神坛，在东青门外太平桥东，祭江海神，为太祀，以春秋二仲遣从官行望祭礼。太学，春秋二仲上丁日，祭先圣

---

① 后稷氏：中国古代传说中教民耕种的人。姬姓，名弃。相传是周族的始祖，周族人认为他始种稷和麦，尊其为百谷之神。尧舜时任农官，受封于出生地邰（今陕西武功）。

② 高禖（méi）：古帝王求子所祭之神。其祠在郊，也称“郊禖”。

③ 伏羲：华夏民族人文先始，三皇之一，亦是与女娲同为福佑社稷之正神。楚帛书记载其为创世神，是中国最早的有文献记载的创世神。风姓，又名宓羲、庖牺、包牺、伏戏，亦称牺皇、皇羲，《史记》中称伏牺。伏羲是古代传说中的中华民族人文始祖，是中国古籍中记载的最早的王，是中国医药鼻祖之一。

④ 高辛：帝喾（kù），姬姓，名俊，华夏族。生于高辛（今河南商丘的高辛镇），故号高辛氏。黄帝的曾孙，五帝之一，是《山海经》里天帝帝俊的原型。

⑤ 简狄；传说中是商朝始祖契之母，一作简易、简逖。因是有娀氏（在今山西永济西）女，又称娀简。她是帝喾的帝后，相传她偶出行浴，吞鳦（yǐ）卵（吞玄鸟之卵）而生契。

⑥ 姜嫄（yuán）：有邰氏部落（今陕西眉县邰亭）人。上古时期历史人物，帝喾元妃，周族始祖后稷之母。

⑦ 卯陛：东陛。唐代文献是以十二辰称呼陛的，即子陛、丑陛、寅陛、卯陛、辰陛、巳陛、午陛、未陛、申陛、酉陛、戌陛、亥陛，子、午、卯、酉陛又称北、南、东、西陛。

⑧ 韣（dú）：用双层皮张制作的带有透气孔眼的弓袋或器物套子。

文宣王，配先贤兖国公[①]、邹国公[②]、沂国公[③]、郕国公[④]及十哲[⑤]先贤，从祀七十二贤、历代贤哲忠孝公卿。武学，祀昭烈武成王[⑥]，配留侯[⑦]、历代忠烈臣子。

【译】郊外祭祀天地在嘉会门外三里处的净明院左右，春首、上辛、祈谷、四月、夏雩、冬至、冬报的祭祀，都前往郊外的祭坛行礼。唯有九月的秋季祭献，不去郊外的祭坛而在室内。在净明斋宫设置神位来祭祀。春、夏、冬三季遇到下雨的天气，也在斋宫遥望而祭，并委派宰执充任献官来办理祭祀事宜。如遇明堂大祀，当年就不再重复举行郊外祭祀天地，只举行飨报之礼。正月上辛日时，在宗阳宫斋殿祭

---

① 兖国公：孔子弟子颜回。曹姓，颜氏，名回，字子渊，鲁国都城人（今山东曲阜），居陋巷（今山东曲阜旧城内的陋巷街，颜庙所在之地）尊称复圣颜子，春秋末期鲁国思想家，儒家大家，孔门七十二贤之首。

② 邹国公：孟子。名轲，字子舆，战国时期邹国人，鲁国庆父后裔。今山东邹城人。孟子是中国古代著名思想家，战国时期儒家代表人物。

③ 沂国公：孔子之孙孔伋。鲁国人，字子思，孔子的嫡孙、孔子之子孔鲤的儿子。大约生于周敬王三十七年（公元前483年），卒于周威烈王二十四年（公元前402年），享年82岁。

④ 郕（chéng）国公：孔子弟子曾子。姒（sì）姓，曾氏，名参（学术界有两种说法，一读shēn，一读cān），字子舆，鲁国南武城（今山东平邑，一说山东嘉祥）人。春秋末年思想家，儒家大家，孔子晚年弟子之一，儒家学派的重要代表人物，夏禹后代。其父曾点，字皙，七十二贤之一，与子曾申同师孔子。

⑤ 十哲：指孔子的十个弟子：颜渊、闵子骞、冉伯牛、仲弓、宰我、子贡、冉有、季路、子游、子夏。

⑥ 昭烈武成王：姜尚，字子牙，俗称姜太公，辅佐周文王、周武王灭商。

⑦ 留侯：张良，字子房，颍川城父人。秦末汉初杰出谋臣，西汉开国功臣，政治家，与韩信、萧何并称为“汉初三杰”。

祀感生帝。到了立春、立夏、立秋、立冬这四天，要在东西太乙宫祭祀十神太乙。惠昭、昭庆斋宫，在净慈寺。在惠昭斋宫对面有坛殿和燎坛。夏至这天，要祭祀地神祇。立夏这天，要祭祀火星。立秋这天，要祭祀白帝。昭庆斋宫有望祭殿，立夏要祭祀南方山神，立秋要祭祀西方岳山神。大社大稷坛在观桥的东面，分别在春、秋季的第二个月及腊月的前一天祭祀地神。九宫贵神坛在东青门外，分别在春、秋季的第二个月坛祭感生帝和九宫贵神。九宫贵神的版位是：正北是太乙、西南是摄提、正东是轩辕、东南是招摇、中央是天符、西北是青龙、正东是咸池、东北是太阴、正南是天一。藉田时在先农坛，先农坛在玉津园的南面，祭祀神农氏，连同后稷氏，在年节的时候一并祭祀。高禖坛，在郊坛的东面。坛祭时，在祭坛上设置青帝神位面向南；在西面设置伏羲帝、高辛帝面向北；在祭坛下的东陛的西南设置从祀的简狄、姜嫄神位面向北。每年的春分这一天，派遣官员完成祭祀后，收撤附祭的食物、弓袋、弓箭而入宫中，后妃们按照次序行礼。海神坛，在东青门外太平桥的东面，祭祀江海神，是太祀，皇上分别在春、秋季的第二个月派遣官员行望祭礼。在春、秋季的第二个月的上丁日，太学要祭祀先圣文宣王孔子，一并合祭的有先贤兖国公颜回、邹国公孟子、沂国公孔伋、郕国公曾子及孔子的十个弟子，连同七十二贤、历代贤哲忠孝公卿一并合祭。武学要祭祀昭烈武成王姜子牙，连同留侯张良和历代忠烈臣子一并合祭。

山川神

城隍庙，在吴山，赐额“永固”。岁之丰凶水旱，民之疾病祸福，祈而必应，朝廷累加美号，曰“辅正康济明德广圣王”。昭济庙，在候潮门外浑水闸西，相传为吴王夫差庙，加封曰“善应安济孚祐显卫侯”。忠清庙，在吴山，其神姓伍名员，乃楚大夫奢之子，自唐立祠，至宋亦祀之，每岁海潮大溢，冲激[1]州城。春秋醮祭[2]，诏命学士院撰青词[3]以祈国泰民安，累赐美号曰“忠武英烈显圣福安王”。有行祠[4]，在仁和县治东南隅。吴越钱武肃王庙，在方家峪宝藏寺。及龙山武功堂，为钱文穆王庙，五王俱祀焉。

【译】城隍庙在吴山，赐庙额为“永固”。每年的丰凶水旱，百姓的疾病祸福，向其祈求必会有灵应。朝廷多次加封美号，为“辅正康济明德广圣王”。昭济庙，在候潮门外浑水闸的西面，相传为吴王夫差庙，加封为“善应安济孚祐显卫侯”。忠清庙，在吴山，供奉的神姓伍名员，乃是春秋时期楚国大夫伍奢的儿子。自唐朝时立祠，直到宋朝也祭祀他。相传每年海潮大溢，都会冲撞州城。春秋两季设坛祈祷，皇上下诏

---

① 冲激：冲撞，撞击。

② 醮祭：设坛祈祷；祭奠。

③ 青词：又称“绿章”，是道教举行斋醮时献给上天的奏章祝文。一般为骈俪体，用红色颜料写在青藤纸上。要求形式工整和文字华丽。

④ 行祠：临时的祠堂。

命令学士院撰写青词用以祈祷国泰民安，最终赐封美号为“忠武英烈显圣福安王”。有临时的祠堂，在仁和县衙的东南角。吴越钱武肃王庙，在方家峪宝藏寺。还有龙山武功堂，为钱文穆王庙，吴越国的五代国王都有庙祭祀。

平济王庙在浙江广子湾，累封[1]曰“显烈广顺王”。顺济庙原浙江里人[2]冯氏，自侯加至王爵，曰“英烈王”。王封“助灵佐顺侯”，英[3]显于通应公庙，即庙子头杨村龙王庙是也。平波祠，赐额“善顺庙”；钱塘顺济龙王，赐额“昭应庙”，并在白塔岭之原。孚应庙在磨刀坑。广顺庙在龙山。惠顺庙在江塘。顺济龙王庙在杨村顺济宫，三侯加王爵美号，曰“广泽灵应”，曰“顺泽昭应”，曰“敷泽嘉应”。自平济至顺济十庙[4]，俱司江涛神也。

【译】平济王庙在浙江广子湾，最终且最高的封号为“显烈广顺王”。顺济庙供奉的神原本是浙江粗俗之人冯氏，后来自侯爵加封至王爵，为“英烈王”。皇上又封（此处何人不详）为“助灵佐顺侯”，其神灵在通应公庙，也就是庙子头杨村的龙王庙。平波祠，赐匾额为“善顺庙”；钱塘顺济龙王庙，赐庙额为“昭应庙”，都在白塔岭上。孚应

① 累封：指最终的最高封赠。

② 里人：俚人，粗俗之人。

③ 英：神灵。

④ 自平济至顺济十庙：文中所述，仅九庙。何故不详。

庙在磨刀坑。广顺庙在龙山。惠顺庙在江塘。顺济龙王庙在杨村顺济宫，三神由侯爵加封至王爵，美号分别为“广泽灵应”“顺泽昭应”“敷泽嘉应”。自平济王庙至顺济龙王庙共十庙，供奉的都是江涛之神。

嘉泽庙在钱塘门外二里，钱武肃曾封王爵，今改封曰“渊灵普济侯”。水仙王庙在西湖第三桥。会灵庙在柳洲[①]。五龙王庙在涌金门外上船亭。龙井惠济庙在风篁岭，美号王爵曰“嘉应广济孚惠王”。南高峰龙王祠在荣国寺后钵盂潭，累封曰“孚应昭顺侯”。玉泉龙王祠在青芝坞净空寺内，其神加封美号曰“嘉应普泽公”。

【译】嘉泽庙在钱塘门外距离二里的地方，钱武肃王曾封其神为王爵，如今改封为“渊灵普济侯”。水仙王庙在西湖第三桥。会灵庙在水中有柳林的小块陆地处。五龙王庙在涌金门外的上船亭。龙井惠济庙在风篁岭，其神被封王爵，美号为“嘉应广济孚惠王”。南高峰龙王祠在荣国寺后面的钵盂潭，最终且最高的封号为“孚应昭顺侯”。玉泉龙祠在青芝坞的净空寺内，供奉的神加封美号为“嘉应普泽公”。

忠节祠

旌忠庙在丰乐桥，原在德寿宫基，因建宫徙于此，俗呼“三圣庙”。按，神姓高名永能，绥州人；姓景名崇仪，字

① 柳洲：有柳林的洲渚（水中的小块陆地）。

思谊，晋州人；姓程名阁使，字博古，河南人。元丰年间，因统军战殁[①]，庙食于凤翔府和尚原。后方腊寇睦，祷于神，凯奏而还，始封侯爵，后屡有功，赐庙额，加号王爵，曰“忠显灵应孚泽昭祐王”“忠显昭应孚济广祐王”“忠惠顺应孚祐善利王”，以旌忠观洒净[②]，主其朝夕香灯之供。

【译】旌忠庙在丰乐桥，原先在德寿宫的地基上，因建德寿宫，所以迁徙到这里，俗称“三圣庙”。按，三个神是：姓高名永能，绥州人；姓景名崇仪，字思谊，晋州人；姓程名阁使，字博古，河南人。在神宗元丰年间，三人因统军与西夏大军作战，不幸战死，在凤翔府和尚原被祭享。后来贼寇方腊在睦州作乱，讨伐前曾向这三神祈祷，随后凯旋而归，于是朝廷始封三神为侯爵，后来常常有功，又赐庙额，加封王爵，分别为“忠显灵应孚泽昭祐王”“忠显昭应孚济广祐王”“忠惠顺应孚祐善利王”。在旌忠观举行洒净仪式，并负责三神早晚烧香供灯。

祚德庙在车桥西青莲寺南，其神忠义，有祠墓俱在绛州太平县赵村，因以本州沦陷之久，庙庭存废不可知。降旨就

① 战殁（mò）：战死，阵亡。

② 洒净：据《中华佛教百科全书》，为佛教仪式，即洒香水以净物之仪式。又作“洒水”。行此法时，须结印契，并持诵真言以加持香水，然后散洒该香水以净化道场或供具等物。

杭建庙，赐额加美号，升三侯为王爵，以表忠节。程婴[①]封“忠济王”，杵臼封“忠祐王”，韩厥[②]封“忠利王”。

【译】祚德庙在车桥西侧青莲寺的南面，庙中供奉着忠义之神，祠墓都在绛州太平县赵村，因本州沦陷时间已久，庙庭存废不清楚。于是朝廷便降旨在杭州重建庙宇，赐庙额加美号，三神由侯爵加封至王爵，来表彰他们的忠节。封程婴为“忠济王”，封杵臼为“忠祐王”，封韩厥为“忠利王”。

灵卫庙在钱塘门侧，其神因完颜宗弼[③]犯境，守臣退保赭山，钱塘县令朱跸[④]领卫司十将[⑤]金胜、祝威，率民兵战击，以寡制众，殁于王事，乡民感其忠义，葬于近郊，立祠以表死节[⑥]。乡民陈于朝省，赐庙额各加侯爵，曰“朱宰”，封“显忠侯”；金胜，封“忠佐侯”；祝威，封“忠

---

① 程婴：春秋时晋国义士，千百年来为世人所称颂。相传他是古少梁邑（今陕西韩城西少梁附近程庄）人，为晋卿赵盾及其子赵朔的友人。晋景公三年大夫屠岸贾杀赵盾，灭其族，赵朔门客公孙杵臼与之谋，婴抱赵氏真孤匿养山中，而故意告发令诸将杀死杵臼及冒充孩儿，后景公听韩厥言，立赵氏后，诛屠岸贾，婴则自杀以报杵臼。

② 韩厥：姬姓，韩氏，名厥，因其谥号献，故亦称韩献子，春秋中期晋国卿大夫。一生侍奉晋灵公、晋成公、晋景公、晋厉公、晋悼公五朝，是位稳健的政治家。

③ 完颜宗弼：金朝皇子、名将、开国功臣。女真族，女真名兀术。生于黑龙江哈尔滨阿城区海沟河畔。金朝开国皇帝金太祖完颜阿骨打的第四子，《大金国志》中记载为第六子。母亲是元妃乌古论氏。

④ 朱跸（bì）：湖州安吉人，南宋钱塘知县。

⑤ 十将：宋朝军队低级指挥员。

⑥ 死节：为保全节操而死；殉节。

祐侯”，以旌忠烈之士。

【译】灵卫庙在钱塘门旁。因完颜宗弼犯境，守臣退保赭山，钱塘县令朱跸率领卫司十将金胜、祝威，率民兵抗击，以寡敌众，最终为王朝而战死。乡民感念他的忠义，将他葬在近郊，立祠以表殉节。乡民向朝廷陈述他们的事迹，于是朝廷赐庙额各加封侯爵，称朱跸“朱宰”，封为“显忠侯”；封金胜为“忠佐侯”；封祝威为“忠祐侯”，以表彰这些忠烈之士。

忠勇庙在行春桥寨中。其神姓张名玘[1]，系亲卫大夫、果州团练使、御营宿卫前军统制，因解海州围，战殁于阵中，得旨赠“容州观察使”，建庙赐额，海州仍立庙本寨。

【译】忠勇庙在行春桥寨中。庙中供奉之神姓张名玘，乃是亲卫大夫、果州团练使、御营宿卫前军统制，因为解海州之围，战死在阵中，朝廷下旨赠“容州观察使”，建庙赐额，又在海州的本寨中立庙。

昭节庙在保民坊庙巷东三班营。按，二神：一姓乔，名元，字伯仁；一姓陆，名轨，字仲模。皆襄汉人，在周时

① 姓张名玘（qǐ）：张玘，字伯玉 ，河南渑池阳壶（今河南渑池南村乡洋湖村）人，南宋初年名将。他动用自己的家产，招募新兵，先后随宋将翟兴、董先、岳飞等抗金，屡建战功，官至御营宿卫前军都统、爵亲卫大夫。后在海州之战中牺牲，谥号忠勇，宋孝宗即位，又命在他作战的地方建他的祠堂，被追封为清远军承宣使。

同为殿侍。初宋太祖受禅[①]，驾自宣祐门入，守关者施弓箭相向弗纳，移步趋他门而入。既受朝贺毕，顾近侍曰："适移[②]门守者何人？"奏曰："散直班。"传旨降充下班。又问"宣祐守者何人？"答奏曰："东三班。"传旨令宣引。时本班之众，知天命所归，皆引义[③]自殒。太祖大惊，趣驾临幸慰问，仍命排阵使党彦进前往救数十人，问得二人不死者，即乔、陆二神，召诘其故，答曰："臣止事一主，所以乞死。"上慰劳再四，谓："汝等忠孝，其班不废。"且赐名曰"长入祗侯"，从其请。所幸临为前引，仍赐青红二色帛为帽饰，满三年，授保义郎[④]之职。二神既受誓而退，寻复效死。上悯其忠节，厚加赙恤[⑤]，听本班庙祀。南渡初，吴山居民，不戒于火，杨殿岩观绯绿二旗现于空中，隐隐见乔、陆二字，其火遂熄，皆神之力也。孝庙曾观本班宿房，以黄罗扑门概，遂宣问何所始？左右备奏始末，上嘉叹忠孝节义如此。乙卯岁，赐庙额。庚申岁，封侯爵。甲子岁，加大字号曰：乔封"忠义威福英惠侯"，陆封"忠烈威德英祐侯"。

---

① 受禅（shàn）：王朝更迭，新皇帝承受旧帝让给的帝位。

② 适移：离开原来的所在地而另换地点。

③ 引义：引用义理。

④ 保义郎：官名。北宋徽宗政和六年（公元1116年）时重定武职官阶，分五十二阶。改右班殿直为保义郎，列第五十阶，其旧称为右班殿直。

⑤ 赙（fù）恤：抚恤助丧的财物。

【译】昭节庙在保民坊庙巷东面的三班营。按，庙中供奉的两个神：一姓乔，名元，字伯仁；一姓陆，名轨，字仲模。他们都是襄汉人，在后周时同为殿侍。当年宋太祖接受禅让帝位，御驾自宣祐门入城，守关的军士向他射箭，拒绝接纳，于是太祖转向其他城门入城。太祖登基并受朝贺后，看着近侍说："守卫我们所进城门的是什么人？"答奏道："散直班。"于是传旨将散直班降为下班。太祖又问："守卫宣祐门的是什么人？"答奏道："东三班。"于是传旨宣召。当时东三班众军士知晓是皇上回来后，都为引用义理而自杀。太祖听后大惊，亲自前往慰问，又命排阵使党彦进数十人前往救助，找到两个没死的人，就是乔元、陆轨两神。宣召两人，问他们自杀的原因，回答说："臣只侍奉一位主君，所以求死。"太祖多加慰劳，并对他们说："你们如此忠孝，东三班不废。"并赐名为"长入祇侯"。两人听从。随后太祖临幸东三班，就命两人在前引导，赐青、红两色帛为帽饰，满三年后，授保义郎职务。两人接受封赐后退下，不久便为国报效而死。太祖怜悯他们的忠义厚加赏赐抚恤，命本班建庙祭祀。宋室南渡初期，吴山居民不慎引起火灾，殿帅杨存中看到有红色、绿色两面旗出现在空中，隐约可见乔、陆两字，大火随即熄灭，这都是神仙之力的作用。孝宗曾视察乔、陆本班营房，看到有黄罗盖门，于是宣问为何如此。左右详细述说两神的事迹，孝宗嘉叹他们如此忠孝节义。于是在乙卯年赐庙额，庚申年封侯爵，甲子年加美号，乔元为“忠义威福英惠侯”，陆轨为“忠烈威德英祐侯”。

显功庙在保俶塔[①]下，神姓岳，名仲琚，世居霍山，为临安府吏，因兀术[②]犯境，输家资募勇士，推尉司金、祝二十将充首将，领兵迎敌，战死，合境[③]怀其忠义，祠于延祥四圣观，号为“保稷山王”。乡民申明于朝，赐庙额、显功封爵曰“忠翊侯”，以褒忠节。

【译】显功庙在保俶塔下，庙中供奉之神姓岳名仲琚，世代居住在霍山，曾为临安府吏。因金兀术犯境，捐出家产招募勇士，推举尉司金胜、祝威两位十将为首将，领兵迎敌，后战死。全境的百姓感念他的忠义，在延祥四圣观祭祀他，号为“保稷山王”。乡民又向朝廷申明他的事迹，于是朝廷赐庙额、彰显功勋封爵为“忠翊侯”，以褒扬他的忠节。

仕贤祠

灵惠庙在江涨桥化度寺。按，神姓陈名琐，字行嵩，会稽人，仕于东晋，使虏留三年，仗节[④]不屈，拔剑斫羁瞀

① 保俶（chù）塔：一处建于五代十国时期的汉族古建筑。坐落在浙江省杭州市宝石山上，又名保叔塔、宝石塔、宝所塔、保所塔。据载始建于五代后周年间（公元951—960年），原为九级，北宋咸平年间（公元998—1003年）重修时，改为七级。

② 兀术：金将完颜宗弼，多次率军南侵。

③ 合境：指全境的人。

④ 仗节：坚守节操。

[1]，复命于朝，历四州刺史，食邑[2]钱塘、海盐、盐官三县之禄，死葬于皋亭山。梁朝封王爵，号“崇善”。宋朝赐庙额，以祷雨而应，初封侯爵，累加美号，进王爵曰“慈佑福善昭应王”。且神生则忠于国，死则佑于民，正谓之“武功忠孝、节义昭著”，有行祠凡四十余处矣。

【译】灵惠庙在江涨桥化度寺。按，庙中供奉之神姓陈名琐，字行嵩，会稽人，东晋时做官，出使北朝，被羁留三年，他坚守节操不屈服，拔剑砍断自己的手臂，后回到东晋复命，历任四州刺史，食邑钱塘、海盐、盐官三县的俸禄，死后葬于皋亭山。梁朝封其王爵，为“崇善王”。宋朝赐庙额为“灵惠”，向其祈雨而有灵验，原先封侯爵，多次加美号，进王爵为“慈佑福善昭应王”。陈琐生时忠于国家，死后保佑万民，正所谓“武功忠孝、节义昭著”，行祠共有四十多处。

嘉泽庙在涌金门西井城下。其神姓李名泌，字长源，唐朝相国邺侯，曾守杭，有风绩[3]。郡城苦于海汲，民食咸水，侯凿六井，引西湖清水入城中，郡民始得饮清水，郡人德之，立祠，奉有香火。宋朝赐庙额，以褒其德。

---

① 羁臂：似指自己的手臂。

② 食邑：中国古代诸侯封赐所属卿、大夫作为世禄的田邑（包括土地上的劳动者在内）。又称采邑、采地、封地。因古代中国之卿、大夫世代以采邑为食禄，拥有食税权，故称为食邑。盛行于周。

③ 风绩：政绩。

【译】嘉泽庙在涌金门西井城下。庙中供奉之神姓李名泌，字长源，是唐朝相国，封为“邺侯”，曾任杭州刺史，颇有政绩。原先杭州城百姓吃的都是从江海汲取的咸水，深受其苦，李泌凿六眼井，引西湖的清水入城中，杭州城百姓才得以吃上清水。杭州城百姓感念他的功德，为他立祠，供奉香火。宋朝赐庙额，以褒扬其功德。

又三贤堂，在西湖苏堤，奉白乐天、林和靖、苏东坡三先生之祠。

【译】还有三贤堂，在西湖苏堤，是供奉白居易、林和靖、苏东坡三位先生的祠堂。

显庆庙在龙井衍庆寺侧。神姓胡名则，婺之永康人，两曾尹杭，有惠政[①]，在郡无江潮之患疾，告于朝，以兵部侍郎致仕[②]，葬龙井山。其本里[③]方岩山有方寇聚众，夜梦紫袍金带神人现赤帜于空中，随即剿灭。朝省褒嘉建庙，赐额、封爵“显灵侯”，仍赐坟额“显应”。神之赫灵[④]，乡民著于方岩矣。

【译】显庆庙在龙井衍庆寺的旁边。庙中供奉之神姓胡名则，婺州永康（今浙江金华永康）人，曾两次出任杭州知

① 惠政：仁政，德政。

② 致仕：交还官职，即退休。

③ 本里：自己的乡里。

④ 赫灵：这里指神明显灵。公元1162年，宋高宗赵构应百姓之请求，用“赫灵”两字作为胡公的庙额。从此，胡公被百姓敬若神灵，成了“有求必应”的活菩萨，并于每年农历八月十三日胡则生日那天，举办各种民俗风情活动，以祭拜胡公大帝。

府，有德政，在任时杭州未遭遇江潮之患，向朝廷告老，退休时任兵部侍郎，死后葬于龙井山。胡则老家永康方岩山有方腊反贼聚众作乱，讨伐的将领夜里梦见一位身穿紫袍、佩戴金带的神人在空中现出一面赤色旗帜，随即剿灭贼寇。朝廷褒奖其功，为胡则建庙，赐庙额、封爵为“显灵侯”，又赐龙井坟额为“显应”。胡则的显灵事迹，乡民在方岩山广为传扬。

昭贶庙在浑水闸东江塘上。神姓张，名夏，雍邱人，宋授司封郎官。为浙漕，时因江潮为患，故堤累行修筑，不过三年辄损。重劳民力，遂作石堤，得以无虞[1]。民感其功，立祠于江塘上。朝省褒赠太常少卿，累封公侯之爵，次赐以王爵，加美号曰“灵济显佑威烈安顺王”。祠之左右，奉十潮神。又有行祠在马婆巷，名“安济庙”。

【译】昭贶庙在浑水闸东江塘上。庙中供奉之神姓张名夏，雍邱人，宋仁宗时授予司封郎官。他在任两浙转运使时，当时杭州因江潮为患，原有的江堤要经常进行修筑，但不超过三年就又损毁了。重复修筑耗费民力，于是张夏募民建筑石堤，从而没有了忧患。百姓感念他的功劳，为他在江堤上立庙。朝廷褒赠他为太常少卿，累封公侯之爵，后又赐封王爵，加美号为“灵济显佑威烈安顺王”。昭贶庙的左右也供奉着十个潮神。还有行祠在马婆巷，叫作“安济庙”。

---

① 无虞：没有忧患，太平无事。

先贤堂在西湖苏堤南山第一桥，奉陶唐许箕公、汉严先生[①]、吴将军凌公[②]、晋文正范公[③]、中尉褚公、宋龙骧将军卜庄侯、范先生、齐褚先生、顾先生、杜先生、梁太中大夫范公、记室褚公、唐太常卿康公、太尉褚公、礼部尚书褚文公、荆州大都督许公[④]、张先生、后梁吴越武肃钱王、给事中罗公、宋秦王忠懿钱公、吏部侍郎郎公知制诰谢公、谏院钱公、和靖先生林公、翰林学士沈公、大中大夫钱公、龙图学士陆钱虞三先生、秘阁吴公、八行崔先生、太师崇国张文忠公[⑤]、孝节妇定夫人孙氏、夫人虞氏、孝女冯氏、节妇何氏、孝妇盛氏。祠侧以道馆匾"旌德"，专奉洒扫。潘逍遥祠，在潘阆巷，以宅基建祠祀之[⑥]。

【译】（略）

古神祠

夏禹王庙在钱湖门城侧。汉留侯[⑦]祠在吴山灵护庙门。汉萧相国祠在定民坊良山门外。显忠庙在长生老人桥，俗呼

① 汉严先生：严光，又名遵，字子陵。汉族，会稽余姚（今浙江余杭）人 。东汉著名隐士。

② 吴将军凌公：三国时东吴大将凌统，字公绩，吴郡余杭（今浙江余杭）人。

③ 晋文正范公：宋范仲淹曾任杭州知州，谥文正。祖籍邠州，后移居苏州吴县。北宋时期著名政治家、军事家、文学家、教育家。此言晋人，所指不详。

④ 荆州大都督许公：指唐朝名臣许远，杭州新城（今杭州富阳）人。安史之乱时，与张巡死守睢阳，不屈而死。下文"张先生"当指张巡。

⑤ 太师崇国张文忠公：张九成，字子韶。

⑥ 以宅基建祠祀之：指在潘阆居宅原址建庙祭祀。

⑦ 留侯：西汉张良。

"霍使君庙"，加封美号曰"忠烈顺济昭应王"。周赧王[①]庙在钱塘崇化观山。防风氏[②]庙在廉德朱奥。申将军[③]庙在临平斗门桥北。周绛侯庙即绛侯周勃也，祠在临平镇。福德行庆真君庙在肇元升平里，吴下[④]世传吴吕蒙也。曹王庙在长乐象光湖南金奥村，相传曹子建也。

【译】夏禹王庙在钱湖门城旁。汉留侯张良祠在吴山灵护庙门。汉相国萧何祠在定民坊艮山门外。显忠庙在长生老人桥，俗称"霍使君庙"，朝廷加封美号为"忠烈顺济昭应王"。周赧王庙在钱塘县崇化乡观山。防风氏庙在廉德乡朱奥村。申将军庙在临平斗门桥北。周绛侯庙中供奉之神为汉朝绛侯周勃，祠在临平镇。福德行庆真君庙在肇元乡升平里，庙中供奉之神即吴地世代相传的东吴大将吕蒙。曹王庙，在长乐乡象光湖南面金奥村，相传庙中供奉之神为三国曹魏文学家曹子建。

土俗祠

显应庙在临安府治，即净因尼寺土地，赐庙额、封

---

① 周赧（nǎn）王：姓姬名延，东周末代之君。

② 防风氏：中国上古时期神话传说中的人物，他是巨人族，有三丈三尺高。他是远古防风国（今浙江德清）的创始人，又称汪芒氏，传说为今天汪姓的始祖。

③ 申将军：据《舆地纪胜》卷四十五记载，战国时期，楚国白公作乱，楚王以申明为将军讨伐。白公执申明之父，逼其退兵。申明移孝为忠，追击打败了白公，白公怒杀其父。楚王欲赏申明，申明说："我虽有定国之功劳，却有害父之耻辱。"于是自刎，后人为其父子立庙。

④ 吴下：泛指吴地。

爵曰“正佑安福使”。翼灵庙在府治，相传为“永福镇安王”。旌忠庙在天庆坊，其神姓赵，名延翰；姓马，名仁禹，并殿前指挥使左右班，艺祖[①]开基，翊卫[②]有功，授节钺[③]，赠侍中，莫知庙食于杭自何而始。金华将军庙在涌金门里水池上，神姓曹，名杲，真定人，后唐为金华令，仕于钱王，尝于城隅浚三池，建门名“涌金”，邦人德之，为立祠。

【译】显应庙在临安府驻地，即在净因尼寺地基上建造，赐庙额、封爵为“正佑安福使”。翼灵庙在临安府驻地，相传庙中供奉之神为“永福镇安王”。旌忠庙在天庆坊，庙中供奉之神姓赵名延翰，姓马名仁禹，都是殿前指挥使左右班的军将，太祖开创基业，因他俩护卫有功，授予节钺，封为侍中，但不知他们从何时开始在杭州享受祭飨。金华将军庙在涌金门里水池上，庙中供奉之神姓曹名杲，真定人，后唐时为金华令，在吴越钱王那里做官，曾在城隅疏浚三池，建城门叫作涌金门。城民感念其德，为其立祠。

广福庙在盐桥，神姓蒋，世为杭人，乐于赈施[④]。每岁秋成之际籴谷，如春夏价增时，以谷如原价出粜，不图利源；如岁歉，则捐谷以予饥者。神死之日，嘱其二弟曰：

---

① 艺祖：太祖或高祖的通称。

② 翊卫：弼辅护卫。

③ 节钺（yuè）：符节和斧钺。古代授予将帅，作为加重权力的标志。

④ 赈施：救济布施。

“须存仁心，力行好事。”二弟谨遵兄训，恪守不违。里人立祠表其德，凡朝家祈祷，无不感应，遂赐庙额、封爵，及其二弟并进侯位，曰“孚顺”“孚惠”“孚祐”之美号也。

【译】广福庙在盐桥，庙中供奉之神姓蒋，世代都是杭州人，乐于救济布施。在每年秋季粮食收获时买入谷米，如果在春、夏季粮价上涨，就以原价来卖米，不求利润；如果遇荒年歉收，就捐出粮食来赈济饥民。他临死时嘱咐两个弟弟说：“必须要有仁心，尽力做善事。”两个弟弟谨遵兄长的训诫，严格遵守不敢违背。乡里人立祠表彰他们的功德，凡是朝廷来祈祷，无不感应，于是赐庙额、封爵。两个弟弟也一起进封侯位，美号为“孚顺”“孚惠”“孚祐”。

三将军庙在潘阆巷。嘉应公祠在秀义坊。通应侯庙在开道坊。护国天王庙、白马神祠在寿域坊，今迁粮料院巷口，故基。玉仙堂在大隐坊内。石姥祠在芳林乡。吴客三真君[①]庙在石榴园巷。义勇武安王及清源真君庙在西溪法华山，一在半道红街。华严菩萨庙在潭半逻。老人庙在县东。北霸王庙在芳林乡。会灵护国祠在端平桥东土塘上。灵休庙在城南厢江岸。真圣庙在白塔岭半山。七娘子庙在皋亭山，旧传崇善王妹也。苏将军庙，其神东晋骠骑将军。灵应庙，按，神称杨都督，并崇善王位下神也。义

① 三真君：三元真君，为上元道化唐真君、中元护正葛真君、下元定志周真君。

桥崔总管庙、尚将军庙，四庙[1]俱在肇元乡。秦王庙在天云乡，故老相传晋毛宝庙也。济惠、福济二王庙在象光湖西。济惠义祠在北葛沈村。白龙王庙在临平东山之中。又有龙祠在洞侧。通灵庙即黑龙王祠，在超山。赵忠献为邑宰时，祷雨有感，累申朝省封加美号曰“通灵惠应宣济昭惠侯”。

【译】（略）

东都随朝祠

惠应庙即东都皮场庙。自南渡时，有直庙人商立者，携其神像随朝至杭，遂于吴山至德观右立祖庙，又于万松岭、侍郎桥巷、元贞桥立行祠者三。按，《会要》云：“神在东京显仁坊，名曰‘皮场土地祠’。政和年间赐庙额、封王爵。中兴，随朝到杭，累加号曰‘明灵昭惠慈佑王’，神妃封曰‘灵婉嘉德夫人’‘灵淑嘉靖夫人’。”按，庙刻云：“其神乃古神农，于三王时都曲阜，世人食腥膻者，率致物故[2]，因集天下孝义勇烈之士二十四人，分十二分野[3]，播种采药，至今于世极有神功，两庑奉二十四仙医使者是也。自汉唐至今，歼寇助顺，其有圣迹，不可殚纪。”二郎神，即清源真君，在官巷，绍兴建祠。旧志云：“东京有祠，随朝

① 四庙：指苏将军庙、尚将军庙、义桥崔总管庙、灵应庙。

② 物故：亡故，去世。

③ 分野：古代人按天上星辰的位置，把地面划分为十二个区域，叫分野。以后也用来指区分事物的范围、界限。

立之。”

【译】惠应庙即原京都开封的皮场庙。宋室南渡之时，有一位名叫商立的值庙人，携带庙中神像随朝廷来到杭州，便在吴山至德观右面立祖庙，又在万松岭、侍郎桥巷、元贞桥立了三处行祠。据宋《会要》记载：“庙中供奉之神在东京显仁坊，名叫‘皮场土地祠’。政和年间赐庙额、封王爵。中兴时，随朝廷到杭州，最终美号为‘明灵昭惠慈佑王’，神的妃封为‘灵婉嘉德夫人’‘灵淑嘉靖夫人’。”又据庙中石刻记载：“庙中供奉之神乃上古神农氏，三王时期在曲阜建都，当时世人多食腥膻，常常导致生病或亡故，于是神农氏召集天下孝义勇烈之士二十四人，分为十二个区域，播种采药，对当今之世也极有神功，在两廊供奉着二十四位仙医使者。自汉唐至今，此神歼灭贼寇，助顺圣朝，它的圣迹，不可详尽记叙。”二郎神，就是清源真君，他的祠在官巷，绍兴年间建造。旧志上说道：“东京有二郎祠，随朝南渡，又立之。”

外郡行祠

东岳行宫有五：曰吴山，曰西溪法华山，曰临平景星观，曰汤镇顺济宫，曰杨村𡾊山梵刹，俱奉东岳天齐仁圣帝香火。广惠行宫有三：曰钱塘门外霍山，曰在城金地山，曰千顷寺。按，《会要》：“真君姓张名渤，血食[①]广德军之

① 血食：受享祭品。古代杀牲取血以祭，故称。

祠山，始封‘灵济王’，累加美号曰‘昭烈大帝’，后改封‘昌福真君’，今加宝号曰‘正佑圣烈昭德昌福崇仁真君’，自祖父祖母以下，若圣妃、若诸弟、诸子、诸妇及女，俱锡[①]宋朝上爵封之。然都人士庶奉礼[②]者，有祷必应，如响斯答。”

【译】东岳大帝的行宫有五处，分别在吴山、西溪法华山、临平景星观、汤镇顺济宫、杨村嵎山梵刹，都供奉着东岳天齐仁圣帝的香火。广惠行宫有三处，分别在钱塘门外的霍山、城金地山、千顷寺。按，宋《会要》记载：“真君姓张名渤，原在广德军之祠山享受祭飨，最初封为‘灵济王’，最终美号为‘昭烈大帝’，后改封为‘昌福真君’，如今加宝号为‘正佑圣烈昭德昌福崇仁真君’。自祖父和祖母以下，包括圣妃、兄弟、儿子、家里的女人及女儿，宋朝都赐封为上爵。京都的士人和百姓中宗奉礼敬的人，有求必应，就像声音的回响一样。

仰山二王庙在观桥东马军司西营。按，《宜春志》：“二神俱姓萧，自汉显灵，世该祀典。至宋功烈尤著，锡以王爵。王之祖父母、若[③]妻、若子、若妇，皆赐爵号。开庆衡潭有变，临瑞至太平皆不能前，神之阴相默助居多，陈于朝，褒其功，改赐号曰‘显德仁圣忠佑灵济王’‘福德仁圣

① 锡：锡封，即赐封、分封。

② 奉礼：宗奉礼敬。

③ 若：其；他的。

忠卫康济王’。其王祖父母以下及左右佐神，并沩、仰二祖师，凡列祠者，咸加赉[1]焉。”

【译】仰山二王庙在观桥东马军司西营。按，《宜春志》记载：“两神都姓萧，自汉朝时显灵，世代列入祀典。到宋朝时功勋尤其显著，赐封王爵。他的祖父母、妻、子及家里的女人，都赐封爵号。宋理宗开庆年间，衡潭有叛乱，临瑞至太平，都不能前行，两神暗中帮了很多忙，这事被上报了朝廷，为褒奖其功，改赐封号为‘显德仁圣忠佑灵济王’‘福德仁圣忠卫康济王’。他的祖父母以下及左右佐神，并沩、仰二祖师，凡是列祠的人，都加以封赐。”

显佑庙在仁和百万新仓西。按，神姓陈，名仁果，常之晋陵人也，仕于隋，历司徒。有叛臣沈法兴谋叛，忌司徒威声，以食毒之而毙，其神忠愤[2]赫灵，以神矢中法兴死之。唐武德嘉其功，庙祀焉，封爵忠烈公。梁加封“福顺忠烈王”，至后周封帝号。

【译】显佑庙在仁和县百万新仓西。按，庙中供奉之神姓陈名仁果，常州晋陵人，隋朝时做官，历任司徒。当时有叛臣沈法兴谋反，忌惮司徒的威名，便用食物毒死司徒，此神忠义愤激并显灵，用神箭射死沈法兴。唐武德年间，为表彰他的功绩，建庙来祭祀，封爵忠烈公。后梁加封他为“福

① 赉（lài）：赐予，给予。

② 忠愤：忠义愤激。

顺忠烈王”，到后周时又加封了帝号。

宋政和赐庙常州，以帝号非礼，易以王爵，曰“福顺武烈显应昭德王”。仍奉诏书驰驿赐忠佑庙，傅以帛版，而别为文告于行祠。因咸淳二年十二月，将郊祀天地，命京尹潜皋墅祈雪，祥祷于庙，即降大雪。蒇事①之际，明星有烂，三灵②顾歆③，由是岁丰④、四方无虞。皋墅识于行祠壁，以昭灵贶⑤，申朝赐爵，遣使缄词⑥驰送忠佑庙，及别告于显佑行祠，以表大神之显灵也如此。

【译】宋政和年间赐庙常州，因帝号不合礼制，改以王爵，称“福顺武烈显应昭德王”。又派使者带着诏书骑马疾行至常州，赐忠佑庙，诏书写在帛版上，而另作文告张贴在行祠。咸淳二年十二月，将郊祀天地，命临安知府潜皋墅来祈祷下雪，潜皋墅在显佑庙中进行祷告，随即天降大雪。事成之际，天上明星灿烂，日、月、星享受祭品，由此年谷丰收、各地没有忧患。潜皋墅将此事记录在行祠壁上，以昭神灵赐福之事，又申请朝廷赐爵，于是派人驰送书信到常州忠佑庙，又另外告于显佑行祠，来说明大神是这样显灵的。

---

① 蒇（chǎn）事：事情办理完成。

② 三灵：指日、月、星。

③ 歆：祭祀时神灵享受的祭品、香火。

④ 岁丰：年谷丰收。

⑤ 灵贶：神灵赐福。

⑥ 缄（jiān）词：书信。缄，为书信封口。

灵顺庙即徽州婺源灵祠[①]，余杭立行祠者七：一在南高峰顶荣国寺，有华光楼，傍为射亭，有角抵台，又辟山径[②]而夷之，以便登陟；一在北高峰，为景德灵隐寺后山塔庙；一在钱塘门外九曲城下；一在钱塘县调露乡灵感寺；一在候潮门外瓶场湾；一在候潮门外普济桥东、椤木教场侧普济寺；一在钱塘县六合塔[③]寺南徐村新石塘。宋朝赐五王美号曰“显聪昭圣孚仁福善王”“显明昭圣孚义福顺王”“显正昭圣孚智福应王”“显直昭圣孚信福佑王”“显德昭圣孚爱福惠王”。每岁都人瓣香[④]致敬者，纷纷咸趋焉。

【译】灵顺庙即徽州婺源灵祠，余杭立有七处行祠：第一处在南高峰顶荣国寺，有华光楼，旁边是射亭，有角抵台，又开辟山中小道使其平顺，以便攀登；第二处在北高峰，是景德灵隐寺后山的塔庙；第三处在钱塘门外九曲城下；第四处在钱塘县调露乡的灵感寺；第五处在候潮门外的瓶场湾处；第六处在候潮门外普济桥东、椤木教场旁的普济寺；第七处在钱塘县六和塔寺南面的徐村新石塘。宋朝赐五王美号为“显聪昭圣孚仁福善王”“显明昭圣孚义福顺王”“显正昭圣孚智福应王”“显直昭圣孚信福佑王”“显德昭圣孚爱福惠王”。每年

① 灵祠：《威得临安志》作“五显神祠”。

② 山径：山中小道。

③ 六合塔：一般指“六和塔”。六和塔，取佛教“六和敬 ”之义，命名为六和塔。位于浙江杭州。

④ 瓣香：佛教语。犹言一瓣香。

杭州人都纷纷前往灵顺庙瓣香致敬。

顺济圣妃庙在艮山门外，又行祠在城南萧公桥及候潮门外瓶场河下市舶司侧。按，庙记："妃姓林，莆田人氏，素著灵异，立祠莆之圣堆。宣和赐庙额，累加夫人美号，后封妃，加号曰'灵惠协应嘉顺善庆圣妃'。其妃之灵著，多于海洋之中，佑护船舶，其功甚大。民之疾苦，悉赖帡幪[①]。"

【译】顺济圣妃庙在艮山门外，另有行祠在城南萧公桥及候潮门外瓶场河下市舶司旁。按，庙记记载："圣妃姓林，莆田人氏，曾多次显灵，于是在莆田圣堆立祠。宣和年间赐庙额，多次加夫人美号，最终封妃，加美号为'灵惠协应嘉顺善庆圣妃'。圣妃显灵大多在海洋之中，佑护船舶，功劳非常大。百姓的疾苦，也都倚靠圣妃的庇佑。"

广灵庙在石塘坝，奉"东岳温将军[②]"，请于朝，赐庙额封爵，自温将军以下九神皆锡侯爵，曰温封"正佑"，李封"孚佑"，钱封"灵佑"，刘封"显佑"，杨封"顺佑"，康封"安佑"，张封"广佑"，岳封"协佑"，孟封"昭佑"，韦封"威佑"。

【译】广灵庙在石塘坝，供奉东岳温将军，请于朝廷，

---

① 帡（píng）幪（méng）：本指古代帐幕之类的物品，后亦引申为覆盖。这里是庇佑的意思。

② 东岳温将军：与下文九神合称"东岳十太保"，又称"东岳十元帅"，乃东岳大帝下神。

赐庙额封爵，自温将军以下九神都赐侯爵，温元帅封“正佑侯”，李元帅封“孚佑侯”，钱元帅封“灵佑侯”，刘元帅封“显佑侯”，杨元帅封“顺佑侯”，康元帅封“安佑侯”，张元帅封“广佑侯”，岳元帅封“协佑侯”，孟元帅封“昭佑侯”，韦元帅封“威佑侯”。

梓潼帝君庙在吴山承天观，此蜀中神，专掌注禄籍①，凡四方士子求名赴选者悉祷之，封王爵曰“惠文忠武孝德仁圣王”，王之父母及妃，及弟、若子、若孙、若妇、若女，俱褒赐显爵美号，建嘉庆楼，奉香灯。

【译】梓潼帝君庙在吴山承天观，这是蜀中的神，专门负责人间的禄籍，凡各地的学子求名或参加科举考试的人，都向其祷告。封王爵为“惠文忠武孝德仁圣王”，此王的父母及妃，还有他的兄弟、儿子、孙子、家中妇女、女儿，都褒赐显爵美号，建嘉庆楼，供奉香灯。

① 禄籍：旧时谓天上或冥府记录人福、禄、寿的簿册，为官食禄的簿籍。

卷十五

学校

古者天子有学，谓之“成均①”，又谓之“上庠②”，亦谓之“璧水③”，所以养育作成天下之士类，非州县学比也。高宗南渡以来，复建太、武、宗三学于杭都。太学在纪家桥东，以岳鄂王第为之，规模宏阔，舍宇壮丽，学之西偏建大成殿，殿门外立二十四戟，大成殿以奉至圣文宣王，十哲④配享，两庑彩画七十二贤、前朝贤士公卿诸像皆从祀，每岁春秋二丁，行释奠礼，命太常乐工数辈用宫架乐歌《宣圣御赞》，赞曰：“大哉宣圣，斯文在兹。帝王之式，今古之师。志则《春秋》，道由忠恕⑤。贤于尧、舜，日月共誉。惟时载雍，戢此武功。肃昭盛仪，海宇聿崇。”

【译】古代天子建有学校，叫作“成均”，又叫作“上庠”，也叫作“璧水”，是用来养育造就天下之士的地方，不是州县学校能比的。高宗南渡以来，在杭州重建太学、武学、宗学三学。太学在纪家桥的东面，以鄂王岳飞的旧宅创

---

① 成均：古之大学。

② 上庠（xiáng）：古之大学。

③ 璧水：指太学；泛指读书讲学之处。

④ 十哲：孔子门下最优秀的十位学生（子渊、子骞、伯牛、仲弓、子有、子贡、子路、子我、子游、子夏）的合称。

⑤ 忠恕：指儒家的一种道德规范。忠，谓尽心为人；恕，谓推己及人。

建，规模宏阔，房屋壮丽。太学的偏西建有大成殿，殿门外立有二十四戟，大成殿供奉至圣文宣王孔子，以孔子门下最优秀的十位学生来配享，两廊的彩画七十二贤和前朝贤上公的画像一起配享。每年春、秋的二丁日，太学举行释奠礼，命太常乐工多人，用宫廷乐歌唱《宣圣御赞》，赞道："大哉宣圣，斯文在兹。帝王之式，今古之师。志则《春秋》，道由忠恕。贤于尧、舜，日月共誉。惟时载雍，戢此武功。肃昭盛仪，海宇聿崇。"

置学官自祭酒、司业、丞、簿、正、录等共十四五员。学有崇化堂、首善阁、光尧石经之阁，奉高、孝二帝宸书御制札。石刻于阁下，以墨本[①]置于上堂之后。东西为学官位。主上登极，则临幸学宫，奠谒宣圣，及赐诸生束帛[②]。学官斋长[③]，谕俱沾恩霈[④]。高宗朝幸学之时，曾幸"养正""持志"二斋，两斋长谕：已免解人，特与免省；未免解人，与免解。恩例[⑤]：其两斋生[⑥]，并免将来文解[⑦]一次。

---

① 墨本：碑帖的拓本。

② 束帛：捆为一束的五匹帛。古代用为聘问、馈赠的礼物。

③ 斋长：宋代各类学校皆分斋教学而设立的职事名。

④ 恩霈（pèi）：犹恩泽。

⑤ 恩例：指帝王为宣示恩德而颁布的条例、规定。

⑥ 生：生员。封建科举制时代，在太学等处学习的人统称生员，唐代指在太学学习的监生，明清时代指通过最低一级考试，取入府、县学的人，俗称秀才。

⑦ 文解：入京应试的证明文书之类。科举乡试中试称举人，考中举人即由地方官给予文解发解入京，参加中央考试。

【译】太学设置学官自祭酒、司业、监丞、主簿、学正、学录等共十四五个。太学有崇化堂、首善阁、光尧石经之阁，供奉高宗、孝宗二帝的御笔书信等。石刻放置在阁下，墨本放置在上堂的后面。东西是学官的座位，皇上登基，就会临幸太学，祭奠拜谒至圣文宣王孔子，并御赐学生束帛作为礼物。众学官、斋长，都能得到恩泽。高宗临幸太学的时候，曾到养正、持志二斋，两斋长道：已经免除解试的人，特予免除省试：没有免除解试的人，都免除解试。于是颁布恩例：两斋生员，一律免除将来的一次文解。

太学有二十斋：匾曰“服膺”“禔身”“习是”“守约”“存心”“允蹈”“养正”“持志”“节性”“率履”“明善”“经德”“循理”“时中”“笃信”“果行”“务本”“贯道”“观化”“立礼”。十七斋匾，俱米友仁[①]书；余“节性”“经德”“立礼”斋匾，张孝祥[②]书。各斋有楼，揭题名于东西壁。厅之左右，为东西序，对列位。后为炉亭，又有亭宇，揭以嘉名甚伙。绍兴年间，太学生员额三百人，后增置一千员，今为额一千七百一十有六员，以上舍额三十人，内舍额二百单六人，外舍额一千四百

① 米友仁：一名尹仁，字元晖，小名寅哥、鳌儿，晚号懒拙老人，山西太原人，定居润州（今江苏镇江）。宋朝画家，系北宋画家米芾（fú）的长子，世称“小米”。

② 张孝祥：字安国，别号于湖居士，历阳乌江（今安徽和县乌江镇）人，卜居明州鄞县(今浙江宁波)。南宋著名词人，书法家。唐代诗人张籍的七世孙。张孝祥善诗文，尤工于词，其风格宏伟豪放，为“豪放派”代表作家之一。

人，国子生员八十人。诸生衫帽出入，规矩森严，朝家所给学廪[1]，动以万计，日供饮膳，为礼甚丰。月书季考，由外舍而升内舍，由内舍而升上舍，或释褐[2]及第，或过省赴殿，恩例最优。于此见朝廷待士之厚，而平日教养之功，所以为他日大用之地也。

【译】太学有二十斋，匾额分别为“服膺”“禔身”“习是”“守约”“存心”“允蹈”“养正”“持志”“节性”“率履”“明善”“经德”“循理”“时中”“笃信”“果行”“务本”“贯道”“观化”“立礼”。其中十七斋的匾额，都是米友仁所书；剩下的“节性”“经德”“立礼”三斋的匾额，都是张孝祥所书。各斋都有楼，题名都在东西墙壁。在大厅的左右，从东向西的顺序，相对排列，后面是炉亭，还有亭宇，都是有很多好的名字。绍兴年间，太学生员额定人数三百人，之后增加了一千人，如今生员额定人数一千七百一十六人，其中上舍额定人数三十人，内舍额定人数二百零六人，外舍额定人数一千四百人，国子生员八十人。所有学生都穿衫戴帽出入，规矩非常严格，朝廷所给学校的经费，动则以万计，天天提供饮食，礼节非常丰厚。每月每季都要考试，学生由外舍升内舍，由内舍升上舍，或当官中举，或参加省试殿试，朝廷

① 学廪（lǐn）：学校的经费。

② 释褐：脱去平民衣服。喻始任官职。

的恩泽规定非常优厚。由此可见，朝廷对待读书人是多么的优厚，而平时的教育培养，都是为了将来能够有所大用。

太学内东南隅设庙廷，奉后土神祇，即土地神，朝家敕封号曰“正显昭德孚忠英济侯”。按，赞书：相传为中兴名将，其英灵未泯，而应响甚著，盖其故居也。理或然与？自是遂明指为岳忠武鄂王，况鄂国已极于隆名，宜庙食增崇于命祀[1]，谨疏侯爵，未正王封，仍改庙额曰“忠显”。神之父母妻子，下逮将佐，皆有命秩[2]，华以徽号。

【译】太学里的东南角设有庙廷，供奉的是后土神祇，也就是土地神，朝廷敕封号为“正显昭德孚忠英济侯”。按，赞书写道：相传此神为中兴名将，他英灵未泯，而且感应非常灵验，因为这里是他故居的缘故。不一定是这样的吧？由此分明指的此神是忠武鄂王岳飞，况且岳飞的声名极其隆盛，应当命祀时在庙中享受尊崇和祭享，但这里仅仅记为侯爵，未正式封王号，且改庙额为“忠显”。此神的父母妻子，属下至将佐，一律都有官爵，并加以美号。

宗学在睦亲坊。按，国朝宗子[3]分为六宅，宅各有学，学各有训导之官。中兴后，惟睦亲一宅，置诸王宫大小学

① 命祀：指遵天子之命所进行的祭祀。

② 命秩：犹官爵。

③ 宗子：皇族子弟。

教授，专以训迪[①]南班子弟[②]。嘉定岁，始改宫学[③]为宗学，凡有籍者，宗子以三载一试，补入为生员，如太学法。置教授、博士、宗谕、立讲课，隶宗正寺掌之。学立大成殿、御书阁、明伦堂、立教堂、汲古堂。斋舍有六，匾曰“贵仁”“立爱”“大雅”“明贤”“怀德”“升俊”。

【译】宗学在睦亲坊。按，本朝的皇族子弟分为六宅，每宅各有学校，学校各有训导的官员。中兴后，仅有睦亲一宅，各王宫设有大小学教授，专门教诲开导皇族子弟。嘉定年间，开始将宫学改为宗学，凡有皇室身份的人，这些子弟每三年参加一次考试，补入为生员，如太学之法。设有教授、博士、宗谕、立讲课人员，隶属宗正寺负责。宗学设有大成殿、御书阁、明伦堂、立教堂、汲古堂。有六处斋舍，匾额分别为“贵仁”“立爱”“大雅”“明贤”“怀德”“升俊”。

武学在太学之侧前洋街。建武成殿，祀太公，曰“昭烈武成王”，以留侯张良、武侯诸葛亮配，累朝诸名将从祀。学规依太学例试补，月考课升名[④]。然教养之法未备，

① 训迪：教诲开导。

② 南班子弟：宋仁宗于南郊大祀时赐皇族子弟官爵，谓之“南班”。故以“南班”代指皇族子弟。

③ 宫学：宋代宗室诸王子弟学校。

④ 升名：提拔名次。

下礼、兵部措置，立养士[1]额，置武博、武谕各一员。淳熙、嘉泰，主上临幸武学，谒武成王，行肃揖[2]礼。学建立成堂。斋舍有六，匾曰“受成”“贵谋”“辅文”“中吉”“经远”“阅礼”。宗、武学，俱有学廪、膳供、舍选、释褐，一如太学例。

【译】武学在太学旁边的前洋街。建有武成殿，祭祀姜太公，称“昭烈武成王”，有留侯张良、武侯诸葛亮配享，还有历代各名将一同配享。学校的规定与太学一样，通过考试来补充生员，每月都进行考试来提拔名次。但教育培养学生的方法并不全备，下属由礼部、兵部负责，设定培养人才的数量，设有武博、武谕各一人。淳熙、嘉泰年间，皇上来到武学，拜谒武成王，恭敬地拱手行礼。武学建有立武堂。有六处斋舍，匾额分别为“受成”“贵谋”“辅文”“中吉”“经远”“阅礼”。宗学和武学，都有经费、膳供、舍选、释褐，一切都参照太学的规定。

杭州府学在凌家桥西。士夫嫌其湫隘[3]，故帅臣累增辟[4]规模，广其斋舍，总为十斋，匾曰“进德”“兴能”“登俊”“宾贤”“持正”“崇礼”“致道”“尚志”“率

① 养士：培养人才。

② 肃揖：恭敬地拱手行礼。

③ 湫（jiǎo）隘：低洼狭窄。

④ 辟：开发建设。

性”“养心”。又有小学斋舍，在登俊后。以东西二教[①]掌其教训之职。次有前廊、录正等生员。各斋有长谕[②]。月书季考，供膳亦厚，学廪不下数千，出纳、学正[③]领其职。

【译】杭州府学在凌家桥西。读书人嫌它低洼狭窄，所以临安知府多次增加建设规模，扩建斋舍，一共有十斋，匾额分别为“进德”“兴能”“登俊”“宾贤”“持正”“崇礼”“致道”“尚志”“率性”“养心”。另有小学斋舍，在登俊斋后。东、西两个教谕负责教育生员。其次有前廊、录正等生员。各斋都设有斋长、斋谕。每月每季都有考试，生员的饮食也很丰厚，经费不少于几千两，由出纳、学正来负责此事。

仁和、钱塘二县学在县左，建庙学养士。仁和学有斋舍四，匾曰“教文”“教行”“教忠”“教信”。钱塘学有斋舍六，曰“友善”“辨志”“教行”“教信”“教文”“教忠”。诸县学亦如之。各县有学官，次有学职。生员日供饮膳，月修课考，悉如州学。州学廪，各县学不下数百，以为养士之供。

【译】仁和、钱塘两个县学在县衙左面，建庙学来培养人才。仁和县学有四处斋舍，匾额分别为“教文”“教行”“教忠”“教信”。钱塘县学有六处斋舍，匾额分别为

① 教：教谕。宋代开始设置，负责教育生员。

② 长谕：斋长、斋谕连称。

③ 学正：宋国子监置学正与学录，掌执行学规、考校训导。

“友善”“辨志”“教行”“教信”“教文”“教忠”。其他县学也是这样。各县设有学官，其次有学职。每天供应生员饮食，每月进行考核，都与府学一样。府衙承担学费，各县学不少于几百两，作为培养人才的费用。

医学在通江桥北，又名“太医局”，建殿匾曰“神应”，奉医师神应王[①]，以岐伯[②]善济公配祀。讲堂匾曰“正纪”。朝家以御诊长听充判局职。本学以医官充教授四员，领斋生[③]二百五十人。月季教课，出入冠带，如上学[④]礼。学廪、饮膳丰厚不苟，大约视学校规式严肃。局有斋舍者八，匾曰“守一”“全冲”“精微”“立本”“慈用”“致用”“深明”“稽疾”。

【译】医学在通江桥北，又叫“太医局”，建有大殿，匾额为“神应”，供奉的是医师神应王扁鹊，岐伯善济公一同配享。讲堂匾额为“正纪”。朝廷派御诊长来负责太医局工作。本学以四个医官充当教授，管辖斋生二百五十人。每月每季教课，出入都须戴帽子束腰带，与太学、宗学、武学的礼仪一样。经费和饮食都很丰厚，大致像学校一样，规矩十分

---

① 医师神应王：指扁鹊。汉族，姬姓，秦氏，名越人（秦越人），又号卢医，春秋战国时期的渤海莫人。扁鹊善于运用四诊：望、闻、问、切。

② 岐伯：中国上古时期著名的医学家，道家名人，精于医术脉理，名震一时，后世尊称为“华夏中医始祖”“医圣”。由于年代过于久远，关于他的籍贯说法不一。

③ 斋生：参加科举考试的士人。

④ 上学：指前文所述太学、宗学、武学等学校。

严格。太医局有八处斋舍，匾额分别为“守一”“全冲”“精微”“立本”“慈用”“致用”“深明”“稽疾”。

贡院

礼部贡院在观桥西。中兴纪年，诸郡贡生①，类试②于各路转运所在州府就试。绍兴十年，诸州依条发解③，将省、殿试展一年。向后科场，自十二年省试为准。至十四年，诸州发解如故，三年一次，降诏自是为定制。贡院置大、中门。大门里置弥封、誊录所及诸司官，中门内两廊各千余间廊屋，为士子试处。厅之两厢，列进士题名石刻，堂上列省试赐知贡举④御札，及殿试赐详定官⑤御札，并闻喜宴⑥赐进士御诗石刻。

【译】礼部贡院在观桥西。中兴初年，各郡的贡生在各路转运所在的州府参加类试。绍兴十年，各州府依照条文发解，将省试、殿试延迟一年。此后的科举以绍兴十二年省试为准。至十四年，各州府像以往一样发解，每三年一次，

① 贡生：科举时代，挑选府、州、县生员中成绩或资格优异者，升入京师的国子监读书，称为贡生。

② 类试：宋代科举制度的名称。相当于省试的考试。

③ 发解：唐朝应贡举的人，由所在的州县送到京城，称为发解。宋朝沿用此制。

④ 知贡举：唐宋时特派主持进士考试的大臣。

⑤ 详定官：殿试时复查并最后评定试卷等第的考官。

⑥ 闻喜宴：唐制，进士放榜，醵（jù）钱宴乐于曲江亭子，称曲江宴，亦称闻喜宴。后唐明宗天成二年（公元927年）诏命新进士闻喜之宴，年赐钱四百贯。宋太宗端拱元年（公元988年）定由朝廷置宴，皇帝及大臣赐诗以示宠异，遂为故事。

朝廷降下诏书，自此定为制度。贡院设有大门和中门，大门里有弥封所、誊录所并有管理的官员，中门内两廊各有千余间廊屋，是读书人考试之处。厅的两厢排列有进士题名的石刻，堂上排列省试时朝廷赐给知贡举的御札，还有殿试时赐给详定官的御札，还有闻喜宴时赐给进士的御诗石刻。

别试院在大理寺之西，专以待贡士①之避亲嫌者。

本州贡院在钱塘门外王家桥，以待本州九县士人发解之处。

两浙漕司贡院在北关门外沈家桥，以待两浙路寓士及有官人②、宗女③夫等发解之处。

【译】别试院在大理寺西面。专门供避亲、避嫌的贡士在此考试。

本州贡院在钱塘门外王家桥，是本州九县士人发解之处。

两浙漕司贡院在北关门外沈家桥，是寓居两浙路的士人，及有官人、宗女丈夫等的发解之处。

城内外诸宫观

释老④之教遍天下，而杭郡为甚。然二教之中，莫盛于释，故老氏之庐十不及一。但老氏之教，有君臣之分，尊严

① 贡士：唐、宋时，以州（府）、县科举考试（乡贡、乡举）中试者称乡贡士。

② 官人：唐朝称当官的人。宋以后，对有一定地位的男子的敬称。

③ 宗女：君主同宗的女儿，即宗室之女。

④ 释老：释，指佛教。老，老子，指道教。

难犯，报应甚捷，故奉老氏者，倍加恭敬，不敢亵渎，此释氏之所不如也。且在城宫观，则以太乙、万寿为首，余杭洞霄次之。其他外郡，如醴泉、佑神、集禧、崇禧等观又次焉。此朝廷以待老臣执政闲居，侍从卿监除提举主事之职，优宠也。

【译】佛教和道教信徒遍布天下，而杭州最多。但两教之中，佛教更加兴盛，所以道教宫观的数量不到佛寺十分之一。但道教有君臣之分，尊严难犯，报应非常快，所以信奉道教的人，倍加恭敬，不敢亵渎，这是佛教所不如的。在杭州城内的宫观，以太乙宫、万寿观为首，余杭县的洞霄宫次之。其他外郡，如醴泉、佑神、集禧、崇禧等观又次之。这些道观是朝廷为老宰臣执政、闲居提供的处所，侍从卿监来担任主事之职，以示朝廷的恩宠。

今摭[①]宫观在杭者，除御前十宫观外，编次[②]于后。天庆观在天庆坊，以奉圣祖保生天尊大帝[③]香火。郡家官僚，朔望到任，俱朝谒于此。报恩观在观桥南报恩坊。元贞观在贡院西巷。旌忠观在丰乐桥东北，以奉凤翔府和尚原三圣庙香火。中兴观即伍相公庙后，天明、承天（即梓潼庙）、天庆、灵应、至德、崇应六宫观俱在吴山之左

① 摭（zhí）：摘取，选取。

② 编次：编辑整理。

③ 圣祖保生天尊大帝：财神赵玄朗，字公明。宋朝建立之后，追封赵公明为圣祖皇帝。

右。鹤林观在俞家园。景隆观在新门外水府。净鉴观在清水闸。玉虚观奉三官。表忠观奉钱王五庙香灯，在龙山左右。贞武观在太和寺后。玉清宫在葛岭下。旌德观在苏堤先贤堂后。云涛、上清两宫观俱在雷峰塔寺之右。冲虚观在履泰乡。太清观在龙井山。景星观在临平岳祠之侧。顺济宫在汤镇岳宫之左右。外有在城及附郭女冠[①]宫观者九[②]，曰福田、新兴、明贞、神仙、承天、西靖、灵耀、长清等宫。

【译】现今选取除御前十宫观之外的在杭州城内的宫观，编辑整理如下。天庆观在天庆坊，供奉圣祖保生天尊大帝赵公明香火。朝廷的官吏，初一、十五到任时，都要到这里来参拜。报恩观在观桥南面的报恩坊。元贞观在贡院西巷。旌忠观，在丰乐桥的东北，供奉凤翔府和尚原三圣庙香火。中兴观，在伍相公庙的后面，天明观、承天观（即梓潼庙）、天庆观、灵应观、至德观、崇应观六座宫观都在吴山附近。鹤林观在俞家园。景隆观在新门外水府。净鉴观在清水闸。玉虚观供奉的是天、地、水三官。表忠观供奉钱王五庙香灯，在龙山附近。贞武观在太和寺的后面。玉清宫在葛岭下。旌德观在苏堤先贤堂的后面。云涛、上清两宫观都在

① 女冠：又称女黄冠、坤道、女道士。唐代女道士皆戴黄冠，因俗女子本无冠，唯女道士有冠，故名。正统道教称呼中并无“道姑”这一称呼。

② 九：原文如此，后文八个。

雷峰塔寺的右面。冲虚观在履泰乡。太清观在龙井山。景星观在临平岳祠的旁边。顺济宫在汤镇岳宫附近。另外，在城及附郭还有九座女冠宫观，为福田宫、新兴宫、明贞宫、神仙宫、承天宫、西靖宫、灵耀宫、长清宫等宫观。

余外七县，首以余杭大涤洞天，即洞霄宫也。以下宫观，二十有三。如洞霄宫者，按，诸志书云："自汉武帝迄唐五代，至宋一千九百余年，原名'天柱'，宋大中祥符年赐观额'洞霄'。"按，《真境录》云："宫有五洞交扃[①]，九峰回挹，千岩万谷，秀聚其中，或泉飞彤厦之檐，云锁碧坛之角，祥光神异[②]，兼木返于春秋[③]，抚掌泉灵[④]，更丹藏于翠石[⑤]。"又有亭馆者七[⑥]，匾曰"漱玉""超然""税驾""翠蛟""飞玉""宜霜""聚仙""贞挹"是也。自晋、宋以来，得道之士，许迈[⑦]而下，凡二十有四人焉。更有神异曰"捣药禽"，盖山中异鸟最多，仅有其一，昼隐夜鸣，莫得而见，声音清亮，彻旦不绝，类如杵药

① 交扃（jiōng）：这里指彼此交互环绕。

② 祥光神异：指洞霄宫神异五色云。

③ 木返于春秋：指洞霄宫神异重荣木。

④ 抚掌泉灵：指洞霄宫神异地涌泉。

⑤ 丹藏于翠石：指洞霄宫神异无骨石。

⑥ 七：原文如此，后文是八个。

⑦ 许迈：字叔玄，一名映，丹阳句容人也。家世士族，而迈少恬静，不慕仕进。

之声。曰“五色云气”，出于洞中。高庙脱屣[1]万几[2]，颐神[3]物表[4]，遂于乾道二年，自德寿宫行幸山中，驻跸累日，敕大官进蔬膳，御翰《度人经》以赐。自有天地，即有此山，殊尤之迹胜矣。苏文忠公诗：“上帝高居悯世[5]顽，故留琼馆在凡间。青山九锁不易到，作者七人相对闲；庭下流泉翠蛟舞，洞中飞鼠白鸦翻。长松怪石宜霜鬓，不用金丹苦驻颜。”又方干诗：“早识吾师频到此，芝童药犬亦相迎。师今一去无来日，花洞石坛空月明。”其余名贤赋咏[6]，不尽详述。

【译】其他七县，规模以余杭县的大涤洞天为首，也就是洞霄宫。以下还有二十三个像洞霄宫那样的宫观。按，诸志书记载：“自汉武帝至唐五代，再到宋朝共一千九百多年，原称‘天柱’，宋大中祥符年间赐观额为‘洞霄’。”又按，《真境录》记载：“宫有五洞交扃，九峰回挹，千岩万谷，秀聚其中，或泉飞彤厦之檐，云锁碧坛之角，祥光神异，兼木返于春秋，抚掌泉灵，更丹藏于翠石。”又有七处亭馆，匾额为“漱玉”“超然”“税驾”“翠蛟”“飞

① 脱屣（xǐ）：比喻看得很轻，无所顾恋，犹如脱掉鞋子。这里指高宗退位。

② 万几：指帝王日常处理的纷繁的政务；泛指执政者处理的各种政务。

③ 颐神：颐养。

④ 物表：指物外，世俗之外。

⑤ 悯（mǐn）世：忧世。

⑥ 赋咏：创作和吟诵诗文。

玉”“宜霜”“聚仙”“贞挹”。自晋、宋以来，得道之士，自许迈以下，共有二十四人。还有神异的“捣药禽”，山中神奇的鸟很多，这种神异的鸟只有它一种，白天隐伏，夜间鸣叫，看不到它的身影，叫声清脆嘹亮，彻夜不断，就像捣药的声音。还有“五色云气”，从洞中飘出。高宗退位，抛弃世俗、颐神养性，在乾道二年自德寿宫行幸山中，暂住多日，命大官进蔬膳，并亲题《度人经》赐予洞霄宫。自有天地以来，就有了此山，确实是绝佳胜迹。苏文忠公有诗道：“上帝高居悯世顽，故留琼馆在凡间。青山九锁不易到，作者七人相对闲；庭下流泉翠蛟舞，洞中飞鼠白鸦翻。长松怪石宜霜鬓，不用金丹苦驻颜。”还有，方干诗道：“早识吾师频到此，芝童药犬亦相迎。师今一去无来日，花洞石坛空月明。”其他的名人贤者创作和吟诵的诗文，这里不能一一详细叙述。

又有道堂者，如西湖崇真道院、灵应希真道堂以下，城内外约有二十余处，皆舍俗三清道友，及接待外路名山洞府往来云水高人，时有神仙应缘现迹，详于志传[①]。

【译】又有像西湖崇真道院、灵应希真道堂以下的道堂，城内外有二十多处，居住的都是抛弃世俗的三清道友，以及接待外地名山洞府往来云水的高人，不时有神应现迹，详细记载在志传中。

---

① 志传：撰述传记一类文字。

城内外寺院

明庆寺在木子巷，凡朝家祈祷及宰执文武官僚建启圣节道场咸在焉。仙林慈恩普济教寺在盐桥东，寺有万善大乘戒坛，僧尼受戒法之地。太平兴国传法寺在佑圣观东。千顷广化院在木子巷北，系群臣僚佐建启圣节道场及祈祷去处。

【译】明庆寺在木子巷，凡朝廷祈祷及宰执、文武大臣建启圣节道场，都在这里。仙林慈恩普济教寺在盐桥东，寺中有万善大乘戒坛，是僧尼受戒法的地方。太平兴国传法寺在佑圣观东。千顷广化院在木子巷的北面，是百官臣僚佐建启圣节道场及祈祷的地方。

城内寺院，如自七宝山开宝仁王寺以下，大小寺院五十有七。倚郭①尼寺，自妙净福全慈光地藏寺以下，三十有一。又两赤县大小梵宫，自景德灵隐禅寺、三天竺、演福上下、圆觉、净慈、光孝、报恩禅寺以下，寺院凡三百八十有五。更七县寺院，自余杭县径山能仁禅寺以下，一百八十有五。

【译】城内的寺院，自七宝山开宝仁王寺以下的，有大小寺院五十七处。倚郭的尼寺，自妙净福全慈光地藏寺以下，有三十一处。两个赤县的大小寺院，自景德灵隐禅寺、上天竺寺、中天竺寺、下天竺寺、上演福寺、下演福

① 倚郭：宋元时州、路治所所在之县。

寺、圆觉寺、净慈寺、光孝寺、报恩禅寺以下，共有寺院三百八十五处。其他七县的寺院，自余杭县径山能仁禅寺以下，共有寺院一百八十五处。

都城内外庵舍，自保宁庵之次，共一十有三。诸录官下僧庵及白衣社会[1]道场奉佛，不可胜记。或僧行欲建道场殿宇，则持钵游于四方，能事者干缘，不日可以成就，惟道坚志愿无二心耳。

【译】都城内外的庵舍，自保宁庵之后，共有一十三处。记录在官府籍册的僧庵以及奉佛的白衣社会道场，不能逐一记述。或有僧人想要构建道场殿宇，就持钵云游四方，向有能力的人化缘，要不了几天就可以达成目标，只要意志坚定、没有二心就可以实现。

僧塔、寺塔

杭城有古僧塔者，如上竺寺有隋朝僧贞观法师东冈塔；竹阁有唐朝鸟窠禅师塔；四圣观御园玛瑙坡高僧塔；放马场栖真院赞宁塔；宝胜寺后山法慧大师塔；龙井寿圣寺辨才和尚塔，塔前有双株海棠。

其寺塔者，如六和慈恩开化寺曰六和塔；荣国寺曰南高峰塔；景德灵隐寺曰北高峰庙塔；崇寿寺曰保叔塔；又显严院寺曰雷峰塔，曰圣果寺塔；定民坊曰佛牙塔；广化寺曰辟支塔；南山延寿法显院曰华严塔；净因寺曰双石塔。

① 白衣社会：似指信奉佛教的民间组织。

大中祥符开元寺广九里，自南渡初，斥西北[1]充军器所、作院及民居，寺原有铁塔、石塔者五。又有法华塔，在端拱年僧文定建千顷广化院。有慈化大佛塔，即了性塔。景德、灵隐、净慈、报恩、光孝寺，各有铁塔，乃吴越钱王所造。

街市有塔者，如阁门里杨府前有砖塔，巷名曰塔儿头；龙山儿头岭名白塔岭，岭有石塔存焉；儿门北有军寨门，立双塔，呼为双塔寨；荐桥门外观音寺对有砖塔，年深矣；北关门外二郎庙，庙前亦有砖塔；三桥北杨三郎头巾铺，河岸相对，有砖塔，塔在度子桥南；两浙运司衙桥南光相寺亦有双塔，立于寺前；西湖三潭，立三塔以镇之。余外有僧庵所建塔院及街市砖塔，近年者不赘详。

【译】（略）

古今忠烈孝义贤士墓

夏后氏之墓，见于晚周。女娲坟，考之自唐明皇[2]朝天宝年，至今几四百有余年尚存也。夫陵谷变迁，高深易位，彼何能若是之久哉？盖圣帝明皇天相神护，以至于斯耳。今摭钱塘、仁和两县之古冢，备录于后。

【译】夏后氏之墓，在后周时被发现。女娲坟，据考证发现于唐玄宗天宝年间，至今有四百多年，此坟还存在。山谷变迁，高深易位，这些坟墓怎能如此长久呢？大约是因为

---

① 斥西北：指辟出西北之地。

② 唐明皇：唐玄宗李隆基。

唐玄宗有天神相护，才得以留存至今天。今选取钱塘、仁和两县的古墓，备录于后。

唐杜牧墓在南山东南，与佛日山夹境，名“杜牧坞”是也。吴越文穆忠献王墓在龙山之南。吴越孝献世子墓在天竺前山。吴越忠懿妻贤德顺睦妃孙氏墓在石人岭下。吴越王妃仰氏墓在龙井山放马场。按，表忠观碑刻载钱氏墓在钱塘者，凡二十有六墓焉。吴越太尉开国薛公墓在灵石山。吴越给事[1]罗隐墓在钱塘定山乡。和靖先生林处士墓在孤山。杭守吴则侍郎墓在龙井广福寺之麓。都尉周仰、待制[2]周邦彦、少师元绛三墓俱在南荡山。文宪强渊明、襄恪赵密等墓并在西溪钦贤乡。少宰刘正夫墓在真珠岭。枢密章楶墓在宝石山。寺丞陈刚中墓在龙井岭上沙盆坞。

【译】（略）

敬恭仪王赵仲湜墓在西湖显明寺。王生时，有紫光照室，视之则肉块，以刃剖开，婴儿在内。靖康时，诸军欲推而立之，仗剑以晓谕[3]诸军曰：“自有真王。”其军犹未退，遂自拔剑欲刺，六军方退。约以逾月真王出，众喏[4]，

① 给事：官名。

② 待制：古代官员头衔。早唐时为皇帝咨询近臣的称号，晚唐至宋朝时成为高级官员的头衔，位于学士、直学士之下。

③ 晓谕：明白地告诉（用于上级对下级）。

④ 喏：通“诺”，应允。

言若真王不出，则王当立矣。王阳许之，而阴实缓其期。未几，高庙即位于应天，王间关[1]而南。上屡嘉叹。王尝自赞其像曰："惟忠惟孝，不污不苟。皓月清风，良朋益友。湛然灵台，确乎不朽。"

【译】恭孝仪王赵仲湜的墓在西湖显明寺。仪王出生时，有紫光照耀在室内，其母分娩，看过竟是肉块，用刀剖开，有个婴儿在里面。在靖康年间，各军想要推立仪王为帝，仪王持剑明白地告诉军士们说："自有真王。"军士们还不肯退去，于是仪王拔剑想要自刎，六军才退。军士们约定如一月后有真王出现，众人就拥护，如果真王不出现，就还立仪王。仪王表面答应，其实是拖延时间。不久，高宗在应天即位，仪王跋涉辗转向南投靠。对此事，皇上屡次赞叹。仪王曾称赞自己的画像道："惟忠惟孝，不污不苟。皓月清风，良朋益友。湛然灵台，确乎不朽。"

浙西提刑龙图周格墓在独角门步司前军寨。前殿撰周杞墓在徐、范村之间。忠毅毕再遇墓在西溪秘阁。朱弁墓在西湖。丞相李文靖墓在小隐山。紫芝赵师秀墓在葛岭。花翁孙季蕃墓在水仙庙侧。淳固先生宋斌墓在资国寺之右。忠武岳鄂王墓在栖霞岭下。

【译】（略）

① 间关：形容旅途的艰辛，崎岖、辗转。

历代古墓

晋杜子恭墓在钱塘。唐马三宝墓在行春桥水竹坞教场内，其墓于绍兴末因增广教场，惟此冢独高大，寨卒欲去之，方举锸[①]间，墓中有黑蜂数百飞出著人，不可向而止。是夕[②]，步帅[③]感梦，有一衣黄服之人曰："吾前王之子，葬此已久，祈勿毁。"辞语甚切。次早，有本军申至应梦，遂辍其役。

【译】晋代杜子恭墓在钱塘县。唐代马三宝墓在行春桥水竹坞教场内。绍兴末年步军司前军增扩教场，唯独此墓最为高大，所以寨卒想将其铲平正举锸间，墓中突然飞出数百只黑蜂蜇人，无法再铲，于是停止。这天晚上，步帅做了个梦，梦见有一个身穿黄衣服的人说："我是前王之子，葬在这里已经很久了，求你不要铲毁。"言辞非常恳切。第二天早晨，步帅向朝廷申说此梦，于是停止铲墓。

丁兰母冢，故居在艮山门外三十六里丁桥之右，母死，刻木事之如生，冢在姥山之东。唐孝女墓在钱塘孝女南乡。故老相传，昔有唐媿娘，年十二三，母病，曾刲[④]腹取肝，和粥以进母，母病愈而媿娘以疮破入风而死，里人葬于此，美其孝，故名曰"唐孝女墓"，记之。亚父冢在皋亭山。木

① 锸（chā）：铁锹，掘土的工具。

② 是夕：这天晚上。

③ 步帅：三衙长官之一。

④ 刲（kuī）：刺，割。

娘墓在艮山门太平乡华林里蔡塘东，昔蔡汝拨之庶母沈氏死，汝拨尚幼，父用火葬，汝拨伤母无松楸之地[1]，尝言之辄泣。自后长成，以木刻母形，以衣衾[2]棺椁择地葬之，仍置田亩，造庵舍，命僧以奉晨香夕灯，乡人遂称为木娘墓。苏小小墓在西湖上，有“湖堤步游客”之句，此即题苏氏之墓也。

【译】丁兰母墓在姥山之东。丁兰的故居在艮山门外三十六里丁桥的右面，母亲死后，丁兰用木刻出母亲的形态，像生前一样的侍奉。唐孝女墓在钱塘县孝女南乡。老人相传，从前有个唐媿娘，十二三岁，她的母亲生病了，唐媿娘就剖腹取肝，和入粥中给母亲吃。后来母亲痊愈，唐媿娘却因疮破入风而死，乡里人将她葬于这里，赞美她的孝行，所以起名“唐孝女墓”，来表示纪念。亚父冢在皋亭山。木娘墓在艮山门太平乡华林里蔡塘的东面。从前，蔡汝拨的庶母沈氏去世，汝拨还年幼，父亲火葬其母，汝拨感伤母亲没有坟墓，一提起母亲就总是哭。长大之后，蔡汝拨用木头刻出母亲的形态，并置棺椁衣被，选好地方进行安葬，置田亩，并造庵舍，命僧人早晨烧香，夜晚掌灯，同乡人于是将此墓称为“木娘墓”。苏小小墓在西湖上，有“湖堤步游客”的句子，就题在苏氏墓上。

---

① 松楸之地：特指父母坟茔。

② 衣衾（qīn）：指装殓死者的衣服与单被。

卷十六

茶肆[1]

汴京熟食店，张挂名画，所以勾引观者，留连食客。今杭城茶肆亦如之，插四时花，挂名人画，装点店面。四时卖奇茶异汤，冬月添卖七宝擂茶[2]、馓子、葱茶，或卖盐豉汤；暑天添卖雪泡梅花酒，或缩脾饮[3]暑药之属。向绍兴年间，卖梅花酒之肆，以鼓乐吹《梅花引》曲破卖之，用银盂、勺盏子，亦如酒肆论一角[4]二角。今之茶肆，列花架，安顿奇松异桧等物于其上，装饰店面，敲打响盏歌卖，只用瓷盏漆托供卖，则无银盂物也。夜市于大街有车担设浮铺[5]，点茶汤以便游观之人。

【译】汴京的熟食店，张挂名画，来招引观看的人，留住食客。如今杭州的茶馆也是这样，插四季的花，挂名人画，来装点店面。四季都售卖奇茶异汤，冬天时添卖七宝擂茶、馓子、葱茶，或卖盐豉汤；暑天时添卖雪泡梅花酒，或是缩脾饮、暑药之类。在绍兴年间，卖梅花酒的茶馆里，以

---

① 茶肆：指茶馆，供人们休闲喝茶的地方。

② 擂茶：一种将茶叶、芝麻、花生仁、草药等原料，放进擂钵里研磨后，冲开水和匀，是一种养生茶饮。

③ 缩脾饮：药饮。有清暑气、除烦渴、止吐泻霍乱及暑月酒食所伤的功效。

④ 角：古代量器，酒的计量单位。

⑤ 浮铺：不定点的铺子，即流动售货摊。

鼓乐演奏《梅花引》曲破来促销。使用银盂、勺子、盏子，也像酒馆卖酒一样按角来卖茶汤。如今的茶馆，陈列着花架，花架上摆放着奇松异桧等物，用以装饰店面，敲打着响盏、唱着歌来叫卖，这时只用瓷盏、漆托供卖，因为已经没有银盂了。夜市的大街上，有车、担的流动铺子，售卖点茶汤来方便游观之人饮用。

大凡茶楼多有富室子弟、诸司下直[①]等人会聚，习学乐器、上教曲赚之类，谓之“挂牌儿”。人情茶肆，本非以点茶汤为业，但将此为由，多觅茶金耳。又有茶肆专是五奴[②]打聚处，亦有诸行借工卖伎人会聚行老[③]，谓之“市头”。大街有三五家开茶肆，楼上专安着妓女，名曰“花茶坊”，如市西坊南潘节干、俞七郎茶坊，保佑坊北朱骷髅茶坊，太平坊郭四郎茶坊，太平坊北首张七相干茶坊，盖此五处多有吵闹[④]，非君子驻足之地也。更有张卖面店隔壁黄尖嘴蹴球茶坊，又中瓦内王妈妈家茶肆名“一窟鬼茶坊”，大街车儿茶肆、蒋检阅茶肆，皆士大夫期朋约友会聚之处。巷陌街坊，自有提茶瓶沿门点茶，或朔、望日，如遇吉凶二事，点

① 下直：指当值结束，下班。

② 五奴：宋元时对龟奴（在妓院里担任杂务的男子）的称呼。五，为乌龟之“乌”的借音。

③ 行老：指古代大都市中各行各业的头儿，兼为人介绍职业。

④ 吵闹：喧闹。

送邻里茶水，倩[1]其往来传语[2]。又有一等街司衙兵百司人，以茶水点送门面铺席，乞觅钱物，谓之“龊茶”。僧道头陀欲行题注，先以茶水沿门点送，以为进身之阶。

【译】大凡茶楼多有富家子弟、各司下班的人等在此聚集，习学乐器，或教练歌唱之类，称为“挂牌儿”。茶馆中讲的是人情，本来就不是以点茶汤为业，而是以此为由，多赚茶钱。还有一种茶馆专门是龟奴聚会的地方，也有专门是各行借工卖伎人聚集行业头头儿的茶馆，称为“市头”。大街上有三五家茶馆，楼上专门有妓女，称为“花茶坊”，如市西坊南的潘节干、俞七郎茶坊，保佑坊北面的朱骷髅茶坊，太平坊的郭四郎茶坊，太平坊北首的张七相干茶坊，这五个地方非常吵闹，不是君子停留的地方。还有张卖面店隔壁的黄尖嘴蹴球茶坊，又有中瓦内王妈妈家茶肆，称为“一窟鬼茶坊”，大街车儿茶肆、蒋检阅茶肆，都是士大夫约会朋友的地方。大街小巷中，有提着茶瓶沿门点茶的，或在朔日、望日，如果遇吉、凶二事，点送邻里茶水，请他们往来传话。还有一种是街道司的衙兵，以茶水点送门面铺席，讨要钱物，称为“龊茶”。僧道头陀想要进见，则先以茶水沿门点送，作为进见的台阶。

① 倩：请（别人代替自己做事）。

② 传语：传话。

酒肆[①]

中瓦子前武林园，向是三元楼，康、沈家在此开沽，店门首彩画欢门[②]，设红绿杈子，绯绿帘幕，贴金红纱栀子灯，装饰厅院廊庑，花木森茂，酒座潇洒。但此店入其门，一直主廊，约一二十步，分南北两廊，皆济楚阁儿[③]，稳便坐席，向晚灯烛荧煌[④]，上下相照，浓妆妓女数十，聚于主廊槏面[⑤]上，以待酒客呼唤，望之宛如神仙。次有南瓦子熙春楼王厨开沽，新街巷口花月楼施厨开沽，融和坊嘉庆楼、聚景楼俱康、沈脚店[⑥]，金波桥风月楼严厨开沽，灵椒巷口赏新楼沈厨开沽，坝头西市坊双凤楼施厨开沽，下瓦子前日新楼郑厨开沽，俱有妓女，以待风流才子买笑追欢耳。如酒肆门首，排设杈子及栀子灯等，盖因五代时郭高祖游幸汴京，茶楼、酒肆俱如此装饰，故至今店家仿效成俗也。

【译】中瓦子前的武林园，原先是三元楼，康、沈家在此开店卖酒，店门首是彩饰的欢门，设有红绿杈子，垂红绿帘幕，挂贴金红纱栀子灯，装饰好厅院和走廊，花木森然茂密，酒座宽敞幽雅。进入该店大门，是一条直直的主廊，

---

① 酒肆：酒馆。

② 欢门：两宋时期酒肆食肆常用的店面装饰，流行于北宋东京和南宋的临安。

③ 济楚阁儿：类似于今天的包厢、雅座。

④ 荧煌：辉煌。

⑤ 槏（qiǎn）面：走廊两侧靠墙的显著位置。槏，窗户旁的柱子。

⑥ 脚店：供人临时歇脚的小客店。

约长一二十步，分南北两廊，都是雅座，方便入座。到了晚上，灯火辉煌，上下照耀，有几十个浓妆艳抹的妓女，聚集在主廊的廊柱旁，等待酒客的呼唤，远远望去，就好像仙女。其次有南瓦子熙春楼王厨卖酒，新街巷口花月楼施厨卖酒，融和坊嘉庆楼、聚景楼都是康、沈家的脚店，金波桥风月楼严厨卖酒，灵椒巷口赏新楼沈厨卖酒，坝头西市坊双凤楼施厨卖酒，下瓦子前日新楼郑厨卖酒，酒馆里都有妓女，等待着风流才子来买笑追欢。凡酒馆的门首，都排列着杈子及栀子灯等，这是因为五代时，后周高祖郭威曾出游到开封，当时的茶楼酒馆都是如此装饰，所以至今店家仿效成俗。

大抵酒肆除官库、子库、脚店之外，其余谓之“拍户”，兼卖诸般下酒，食次①随意索唤。酒家亦自有食牌，从便点供。更有包子酒店，专卖灌浆馒头、薄皮春茧包子、虾肉包子、鱼兜杂合粉、灌熬②大骨之类。又有肥羊酒店，如丰豫门归家、省马院前莫家、后市街口施家、马婆巷双羊店等铺，零卖软羊、大骨龟背、烂蒸大片、羊杂熓四软、羊余四件。有一等直卖店，不卖食次下酒，谓之“角球店”，零沽散卖，或百单四、七十七、五十二、三十八者是也。又

① 食次：食品。多指酒菜、点心之类。

② 熬：久煮。

有挂草葫芦、银马勺、银大碗，亦有挂银裹[1]直卖牌[2]，多是竹栅布幕，谓之“打碗头”，只三二碗便行。更有酒店兼卖血脏、豆腐羹、熬螺蛳、煎豆腐、蛤蜊肉之属，乃小辈去处。若酒力高美者，牌额卖过山[3]之名，其言一山、二山、三山之类是也。

【译】大多数酒馆除了官库、子库、脚店之外，其余的称为“拍户”，兼顾卖各种下酒菜，酒菜、点心任凭客人随意传唤索要。酒家也备有菜单，方便客人点菜。还有包子酒店，专卖灌浆馒头、薄皮春茧包子、虾肉包子、鱼兜杂合粉、灌熬大骨等食品。又有肥羊酒店，如丰豫门归家、省马院前莫家、后市街口施家、马婆巷双羊店等铺子，零卖软羊、大骨龟背、烂蒸大片、羊杂熓四软、羊汆四件。有一种直卖店，不卖酒菜、点心供下酒，称为“角球店”，只是零散卖酒，价格在一百零四、七十七、五十二、三十八钱不等。又有挂草葫芦、银马勺、银大碗卖酒的，也有挂镀银直卖牌卖酒的，大多是竹栅布幕的直卖牌，称为“打碗头”，两三碗就可以了。还有酒店同时卖血脏、豆腐羹、熬螺蛳、煎豆腐、蛤蜊肉等，这是年轻人去的地方。那些酒量大的

---

① 银裹：镀银。

② 直卖牌：似悬于店首门前，作为营业的一种标志。

③ 过山：宋朝人称美酒佳酿之名。宋耐得翁《都城纪胜·酒肆》：“酒阁名为厅院，若楼上则又或名为山，一山、二山、三山之类。牌额写过山，非特有山，谓酒力高远也。”

人，就会到匾额是“过山”的酒馆为其卖酒，比如一山、二山、三山等。

大凡入店，不可轻易登楼，恐饮宴短浅。如买酒不多，只坐楼下散坐，谓之“门床马道”。初坐定，酒家人先下看菜[1]，问酒多寡，然后别换好菜蔬。有一等外郡士夫，未曾谙识[2]者，便下箸吃，被酒家人哂笑。然店肆饮酒，在人出著，且如下酒品件，其钱数不多，谓之“分茶”“小分下酒”。或命妓者，被此辈索唤珍品、下细食次，使其高抬价数，惟经惯者不堕其计。曩者[3]东京杨楼、白矾、八仙楼等处酒楼，盛于今日，其富贵又可知矣。且杭都如康、沈、施厨等酒楼店，及荐桥丰禾坊王家酒店、闾门外郑厨分茶酒肆，俱用全桌银器皿沽卖；更有碗头店一二处，亦有银台碗沽卖，于他郡却无之。

【译】大凡进入酒店，都不可轻易登楼，担心饮酒吃饭的消费太少（被人笑话）。如买酒不多，就只坐在楼下的散座，称之为“门床马道”。刚坐下来，酒家的人会先端上看菜，询问要多少买酒，然后再换别的菜肴。有些外埠的士大夫，未曾见过看菜，就拿起筷子来吃，会被酒家的人嘲笑。然而在酒馆里饮酒，在于客人出手如何，像下酒的小菜，其价格不高，称为“分茶”“小分下酒”。有些叫妓女

① 看菜：指仅供陈设的菜肴。

② 谙识：见识多。这里指见过看菜。

③ 曩（nǎng）者：从前，以往。

来作陪的，被她们索唤珍贵的菜品、精细的酒菜和点心，从而高抬消费价格，只有那些有经验的人才不会落入她们的圈套。从前开封的杨楼、白矾楼、八仙楼等酒楼，直到今天都很兴隆，其富贵也可想而知了。杭州城的康、沈、施厨等酒楼店，以及荐桥丰禾坊王家酒店、闇门外的郑厨分茶酒肆，卖酒时全桌都用银器皿；还有一两处碗头店，也用银台碗卖酒，这是其他州府所没有的。

分茶酒店

凡分茶酒肆，卖下酒食品厨子，谓之“量酒博士”“师公”；店中小儿，谓之“大伯”。更有百姓入酒肆，见富家子弟等人饮酒，近前唱喏，小心供过，使人买物命妓，谓之“闲汉”。又有向前换汤斟酒，歌唱献果，烧香香药，谓之“厮波”。有一等下贱妓女，不呼自来，筵前祗应，临时以些少钱会赠之，名“打酒座”，亦名“礼客”。有卖食药、香药、果子等物，不问要与不要，散与坐客，名之“撒暂”。如此等类，处处有之。杭城食店，多是效学京师人，开张亦效御厨体式①，贵官家品件②。凡点索茶食，大要及时。如欲速饱，先重后轻。

【译】凡是分茶酒馆，卖下酒菜的厨子，称为“量酒博士”“师公”；店里跑堂的伙计，称为“大伯”。还有些

---

① 体式：体制、格式。

② 品件：指花色品种。

百姓进入酒馆，看见那些富家子弟等人在饮酒，就到跟前作揖致辞，小心服侍，帮他们买东西、招妓女，这称为“闲汉”。又有主动上前为客人换汤斟酒、歌唱小曲、献上果子和香药的人，称为“厮波”。还有一种下贱的妓女，不经招唤就自己前来，在酒席前服侍，酒客会临时给她一些钱，这称为“打酒座”，也叫“礼客”。也有卖食药、香药、果子等物的，不管酒客买与不买，直接散给座中酒客，这称为“撒暂”。像这些人，到处都有。杭州的食店，大多是效仿开封人，开张也效仿御厨的体制，贵族官家的花色品种。凡点要茶酒饭食，一定要及时。如果想快速吃饱，那么就先点大菜、再点小菜。

兼之食次名件甚多，姑以述于后，曰：百味羹、锦丝头羹、十色头羹、闲细头羹、海鲜头食、酥没辣、象眼头食、莲子头羹、百味韵羹、杂彩羹、枚叶[1]头羹、五软羹、四软羹、三软羹、集脆羹、三脆羹、双脆羹、群鲜羹、落索儿、燥腰子、盐酒腰子、脂蒸腰子、酿腰子、荔枝燥腰子、腰子假炒肺、鸡丝签、鸡元鱼、鸡脆丝、笋鸡鹅、柰香新法鸡、酒蒸鸡、炒鸡蕈、五味燥鸡、鹅粉签、鸡夺真、五味杏酪鹅、绣吹鹅、闲笋蒸鹅、鹅排吹羊大骨、蒸软羊、鼎煮羊、羊四软、酒蒸羊、绣吹羊、五味杏酪羊、千里羊、羊鸡焐、羊头元鱼、羊蹄笋、细抹羊生脍、改汁羊籴粉、细点羊头、

① 枚（xiān）叶：一种一年生草本植物的叶。

三色肚丝羹、银丝肚、肚丝签、双丝签、荤素签、大片羊粉、大官粉、三色团圆粉、转官粉、三鲜粉、二色水龙粉、鲜虾粉、肫掌粉、梅血细粉、铺姜粉、杂合粉、珍珠粉、七宝科头粉、氽香螺、酒烧香螺、香螺脍、江瑶[1]清羹、酒烧江瑶、生丝江瑶、氽望潮青虾、蟑蚷[2]、酒炙青虾、酒法青虾、青虾辣羹、酒掇蛎、生烧酒蛎、姜酒决明、五羹决明、三陈羹决明、签决明、四鲜羹、赤鱼分明、姜臊子[3]赤鱼、鱼鳔二色脍、海鲜脍、鲈鱼脍、鲤鱼脍、鲫鱼脍、群鲜脍、臊子沙鱼丝儿、清供沙鱼拂儿、清汁鳗鳔、假团圆臊子、衬肠血筒臊子、麻菇丝笋臊子、潭笋、酿笋、抹肉笋签、酥骨鱼、酿鱼、两熟鲫鱼、酒蒸石首、白鱼、时鱼、酒吹鲚鱼[4]、春鱼、油炸春鱼、鲂鱼、石首、油炸土部[5]、油炸假河鲀、石首玉叶羹、石首桐皮[6]、石首鲤鱼、炒鳝、石首鳝生、石首鲤鱼兜子、银鱼炒鳝、氽鲈鱼清羹、土部假清羹、

---

① 江瑶：江珧。软体动物。贝壳大而薄，前尖后广，呈楔形。足丝发状，极发达。生活在海中。闭壳肌干制品叫江珧柱，也叫干贝。

② 蟑蚷（jù）：虫名，又称“马蚿”“马陆”，一种节肢动物，有很多对腿。

③ 臊子：指剁好的肉末或切好的肉丁。臊子是一种特殊的做法，多用于吃面，香和回味无穷是它一大特色。

④ 鲚（jì）鱼：鳜鱼。

⑤ 土部：杜父鱼，又叫大头鱼、渡文鱼、鲈鳢、土附、土鳌。是一类在咸水和淡水中都能找到的小鱼，主要栖息在北半球。杜父鱼头大而扁，向尾巴方面逐渐变小，胸脊较大，像扇子。表皮通常没有鱼鳞。

⑥ 桐皮：中药名。

虾鱼肚儿羹、土部满盒鳅、江鱼假鲊、酒法白虾、紫苏虾、水荷虾儿、虾包儿、虾玉鳝辣羹、虾蒸假妳、查虾鱼、水龙虾鱼、虾元子、麻饮鸡虾粉、芥辣虾、蹄脍、麻饮小鸡头、汁小鸡、小鸡元鱼羹、小鸡二色莲子羹、小鸡假花红清羹、汆小鸡、拂儿笋、燠小鸡、五味炙小鸡、小鸡假炙鸭、红熬小鸡、脯小鸡、五色假料头肚尖、假炙江瑶肚尖、炸肚山药、鹌子、鸠子、笋焙鹌子、假熬鸭、清汆鹌子、红熬鸠子、八糙鹌子、蜜炙鹌子、黄雀、酿黄雀、煎黄雀、辣熬野味、清供野味、野味假炙、野味鸭盘兔糊、熬野味、清汆鹿肉、黄羊、獐肉、炙犯儿、赤蟹、假炙鲎枨、醋赤蟹、白蟹、辣羹、蝤蛑[1]签、蝤蛑辣羹、溪蟹、柰香盒蟹、辣羹蟹、签糊齑蟹、枨醋洗手蟹、枨酿蟹、五味酒酱蟹、酒泼蟹、生蚶子、炸肚臊子蚶、枨醋蚶、五辣醋蚶子、蚶子明芽肚、蚶子脍、酒烧蚶子、蚶子辣羹、酒焐鲜蛤、蛤蜊淡菜、淡菜脍、改汁辣淡菜、米脯鲜蛤、米脯淡菜、米脯风鳗、米脯羊、米脯鸠子、鲜蛤、假熬蛤蜊肉、荤素水龙白鱼、水龙江鱼、水龙肉、水龙腰子、假淳菜腰子、假炒肺羊熬、下饭假牛冻、假驴事件[2]、冻蛤蝤、冻鸡、冻三鲜、冻石首、白鱼、冻土部、假蛤蜊、三色水晶丝、五辣醋羊、生脍十色事件、冻三色炙、润鲜粥、蜜烧膂[3]肉炙、犯儿江鱼炙、润熬

① 蝤（yóu）蛑（móu）：梭子蟹。

② 事件：鸟兽类的肠、胃、脏、腑等物。

③ 膂（lǚ）：脊梁骨。

獐肉炙、润江鱼咸豉、十色咸豉、下饭脊肉、假熬鸭、下饭二色炙、润骨头等食品。更有供未尽名件，随时索唤，应手供造品尝，不致阙典。

【译】（略）

又有托盘担架至酒肆中，歌叫买卖者，如：炙鸡、八焙鸡、红熬鸡、脯鸡、熬鸡、八糙鹅鸭、白炸春鹅、炙鹅、糟羊蹄、糟蟹、肉蹄子、糟鹅事件、熬肝事件、酒香螺、海腊、糟脆筋、千里羊、诸色姜豉、波丝姜豉、姜虾、海蜇[1]鲊、膘皮炸子、獐羓、鹿脯、影戏算条、红羊羓、槌脯线条、界方条儿、三和花桃骨、鲜鹅鲊、大鱼鲊、鲜鳇鲊、寸金鲊、筋子鲊、鱼头酱等。鲽鱼、虾茸、鳗丝、地青丝、野味腊、白鱼干、金鱼干、梅鱼干、鲚鱼干、银鱼干、鳝鱼[2]干、银鱼脯、紫鱼螟脯丝等脯腊从食。荤素点心包儿：旋炙羓儿、灌熬鸡粉羹、科头氽鱼肉、细粉小素羹、灌肺羊、血糊齑、海蜇、螺头、辣菜饼、熟肉饼、鲜虾肉团饼、羊脂韭饼。四时果子：圆柑、乳柑、福柑、甘蔗、土瓜、地栗、麝香甘蔗、沈香藕、花红[3]、金银水蜜桃、紫李、水晶李、莲子、楟桃、新胡桃、新银杏、紫杨梅、银瓜、福李、台柑、洞庭桔、蜜桔、匾桔、衢桔、金桔、橄榄、红柿、方顶柿、

---

① 海蜇：海蜇。

② 鳝（chán）鱼：龙头鱼，又称第鱼、水潺、狗母鱼、虾潺、龙头鲓、丝丁鱼、九肚鱼。

③ 花红：又称“沙果”“林檎”，果实似苹果。

火珠柿、绿柿、巧柿、樱桃、豆角、青梅、黄梅、枇杷、金杏。此果未遇时，则有歌卖。更有干果子，如锦荔[①]、木弹[②]、京枣、枣圈、香莲、串桃、条梨、旋胜番糖、糖霜、番椁桃、松子、巴榄子、人面子[③]、嘉庆子[④]诸色韵果、十色蜜煎蚫螺[⑤]、诸般糖煎细酸、四时像生儿时果、春兰、秋菊、石榴子儿、马院醍醐[⑥]、乳酪、韵果、蜜姜豉、皂儿膏、轻饧、玛瑙饧、十色糖、麝香豆沙团子，又有陈州果儿、密云柿、糖丝、梅、山糖乌李、反旋果、莴苣、生菜、笋姜、油多糟琼芝、四色辣菜、四时细色菜蔬、糟藏，秋天有炒栗子、新银杏、香药、木瓜、枨子[⑦]等类。更有台床卖熟羊、炙鳅、炙鳗、炙鱼粉、鳅粉等物。

诸店肆俱有厅院廊庑，排列小小稳便閤儿，吊窗之外，花竹掩映，垂帘下幕，随意命妓歌唱，虽饮宴至达旦，亦无厌怠也。

【译】（略）

---

① 锦荔：果实似荔枝而稍大。

② 木弹：龙眼。

③ 人面子：果核似人面，故名，味甘酸。

④ 嘉庆子：李子。

⑤ 蚫（bào）螺：又叫鲍鱼、鳆鱼、石决明。这里似指蚫螺酥。

⑥ 醍（tí）醐（hú）：从酥酪中提制出的油。

⑦ 枨（chéng）子：橙子。

面食店

向者汴京开南食面店，川饭分茶，以备江南往来士夫，谓其不便北食故耳。南渡以来，几二百余年，则水土既惯，饮食混淆，无南北之分矣。

【译】过去开封开的南食面店，有川饭店和分茶店，以供江南往来的士大夫，因他们吃不惯北方的食物。南渡以来，已近两百多年，人们水土已习惯，饮食混淆，不再有南北之分了。

大凡面食店，亦谓之“分茶店”。若曰分茶，则有四软羹、石髓羹、杂彩羹、软羊燂腰子、盐酒腰子、双脆、石肚羹、猪羊大骨、杂辣羹、诸色鱼羹、大小鸡羹、汆肉粉羹、三鲜大熬骨头羹、饭食。更有面食名件：猪羊盦[1]生面、丝鸡面、三鲜面、鱼桐皮面、盐煎面、笋泼肉面、炒鸡面、大熬面、子料浇虾燥面、熬汁米子、诸色造羹、糊羹、三鲜棋子[2]、虾燥棋子、虾鱼棋子、丝鸡棋子、七宝棋子、抹肉、银丝冷淘[3]、笋臊齑淘、丝鸡淘、耍鱼面。又有下饭，则有焙鸡、生熟烧、对烧、烧肉、煎小鸡、煎鹅事件、煎衬肝肠、肉煎鱼、炸梅鱼、土部杂熄、豉汁鸡、大熬爊鱼等下饭。

---

① 盦（ān）：古代盛食物的器皿。一说指覆盖。

② 棋子：形状像棋子的食品。

③ 冷淘：凉面、凉粉之类食品。

【译】（略）

更有专卖诸色羹汤、川饭，并诸煎肉鱼下饭。且言食店门首及仪式：其门首，以枋木及花样沓结缚如山棚[1]，上挂半边猪、羊，一带近里门面窗牖[2]，皆朱绿五彩装饰，谓之“欢门”。每店各有厅院，东西廊庑，称呼坐次。客至坐定，则一过卖[3]执箸遍问坐客。杭人侈甚，百端呼索取覆，或热，或冷，或温，或绝冷，精浇熬烧，呼客随意索唤。各桌或三样皆不同名。行菜[4]得之，走迎厨局前，从头唱念，报与当局者，谓之“铛头”，又曰“着案”。讫行菜，行菜诣灶头托盘前去，从头散下，尽合诸客呼索，指挥不致错误。或有差错，坐客白之店主，必致叱骂罚工，甚至逐之。

【译】还有专卖各种羹汤、川饭的食店，兼卖各种煎肉鱼来下饭。且说说食店的门首及仪式：门首，用枋木及各种花样图案扎结，绑成彩棚，上面挂着半扇猪、羊，靠近门面一边的窗户，都用红绿等五色彩帛装饰，称为“欢门”。每一家店各有厅堂庭院、东西廊庑，招呼并安排客人的座位。客人落座后，便有一个伙计手拿筷子，一一询问客人要吃些什么。杭州人非常奢侈，对各种菜肴尽情地点要，有热菜，

---

① 山棚：为庆祝节日而搭建的彩棚，其状如山高耸，故名。

② 窗牖（yǒu）：窗户。

③ 过卖：旧时民间对酒馆、饭馆中服务人员的称呼。又称“跑堂”“堂倌”。流行于全国大部分地区。

④ 行菜：指端送菜肴的人。

有冷菜，有加热的菜，有冷冻的菜，各种精浇熬烧的食品，由客人随意点要。各桌或三样菜，都不同名。传菜的伙计拿到菜单，走到厨房前，将菜单上菜名从头开始唱念一遍，报给厨房里的厨师，掌勺的厨师称为“铛头”，也叫“着案”。报完菜单之后，传菜的伙计又往灶头将做好的菜肴用托盘盛装，按顺序分送给客人，必须和每个客人点要的菜肴都相符，绝不可以出一点差错。一旦出现差错，客人告诉店主，店主必定责骂或罚工钱，严重的会被辞退。

有店舍专卖乞𫗧[①]面，如大熬乞𫗧、大臊子、料浇虾、燥丝鸡、三鲜等乞𫗧，并卖馄饨。亦有专卖菜面、熟齑笋肉淘面，此不堪尊重，非君子待客之处也。又有专卖素食分茶，不误斋戒，如头羹、双峰、三峰、四峰、到底签，蒸果子、鳖蒸羊、大段果子、鱼油炸、鱼茧儿、三鲜、夺真鸡、元鱼、元羊蹄、梅鱼、两熟鱼、炸油河鲀、大片腰子、鼎煮羊麸、乳水龙麸、笋辣羹、杂辣羹、白鱼辣羹饭。又下饭，如五味麸、糟酱、烧麸、假炙鸭、干签杂鸠、假羊事件、假驴事件、假煎白肠、葱爊油炸、骨头米脯、大片羊、红熬大件肉、煎假乌鱼等下饭。素面，如大片铺羊面、三鲜面、炒鳝面、卷鱼面、笋泼刀、笋辣面、乳齑淘、笋齑淘、笋菜淘面、七宝棋子、百花棋子等面，皆精细乳麸，笋粉素食。

【译】（略）

---

① 乞（qì）𫗧（dá）：一种面食，似面疙瘩。

又有专卖家常饭食，如余肉羹、骨头羹、蹄子清羹、鱼辣羹、鸡羹、耍鱼辣羹、猪大骨清羹、杂合羹、南北羹，兼卖蝴蝶面，煎肉、大熬虾燥等蝴蝶面，及有煎肉、煎肝、冻鱼、冻鲞、冻肉、煎鸭子、煎鲚鱼、醋鲞等下饭。

【译】（略）

更有专卖血脏面、齑肉菜面、笋淘面、素骨头面、麸笋素羹饭。

又有卖菜羹饭店，兼卖煎豆腐、煎鱼、煎鲞、烧菜、煎茄子，此等店肆乃下等人求食粗饱，往而市之矣。

【译】（略）

荤素从食店（诸色点心事件附）

市食点心，四时皆有，任便索唤，不误主顾。且如蒸作面行卖四色馒头、细馅大包子，卖米薄皮春茧、生馅馒头、馌[1]子、笑靥儿、金银炙焦牡丹饼、杂色煎花馒头、枣箍荷叶饼、芙蓉饼、菊花饼、月饼、梅花饼、开炉饼、寿带龟仙桃、子母春茧、子母龟、子母仙桃、圆欢喜、骆驼蹄、糖蜜果食、果食将军、肉果食、重阳糕、肉丝糕、水晶包儿、笋肉包儿、虾鱼包儿、江鱼包儿、蟹肉包儿、鹅鸭包儿、鹅眉夹儿、十色小从食、细馅夹儿、笋肉夹儿、油炸夹儿、金铤夹儿、江鱼夹儿、甘露饼、肉油饼、菊花饼、糖肉馒头、羊肉馒头、太学馒头、笋肉馒头、鱼肉馒头、蟹肉馒头、肉酸

① 馌（yè）：糕饼。

馅、千层儿、炊饼、鹅弹[①]。

【译】（略）

更有专卖素点心从食店，如丰糖糕、乳糕、栗糕、镜面糕、重阳糕、枣糕、乳饼、麸笋丝、假肉馒头、笋丝馒头、裹蒸馒头、菠菜果子馒头、七宝酸馅、姜糖、辣馅糖馅馒头、活糖沙馅诸色春茧、仙桃龟儿、包子、点子、诸色油炸、素夹儿、油酥饼儿、笋丝麸儿、果子、韵果、七宝包儿等点心。更有馒头店兼卖江鱼兜子、杂合细粉、灌熬软烂大骨料头、七宝料头。

【译】（略）

又有粉食店，专卖山药元子[②]、真珠元子、金橘水团、澄粉水团、乳糖槌、拍花糕、糖蜜糕、裹蒸粽子、栗粽、金铤裹蒸茭粽、糖蜜韵果、巧粽、豆团、麻团、糍团及四时糖食点心。及沿街巷陌盘卖点心：馒头、炊饼及糖蜜酥皮烧饼、夹子、薄脆、油炸从食、诸般糖食油炸、虾鱼划子、常熟糍糕、馉饳瓦铃儿、春饼、芥饼、元子、汤团、水团、蒸糍、栗粽、裹蒸、米食等点心。及沿门歌叫熟食：熬肉、炙鸭、熬鹅、熟羊、鸡鸭等类，及羊血、灌肺、馀粉、科头、应千市食，就门供卖，可以应仓猝[③]之需。

---

① 鹅弹：何物不详。

② 元子：丸子。

③ 仓猝：匆忙急迫。

【译】（略）

米铺

杭州人烟稠密，城内外不下数十万户，百十万口，每日街市食米，除府第、官舍、宅舍、富室及诸司有该俸人外，细民所食，每日城内外不下一二千余石，皆需之铺家。然本州所赖苏、湖、常、秀①、淮、广等处客米到来，湖州市米市桥、黑桥，俱是米行，接客出粜。其米有数等，如早米、晚米、新破砻、冬舂、上色白米、中色白米、红莲子、黄芒、上秆、杭米②、糯米、箭子米、黄籼米、蒸米、红米、黄米、陈米。且言城内外诸铺户，每户专凭行头③于米市做价，径发米到各铺出粜。铺家约定日子，支打米钱。其米市小牙子④，亲到各铺支打发客。又有新开门外草桥下南街，亦开米市三四十家，接客打发，分俵⑤铺家。及诸山乡客贩卖，与街市铺户，大有径庭。杭城常愿米船纷纷而来，早夜不绝可也。且叉袋自有赁户，肩驼脚夫亦有甲头⑥管领，船只各有受载舟户，虽米市搬运混杂，皆无争差，故铺家不劳余力，而米径自到铺矣。

---

① 秀：嘉兴的简称。

② 杭（jīng）米：一种黏性较小的稻。

③ 行头：行业的头儿。

④ 小牙子：古时牙行中的伙计。

⑤ 分俵（biào）：散发，分给。

⑥ 甲头：管领夫役的头目。

【译】杭州人烟稠密，城内外有不下数十万户，人口一百万左右，每天街市上的人口吃饭，除府第、官舍、宅舍、富家及各司有俸禄的人之外，百姓所吃掉的米，城内外每天不低于一两千石，这些米都要向米铺购买。本州所依赖的是苏州、湖州、常州、嘉兴、淮河地区、广州等处输入的客米，湖州市米市桥、黑桥，都是米行，接纳客米出售。米有好几个品种，如早米、晚米、新破砻、冬舂、上色白米、中色白米、红莲子、黄芒、上秆、秔米、糯米、箭子米、黄籼米、蒸米、红米、黄米、陈米。且说这城内外的各家米铺，每家都专凭行头在米市制定价格，然后发米到各米铺，按价出售。铺家约定日子，支付米钱。米市的小牙子，亲自将客米送往各米铺并收取货款。又有新开门外草桥下南街，也开米铺三四十家，接客米并分送各米铺。而很多山乡客贩卖米，与街市铺户大不相同。杭州城所雇的米船纷纷而来，早晚不断。而且装米的叉袋也自有赁户可租借，扛米的肩驼脚夫也有甲头管领，每条米船也各有负责运载的船户，即使米市搬运混杂，也都不会有误差，所以米铺不劳费力，米就直接到铺子里了。

肉铺

杭城内外，肉铺不知其几，皆装饰肉案，动器①新丽。

① 动器：指肉铺的各种器具。

每日各铺悬挂成边猪，不下十余边。如冬年两节[①]，各铺日卖数十边。案前操刀者五七人，主顾从便索唤刲切。且如猪肉名件，或细抹落索儿精、钝刀丁头肉、条籴精、窜燥子肉、烧猪煎肝肉、膂肉、盦蔗肉。骨头亦有数名件，曰双条骨、三层骨、浮筋骨、脊龟骨、球杖骨、苏骨、寸金骨、棒子、蹄子、脑头大骨等。肉市上纷纷，卖者听其分寸，略无错误。至饭前，所挂之肉骨已尽矣。盖人烟稠密，食之者众故也。

【译】杭州城内外，肉铺不知道有多少，肉案都有装饰，肉铺的各种器具崭新亮丽。每天各肉铺悬挂成扇的猪肉，不低于十多扇。如冬至、春节两节，各肉铺每天要卖几十扇。肉案前有五到七个操刀人，听从主顾吩咐，砍切肉骨。猪肉的名目，有细抹落索儿精、钝刀丁头肉、条籴精、窜燥子肉、烧猪煎肝肉、膂肉、盦蔗肉。骨头也有好几种名目，如双条骨、三层骨、浮筋骨、脊龟骨、球杖骨、苏骨、寸金骨、棒子、蹄子、脑头大骨等。肉市上喧闹嘈杂，但卖家听出分寸，全无差错。到午饭前，所挂的肉骨已经卖光了。这是因为杭州人烟稠密，吃肉的人多。

更待日午，各铺又市熬爆熟食：头蹄肝肺四件、杂熬蹄爪事件、红白熬肉等。亦有盘街货卖。更有犯鲊铺，兼货生熟肉。且如犯鲊，名件最多，姑言一二。其犯鲊者：算

① 冬年两节：冬至和春节。

条、影戏、盐豉、皂角、铤松、脯界、方条、线条、糟猪头肉、玛瑙肉、鹅鲊、旋鲊、寸金鲊、鱼头酱、三和鲊、切鲊、桃花鲊、骨鲊、饭鲊、槌脯、红羊羓、大鱼鲊、鲟鳇鱼鲊等类。冬闲添卖冻姜豉蹄子、姜豉鸡、冻白鱼、冻波斯姜豉等。坝北修义坊，名曰“肉市”，巷内两街，皆是屠宰之家，每日不下宰数百口，皆成边及头、蹄等肉。俱系城内外诸面店、分茶店、酒店、羓鲊店及盘街卖熬肉等人，自三更开行上市，至晓方罢市。其街坊肉铺，各自作坊，屠宰货卖矣。或遇婚姻日及府第富家大席，华筵数十处，欲收市腰肚，顷刻并皆办集，从不劳力。盖杭州广阔可见矣。

【译】到中午时候，各肉铺又有熬爆的熟食出售：头、蹄、肝、肺四件，还有杂熬蹄爪事件、红白熬肉等。也有走街串巷售卖的。还有羓鲊铺，兼卖生、熟肉。就拿羓鲊来说，品种最多，姑且介绍一二。羓鲊有：算条、影戏、盐豉、皂角、铤松、脯界、方条、线条、糟猪头肉、玛瑙肉、鹅鲊、旋鲊、寸金鲊、鱼头酱、三和鲊、切鲊、桃花鲊、骨鲊、饭鲊、槌脯、红羊羓、大鱼鲊、鲟鳇鱼鲊等品种。冬季添卖冻姜豉蹄子、姜豉鸡、冻白鱼、冻波斯姜豉等。坝北修义坊，称为“肉市”，巷内两街铺户，都是屠宰之家，每天宰猪不低于几百头，卖的都是成扇肉及头、蹄等肉，城内外诸面店、分茶店、酒店、羓鲊店及走街串巷卖熬肉等人（都从这里买肉）。自三更时分开张营业，直到天亮时才罢市。

街坊肉铺，各为作坊，既屠宰又售卖。如赶上有人办喜事的日子及官宦、富贵人家大摆宴席，几十处的丰盛的宴席要买猪腰猪肚，顷刻间就能买齐，从不多费劳力。由此可见，杭州城很大。

鲞铺

杭州城内外，户口浩繁，州府广阔，遇坊巷桥门及隐僻去处，俱有铺席买卖。盖人家每日不可阙者，柴、米、油、盐、酱、醋、茶。或稍丰厚者，下饭羹汤，尤不可无。虽贫下之人，亦不可免。盖杭城人娇细故也。姑以细鲞言之，此物产于温、台、四明[1]等郡，城南浑水闸，有团招客旅，鲞鱼聚集于此。城内外鲞铺，不下一二百余家，皆就此上行。合摭鱼鲞名件具载于后：

【译】杭州城内外，人口众多，州府广阔，即使是坊巷桥门及隐僻的地方，也都有做买卖的店铺。普通人家每天都不能缺的，是柴、米、油、盐、酱、醋、茶。家境稍微丰厚些的人家，还需下饭的羹汤，尤其不能缺少。即使是贫穷人家，也不能没有。这是因为杭州人十分娇贵，姑且拿鲞鱼来说，此物产于温州、台州、宁波等地，城南浑水闸，有团行来招纳旅客，鲞鱼就聚集在这里。城内外的鲞铺，不低于一两百家，都在这里进货。选取的鱼鲞名目详细记载如下：

① 四明：山名，在今浙江宁波。此处代指宁波，古称明州。

郎君鲞、石首鲞、望春、春皮、片鳓、鳓鲞、鳘[1]鲞、鰙[2]鲞、鳗条弯鲞、带鲞、短鲞、黄鱼鲞、鲭鱼鲞、鱿鲞、老鸦鱼鲞、海里羊。更有海味，如酒江瑶、酒香螺、酒蛎、酒螺龟脚、瓦螺头、酒垅子、酒鲕鲎、酱蜮蛎、锁官蜮、小丁头鱼、紫鱼、鱼膘、蚶子、鲭子、魧子、海水团、望潮卤虾、蜮鲚鲞、红鱼、明脯、鰙干、比目、蛤蜊、酱蜜丁、车螯、江虷、蚕虷、鳔肠等类。铺中亦兼卖大鱼鲊、鲟鱼鲊、银鱼鲊、饭鲊、蟹鲊、淮鱼干、蟛蚏[3]、盐鸭子、煎鸭子、煎鲚鱼、冻要鱼、冻鱼、冻鲞、炙鳊[4]、炙鱼、粉鳅、炙鳗、蒸鱼、炒白虾。又有盘街叫卖，以便小街狭巷主顾，尤为快便耳。

【译】（略）

① 鳘（mǐn）：鳕鱼的俗名。

② 鰙（ruò）：比目鱼一类的鱼。

③ 蟛（péng）蚏（yuè）：蟹的一种。体小，足无毛。

④ 鳊（biān）：鲂鱼。

卷十七

历代人物

杭城湖光山色之秀，钟①为人物，所以清奇杰特②，为天下冠。自陶唐③至于秦、汉、晋、隋、唐之人物，彬彬最盛；至宋则人物尤盛于唐矣。

【译】杭州城湖光山色非常秀美，聚集了很多名人，所以清秀不凡，天下第一。自陶唐及秦、汉、晋、隋、唐各朝代的文雅之士最多；到了宋代，名人比唐代更多。

今以历代杭之人物考之，曰陶唐：箕公许由，隐寓昌化晚溪，有千顷山故居。

【译】今将历代杭州名人考证，陶唐时期：箕公许由，隐居在昌化晚溪，有千顷山故居。

汉：严陵，光武之故人④，不屈于朝，隐耕富春山。诸葛琮、孙钟、孙坚、孙策字伯符、孙瑜字仲异、孙皎字叔明、孙贲字伯阳、吴景、徐琨、张俨。

【译】汉：严光字子陵，是东汉光武帝刘秀的好友，刘

① 钟：集聚。

② 清奇杰特：形容清秀不凡。

③ 陶唐：古帝名，即唐尧。

④ 光武之故人：严光，名遵，字子陵。汉族，会稽余姚（今浙江余姚）人 。东汉著名隐士。严光少有高名，与东汉光武帝刘秀同学，亦为好友。刘秀即位后，多次延聘严光，但他隐姓埋名，退居富春山。后卒于家，享年八十岁，葬于会稽余姚的客星山（陈山）。

秀即位后，多次延聘严光，但他隐姓埋名，退居富春山。还有诸葛琮、孙钟、孙坚、孙策字伯符、孙瑜字仲异、孙皎字叔明、孙贲字伯阳、吴景、徐琨、张俨。

吴：孙奥字季明、孙韶字公礼、孙邻字公达、孙亘字叔武、郭成字元礼、凌统字公绩、全琮字子璜、褚泰、诸葛起字岑任、丁谞。

晋：孙拯字显世、孙惠字德施、孙晷字文度、范平字子安、褚陶字季雅、暨孙字茂言。

宋：卜天与、吴喜、范叔孙。

齐：顾欢字景怡、宋广之字处深、褚伯玉字元琚、杜京产字景齐、杜栖字孟山、朱谦之字处光、吕道惠。

梁：范元琰字伯珪、范述曾字子元、戚衮字公文、褚修、盛绍远。

陈：顾越字允南、杜之伟字子大、钱逵字通甫、杜棱字雄盛、骆文牙（一名牙）字旗门、全绶字宏立。

隋：陆知命字仲通、顾彪字仲文、鲁世达。

唐：褚亮字希明、褚遂良字登善、南国处士孙疆、褚无量字洪度、许远、何公弁、章成缅、方宗、凌准字宗一、吴降字下已、袁不约字还朴、杜凌字腾云、吴公约字处仁、罗隐字昭谏。

五代：武肃王钱镠字具美、杜建徽字延光、成及字洪济、马绰、鲍君福字庆臣、贾圭、曹仲远、水邱昭券、吴敬忠、孙陟。

宋：忠懿秦国王钱俶字文德、钱亿字延世、钱惟演字希圣、钱暄字载阳、钱昆字裕之、钱易字希白、钱彦远字子高、钱明逸字子飞、钱勰字穆父、钱龢字思甫（又字思仲）、钱藻字醇老、薛温字伯顺、顾仁冀字子迁、元德昭字明远、元奉宗字知礼、元绛字厚之、潘阆字逍遥、吴锐、林和靖先生讳逋字君复、胡则字子正、陆滋字元象、孙长者（志不载名与表）、唐拱、杨大雅字子正、唐肃字叔元、唐询字彦猷、盛京、盛度字公量、郎简字叔廉、谢涛字济之、谢绛字希深、谢景初字师厚、谢景温字师直、叶杲卿字称之（志多不载）、徐复字希颜（又表复之）、俞举善、杨蟠字公济、沈文通（亦不载名以字代之）、沈辽字濬达、陆诜字介夫、关鲁、关沼字圣渊、沈括字存中、吴天秩字平甫、强至字几圣、王复字无考、韦骧字子骏、周邠字开祖、周邦彦字美成、周邦式字南伯、虞奕字纯臣、吴师仁、吴师礼字安中、八行先生崔贡字廷硕、李韡字彦渊、滕茂实字颖秀、史徽字洵美、沈晦字元用、张九成字子韶、凌景夏字季文、樊光远字茂实、郎晔、郭知运字次张、施德操字彦执、杨子平（志不载名）、关注字子东、姚真旧名叔兴、杨由义字宜之、俞烈字若晦、余古、赵巩字子固、俞灏字商卿、洪咨夔字舜俞、赵汝谈字履常、赵汝谠字蹈中、李宗勉字强父。

【译】（略）

并历代英杰、文武贤良、进士隐士之秀；兼之博学精华、忠勇孝义之才；或身廉而直道以事；或职显而位居三公；或历谏臣，忠于大朝；或掌军务而好坟典①；或隐而不仕，为教导之师；或著诸经子义疏、诗颂笺表数百篇行于世；或建立大功，终事中国，忠节盛名，青史不朽。详见于《临安志书》，考其始末则昭然②矣。

【译】以上都是历朝历代的英杰、文武贤良、进士隐士等杰出人士；还有博学多能、忠勇孝义之士；有的居官清廉、奉行正道行事；有的职位高显、位居三公；有的曾任谏臣，忠于朝廷；有的执掌军务且雅好古代典籍；有的隐居不从政，且为教导之师；有的著诸经子义疏、诗颂笺表数百篇流传于世；有的建立大功，终身事奉朝廷，忠节盛名，青史不朽。这些英杰的事迹详见于《临安志书》，考察其始末就可以全都明白了。

状元表

科举，盛代皆举求贤之诏。自宋太祖、太宗朝始诏举业③。端拱二年，临轩④唱名，进士及第，状元文魁陈尧叟。淳化三年，孙何。

---

① 坟典：三坟、五典的并称，后转为古代典籍的通称。

② 昭然：明明白白，显而易见。

③ 举业：科举时代指专为应试的诗文、学业、课业、文字。也指八股文。

④ 临轩：皇帝不坐正殿而御前殿。殿前堂陛之间近檐处两边有槛楯，如车之轩，故称。

真宗朝：咸平元年，孙瑾。二年，陈尧咨。景德二年，李迪。大中祥符五年，徐奭。八年，蔡齐。

仁宗朝：天圣八年，王拱辰。景祐元年，张唐卿。宝元元年，吕溱。庆历二年，杨寘。六年，贾黯。皇祐元年，冯京。五年，郑獬。嘉祐二年，张衡。四年，刘辉。六年，王俊民。八年，许将。

英宗朝：治平二年，彭汝砺。四年，许安世。

神宗朝：熙宁三年，叶洽。六年，俞中。九年，徐绎。元丰二年，时彦。五年，黄裳。八年，焦蹈。

哲宗朝：元祐三年，李常。六年，马涓。绍圣元年，毕渐。四年，何昌言。元符三年，李釜。

徽宗朝：崇宁二年，霍端友。五年，蔡嶷。大观三年，贾安宅。政和二年，莫俦（杭人）。五年，何栗。八年，王昂。宣和三年，何焕。六年，沈晦（杭人）。

钦宗朝：则无科举矣。

高宗朝：中兴建炎二年戊申，李易。绍兴二年壬子，张九成（杭人）。五年乙卯，汪应辰。八年戊午，黄公度。十二年壬戌，陈诚之。十五年乙丑，刘章。十八年戊辰，王佐。二十一年辛未，赵达。二十四年甲戌，张孝祥。二十七年丁丑，王十朋。三十年庚辰，梁克家。

孝宗朝：隆兴元年癸未，木待问。乾道二年丙戌，肖国梁。五年己丑，郑侨。八年壬辰，黄定。淳熙二年乙未，詹骙。五年戊戌，姚颖。八年辛丑，黄由。十一年甲辰，卫泾。十四年丁未，王容。

光宗朝：绍熙元年庚戌，余复。四年癸丑，陈亮。

宁宗朝：庆元二年丙辰，邹应隆。五年己未，曾从龙。嘉泰二年壬戌，傅行简。开禧元年乙丑，毛自知。嘉定元年戊辰，郑自诚。四年辛未，赵建大。七年甲戌，袁甫。十年丁丑，吴潜。十三年庚辰，刘渭。十六年癸未，蒋重珍。

理宗朝：宝庆二年丙戌，王会龙。绍定二年己丑，黄朴。五年壬辰，徐元杰。端平二年乙未，吴叔吉。嘉熙二年戊戌，周坦。淳祐元年辛丑，徐俨夫。四年甲辰，留梦炎。七年丁未，张渊徽。十年庚戌，方逢辰。宝祐元年癸丑，姚勉。四年丙辰，文天祥。开庆元年己未，周震炎。景定三年壬戌，方山京。

度宗朝：咸淳元年乙丑，阮登炳。四年戊辰，陈文龙。七年辛未，张镇孙。

【译】（略）

武举状元

高宗朝：中兴南渡，志不载武举姓氏，自于孝庙朝以后，俱可考之。淳熙八年，江伯虎。十一年，林嘌。十四年，黄褒然。

光庙朝：绍熙元年，厉仲祥。四年，林管。

宁庙朝：庆元二年，周虎。五年，陈良彪。嘉泰二年，叶濛。开禧元年，郑公侃。嘉定元年，周师（杭人）。四年，林泌浃。七年，刘必方（杭人）。十年，朱嗣宗。十三年，陈正大。十六年，杜幼节。

理庙朝，宝庆二年，杨必高（杭人）。嘉熙二年，刘必成。淳祐元年，赵国华。四年，项桂发。七年，张梦飞。十年，陈亿子。宝祐元年，程鸣凤。四年，章宗德。开庆元年，朱应举。景定三年，俞葵。

度庙朝，咸淳元年，王国。四年，俞仲鳌。

【译】（略）

后妃列女

宋：章懿太后李氏①，性庄重寡言，虽以仁宗为己子，而后不曾言，中外罔知。后薨后方追册皇太后，谥“章懿”，葬永定陵。

【译】宋代：章懿太后李氏，性格庄重，沉默寡言，虽然仁宗是她的亲生儿子，但太后不曾言说，朝廷内外都不知实情。太后去世后，才追册为皇太后，谥号“章懿”，葬在永定陵。

汉：孙策破虏母吴夫人②，助治军国，甚有所补益③。徐

---

① 章懿太后李氏：杭州人，宋真宗赵恒妃嫔，宋仁宗赵祯生母。祖父李延嗣，仕钱氏，为金华县主簿；父李仁德，后来封为左班殿直。民间流传的“狸猫换太子”中的李妃的原型就是李宸妃。

② 孙策破虏母吴夫人：吴国太，孙坚之妻，是孙策、孙权生母。孙权称帝后追尊吴夫人为武烈皇后。

③ 补益：犹补充。

琨母孙氏[①]，定策破□英[②]之谋。孙翊妻徐氏[③]，守节定谋，杀三凶[④]，得报夫之冤。

【译】东汉：破虏将军孙坚之妻、孙策之母吴夫人，辅佐儿子治理军国大事，非常有补充的作用。徐琨母孙氏，设计破张英之谋。孙翊妻徐氏，夫死后坚守名节，又设计杀死三个凶手，为丈夫报仇。

晋：虞潭母定夫人孙氏[⑤]，年少丧偶遗孤，誓不改节，抚养训子，成义节以克战。孙暠妻虞氏，弃华尚素，与暠同志，至孝，奉舅姑[⑥]起居尝馔，不辞薪水井臼[⑦]之劳。孝妇严氏，事舅姑不失起居供馔之礼。舅丧未葬，因火沿屋，哭告于天，孝心有感，而火遂灭，无伤其棺。

① 徐琨母孙氏：孙坚之妹，徐真之妻。公元 194 年，孙策欲击张英于当利口，但因船只太少，暂时驻军江边。孙氏献计砍伐芦苇编为筏，辅助船队渡兵。孙策从之，全部军队得以渡江，遂破张英。

② 英：应为张英。

③ 孙翊妻徐氏：孙翊是孙权第三子，其部将妫览、戴员收买孙翊家将边鸿，将其刺死。妫览因贪图徐氏美貌，欲强纳之，徐氏假意许之，暗中与孙翊亲信孙高、傅婴、徐元计议，成功诛杀妫览和戴员，并将他们的首级祭孙翊墓，为夫报仇。

④ 三凶：边鸿、妫览和戴员。

⑤ 虞潭母定夫人孙氏：孙权族孙女，虞忠妻。虞忠早死，孙氏守节教子。永嘉末，潭为南康太守，值杜弢构逆，率众讨之。孙氏勉潭以必死之义，俱倾其资产以馈战士，潭遂克捷。及苏峻作乱，潭时守吴兴，又假节征峻。孙氏诫之曰："吾闻忠臣出孝子之门，汝当舍生取义，勿以吾老为累也。"仍尽发其家僮，令随潭助战，贸其所服环珮以为军资。

⑥ 舅姑：古指公婆。

⑦ 井臼：汲水舂米，泛指操持家务。

【译】晋代：虞潭母定夫人孙氏，年轻守寡，独自抚养遗孤，发誓不改嫁，抚养教导儿子，鼓励儿子与贼作战，成全节义。孙晷妻虞氏，抛弃浮华，崇尚朴素，与孙晷同心同德。虞氏非常孝顺，侍奉公婆饮食起居，不辞辛劳地砍柴挑水、汲水舂米。孝妇严氏，侍奉公婆不失起居供馔之礼。公公去世后还未安葬，因大火沿着屋檐烧起，严氏向天哭告，她的孝心感动了上天，大火随即熄灭，没有烧到棺材。

唐：孝女冯氏，少孤独，无兄弟共侍母，惟母子相依，誓不嫁以奉母。母病笃[①]，刲股治之，不救。葬母，乃结草庐墓下，以供晨香夕灯，侍奉如生。又刺血书经，报劬劳[②]之恩，以宅舍建梵宫荐母，仍不嫁，以死尽孝节。郡臣闻于朝，赐束帛旌之，敕颁寺额曰“报恩”，以表其孝也。节妇何氏，年少丧偶，志不再嫁，奉姑至孝，忽贼掠归巢穴，欲污其节，遂定策解襦[③]自刎，贼惊视而已死，义而葬之。

【译】唐代：孝女冯氏，小时候就失去了父亲，没有兄弟一同侍奉母亲，只能母女相依，她发誓不嫁人，终身侍奉母亲。母亲病重，她割下大腿肉为母治疗，母亲未能救活。母亲安葬后，她在墓前搭建草庐而居住，清晨烧香，晚上掌灯，像母亲生前一样侍奉。又刺指血写经，以报母亲为养育

① 病笃（dǔ）：病势沉重。

② 劬（qú）劳：指父母抚养儿女的劳累。

③ 襦（rú）：短衣；短袄。

自己所付出的劳累。又以宅舍建寺院祭献亡母，仍是不嫁，至死尽孝守节。太守将她的事迹报告朝廷，朝廷赐束帛表彰她，敕颁寺额为“报恩”，以表彰她的孝行。节妇何氏，年轻守寡，立志不再改嫁，侍奉婆婆非常孝顺。不幸被贼人掳到巢穴，贼人要玷污她的名节，她便设计解开短衣，自缢而死。贼人发现时非常惊讶，但何氏已死，她的节义打动贼人，便将她安葬了。

五代：吴越国恭懿太夫人吴氏，讳汉月，性慈惠[①]而节俭，颇尚黄、老学[②]，居常布练而已。每侍王决事，必以忠恕[③]为言。诸吴迁授[④]，皆峻阻，多加训励[⑤]，无令骄恣。

【译】五代：吴越国恭懿太夫人吴氏，名汉月，性格仁爱且很节俭，很崇尚黄帝之学和老子之学，日常所用的仅是布练而已。吴越王决策大事时，她在一旁侍候，总是以忠诚、宽恕来劝王。吴氏子弟迁升官职，她总是竭力阻止，并经常教诲勉励吴氏子弟，让他们不要骄纵放肆。

宋：吴越忠懿王妃孙氏，讳太真，性端谨而聪慧，延

---

① 慈惠：犹仁爱。

② 黄、老学：黄帝之学和老子之学。

③ 忠恕：儒家的一种伦理思想。忠，指积极为人，尽力为人谋；恕，指推己及人，像对待自己一样地对待别人。

④ 迁授：迁升官职。

⑤ 训励：教诲勉励。

接[1]姻宗，以尽恩礼[2]。好学诗书，严重而尚俭，守忠以事上国[3]。孝妇盛氏，事舅姑尽孝，躬纺绩烹饪以养姑。姑性太急，妇怡声下气，每侍立无敢怠惰[4]，娣姒[5]敬顺和睦，亦皆化之。姑病笃，贫无资医救，乃执簪珥[6]裙襦鬻[7]之，以供其事；又刳[8]胁取肝为常膳；长姒潘氏，亦刲股而进，姑食而病愈。州家长官刘既济上于朝，诏旌表其门闾[9]。凌大渊妻刘氏，及笄[10]许嫁，请期将至，而凌生告卒。刘氏闻之，告于父母曰："儿闻女子以一志为良，死生不易其节，儿已许凌，今既已丧，则吾夫也，儿当易服奔丧，誓咏《柏舟》[11]，不更二也。"父母以"女未尝践其庭，何遽

---

① 延接：引见接纳。

② 恩礼：旧谓尊上对下的礼遇。

③ 上国：在某种场合对国家甚或祖国的爱称、敬称。

④ 怠惰：懒惰。

⑤ 娣（dì）姒（sì）：古代同夫诸妾互称，年长的为"姒"，年幼的为"娣"。

⑥ 珥（ěr）：用珠子或玉石做的耳环。

⑦ 鬻（yù）：卖。

⑧ 刳（kū）：从中间剖开再挖空。

⑨ 门闾（lǘ）：家庭。

⑩ 及笄（jī）：古代女子满十五岁结发，用笄贯之，因称女子十五岁为"及笄"。

⑪ 《柏舟》：《诗经·邶风》中的一篇。这首诗反映了《诗经》时代民间婚恋的现实状况：一方面，人们在政令许可的范围内仍享有一定的性爱自由，原始婚俗亦有传承；另一方面普遍的情况已是"取妻如之何？必告父母""取妻如之何？非媒不得"《齐风·南山》，礼教已通过婚俗和舆论干预生活。所以诗中女子既自行择欢，却又受到母亲的制约。而哪里有压迫哪里就有反抗，诗中也就表现了青年男女为了争取婚恋自由而产生的反抗意识，这是一个很新很有价值的信息。

若此？”女答以“身许人而背之乎？有死而已，决无易其志！”父母惧其言而从所请，易粗缞[①]，临棺举哀，以修妇道，守义节。以兄子养为己子，与之娶妇，至于抱孙，白首不易其志也。

【译】宋：吴越忠懿王妃孙氏，名太真，性格端庄谨慎且非常聪慧，她接待姻亲宗属时候，都会尽到尊上对下的礼遇。孙氏好学诗书，庄严持重而崇尚节俭，忠心事奉国家。孝顺的女人盛氏，侍奉公婆极尽孝道，亲自纺织、烹饪来赡养婆婆。婆婆性子急，她便低声下气，侍立一旁，不敢懈怠。娣姒间也敬顺和睦，大家都被她感化。婆婆病重的时候，家中贫穷没钱医治，盛氏就卖掉首饰衣物，来为婆婆治病；又挖开自己的肋骨取出肝作为婆婆的日常饮食；长姒潘氏也割下大腿肉给婆婆吃，婆婆吃后病就痊愈了。州府长官刘既济将此事报告朝廷，朝廷下诏表彰其家庭。凌大渊妻刘氏，十五岁时许下婚约，约定的日子快到了，却传来凌生的死讯。刘氏听说后，对父母说：“儿听说女子从一而终才算好女子，不管生死都不能改变节操。儿已经许配凌生，他就是我的丈夫，如今凌生已死，儿应当改穿素服前去奔丧，誓死咏唱《柏舟》，不改二心。”父母说：“你未尝进入他家门，又何必如此呢？”刘氏回答：“身已许人，又怎能背弃？（如果你们不答应）我只有一死，绝不改志！”父母害

① 缞（cuī）：古代用粗麻布制成的丧服。

怕她寻死，便答应了她的请求，于是刘氏换上粗布丧服，到凌生棺材前致哀，以修妇道，谨守义节。特将凌生兄的儿子养为自己的儿子，为他娶媳妇直到抱孙子，一直到头发花白刘氏都没有改变志向。

历代方士

历代方士：蔡经、郭文字文举、葛洪字稚川号抱朴子、许迈字叔元、杜子恭、徐灵府号默希子、钱道士、令狐绚、丁飞字翰之、潘尊师、马湘字自然、管归真赐号元靖崇教法师正白先生、沈若济字子舟号洞元大师、徐立之旧名炳一号回峰先生、陆维之字永仲又名凝之又表子才号石室先生。王衷字天诱赐号悟静处士、徐奭赐号冲晦先生。俱杭之得道仙士，有超世①之志、修真②之术，或上升，或羽化③，或葬而解化④，或羽化后游于外郡，乃真仙作用，使凡夫俗眼⑤茫然不知⑥。诸士之详，载于淳祐、咸淳两志及《感应神仙传》中。考之有著《百论石室小隐集》行于世矣。

【译】（略）

---

① 超世：指杰出不凡、异乎寻常。

② 修真：道教中，学道修行，求得真我，去伪存真为“修真”。修真之名，古已有之，俗曰修道。它囊括了动以化精、炼精化炁、炼炁化神、炼神还虚、还虚合道、位证真仙的全部修持过程。

③ 羽化：古人认为仙人能飞升变化，因此把成仙叫作羽化。

④ 解化：解脱转化。指舍弃肉身，修行成道。

⑤ 凡夫俗眼：凡夫肉眼。

⑥ 茫然不知：完全不知道。

历代方外[1]僧

历代高僧，自宋武帝朝为始。

僧慧静、慧基、慧集、法匮、净度、瑜本、翼本。僧诠道、琳旻、本明、彻法、开惠、明昙、超真、宫宇、圣远号“南天竺岳师”、道钦、国一、澄悟禅师、圆修、道林号“鸟窠禅师”、会通号“招贤禅师”、齐安号“悟空禅师”、道标号“西岭和尚”。

慧琳，字抱玉，交游前后刺史学士，如杜陟、裴常棣、陆则、杨凭、卢元辅、白居易、李幼、崔鄯、路异，俱造室讲论心要。

灵照，名“龙华禅师”，号“真觉大师”。

行修，生有异相，两耳垂肩，称长耳相禅师，赐号“崇慧大师”。

延寿，号“抱一子”，幼在俗诵经，感诸群羊跪听，后舍业为僧，聚徒讲道，传播高丽，遣使尽弟子礼，奉金线织袈裟、紫水晶数珠、金藻罐为献。宋开宝入灭[2]，号“智觉大师”。崇宁岁，追谥“宗照禅师”。

志逢，号“普觉大师”。遇安，号“善智禅师”“庆祥九曲禅师”。

行明，开化禅师，太宗朝赐紫衣师，号“善升”，天禧年诏注释御制《法音集》，赐号“曰观大师”，又深于琴律。

---

① 方外：世俗之外，世外。

② 入灭：佛教指僧侣死亡。

法照，不妄交游，与和靖先生同时僧智圆为友，宰臣王钦若、王随、王化基深敬之，崇宁岁赐号“元照大师”。

道诚慧悟大师，余弼《题慧悟禅师上方》诗曰：“孤峰牢落几何年，台殿于今插半天。已是精蓝夸绝徼，更将宝塔在危巅；烟霞色任阴晴变，钟磬声随上下传。珍重老僧无别境，一生幽趣只山川。”

契嵩，字仲灵，自号“潜子”，姓李，赐号“明教大师”。熙宁岁季夏入灭，以释氏法荼毗[①]，而五根不坏，名其塔曰“五根[②]不坏之塔”。

赞宁，太平兴国奉阿育王舍利朝太宗，赐号“通慧大师”，真宗召对赐坐，以右阶升左阶僧录[③]，赐号“通慧圆明大师”。

宝达，号“刹利法师”。智圆孤山法师，自号“中庸子”。

遵式，姓叶，字知白。崇宁岁，赐号“慧通大师”，掌天台教观，绍兴间高宗降旨，赐号曰“忏慧禅主大法师”，塔号“瑞光思悟”，每诵咒，身出舍利。

元照，姓唐，字湛如，号“安忍子”，赐号“灵芝大智

① 荼毗（pí）：焚烧。但是这个焚烧，不是一般所说的焚烧木柴，焚烧垃圾。而主要是指火葬，尤其指僧人死后的火葬，称之为荼毗。

② 五根：佛教谓眼、耳、鼻、舌、身五种感觉器官。

③ 以右阶升左阶僧录：指由右街僧录升为左街僧录。宋代管理僧尼名籍僧官补任等事宜的机构叫“左右街僧录司”，又叫“两街僧录司”。僧录，僧职。

律师”。

宗本，字无诘，姓管，号“静慈圆照禅师”，神宗召对，赐茶，入福宁殿说法，诏赐肩舆[①]入内。

善本，赐“法通大师”号，哲宗遣中使[②]抚问，降香宣赐高丽磨衲衣，敕赐“大通禅师”，大观入灭，追谥“圆定”之号，塔号“定光之塔”。

元净，字无象，姓徐，赐紫衣，“辨才法师”号，师生时，左肩有肉起如袈裟条，至八十一日方消，师之入灭，实八十一岁矣。

延寿兴教小寿禅师修广，字叔徽，自京师至于四方，凡公卿至于学士大夫，知其名皆乐从之，景祐岁赐紫衣，诏赐“宝月大师”之号。

文益，于周显德时谥封“大法眼禅师”，塔名“无相”。

道潜，字参寥，尝与苏东坡、秦少游两先生为密友，曾咏《临平道中》云：“风蒲猎猎弄轻柔，欲立蜻蜓不自由，五月临平山下路，藕花无数满汀洲[③]。”东坡守杭时，因道潜入智果精舍赋诗云：“云崖有浅井，玉醴常半寻，遂名参寥泉，可濯幽人襟。”又作《参寥泉铭》，记之岁月。东坡

① 肩舆：轿子。起初只是作为山行的工具，后来走平路也以它为代步工具。

② 中使：宫中派出的使者。多指宦官。

③ 汀洲：水中小洲。

爱其诗，尝称“无一点蔬笋气味[①]，体制绝似储光羲[②]，非近世诗僧比。”崇宁末老于江湖，既示寂[③]，有诗行于世，句句清绝可爱，法号曰“妙总大师”。

怀显，西湖持净大师，尝撰《钱塘胜迹记》。

慧勤，有欧阳文忠公赋诗送之曰：“越俗僭宫室，倾赀[④]事雕墙。佛屋尤其侈，眈眈[⑤]拟侯王。文彩莹丹漆，四壁金焜煌[⑥]。上悬百宝盖，宴坐以方床。胡为弃不居，栖身客京坊。辛勤营一室，有类燕巢梁。南方精饮食，菌笋鄙羔羊。饭以玉粒粳，调之甘露浆。一馔费千金，百品罗成行。晨兴未饭僧，日昃[⑦]不敢尝。乃兹随北客，枯粟充饥肠。东南地秀绝，山水澄清光。余杭几万家，日夕焚清香。烟霏四面起，云雾杂芬芳。岂如车马尘，鬓发染成霜。三者孰苦乐，子奚勤四方。乃云慕仁义，奔走不自遑。始知仕义力，可以治膏肓[⑧]。有志诚可乐，及时宜自强。人情重怀土，飞鸟思故乡。夜枕闻北雁，归心逐南樯。归兮能来否，送子

---

① 蔬笋气味：指僧人之诗意境过于清寒，题材过于狭窄，语言拘谨而少变化。

② 储光羲：唐代官员，田园山水诗派代表诗人之一。

③ 示寂：佛教指佛、菩萨或高僧死去。

④ 倾赀（zī）：倾尽全部资产，用尽全部钱财。赀，资。

⑤ 眈眈：庄严貌。

⑥ 焜（kūn）煌：明亮，辉煌。

⑦ 日昃（zè）：太阳偏西，下午二时左右。

⑧ 膏肓（huāng）：指人体心与膈间的部分。

以短章[1]。”同时有惠思师。惠思曾于潜西普明寺为《浴堂记》，宰臣王安石赋诗赠之曰：“绿净堂前湖水绿，归时正复有荷花。花前若见余杭姥，为道仙人忆酒家。”

惟尚，本姓曹，幼岁为僧，遍参丛林，得法于英。

普照，常住寿圣本雪峰结庵，故地有荆榛[2]蛇虺[3]，人莫敢居，师住八年，创立殿庑，为之一新，谢归故庐，后住荐福[4]，以疾还庐入灭。

守璋，姓王，天姿介特[5]，凛不可犯，戒行精洁，尤工于诗，号“文慧禅师”，有《柿园集》行于世。高庙于绍兴二年幸圆觉寺，因睹其集，宸翰亲洒《晚春》一绝赐之，见圆觉寺刻石于亭曰：“草深烟景重，林茂夕阳微。不雨花犹落，无风絮自飞。”

德明，姓顾，字澹堂，入径山讲论禅教四年，因观竹溜[6]以杵通节[7]有声，豁然开悟，遂号为“竹筒和尚”，绍兴年两尝宣入慈宁殿，升座讲《般若经》法，高庙奇之，赐号及法衣。

---

① 短章：指篇幅较短的诗文篇章。

② 荆榛：泛指丛生灌木，多用以形容荒芜情景。

③ 蛇虺（huī）：泛指蛇类。

④ 荐福：祭神以求福。

⑤ 介特：孤高，不随俗流。

⑥ 竹溜：竹制的引水道。

⑦ 以杵通节：指以杵贯通竹节，使竹子成为管子。

清润，字怡然。

可久，字逸老，所居皆湖山胜景，而清约[①]介静[②]，不妄与人交，无故不入城，士大夫多往见之，就馈米，日以一二合食，虽蔬茹亦未尝有，故人尤重之。同时有思聪师，亦似之，而诗差优[③]。

【译】（略）

宗杲，字昙晦，姓奚，主径山，学徒一千七百众，来者犹未已，敞千僧阁以居之，号临济。中兴时，与张九成为方外交，后因秦桧谓张九成诽谤朝政，疑宗杲和之，遂编海外。四方衲子[④]，忘躯[⑤]皆往从之。续蒙宸恩放便复僧伽梨[⑥]。往阿育王山[⑦]，复居旧山，孝庙为普安郡王，遣使入山谒之，以偈[⑧]献，后建邸，再遣内侍供五百应真[⑨]，请讲法席，亲书“妙喜庵”三字，并制赞宠之，自后退居明月堂而示寂，孝庙闻而叹息，诏以明月堂为“妙喜庵”，谥号“普

---

① 清约：清廉节俭。

② 介静：孤高恬静。

③ 差优：指更好一些。

④ 衲子：僧人。

⑤ 忘躯：指舍生忘死。

⑥ 僧伽梨：僧佛大衣名。为比丘所服“三衣”之一种。这里代指僧籍。

⑦ 阿育王山：在今浙江宁波鄞县。西晋武帝太康二年，有刘萨诃者，于此山得古塔一基以为阿育王八万四千塔之一，尊崇之，此山遂称为阿育王山。

⑧ 偈：梵语“颂”，即佛经中的唱词。

⑨ 应真：佛教语，罗汉的意译。

觉禅师”，赐塔额曰“宝光”，此僧虽林下人①，而义笃君亲②，谈及时事，忧形于色③而垂涕④，其时名公巨卿⑤，皆称其才。有《正法眼藏》等集，淳熙初，诏随《大藏》流行。

【译】宗杲，字昙晦，俗姓奚，主持径山法席，有学徒一千七百多人，慕名前来的人也络绎不绝，于是开放千僧阁供学徒来居住，法号“临济”。中兴时，与张九成为世外之交，后因秦桧指责张九成诽谤朝政，怀疑宗杲与之互相应和，于是将宗杲编到海外。四方僧人都舍生忘死，前往追随。之后承蒙皇恩放还，恢复了宗杲僧籍，又奉旨前往阿育王山，一年后复居旧山。孝宗为普安郡王的时候，派遣使者入山拜谒宗杲，献上偈子。之后建邸，又派内侍供五百罗汉，请宗杲开法席宣讲佛法，亲笔题写“妙喜庵”三字，并制赞文以示恩宠。后来宗杲退居明月堂而示寂，孝宗听说后叹息不已，下诏将明月堂改名为“妙喜庵”，赐宗杲谥号“普觉禅师”，赐塔额为“宝光”。宗杲虽是出家之人，对君主忠实、讲义气，每谈及时事，抑制不住内心的忧虑而哭泣，当时有名望的权贵们，都称赞他的才华。宗杲著有《正法眼藏》等集，淳熙初年，下诏随《大藏经》广泛传播。

---

① 林下人：出家之人。林，退隐之地，喻寺院。

② 义笃君亲：指对君主忠实、讲义气。

③ 忧形于色：忧虑的心情在脸上表现出来。形容抑制不住内心的忧虑。

④ 垂涕：落泪或流涕。指哭泣。

⑤ 名公巨卿：指有名望的权贵。

盖杭之高僧散圣[①]，弃儒成道，戒行精洁，学问孤高，博习教典，以训诸衲，著文翰，修忏仪[②]诸经法，注《宗镜》[③]，论心要[④]，纂法语，睹鬼神以礼问，止潮水而击西兴，感群羊而跪听，坠大星以陨灵鹫[⑤]，列朝宣讲，慧号锡顺，至于入灭，瑞光显然。盖丛林中素有儒者之风，故与公卿大夫及学士气味相投，皆乐与之交，讲论道要，题词咏诗，靡不起敬。以《大藏经》《高僧传》《钱塘胜迹记》、临安新旧志皆备其详矣，兹不复赘。

【译】杭州的高僧散圣，弃儒成道，戒行精洁，学问孤高，博习教典，以训示诸僧。他们著文翰、修忏法等经法，注《宗镜录》、论心要、纂法语，见到鬼神以礼相问，止潮水而击西兴，感化群羊跪下听诵，使大星下坠至灵鹫峰而陨落。他们在列朝宣讲，受赐法号慧号，直到圆寂，瑞光还在。因丛林之中向来就有儒者之风，所以公卿大夫及学士与高僧们的气味相投，都乐于与他们交往，讲论道要，题词咏诗，无不起敬。《大藏经》《高僧传》《钱塘胜迹记》以及新版旧版《临安志》，都详细记载了高僧们的事迹，这里就

① 散圣：犹散仙。散仙是一个道教专有名词，指天界中未被授予官爵的神仙。或者指一些散修（无师门、无弟子）的仙人。

② 忏仪：忏法，佛教徒忏悔罪业的仪则和修习止观的行法。

③ 《宗镜》：《宗镜录》，五代、宋高僧释延寿的著作。

④ 心要：佛教语。指心性上精要的法义。

⑤ 坠大星以陨灵鹫：宋代高僧遵式法师，临终之时，炷香礼佛，愿生安养，至晚坐脱，人们看见了大的星在灵鹫峰陨落。

不一一赘述了。

行孝[1]

陈藏器[2]《本草》谓人肉可疗疾，非谓人肉之果能疗疾也，盖以人子一念孝诚，出于天性，能动天地鬼神，故借此以奏功耳。今摭杭之外邑行孝，若子若女，载于新志者，考其姓名述之。富阳何氏女子；江阴村盛立旺二子；富阳葛小闰；临安朱应孙；俞廷用子亚佛，其家祖大成、父廷用及其子，凡三世行孝矣；临安锦北乡陈茂祖，其父母俱病，皆疗而愈；临安邑人龚婆儿；盐官邑人周阿二、周小三；昌化邑农家子梅来儿。以上皆因父母疾笃[3]，百药罔功[4]，思劬劳之恩，无以报答，或剖心，或封股，以常膳而进之，莫不愈焉。于此可见，孝为百行之源，天地神明亦为之佑助矣。

【译】陈藏器《本草拾遗》称人肉可以治疗疾病，并不是说人肉真的能治疗疾病，是因为病人子女者的一腔孝心和诚心，出于天性，能感动天地鬼神，所以借此能达到治病的效果。今选取杭州城之外遵行孝道的人，有男有女，都记载在新版《临安志》里，他们的姓名记载如下：富阳姓何的女子；江阴村盛立旺的两个儿子；富阳葛小闰；临安朱应孙；俞廷用的儿子亚佛，这家祖大成、父廷用及其儿子，三

① 行孝：遵行孝道。

② 陈藏器：唐代中药学家，被誉为“茶疗鼻祖”，著有《本草拾遗》。

③ 疾笃：病势沉重。

④ 百药罔功：指用了许多药都不见效果。

代都遵行孝道；临安锦北乡陈茂祖，他的父母都生病了，都经过了治疗而痊愈；临安县的龚婆儿；盐官县的周阿二、周小三；昌化县的农民梅来儿。以上这些人都是因父母病势沉重，用了许多药都不见效果，考虑对父母不辞辛劳的养育之恩，无以报答，有的人剖心，有的人割大腿肉，作为父母的日常饮食，没有不治愈的。由此可见，孝为百行之源，天地神明也来为他们保佑和佐助。

卷十八

民俗

杭城风俗，凡百货卖饮食之人，多是装饰车盖担儿[①]，盘盒器皿新洁精巧，以炫耀人耳目，盖效学汴京气象[②]，及因高宗南渡后，常宣唤买市，所以不敢苟简[③]，食味亦不敢草率也。且如士农工商诸行百户衣巾装着，皆有等差。香铺人，顶帽、披背子[④]。质库掌事，裹巾着皂衫、角带。街市买卖人，各有服色头巾，各可辨认是何名目[⑤]人。自淳祐年来，衣冠更易。有一等晚年后生，不体旧规，裹奇巾异服，三五为群，斗美夸丽[⑥]，殊令人厌见，非复旧时淳朴矣。但杭城人皆笃高谊[⑦]，若见外方人为人所欺，众必为之救解。或有新搬移来居止[⑧]之人，则邻人争借动事[⑨]，遗献汤茶，指引买卖之类，则见睦邻之义。又率钱物，安排酒食，以为

---

① 车盖担儿：古代车上遮雨蔽日的篷子，形圆如伞，下有柄。

② 气象：情景。

③ 苟简：草率而简陋。

④ 背子：又称褙子、绰子、绣裾，是汉服的一种，始于隋朝。褙子直领对襟，两侧从腋下起不缝合，多罩在其他衣服外穿着。流行于宋、明两朝 。

⑤ 名目：这里指人的身份、地位。

⑥ 斗美夸丽：指比赛美丽以争胜。

⑦ 皆笃高谊：指德行都十分高尚。

⑧ 居止：居住，停留。

⑨ 动事：指日常应用器具。

之贺，谓之“暖房”。朔望茶水往来，至于吉凶等事[1]，不特庆吊之礼[2]不废，甚者出力与之扶持，亦睦邻之道。不可不知。

【译】杭州城的风俗，凡是售卖百货、饮食之人，都要装饰车盖担儿，盘盒器皿一定要新洁精巧，来炫耀且引人注意，这是效仿当年开封的情景，以及高宗南渡以后，常下召传唤购买集市中的饮食、百货，所以商贩们不敢随随便便，食品也不敢草率。士农工商、诸行百户的衣巾穿着，都有所不同。香烛店铺的人，顶帽子、披背子。质库的掌事，裹头巾、穿皂衫、佩角带。街市上的买卖人，各有不同颜色的头巾，一看就可辨认出是什么身份。自淳祐年以后，开始改换衣冠。有一些晚年后生，不遵循旧规，裹奇巾、穿异服，三五为群，相互比美，实在令人讨厌，已经不是过去的淳朴了。但杭州人的德行都十分高尚，如果看见外地人被人欺负，大家必定出面解救。或有新搬来居住的人，邻居争相借给他日用器具，赠送汤茶，指引买东西的地方，可见邻里和睦之义。又拿出钱物，安排酒食，作为祝贺，这称为“暖房”。初一、十五相互茶水往来，至于喜事与丧事，不仅不废庆贺和吊唁的礼节，甚至出钱出力帮忙操持各项事宜，这就是邻里和睦之道。这些不可不知。

---

① 吉凶等事：这里指喜事与丧事。

② 庆吊之礼：庆贺和吊唁的礼节。

户口

杭城今为都会之地，人烟稠密，户口浩繁，与他州外郡不同，姑以自隋、唐朝考之。隋户一万五千三百八十。唐贞观中户三万五千七十一，口一十五万三千七百二十九。唐开元户八万六千二百五十八。宋朝《太平寰宇记》：钱塘户数主六万一千六百八，客八千八百五十七。《九域志》：主一十六万四千二百九十三，客三万八千五百二十三。《中兴两朝国史》：该户二十万五千三百六十九。《乾道志》：户二十六万一千六百九十二，口五十五万二千六百七。《淳祐志》：主、客户三十八万一千三十五，口七十六万七千七百三十九。《咸淳志》：九县共主、客户三十九万一千二百五十九，口一百二十四万七百六十。《钱塘仁和两赤县乾道志》：主、客户该十万四千六百六十九，口该一十四万五千八百八。《淳祐志》：户该十一万一千三百三十六，口三十二万四百八十九。《咸淳志》：两赤县城主客户一十八万六千三百三十，口四十三万二千四十六。自今而往，则岁润月长，殆未易以算数也。

【译】（略）

物产

谷之品

粳：早占城、红莲、礌泥乌、雪里盆、赤稻、黄籼米、杜糯、光头糯、蛮糯。

麦：大麦、小麦。

麻：赤、白、乌、黄。

豆：大黑、大紫、大白、大黄、大青、白扁、黑扁、白小、赤小、绿豆、小红、楼子红、青豌、白眼、羊眼、白缸、白豌、刀豆。

粟：狗尾、金罂。

【译】（略）

丝之品

绫：柿蒂、狗蹄。

罗：花素、结罗、熟罗、线住。

锦：内司街坊以绒背为佳。

克丝[①]：花、素二种。

杜縺：又名“起线”。

鹿胎：次名“透背”，皆花纹特起，色样织造不一。

纻丝：染丝所织诸颜色者，有织金、闪褐、间道等类。

纱：素纱、天净、三法暗花纱、粟地纱、茸纱。

绢：官机杜村唐绢，幅阔者密，画家多用之。

绵：以临安于潜白而细密者佳。

绸：有绵线织者，土人贵之。

---

① 克丝：我国传统的丝织工艺品之一，隋唐五代比较流行，到宋代相当繁盛。采用抢、结、环和长短梭等技法，将多种彩色纬丝仅于花纹需要处与经丝交织。

【译】（略）

枲[1]之品

枲、柘、麻、苎。

【译】（略）

货之品

茶：宝云茶、香林茶、白云茶。又宝严院垂云亭亦产。东坡以诗戏云："妙供来香积，珍烹具大官。拣芽分雀舌[2]，赐茗出龙团。"盖南北两山、七邑诸山皆产。径山采谷雨前茗，以小缶贮馈之。

盐：汤镇、仁和村、盐官、浮山、新兴、下管、上管、蜀山、岩门、南路茶槽等场，常产之地。汉置盐官，吴王濞煮海为盐之地。

蜜、蜡。

纸：余杭由拳村出藤纸，富阳有小井纸，赤亭山有赤亭纸。

【译】（略）

菜之品

谚云："东菜西水，南柴北米。"杭之日用是也。

苔心、矮菜、矮黄、大白头、小白头、夏菘。

---

① 枲（xǐ）：泛指麻。

② 雀舌：雀舌茶（湄潭翠芽），因形状小巧似雀舌而得名。其香气极独特浓郁，是以嫩芽焙制的上等芽茶。主要产于贵州湄潭。

黄芽[①]：冬至取巨菜，覆以草，即久而去腐叶，以黄白纤莹者，故名之。

芥菜、生菜、菠薐菜[②]、莴苣、苦荬、葱、薤、韭、大蒜、小蒜、紫茄、水茄、梢瓜[③]、黄瓜、葫芦（又名蒲芦）、冬瓜、瓠子、芋、山药、牛蒡[④]、茭白、蕨菜、萝卜、甘露子[⑤]、水芹、芦笋、鸡头菜、藕条菜、姜、姜芽、新姜、老姜。

菌：多生山谷，名“黄耳蕈”。东坡诗云：“老楮忽生黄耳蕈，故人兼致白牙姜。”盖大者净白，名“玉蕈”，黄者名“茅蕈”，赤者名“竹菇”，若食须姜煮（姜黑勿食）。

【译】（略）

果之品

桔：富阳王洲者佳。

橙：有脆绵木。

梅：有消便糖透黄。

---

① 黄芽：黄芽菜是大白菜的一个类群，是北方大棚、南方露地秋种冬收的珍稀名贵新菜种。黄芽菜著名品种有“六十日”“菊花心”“瓦盖头”“大包头”“小包头”等。

② 菠薐（léng）菜：菠菜。

③ 梢瓜：越瓜。菜瓜的一种，可生食，亦可酱腌。

④ 牛蒡（bàng）：又名恶实、大力子、东洋参、东洋牛鞭菜等。一千多年前日本从中国引进并改良成食物，在日本占据我国台湾时曾在台南要求当地农民大量种植，在台湾已作为蔬菜食用多年，有牛蒡发祥地之称。

⑤ 甘露子：又名宝塔菜、螺丝菜、地灵、地环儿、地蚕、地牯牛、地钮、旱螺蛳、罗汉菜、益母膏、米累累、地母、地蕊、螺丝钻、螺蛳菜等。

桃：有金银、水蜜、红穰、细叶、红饼子。

李：有透红、蜜明、紫色。

杏：金麻。

柿：方顶、牛心、红柿、椑柿、牛奶、水柿、火珠、步檐、面柿。

梨：雪糜、玉消、陈公莲蓬梨、赏花（甘香）霄、砂烂。

枣：盐官者最佳。

莲：湖中生者名“绣莲”，尤佳。

瓜：青、白、黄等色，有名金皮、沙皮、密瓮、算筒、银瓜。

藕：西湖下湖、仁和护安村旧名范堰产扁眼者味佳。

菱：初生嫩者名“沙角”，硬者名“馄饨”，湖中有如栗子样，古塘大红菱。

林檎：邬氏园名“花红”。郭府园未熟时以纸剪花样贴上，熟如花木瓜，尝进奉，其味蜜甜。

枇杷：无核者名“椒子”。东坡诗云：“绿暗初迎夏，红残不及春。魏花非老伴，卢桔是乡人。”

木瓜：青色而小，土人剪片爆熟，入香药货之，或糖煎，名“熬木瓜”。

樱桃：有数名称之，淡黄者甜。

石榴子：颗大而白，名“玉榴”；红者次之。

杨梅：亦有数种，紫者甜而颇佳。

葡萄：黄而莹白者名“珠子”，又名“水晶”，最甜。紫而玛瑙色者稍晚。

鸡头：古名“芡”，又名“鸡壅（平声）”，钱塘梁诸窊头、仁和藕湖、临平湖俱产，独西湖生者佳，却产不多，可筛为粉。

银杏。栗子。

甘蔗：临平小林产，以土窖藏至春夏，味犹不变，小如芦者，名“荻蔗”，亦甜。

【译】（略）

竹之品

竹：黄金间碧玉、筀、淡、紫、斑、金、苦、方竹、鹤膝、猫头。

竹笋：有数名，曰南路、白象牙、哺鸡、猫儿头、黄莺、晚筀，皆即凉笋。和靖有“烟崖早笋肥”之句。又有紫笋、边笋。

【译】（略）

木之品

桑：数种，名青桑、白桑、拳桑、大小梅红、鸡爪等类。

梓：木中王。

柘。

柏：孤山陈朝最古。

松：惟天目者针短稚健。栝子三针、华山四针。

桐、桧。

楠：东坡诗云："中和堂后古楠树，与君对床听雨声。"

楮[①]、栎[②]、槐、杉、桂、檀、梿[③]、枫、榆。

柳：今湖堤最盛。

垂者名杨，长条可玩。

棕：名"栟榈[④]"，笋可蒸、煨，味微苦，太冷。青神、凤集，目奇者名之。

【译】（略）

花之品

牡丹：有数种色样，又一本冬月开花。诗云："一朵娇红翠欲流，春光回照雪霜羞。"韩文公《咏牡丹诗》："幸自同开俱隐约，何须相倚斗轻盈。凌晨并作新妆面，对客偏含不语情。双燕无机还拂掠，游蜂多思正经营。长年是事皆抛尽，今日栏边暂眼明。"石曼卿诗："独步性兼吴苑艳，浑身天与汉宫香。"又李山甫诗："邀勒春风不早开，众芳飘后上楼台。数苞仙艳火中出，一片异香天上来。晓露精神妖欲动，暮烟情态恨成堆。知君也解相轻薄，斜倚栏杆首重

① 楮（zhū）：楮树，常绿乔木，叶长椭圆形，花黄绿色，果实球形。木材坚硬，可制器具。

② 栎（lì）：栎树，乔木或灌木，叶子有锯齿或分裂，柔荑花序，果实为坚果。种类很多，如栓皮栎、麻栎等。通称橡树。

③ 梿（lián）：古书上说的一种丛生的树。

④ 栟（bīng）榈（lǘ）：棕榈，红色，似紫檀，有花纹，性坚硬，可做器具或扇骨。

回。”又：“嫚黄妖紫间轻红，谷雨初晴早景中。静女不言还爱日，彩云无定只随风。炉烟坐觉沈檀[①]薄，妆面行看粉黛空。此别又须经岁月，酒阑[②]把烛绕芳丛。”有一种秋开牡丹，城山诗咏云：“白帝工夫缕彩霞，肯将颜色弄韶华。酒粘织女秋衣薄，风动姮娥[③]宝髻斜。霜露莫摧今日蕊，轮蹄争看异时花。阴阳造化栽培地，不趁春风有几家。”

芍药：有早绯玉、缀露、千叶，白者佳。

梅花：有数品，绿萼、千叶、香梅。东坡和秦太虚有云：“西湖处士[④]骨应槁，只有此诗君压倒。”又云：“江头千树春欲暗，竹外一枝斜更好。”林和靖诗二首：“吟怀长恨负芳时，为见梅花辄入诗。雪后园林才半树，水边篱落忽横枝。人怜红艳多应俗[⑤]，天与清香似有私。堪笑胡雏[⑥]亦风味，解将声调角中吹。”“众芳摇落独暄妍，占尽风情向小园。疏影[⑦]横斜水清浅，暗香浮动月黄昏。霜禽[⑧]欲下先偷眼，粉蝶如知合断魂。幸有微吟可相狎[⑨]，不须檀板共

---

① 沈檀：又作“沉檀”。妆饰用的颜料。色深而带润泽者叫“沉”；浅绛色叫“檀”。

② 酒阑：指酒宴将尽。

③ 姮娥：嫦娥。

④ 处士：原来指有德才而隐居不愿做官的人，后来泛指没有做过官的读书人。

⑤ 应俗：处理世俗之事。

⑥ 胡雏：胡人小儿；胡人僮仆。

⑦ 疏影：疏朗的影子。

⑧ 霜禽：霜鸟。指白鸥、白鹭等。

⑨ 相狎（xiá）：彼此亲昵、接近。

金尊。”戴石屏《咏梅》诗曰：“萧洒春葩缟寿阳，百花惟有此花强。月中分外精神出，雪里几多风味长。折向书窗疑是玉，吟来齿颊亦生香①。年年茅舍江村畔，勾引诗人费品量。”王介甫诗曰：“颇怪梅花不肯开，岂知有意待春来。灯前玉面披香出，雪后春容取胜回。触拨清诗成走笔，淋漓红袖趣传杯。望尘俗眼那知此，只买夭桃艳杏栽。”潘紫岩诗曰：“柴门②尽日少蹄轮，坐对横窗数点春。心向雪中偏暴白③，影来月下亦精神。十分洗尽铅华相，百劫修来贞洁身。笑杀唐人风味短，不应唤作弄珠人。”又咏落梅诗曰：“一夜风吹恐不禁，晓来零落已骎骎④。忍看病鹤和苔啄，空遣饥蜂绕竹寻。稚子踌躇看不扫，老夫索莫⑤坐微吟。窗前最是关情处，拾片殷勤嗅掌心。”杨元素落梅诗曰：“夜来经雨学啼妆，今日摧红怨夕阳。已落旋随春水急，强留还怯晚风狂。应将别恨凭莺语，更把归期趁蝶忙。谁谓多情消不得，梦魂犹惜满栏香。”更有诸贤咏梅诗曰：“木落山空独占春，十分清瘦转精神。雪疏雪密花添伴，溪浅溪深树写真。三弄笛声风过耳，一枝筇⑥影月随身。吟罢欲断相逢

---

① 齿颊亦生香：嘴边也觉有香气生出。形容谈及之事使人产生美感。

② 柴门：用散碎木材、树枝等做成的简陋的门。旧时用来比喻贫苦人家。

③ 暴白：暴露。

④ 骎（qīn）骎：迅疾的样子。

⑤ 索莫：寂寞无聊；失意消沉。

⑥ 筇（qióng）：古书上说的一种竹子，可以做手杖。

处，恐是孤山隐逸人。”韩偓[①]梅花诗云：“北陆候才变，南枝花已开。无人同怅望，把酒独徘徊。冻白雪为伴，寒香风是媒。何因逢越使，肠断谪仙才。”东坡又和杨公济诗：“绿发[②]寻春湖畔回，万松岭上一枝开。”学士任希夷《宿直玉堂赋梅边小池》诗云：“眼见梅花照玉堂，只今浓绿覆宫墙。樛枝[③]偃盖云千叠，下荫清池玉一方。”

红梅：有福州红、潭州红、柔枝、千叶、邵武红等种。东坡诗云：“寒心未肯随春态，酒晕无端上玉肌。”周必大《在秘书省馆中次洪迈红梅韵》诗云：“红罗亭深宫漏迟，宫花四面谁得知（南唐内苑中有红罗亭，四面专植红梅，见《杂志》）？蓬山移植自何世，国色含酒纷满枝。初疑太真欲起舞，霓裳拂饰天然姿。又如东家窥墙女，施朱映粉尤相宜，不然朝云頩薄怒[④]，自持似对襄王时。须臾胭脂著雨落，整装俯照含风漪。游蜂戏蝶日采掇，嗟尔何异氓之蚩。提壶火急就公饮，他日堕马空啼眉。”周必大《在秘书省署庭中咏缃梅诗》云：“茧黄织就费天机，付与园林晚出枝。东观奇童承诏后，南昌故尉欲仙时。芳心向日重重展，清

① 韩偓（wò）：字致光，号致尧，小字冬郎，号玉山樵人，京兆万年（今陕西省西安市）人。晚唐大臣、诗人，翰林学士韩仪之弟，“南安四贤”之一。

② 绿发：乌黑而有光泽的鬓发。形容年轻美貌。

③ 樛（jiū）枝：向下弯曲的树枝。

④ 頩（pīng）薄怒：生气变脸色的样子。

馥[①]因风细细知。诗老品题犹误在，红梅未是独开迟。”

腊梅：有数本，檀心磬口者佳。东坡诗有“蜜峰采花作黄蜡”之句，又诗云：“君不见万松岭上黄千叶，玉蕊檀心两奇绝。”周必大《咏黄梅在省中次王十朋韵》：“化工未幻荼蘼菊，先放缃梅[②]伴群玉。幽姿着意慕铅黄，正色何心轻萼绿。妆成自浅风味深，对此宁辞食无肉。可怜涪翁被渠恼，中岁梅屏杯勺醁[③]。”

碧蝉[④]、棠棣、金林檎、郁李[⑤]、迎春、长春。

桃花：有数种，单叶、千叶、饼子、绯桃、白桃。

杏花、玉簪、水仙、蔷薇、宝相、月季、小牡丹、粉团、徘徊（贵官家以花片制作饼儿供筵）、佛见笑、聚八仙、百合、滴滴金。

石竹：和靖诗云：“深枝冉冉装溪翠，碎片英英剪海霞。”

木香。

荼蘼：二种，有白而心紫者，亦有黄色者，俱香，馥

① 清馥：指清香浓郁。

② 缃（xiāng）梅：浅黄色梅花。

③ 醁（lù）：美酒。

④ 碧蝉：碧蝉儿花。鸭跖草科植物鸭跖草的干燥地上部分。夏、秋二季采收，晒干。

⑤ 郁李：别名爵梅、秧李，蔷薇科、樱属灌木。小枝灰褐色，嫩枝绿色或绿褐色，无毛。桃红色宝石般的花蕾，繁密如云的花朵，深红色的果实，都非常美丽可爱，是园林中重要的观花、观果树种。

馥[1]然可爱。省中种黄梅在荼蘼侧，黄鲁直《戏答王观复荼蘼诗》云：“谁将陶令黄金菊，幻作荼蘼白玉花。”

樱桃花、萱草、栀子、蜜友、金灯[2]、金沙、山丹。

真珠：又名“醮水”，青条白蕊，灿然可玩。

剪红罗[3]、锦带[4]、锦堂春、笑靥、大笑、金钵盂。

菊：品最多，有七十余种。

荷花：红白色千叶者。西湖荷荡边风送，荷香馥然。白乐天有“绕郭荷花三十里”之句。枢属官杨万里《在西府直舍咏盆池种莲》诗二首曰：“飞空天镜堕莓苔，玉井移莲旋旋栽。坐看一花随手长，挨开半叶出头来。稍添菱荇[5]相萦带[6]，便有龟鱼数往回。剩欲绕池三两匝，数声排马苦相催。”又曰：“西府寒泉汲十寻，深浇浅洒碧森森。高花已照红妆镜，小菡新抽紫玉簪。钿破尚余新雨根，伞疏才作半

① 馥馥：形容香气很浓。

② 金灯：金灯花。兰科植物杜鹃兰、独蒜兰或云南独蒜兰的干燥假鳞茎。前者习称毛慈菇，后二者习称冰球子。夏、秋二季采挖，除去地上部分及泥沙，分开大小置沸水锅中蒸煮至透心，干燥。

③ 剪红罗：别名剪夏罗、剪春罗、碎剪罗、剪金花、雄黄花、阔叶鲤鱼胆。多年生草本。根茎横生，竹节状，表面黄色，内面白色，具条状根。茎直立，丛生，微有棱，节略膨大，光滑。单叶对生，无柄；叶片卵状椭圆形，先端渐尖或长渐尖，基部圆形或阔楔形，边缘有浅细锯齿。

④ 锦带：枝叶茂密，花色艳丽，花期可长达两个多月，在园林应用上是华北地区主要的早春花灌木。适宜庭院墙隅、湖畔群植；也可在树丛林缘作为花篱、丛植配植；点缀于假山、坡地。

⑤ 菱荇：菱和荇菜的简称。

⑥ 萦带：环绕。弯曲得像带子一样。

池阴。西湖瘦得盆来大，更伴诗人恐不禁。”

瑞香：种颇多，大者名“锦薰笼”，东坡诗云：“幽香结浅紫，来自孤云岑。骨香不自知，色浅意殊深。”

红辛夷[①]。

蕙[②]：东坡题杨次公诗：“蕙本兰之族，依然臭味同。曾为水仙佩，相识《楚词》中。”

兰：东坡诗云：“春兰如美人，不采羞自献。时闻风露香，蓬艾深不见。”

紫薇花：东坡诗曰：“虚白堂前合抱花，秋风落日照横斜。”后省有此花，任希夷咏曰：“清晓开轩俯凤池，小山经雨石增辉。琉璃叶底珊瑚干，立出池边是紫薇。”

紫杨、紫荆花、鸡冠（有三色）、凤仙、杜鹃、蜀葵（有二种）、黄葵、映山红花、金银莲子花、罂粟。

樱桃花：唐时樟亭驿种双树，白乐天诗云：“南馆西轩两树樱，春条长足夏阴成。素华朱实今虽尽，碧叶风来别有情。”

七里香、橙花。

榴花：有数种，单叶、千叶，色有数十样。唐时孤山有

---

① 辛夷：辛夷花，又名木笔花、望春花、玉兰花、木兰花、紫玉兰、玉树、玉堂春，为木兰科，落叶乔木植物。辛夷的花蕾，性温味辛，归肺、胃经。因它辛散温通、芳香走窜、上行头面、善通鼻窍、因治鼻渊头痛要药，同时只要适当配伍，它偏寒偏热均可应用，药用价值颇高，内服外用都有较好的疗效。

② 蕙：蕙兰，多年生草本植物，叶瘦长，丛生，狭长而尖，初夏开淡黄绿色花，气味很香。一茎可开十来朵花，色、香都比兰清淡。可供观赏，根皮可做药材。

此花，白乐天诗云："山榴花似结红巾，容艳新妍占断春。色相故开行道地，香尘悔触坐禅人。"

木犀[1]：有红、黄、白色者，甚香且韵。顷天竺山甚多，又长桥庆乐园有数十株，士夫尝往赏此奇香。向东坡《送花赠元素》诗云："月缺霜浓细蕊干，此花元属桂堂仙。鹫峰子落惊前夜，蟾窟枝空记昔年。"高宗在德寿宫赏桂，尝命画工为岩桂扇面，仍制御诗分赐群臣亲王云："秋入幽岩桂影团，香深粟粟照林丹。应随王母瑶池宴，染得朝霞下广寒。"杨诚斋咏桂花诗云："尘世何曾识桂林，花仙夜入广寒深。移将天上众香国，寄在梢头一粟金。露下风高月当户，梦回酒醒客闻砧。诗情恼得浑无那，不为龙涎与水沈。"华岳诗曰："西风吹老碧莲房，万壑风流拆麝囊。谩与篱花争晓色，肯都盆蕙压秋芳？月中有女曾分种，世上无花敢斗香。要识仙根迥然别，一枝开傍郄家墙。"咏落英诗："净扫庭阶衬落英，西风吹恨入蓬瀛。人从紫麝囊中过，马踏黄金屑上行，眠醉不须铺锦褥，研香还解作珠缨。官娥未许填沟壑，收拾流苏浸玉罂[2]。"

山茶、磬口茶、玉茶、千叶多心茶。

秋茶：东西马塍色品颇盛。栽接一本，有十色者。有早

① 木犀：也作木樨。通称桂花。常绿小乔木或灌木。花小，红色、白色或暗黄色，可供观赏，也可做香料或食品。

② 玉罂：玉瓶。

开，有晚发，大率[①]变物之性，盗天之气，虽时亦可违，他花往往皆然。顷有接花诗云："花单可使十色黄，果夺天之造化忙。"

木芙蓉：苏堤两岸如锦，湖水影而可爱。内庭亦有芙蓉阁，开时最盛。潘紫岩诗云："为惜艳阳妆，新枝不肯长。绿深秋后雨，红拆夜来霜；偏间垂杨畔，多临古岸傍。年年根蒂在，（下缺[②]）"

【译】（略）

药之品

云母、藁本、茵芋、鬼臼、木鳖，以上《本草》载杭州所有。

地黄、牛膝（仁和苗桥白石种）、干姜，上各件并岁贡。

蛇床子：白石生。

踯躅花[③]：根名"天门冬"，生钱塘富阳。

白芷。

千金草：苗桥生。

---

① 大率：副词。大概；大略。

② 下缺：缺下文。应为"开谢未渠央"。

③ 踯（zhí）躅（zhú）花：杜鹃花的一种，但是踯躅花特指黄色的野生杜鹃，而通常栽培的杜鹃是没有黄色的（仅有白、红、粉、紫），这种黄色的杜鹃有毒，在山上放牧的羊误食它的花和叶后会踯躅蹒跚，步履不稳，故名"羊踯躅"。

威灵仙、茱萸、泽兰、鬼箭[①]、乌药、钩藤[②]、覆盆子、麦门冬、白芨、牵牛[③]、地骨皮[④]、牛蒡子、地肤[⑤]、百合。

香附子、干葛[⑥]，并出富阳。

木通、何首乌、刘寄奴[⑦]（生富阳小井）、藜芦、草乌[⑧]、秦皮[⑨]、百部根[⑩]（生天目山）、菖蒲、桑白皮[⑪]、芍药、荆芥、薄荷、紫苏、天南星[⑫]（生于潜

---

① 鬼箭：气味 苦、寒、无毒，主治产后败血（脐腹坚胀，恶露不快）。

② 钩藤：别名钩丁、吊藤、鹰爪风、倒挂刺等。钩藤以带钩的茎枝入药，它具有清热平肝，息风定惊功效 ，现代药理实验还证明钩藤有降压作用 ，因此具有很高的药用价值。

③ 牵牛：属旋花科牵牛属，一年生缠绕草本。这一种植物的花酷似喇叭状，因此有些地方叫作喇叭花。果实卵球形，可以入药。

④ 地骨皮：别名枸杞皮，为茄科、枸杞属植物，是枸杞的根皮。可入药，具有退热除蒸之效，凉血除蒸、清肺降火等功效。

⑤ 地肤：别名地麦、落帚、扫帚苗、扫帚菜、孔雀松。果实扁球形，可入药，叫地肤子。

⑥ 干葛：葛根。

⑦ 刘寄奴：菊科植物奇蒿的全草，主产江苏、浙江、江西等地。 它具有疗伤止血、破血通经、消食化积、醒脾开胃的功效。

⑧ 草乌：中药名。为毛茛科植物北乌头的干燥块根。秋季茎叶枯萎时采挖，除去须根和泥沙，干燥。有祛风除湿、温经止痛的功效。

⑨ 秦皮：中药名。为木犀科植物苦枥白蜡树、白蜡树、尖叶白蜡树或宿柱白蜡树的干燥枝皮或干皮。用于热毒泻痢、赤白带下、目赤肿痛、目生翳障。

⑩ 百部根：中草药。主治咳嗽。性微寒。

⑪ 桑白皮：别名桑根白皮、桑根皮、桑皮、白桑皮。主产于安徽、河南、浙江、江苏、湖南等地。秋末落叶时至次春发芽前采挖根部，刮去黄棕色粗皮，纵向剖开，剥取根皮，晒干。

⑫ 天南星：中草药，为植物天南星科，天南星、异叶天南星或东北天南星的干燥块茎。秋、冬二季茎叶枯萎时采挖，除去须根及外皮，干燥。有祛风止痉、化痰散结的功效。

昌化）、天花粉（即瓜蒌根）、马兜铃、椿白皮[1]、白鲜皮[2]、石竹子[3]、山蕨、黄精[4]（生于潜余杭山）、枸杞、茯苓、半夏、贯众[5]、地扁蓄、苦练皮[6]、益母草（生龙井山谷）、山豆根[7]、牡丹皮、车前子。

石膏：钱塘县西有山出，如雪莹白，旧县治亥地有狱产此。

寒水石：南高峰塔下生，软者寒水，硬者石膏。

---

① 椿白皮：又名香椿皮，为楝科植物香椿树皮、根皮的韧皮部。既可外用，也可内服。具有除热、燥湿、涩肠、止血、杀虫的作用。

② 白鲜皮：别名白藓皮、八股牛、山牡丹、羊鲜草。为芸香科多年生草本植物白鲜和狭叶白鲜的根皮。春、秋二季采挖根部，除去泥沙及粗皮，剥取根皮，切片，干燥。生用。具有清热燥湿、祛风解毒的功效。

③ 石竹子：杜母。明 徐光启《农政全书》卷四六："石竹子，《本草》名瞿麦，一名巨句麦，一名大菊，一名大兰，又名杜母草、燕麦、蘥麦。"

④ 黄精：又名鸡头黄精、黄鸡菜、笔管菜、爪子参、老虎姜、鸡爪参。为黄精属植物，根茎横走，圆柱状，结节膨大。叶轮生，无柄。药用植物，具有补脾、润肺生津的作用。

⑤ 贯众：中药名。为鳞毛蕨科植物粗茎鳞毛蕨的带叶柄基部的干燥根茎。具有清热解毒、凉血止血、杀虫的功效。

⑥ 苦练皮：苦楝树皮。苦楝树，楝科植物中的著名品种，又称苦苓、金铃子、栴檀、森树等。其花、叶、果实、根皮均可入药，用根皮可驱蛔虫和钩虫，但有毒，用时要严遵医嘱，根皮粉调醋可治疥癣。

⑦ 山豆根：别名三小叶山豆根、胡豆莲，豆科、山豆根属植物，藤状灌木，几不分枝，茎上常生不定根。有清热解毒、消肿利咽的功效。

蒲黄[①]、榆白皮[②]、凤眼草[③]、金星草[④]（生南高峰）、黄皮[⑤]（生于潜及雷峰塔下）、石燕[⑥]（九邑山洞中皆有之）、枳实、续断[⑦]、青蒿子、香薷、千年润[⑧]（土人呼为地蜈蚣草）、石香菜。

【译】（略）

禽之品

雀：《宋书》云："盐官属有白雀之异。"

鹅、鸡（有数种，山鸡、家鸡、朝鸡）、鸭、鹊、鸽、鹇[⑨]、雉、鹌鹑、鸥、鹭、鹳、鸠、鹰、鹞、鹘[⑩]、鸱[⑪]。

---

① 蒲黄：香蒲科植物水烛香蒲、东方香蒲或同属植物的干燥花粉。香蒲为沼泽多年生草本植物，根茎匍匐，有多数须根。蒲黄有止血、化瘀、通淋等功效。

② 榆白皮：榆科植物榆树树皮或根皮的韧皮部。有利水、通淋、消肿等功效。

③ 凤眼草：苦木科植物臭椿的果实。有清热燥湿、止痢、止血之功效。

④ 金星草：别名金钏草，大金星凤尾，凤尾草有清热、凉血、解毒之功效。

⑤ 黄皮：中国南方果品之一，含丰富的维生素C、糖、有机酸及果胶，果皮及果核皆可入药，有消食化痰、理气之功效。

⑥ 石燕：作为中药用的化石中，除龙骨外，石燕恐怕也是最普通的了。产零陵州，形似燕，其实石也。性凉，无毒。

⑦ 续断：又名和尚头，为川续断科多年生草本植物川续断的干燥根，因能"续折接骨"而得名。秋季采挖，除去根头及须根，用微火烘至半干，堆置"发汗"至内部变绿色时，再烘干。有补肝肾、强筋骨、续折伤、止崩漏的功效。

⑧ 千年润：石斛的别称。对人体有驱解虚热、益精强阴等疗效。

⑨ 鹇（xián）：一种鸟。尾长，雄的背为白色，有黑纹，腹部黑蓝色，雌的全身棕绿色，是世界有名的观赏鸟。

⑩ 鹘（gǔ）：古书上说的一种鸟，短尾，青黑色。

⑪ 鸱（chī）：最早出现在《山海经》中的"西山经"。原文为："有鸟焉，一首而三身，其状如乐鸟，其名曰鸱。"

燕：韩溉咏云：“对语春风翠满衣，碧江迢递[1]往来稀。远空尽日和烟去，深院无人带雨归。珠箔下时犹脉脉，画堂深处正依依。王孙尽计营巢稳，惯听笙歌夜不归。”

莺：危稹咏曰：“天上金衣侣，还能睨草莱。风流晋王谢，言语汉邹枚[2]。公等久安在，今从何处来？山禽正嘈杂，慰我日徘徊。”

鸲鹆[3]、鹡鸰[4]（又名雪姑）、竹鸡、鸡鶄[5]、鹘鸼[6]、绀练、鸬鹚（亦名颇鹚）。

钻沙、鱼虎、章鸡、白头翁、乌头白颊、蜡嘴[7]、告天子[8]。

杜鹃：沈乐山咏云：“到得春深便忆乡，要归归去底须忙？催残陇月情何切，染遍林花恨更长。梦破四山风雨夜，心灰万里利名场。为言蜀道今非昔，纵使归来亦断肠。”

---

① 迢（tiáo）递：曲折貌。

② 汉邹枚：汉邹阳、枚乘的并称。

③ 鸲（qú）鹆（yù）：俗称八哥。

④ 鹡（jí）鸰（líng）：俗称张飞鸟。身体小，头顶黑色，前额纯白色，嘴细长，尾和翅膀都很长，黑色，有白斑，腹部白色。因为形状有点像舞台上张飞的脸谱，所以浙东一带人称张飞鸟。吃昆虫和小鱼等，属受保护鸟类。

⑤ 鸡（jiāo）鶄（jīng）：一种水鸟。鹭鸶的一种。头细身长，身披花纹，颈有白毛，头有红冠，能入水捕鱼，又名“鱼鸡”。

⑥ 鹘鸼（zhōu）：一种小鸠。似山鹊而小，短尾，青黑色，多声。古书上说的一种鸟。

⑦ 蜡嘴：鸟纲雀形目雀科。分布在西伯利亚、韩国、日本等地，我国台湾冬季偶尔可见。

⑧ 告天子：云雀。

布谷、画眉。

百舌[①]：林和靖诗云："百种堪怜巧言语，一般惟久好毛衣。"

婆饼焦[②]。

提壶[③]：和靖《过下湖小墅》诗云："多谢提壶鸟，留人到落晖。"

黄雀。

鸂鶒[④]：和靖《春日即事》诗："鸳鸯如绮杜蘅[⑤]肥，鸂鶒夷犹翠潋微。"

偷仓[⑥]、家鹅、八哥儿、披锦[⑦]。

鹭鸶：邵棠咏云："如鹇非鹤自精神，天地江湖快尔

① 百舌：又叫反舌。体形像八哥，略大，羽毛呈灰黑色，有斑点，嘴尖色黑，它行动时头部向下，喜食蚯蚓。立春后鸣叫不已，夏至后停止鸣叫，十月过后就冬眠了。它居住在树林和洞穴中。

② 婆饼焦：鸟名。其鸣声如婆饼焦，故名。宋王质《林泉结契》卷一："婆饼焦，身褐，声焦急，微清，无调。作三语：初如云婆饼焦；次云不与吃；末云归家无消息。后两声若微于初声。"

③ 提壶：鸟名，鹈（tí）鹕（hú）。水鸟，喜群居，捕食鱼类。亦称伽蓝鸟、淘河鸟、塘鹅。

④ 鸂（xī）鶒（chì）：水鸟名。形大于鸳鸯，而多紫色，好并游。俗称紫鸳鸯。

⑤ 杜蘅（héng）：多年生草本植物。野生在山地里，开暗紫色小花。全草入药，有祛风、散热、止痛等作用。

⑥ 偷仓：白腰文鸟的亚种之一。性好结群，群的结合较为紧密，无论是飞翔或是停息时，常常挤成一团。夏秋季节常与麻雀一起站在稻穗和麦穗头上啄食种子，有时还成群飞往粮食仓库盗食，故有"偷仓"之称。

⑦ 披锦：疑指黄雀。

生。既不鹘吟因甚瘦，何尝食素也能清。随身钓具去无计，到处画图来便成。见说得鱼归较晚，芦花滩上月偏明。”徐灵晖咏鹭诗云：“一点白如雪，顶粘丝数茎。沙边行有迹，空外过无声。高柳巢方稳，危滩立不惊。每看闲意思，渔父是前生。”

钩辀[①]：和靖诗云：“云木叫钩辀。”

野凫[②]。

【译】（略）

兽之品

马：昔吴越钱王牧马于钱塘门外东西马塍，其马蕃[③]息至盛，号为“马海”。今余杭、临安、于潜三邑，犹有牧马遗迹焉。

豕、牛、鹿、虎、狐、狸。

麂：系牛尾玉面，生于昌化于潜山中。

兔、獭。

猫：都人畜之，捕鼠，有长毛。白黄色者称曰“狮猫”，不能捕鼠，以为美观[④]，多府第贵官诸司人畜之，特见贵爱[⑤]。

① 钩辀（zhōu）：本义是鹧鸪的叫声。

② 野凫（fú）：野鸭。

③ 马蕃：马粪。

④ 美观：指美好的观赏物。

⑤ 贵爱：珍贵爱重。

犬：畜以警盗。《太平广记》载：灵隐寺造北高峰塔，有寺犬自山下衔砖石至山巅，吻为流血，人怜之，以草系砖于背，塔成犬毙，寺僧恤衔砖之功，葬于寺门八面松下。又，钱塘县界地名“狗葬”，桥名“良犬”，故老相传云：昔人被火燎几毙，犬入水以濡其主，得苏省，后犬死，里人葬之，立此名旌其义耳。

【译】（略）

虫鱼之品

鲤、鲫（西湖产者骨软肉松）、鳜（独西湖无此种）、鲿①、鳊、鳢、鲻、鳣②、鲈、鲚、鳝、鲇、黄颡、白颊、土部。

石首：王右军帖云：“此鱼首有石，是野鸭所化。”

蒲春③鳖、鲨、鳓、白鱼。

鲥：六和塔江边生，极鲜腴而肥。江北者味差减。

鲯④、鲦⑤、鳙⑥、鳅、鳗、鳝、蚌、龟、鳖（又名“神守”）。

虾：湖河生者壳青，江产者名白虾，大者名青斑虾。

---

① 鲿（cháng）：古书上说的黄颡（sǎng）鱼。

② 鳣（zhān）：鲟鳇鱼的古称。

③ 蒲（pú）春：何物不详。

④ 鲯（qí）：鱼名。

⑤ 鲦（móu）：鱼名。

⑥ 鳙（lǔ）：鱼名。

蝤蛑、黄甲、蟛蜞[1]、蟛蚏[2]（产盐官）。

蟹：《淮南子》云："蚌蟹珠龟，与月盛衰，皆阴属也。"西湖旧多葑田[3]，蟹螯产之。今湖中官司开坼[4]荡地，艰得矣。和靖诗有"草泥行郭索[5]"之句。刘贡父诗云："稻熟水波老，霜螯已上罾[6]。味尤堪荐酒，香美最宜橙。壳薄胭脂染，膏腴琥珀凝。情知烹大鼎[7]，何似莫横行？"

螷[8]、蚬、蛤。

螺：有数种，螺蛳、海螺、田螺、海蛳。

金鱼：有银白、玳瑁色者。东坡曾有诗云："我识南屏金鲫鱼。"又曰："金鲫池边不见君。"则此色鱼旧亦有之。今钱塘门外多畜养之，入城货卖，名"鱼儿活"，豪贵府第、宅舍沼池畜之。青芝坞玉泉池中盛有大者，且水清泉涌，巨鱼游泳堪爱[9]。

【译】（略）

---

① 蟛（péng）蜞（qí）：淡水产小型蟹类。又称磨蜞、螃蜞。学名相手蟹。

② 蟛蚏（yuè）：蟹的一种。体小，足无毛。

③ 葑（fēng）田：湖泽中葑菱积聚处，年久腐化变为泥土，水涸成田，是谓"葑田"。

④ 开坼：犹开通。

⑤ 郭索：螃蟹爬行貌。亦指蟹爬行时的声音。

⑥ 罾（zēng）：古代一种用木棍或竹竿做支架的方形渔网。

⑦ 鼎：古代的一种煮食物的器具。

⑧ 螷（pí）：古书上说的一种形状狭长的蚌。

⑨ 堪爱：非常喜好。

免本州岁纳及苗税

杭州乃吴分野[①]，号“古扬州”。昔武肃钱王统二浙，地狭民稠，赋敛[②]苛暴，人不堪生。太宗朝纳土后，命考功范旻知两浙诸州事镇抚[③]，除一切苛害之政，蠲损害之赋，民得更生，四野[④]老稚，咸鼓舞于德意[⑤]之中。绍兴年间，六飞[⑥]南渡，宽恩大颁，首除岁贡[⑦]御绫百匹。景定间，度宗践祚[⑧]之初，首遵先朝遗制，蠲免临安府近例岁贡，增添纳进钱一百一十五万八千五百四十贯有奇，更有资政[⑨]帅臣，申钱塘、仁和两赤县寺观、府第、官舍拨赐田地，免征折帛[⑩]苗粮及册逃亏赋等苗税。咸淳岁，九县畸零税[⑪]，绢除

---

① 分野：古代人按天上星辰的位置，把地面划分为十二个区域，叫“分野”。以后也用来指区分事物的范围、界限。

② 赋敛：征收赋税。

③ 命考功范旻知两浙诸州事镇抚：《乾道临安志》卷三：“太平兴国三年己酉，吴越国王钱俶朝于乾德殿，是年，俶乃纳土。吴越丙戌，太宗皇帝始命水部郎中范旻为考功郎中知杭州，左赞善大夫孟贻孙通判事。”

④ 四野：广阔的原野。这里指两浙地区。

⑤ 德意：皇帝、政府布施恩德的心意。

⑥ 六飞：古代指皇帝的车驾六马，疾行如飞，故名。此处代指宋高宗。

⑦ 岁贡：古代诸侯或属国每年向朝廷进献礼品。

⑧ 践祚：指即位，登基。

⑨ 资政：官职名。

⑩ 折帛：南宋初，在和买演变为定额税的同时，又将夏税与和买绢帛之类折纳钱币。

⑪ 畸零税：折帛税之外的一个税种。畸零，整数以外的零余之数。

赦文[1]蠲免一尺以外，尹京潜皋墅更与本州代输[2]一尺以上绢畸零税色，计一十四万六千五百七十一匹有奇，总该界钱十八界、会子计三万四千四百八十贯文。又苗米不及一升者，朝家已行蠲放外，其一升以上至一斗以下秋苗米，本州代输宽民力[3]，通计八千八百一石有奇，总该界钱十八界二十六万九千七百五十贯。更代输咸淳七年本州夏税畸零钱共该十八界四十六万七千六百四贯。潜尹京首尾三载，代输颇多，诚有德于百姓，深足嘉尚矣。

【译】杭州地处吴的分野，号“古扬州”。从前武肃钱王统领两浙时，地域狭小且民户稠密，却苛刻暴虐地征收赋税，使百姓无法生存。太宗时钱王纳土归降后，宋廷命水部郎中范旻为考功郎中知两浙诸州事镇抚，去除一切苛刻害民的政策，免去所有损害百姓的赋税，百姓才得以生存，两浙地区的老少，都很开心并为政府布施恩德的心意而击鼓跳舞。绍兴年间，宋高宗南渡，屡次颁布政令施恩于民，首先免除了临安府岁贡中的一百匹御绫。景定年间，宋度宗即位之初，又遵循先朝的遗制，免除临安府近例岁贡，又增添纳进钱一百一十五万八千五百四十贯有余。又有资政和帅臣，申请拨赐田地给钱塘、仁和两赤县的寺观、府第、官舍，且免征折帛和苗粮以及已记录在册的逃去的不足赋税等苗税。

---

① 赦文：唐宋以后凡有赦免，都要行文。

② 代输：代为缴纳租赋。

③ 民力：民众的人力、物力、财力。

咸淳年间，临安府九县的畸零税中除了赦文免除一尺绢布以外，临安知府潜皋墅又为本州百姓代为缴纳一尺以上的绢布畸零税，总共一十四万六千五百七十一匹有余，折合十八界、会子总计三万四千四百零八十贯。此外，当缴纳苗米不足一升的，朝廷已经下旨予以免除；其一升以上至一斗以下的秋苗米，临安府代百姓缴纳，来宽舒民众的人力、物力、财力，总计八千八百零一石有余，折合十八界子，共计二十六万九千七百五十贯。又代为缴纳咸淳七年临安府夏税畸零钱，总计十八界子四十六万七千六百零四贯。潜皋墅任临安知府前后共三年，代本府百姓缴纳赋税很多，确实有德于百姓，实在值得嘉奖和推崇。

免本州商税

杭州五税场，自赵安抚节斋申请减放外，一岁共收十八界、会四十二万贯为定额。景定改元[①]以来，朝家务欲平物价，纾宽[②]民力，累降旨蠲免商税，仍令本州具合收税额申省科还。咸淳二年二月，又降指挥再免商税五日，以便商贾。自后帅府遵承朝旨，接续展放，蠲免税额，常以五月为期。朝省每五月一次，照本府征额，拨一十八界一十七万五千贯文，以补郡费，至今行之。百姓与商贾等人，莫不歌舞，感戴上赐。此历代所罕有也。

---

① 改元：该换年号。

② 纾（shū）宽：宽舒。

【译】杭州五个税场，自临安知府赵节斋申请减免外，每年定额收十八界会子四十二万贯。景定换年号以来，朝廷想平衡物价，宽舒宽舒民众的人力、物力、财力，多次降旨免除商税，又令本府具合收税额，申请尚书省返还。在咸淳二年二月，又降旨再免商税五日，以便优惠商人做买卖。此后帅府遵承朝廷旨意，接连返还、减免税额，常以五个月为期。朝廷每五个月一次，按照本府应征税额，拨十八界会子十七万五千贯，以补贴州府开支，推行至今。百姓与商家等人，无不欢欣鼓舞，感激并拥护朝廷的恩赐。这是历朝历代所少有的。

恩霈军民

宋朝行都于杭，若军若民、生者死者，皆蒙雨露之恩[①]。但霈泽[②]常颁，难以枚举，姑述其一二焉。遇朝省祈晴请雨、祷雪求瑞或降生及圣节、日食、淫雨[③]、雪寒，居民不易，或遇庆典大礼明堂，皆颁降黄榜，给赐军民各关会二十万贯文。盖杭郡乃驻跸之所，故有此恩例耳。兼官、私房屋及基地，多是赁居，还僦金或出地钱。但屋地钱俱分大中小三等钱，如遇前件祈祷恩典，官司出榜除放房地钱，大者三日至七日，中者五日至十日，小者七日至半月。如房舍

① 雨露之恩：滋生万物的雨露的恩情。比喻恩泽、恩情。

② 霈泽：比喻恩泽。

③ 淫雨：又作霪（yín）雨。下个不停的雨，过量的雨。

未经减者，遇大礼明堂赦文条划，谓一贯为减除三百，止令公私收七百。或年岁荒歉，米价顿穹[1]，官司置立米场，以官米赈济，或量收价钱，务在实惠及民。更因荧惑为灾[2]，延烧民屋，官司差官吏于火场上，具抄被灾之家，各家老小随口数分大小给散钱、米。官置柴场，城内外共设二十一场，许百司官厅[3]及百姓从便收买，价钱官司量收[4]，与市价大有饶润[5]。

【译】宋朝以杭州为行都，这里的军人和百姓、生者和死者，都承蒙雨露之恩。但朝廷经常颁布恩泽，难以一一列举，这里姑且叙述一二。遇到朝廷祈晴请雨、祷雪求瑞或皇子降生及帝后生日，或阴雨不断、下雪天寒，居民生活不容易，或遇庆典大礼、明堂大祀，都要颁降黄榜，赐予军民各关会二十万贯文。因杭州是圣驾驻跸的地方，所以才有此恩德的条例。加上政府、个人的房屋和地基，多是租赁使用的，还返还房屋租金或出地钱。但房屋租金和出地钱都分大中小三等，如遇前面所属的祈祷恩典的时候，官府出榜会免除租金和出地钱，大者免除三天至七天，中者免除五天至十天，小者免除七天至半月。如果那些未经减免的房舍，遇庆

① 穹：高。这里指上涨。

② 荧惑为灾：指发生火灾。荧惑，火星。

③ 官厅：释义为政府机关。

④ 量收：控制，压低。

⑤ 饶润：谓增多。

典大礼、明堂大祀赦文计划为每一贯减除三百文，只令公私收七百文。遇到荒年粮食歉收，米价暴涨，官府就设立米场以官米来赈济，或压低粮价，务必使百姓获得实惠。发生火灾的时候，蔓延烧到居民房屋，官府就派遣官吏到火灾现场登记受灾的人家，每家老小按照人口数量的多少发给钱、米。官府还设置柴场，在城内外共设二十一场，准许百司衙门及百姓从便购买，官府压低销售价格，与市场价格相比，有很大的优惠。

民有疾病，州府置施药局于戒子桥西，委官监督，依方修制丸散㕮咀[①]。来者诊视，详其病源，给药医治。朝家拨钱一十万贯下局，令帅府多方措置[②]，行以赏罚，课督医员，月以其数上于州家，备申朝省。或民以病状投局，则畀[③]之药，必奏更生[④]之效。局侧有局名慈幼，官给钱典顾乳妇，养在局中，如陋巷贫穷之家，或男女幼而失母，或无力抚养，抛弃于街坊，官收归局养之，月给钱米绢布，使其饱暖，养育成人，听其自便生理，官无所拘。若民间之人，愿收养者听[⑤]。官仍月给钱一贯、米三斗，以三年住支[⑥]。更有

① 㕮（fǔ）咀（jǔ）：中医用语。用口将药物咬碎，以便煎服，后用其他工具切片、捣碎或锉末，但仍用此名。

② 措置：安排；料理。

③ 畀（bì）：给予。

④ 更生：指死而复生。

⑤ 听：任凭。

⑥ 住支：官制用语。即停止支发官员俸薪、军饷银两。这里指停止拨补贴。

老疾孤寡、贫乏不能自存及丐者等人，州县陈请于朝，即委钱塘、仁和县官，以病坊改作养济院，籍家姓名，每名官给钱米赡之。此见朝家恤贫救老如此。

【译】百姓如果有疾病，州府在戒子桥西设置了施药局，委派官吏来监督，按照药方配制药丸、药散。诊察前来的病人，详细追查病源，给药进行医治。朝廷拨钱十万贯给施药局，命帅府多方料理，并推行奖惩制度，来督促医务人员。每月将所用数目上报州府，以备向朝廷申请拨款。有的百姓到施药局里自述病状，也会给他药物，必有死而复生之功效。施药局旁边有慈幼局，官府拨款雇用乳妇，留在慈幼局中。陋巷贫穷之家，有男孩女孩失去母亲的，有家中无力抚养的，有抛弃在街坊的，官府会将弃儿收养在慈幼局中。每月拨给钱、米、绢布，使婴儿得以温饱，养育成人后，做什么生计随其自便，官府不做任何约束。如果有民间的人愿意收养婴儿，官府也不加阻拦，每月会拨给一贯钱、三斗米，三年后停止拨付。还有孤寡老病、贫困不能自理以及乞丐等人，州县会上奏朝廷，朝廷即委派钱塘、仁和县的县官，将病坊改作养济院，登记其家及姓名，官府都给予每个人钱、米供赡养。由此可见，朝廷是非常重视恤贫救老的。

又殿、步、马三司养军[①]以护行都及秋防之备，月给钱

① 养军：供养、训练军队。

粮，春冬请衣棉，使之饱暖。遇有差出日，给口券①，功成则赏。如三司招军补额之时，每刺一卒，官给关会一二封，衣装七事件，则出军先散处发关会及衣装。则军妻老幼，月支赡家米粮，随军日支券粮，功成则转资给犒；如阵亡，官给津送，妻儿仍支赡孀幼之粮。

【译】又，殿前司、侍卫步军司、侍卫马军司三个司供养、训练军队以护卫杭州以及秋防之备，每月都会拨给钱粮，春冬两季发棉衣，让他们得以吃饱穿暖。遇到有差事时，发放口券，任务完成了会有赏赐。三个司招兵补额的时候，每登记一名兵卒，政府会发给他一两封关会、七件衣装，由出军先散处发给关会和衣装。军士的妻子和家中老幼，会每月支给米粮来养家，随军时每天支给口券。军士取得战功后会给予犒赏并升迁；如果阵亡，政府会给津贴，仍支给米粮来赡养他们的妻儿。

更有两县置漏泽园一十二所，寺庵寄留槥椟②无主者，或暴露遗骸，俱瘗其中。仍置屋以为春秋祭奠，听其亲属享祀，官府委德行僧二员主管，月给各支常平钱③五贯、米一石。瘗及二百人，官府察明，申朝家给赐“紫衣师”号赏之。

---

① 口券：古代军中一种计口发放、领取钱粮之类补助的凭证。宋代禁兵出戍边，厢军外地服役都发给口券，持此凭证可领取钱币或折支粮食。

② 槥（huì）椟（dú）：棺材。

③ 常平钱：官方预储供借贷的银钱。

【译】另外，在钱塘、仁和两县设置了十二所漏泽园，凡寄留在寺庵无主的棺材，或有暴露在荒野的遗骸，都收埋在园中。又设置房屋供春秋两季祭奠，任凭其亲属享祀，官府会委派两名有德行的僧人来负责，每月各支给五贯常平钱、一石米。埋葬死者达二百人后，官府查明，申请朝廷赐号“紫衣师”作为奖赏。

恤贫济老

杭城富室多是外郡寄寓①之人，盖此郡凤凰山谓之“客山”，其山高木秀皆荫及寄寓者。其寄寓人多为江商海贾，穹桅巨舶，安行于烟涛渺莽②之中，四方百货，不趾而集，自此成家立业者众矣。数中有好善积德者，多是恤孤念苦、敬老怜贫，每见此等人买卖不利，坐困不乐，观其声色，以钱物周给，助其生理；或死无周身之具者，妻儿罔措③，莫能支吾④，则给散棺木，助其火葬，以终其事；或遇大雪，路无行径，长幼啼号，口无饮食，身无衣盖，冻饿于道者，富家沿门亲察其孤苦艰难，遇夜以碎金银或钱会插于门缝，以周其苦，俾侵晨展户得之，如自天降；或散以棉被絮袄与贫丐者，使暖其体。如此则饥寒得济，合家⑤感戴无穷矣。

---

① 寄寓：寄居，依附。

② 烟涛渺莽：烟波辽阔无际貌。

③ 罔措：不知所措。

④ 支吾：应付，对付。

⑤ 合家：全家；一家老小。

俗谚云："作善者降百祥，天神佑之；作恶者降千灾，鬼神祸之。天之报善罚恶，捷于影响。"世人当以此为鉴也。

【译】杭城的富户大多是外郡寄居的人，因此杭州的凤凰山又称为"客山"，这座山山高木秀，都会荫及寄居的人。寄居的人大多是江海商人，他们驾驶高大的船舶，安然行驶在烟波辽阔无际之中，使各地的各种货物，不用脚力就能聚集到杭州，以此成家立业的人有很多。其中有喜欢积德行善的人，大多是体恤孤苦、敬念老贫，每当看见这类买卖不顺利、陷于困境而不高兴的人，积德行善的人就观察他们的脸色，给予钱物来周济他们，帮助他们维持生活；有的看到死后一无所有的人，妻儿不知所措，无钱安葬，积德行善的人就送给他们棺木，帮助他们来下葬处理后事；有的遇到大雪天气，无路可走，老幼哭泣，口无饮食，身无衣盖，在路边挨饿受冻的人，积德行善的人就亲自逐一察看他们的孤苦艰难，在夜间将碎金银或钱会插在穷人家的门缝中，来周济他们的困苦，到了清晨开门时他们就能得到钱，好像是从天而降；有的发给贫穷的乞丐棉衣棉被，使他们身体得到温暖。如此饥寒交迫的人都得到救济，全家非常感激所给予的恩惠和好处。俗谚云："作善者降百祥，天神佑之；作恶者降千灾，鬼神祸之。天之报善罚恶，捷于影响。"世上的人应该以此为鉴。

卷十九

园囿

杭州苑囿，俯瞰西湖，高挹两峰①，亭馆台榭，藏歌贮舞，四时之景不同，而乐亦无穷矣。然历年既多，间有废兴，今详述之，以为好事者之鉴。在城万松岭内贵王氏富览园、三茅观东山梅亭、庆寿庵褚家塘东琼花园、清湖北慈明殿园、杨府秀芳园、张氏北园。杨府风云庆会阁，望仙桥下牛羊司侧。内侍蒋苑使住宅侧筑一圃，亭台花木，最为富盛，每岁春月，放人游玩，堂宇内顿放②买卖关扑，并体③内庭规式，如龙船、闹竿、花篮、花工，用七宝珠翠，奇巧装结，花朵冠梳，并皆时样。官窑碗碟，列古玩具，铺列堂右，仿如关扑，歌叫之声，清婉可听，汤茶巧细，车儿排设进呈④之器，桃村杏馆酒肆，装成乡落之景。数亩之地，观者如市。

城东新门外东御园，即富景园，顷孝庙奉宪圣皇太后尝游幸。五柳园即西园、张府七位曹园。南山长桥庆乐园，旧名“南园”，隶赐福邸园内，有十样亭榭，工巧无二，俗

---

① 挹两峰：指收取两峰胜景。两峰，南高峰、北高峰。

② 顿放：安置。

③ 体：效法。

④ 进呈：恭敬地献上。

云："鲁班造者。"射圃[①]、走马廊[②]、流杯池、山洞，堂宇宏丽，野店村庄，装点时景，观者不倦，内有关门，名"凌风关"，下香山巍然立于关前，非古沉[③]即枯蘖木[④]耳。盖考之志与《闻见录》所载者误矣。净慈寺南翠芳园，旧名"屏山园"，内有八面亭堂，一片湖山，俱在目前。雪峰塔寺前有张府真珠园，内有高寒堂，极其华丽。塔后谢府新园，即旧甘内侍湖曲园。罗家园、白莲寺园、霍家园、方家坞刘氏园、北山集芳园。

四圣延祥观御园，此湖山胜景独为冠，顷有侍臣周紫芝从驾幸后山亭曾赋诗云："附山结真祠，朱门照湖水。湖流入中池，秀色归净几。风帘邃旌幢，神卫森剑履；清芬宿华殿，瑞雾蒙玉扆[⑤]。仿佛还神京，想像轮奂美。祈年开新宫，祝厘[⑥]奉天子。良辰复难会，岁暮得斯喜[⑦]。沉乃清樾[⑧]中，飞楼见千里。云车倘[⑨]可乘，吾事良已矣[⑩]。当赋远游

① 射圃：犹射圃。习射之场。

② 走马廊：位于建筑物外围的走廊，通常位于空中，也叫回廊。

③ 沉：指沉香木。

④ 枯蘖木：老树砍后长出的分枝。

⑤ 扆（yǐ）：古代庙堂户牖之间绣有斧形的屏风。

⑥ 祝厘（lí）：祈求福佑，祝福。

⑦ 斯喜：秦李斯、汉曹喜的并称。

⑧ 樾（yuè）：路旁遮阴的树。

⑨ 倘：假如，如果。

⑩ 已矣：完了。

篇，未可回屐齿[1]。”园有凉台，巍然在于山巅，后改为西太乙宫黄庭殿，向朝臣高似孙曾赋诗曰：“水明一色抱神洲，雨压轻尘不敢浮。山北山南人唤酒，春前春后客凭楼；射熊馆暗花扶扆，下鹄池深柳拂舟。白发邦人能道旧，君王曾奉上皇游。”

下竺寺园、钱塘门外九曲墙下择胜园、钱塘正库侧新园、城北隐秀园、菩提寺后谢府玉壶园、四井亭园、昭庆寺后古柳林、杨府云洞园、西园、杨府具美园、饮绿亭、裴府山涛园、葛岭水仙庙、西秀野园。集芳园，为贾秋壑赐第耳。赵秀王府水月园、张府凝碧园、孤山路张内侍总宜园、西林桥西水竹院落。里湖内诸内侍园囿楼台森然，亭馆花木，艳色夺锦，白公竹阁[2]，潇洒清爽。沿堤先贤堂、三贤堂、湖山堂，园林茂盛，妆点湖山。

九里松嬉游园、涌金门外堤北一清堂园、显应观西斋堂观南聚景园，孝、光、宁三帝尝幸此，岁久芜圮[3]，迨今仅存一堂两亭耳，堂匾曰“鉴远”，亭曰“花光”，一亭无匾，植红梅，有两桥曰“柳浪”、曰“学士”，皆粗见大概，惟夹径老松益婆娑[4]。每盛夏秋首，芙蕖绕堤如锦，游人舣舫赏之，顷有侍从陆游舟过作诗咏曰：“圣主忧民

① 屐齿：指履声，脚步声。

② 白公竹阁：在孤山广化寺柏堂之后，白居易担任杭州刺史时所建。

③ 芜圮（pǐ）：荒芜坍塌。

④ 婆娑：枝叶扶疏的样子。

罢露台，春风别苑昼常开。尽除曼衍鱼龙戏，不禁刍荛[①]雉兔来。水鸟避人横翠霭，宫花经雨委苍苔[②]。残年自喜身强健，又作清都梦一回。”“水殿西头起砌台，绿杨闹处杏花开。箫韶本与人同乐，羽卫才闻岁一来。鹢首波生涵藻荇[③]，金铺雨后上莓苔[④]。远臣侍宴应无日，日望尧云到晚回。”高似孙《游园咏》曰：“翠华不向苑中来，可是年年惜露台。水际春风寒漠漠，宫梅却作野梅开。”

张府泳泽环碧园，旧名“清晖园”，大小渔庄，其余贵府内官沿堤大小园囿、水阁、凉亭，不记其数[⑤]。御前宫观，俱在内苑，以备车驾幸临憩足之处。内东太乙宫有内苑，后一小山，名曰“武林山”，即杭城之主山也。宰臣楼钥曾赋长篇咏云：“易君求赋武林山，身困尘劳无暂闲。我求挂冠欲归去，念此诗债须当还。武林山出武林水，灵隐后山无乃是。此山亦复用此名，细考其来具有以。天目两乳到钱塘，一山环湖万龙翔，扶舆磅礴[⑥]拥王气，皇居壮丽环

① 刍（chú）荛（ráo）：割草打柴。也指割草打柴的人。

② 苍苔：青色苔藓。

③ 藻荇：多年生草本植物，叶子略呈圆形，浮在水面，根生在水底，花黄色，蒴果椭圆形。多浮在水面或生于水中。根茎可吃，全草可供药。

④ 莓苔：青苔。

⑤ 不记其数：不计其数。

⑥ 磅（páng）礴（bó）：形容气势盛大，广大无边。一般形容名山大川气势浩大，或是形容河流奔腾时气势磅礴。

宫墙。湖阴一峰如怒猊[①]，势临城北尤瑰奇[②]。吴越大作缁黄庐，为穿百井以厌之。从来有龙必有珠，此虽培塿[③]千山余。中兴南渡为行都，崇列原庙太乙庐。曾因祠事来登眺，阛阓[④]尘中有员峤[⑤]，薰风时来洗溽暑[⑥]，绿树荫荫隐残照。我得暂来犹醒心，羡君清福往年深。长安信美非吾土，倦翼[⑦]惟思[⑧]归故林。”

城南则有玉津园，在嘉会门外南四里，绍兴四年金使来贺高宗天申圣节[⑨]，遂宴射其中。孝庙尝临幸游玩，曾命皇太子、宰执、亲王、侍从、五品以上官及管军官讲宴射礼，孝庙御制诗赐皇太子以下官曰：“一天秋色破寒烟，别籞[⑩]连堤压巨川。欣见岁功成万宝，因行射礼命群贤。腾腾喜气随飞羽，袅袅凄风入控弦[⑪]。文武从来资并用，酒余端有侍臣篇。”时光庙在东宫侍驾，恭和曰：“秋深欲晓敛寒烟，

---

① 怒猊（ní）：愤怒的狮子。形容笔势或文风遒劲。

② 瑰奇：瑰丽奇异。

③ 培塿（lǒu）：指小土丘。

④ 阛（huán）阓（huì）：街市，街道。

⑤ 员峤：古代战国传说中海外五仙山之一，后沉没。

⑥ 溽（rù）暑：夏天潮湿而闷热的气候。

⑦ 倦翼：疲倦的鸟儿。

⑧ 惟思：思虑。

⑨ 天申圣节：南宋以宋高宗生辰为天申节。

⑩ 别籞（yù）：谓别苑。籞，禁苑。

⑪ 控弦：拉弓；持弓。

翠木森围万里川。阊阖[1]启关开法驾，玉津按武会英贤。皇皇圣父明如日，挺挺良臣直似弦。蹈舞欢呼称万岁，未饶天保报恩篇。”宰臣曾怀恭和曰：“名园佳气霭非烟，冠佩朝宗似百川。五品并令陪宴射[2]，四鍭[3]端欲序宾贤。恩涵春意鱼翻藻，威入秋声雁落弦。竣事[4]更容窥典雅，宸章[5]应陋柏梁篇。”“江山秋日冠轻烟，别院风光胜辋川[6]。位设虎侯恢盛典，技精杨叶[7]拔名贤；礼均湛露宣飞斝[8]，乐奏钧天看发弦。圣主经文兼纬武[9]，全胜巡幸射蛟篇。”其余群臣俱有恭和诗，不得罄竹[10]而载。史魏王弥远[11]出判宁国府[12]，理庙命宰执侍从于此园设宴饯行，有朝官何铨赋诗曰：“饯行朱邸帝城春，随例颠忙宴玉津。报国独劳千一虑，钧天同听

① 阊（chāng）阖（hé）：传说天宫的南门。也指皇宫的正门。

② 宴射：古射礼之一，聚饮习射称“宴射”。

③ 鍭（hóu）：古代用于打猎的一种箭。

④ 竣事：了事；完事。

⑤ 宸章：皇帝所作的诗文。

⑥ 辋（wǎng）川：唐代诗人王维的别墅，在今陕西蓝田县中部偏南。

⑦ 技精杨叶：指射技胜过百步穿杨的古代神射手养由基。

⑧ 斝（jiǎ）：古代青铜制的酒器，圆口，三足。

⑨ 经文兼纬武：经文纬武，运用文才武略以治理国家。

⑩ 罄（qìng）竹：用尽竹简。古有成语“罄竹难书”，其意为用尽竹子也难以写完。比喻事实很多，难以写完。

⑪ 史魏王弥远：史弥远，字同叔，号小溪，别号静斋。明州鄞县（今浙江宁波鄞州）人。南宋奸臣、宰相，尚书右仆射史浩第三子。

⑫ 宁国府：治在今安徽宣城。

十三人。金卮宣劝君王重，花露湔[1]愁醉梦真。却忆故人猿鹤在，便思投老乞闲身。”按玉津园乃东都旧名，东坡尝赋诗，有“紫坛南峙表连冈”之句，盖亦密迩[2]园坛也。

【译】（略）

嘉会门外有山，名“包家山”，内侍张侯壮观园、王保生园。山上有关，名“桃花关”，旧匾“蒸霞”，两带皆植桃花，都人春时游者无数，为城南之胜境也。城北城西门外赵郭园。又有钱塘门外溜水桥东西马塍[3]诸圃，皆植怪松异桧，四时奇花，精巧窠儿，多为龙蟠凤舞、飞禽走兽之状，每日市于都城，好事者多买之，以备观赏也。

【译】嘉会门外有座山，名为“包家山”，还有内侍张侯壮观园、王保生园。山上有关，名为“桃花关”，过去的匾额是“蒸霞”，两侧种的都是桃花，杭州人春天的时候来游玩的人很多，是杭州城南风景优美的地方。还有城北城西门外的赵郭园。有钱塘门外溜水桥东西马塍的很多园圃，都种着怪松异桧，四季奇花，精巧的窠儿，大多呈龙蟠凤舞、飞禽走兽的形状，每天在都城售卖，很多喜欢的人去购买，用来观赏。

---

① 湔（jiān）：洗。

② 密迩（ěr）：接近，靠近。

③ 马塍：地名。在浙江余杭西。宋代以产花著名。

瓦舍[1]

瓦舍者，谓其“来时瓦合，去时瓦解”之义，易聚易散也。不知起于何时，顷者京师甚为士庶放荡不羁之所，亦为子弟流连破坏之门。杭城绍兴闲驻跸于此，殿岩杨和王因军士多西北人，是以城内外创立瓦舍，招集妓乐[2]，以为军卒暇日[3]娱戏之地。今贵家子弟郎君，因此荡游，破坏[4]尤甚于汴都也。

【译】所谓瓦舍，取其“来时瓦合，去时瓦解”之义，是说它易聚也易散。瓦舍不知起源于何时，过去在开封很是流行，是士族和庶族放荡不羁的场所，也是年轻人欢愉和流连的地方。绍兴年间，皇上驻跸杭州城，殿帅杨和王因军士大多是西北人，因此在城内外创立瓦舍，招集乐妓和舞妓，作为军卒空闲日子的娱乐之地。如今富家子弟郎君，也到此来寻欢，欢愉程度比开封更厉害。

其杭之瓦舍，城内外合计有十七处，如清泠桥西熙春楼下，谓之“南瓦子”；市南坊北三元楼前谓之“中瓦子”；市西坊内三桥巷名“大瓦子”，旧呼“上瓦子”；众安桥南羊棚楼前名“下瓦子”，旧呼“北瓦子”；盐桥下蒲桥东谓之“蒲桥瓦子”，又名“东瓦子”，今废为民居；东青门外

① 瓦舍：在宋朝的一些大城市，有固定的娱乐场所，人们称之为瓦舍。

② 妓乐：乐妓，舞妓。

③ 暇日：空闲的日子。

④ 破坏：变革（社会制度、风俗习惯等）。

菜市桥侧名“菜市瓦子”；崇新门外章家桥南名“荐桥门瓦子”；新开门外南名“新门瓦子”，旧呼“四通馆”；保安门外名“小堰门瓦子”；候潮门外北首名“候潮门瓦子”；便门外北谓之“便门瓦子”；钱湖门外南首省马院前名“钱湖门瓦子”，亦废为民居；后军寨前谓之“赤山瓦子”；灵隐天竺路行春桥侧曰“行春瓦子”；北郭税务曰“北郭瓦子”，又名“大通店”；米市桥下“米市桥瓦子”；石碑头北麻线巷内则曰“旧瓦子”。

【译】（略）

塌房[①]

柳永《咏钱塘》[②]词曰：“参差[③]十万人家。”此元丰前语也。自高庙车驾由建康幸杭，驻跸几近二百余年，户口蕃息[④]近百万余家。杭城之外城，南、西、东、北各数十里，人烟生聚，民物阜蕃，市井坊陌铺席骈盛，数日经行[⑤]不尽，各可比外路[⑥]一州郡，足见杭城繁盛矣。

【译】柳永《望海潮·东南形胜》咏杭州道：“参差

① 塌房：又名邸店。宋以后寄存商旅货物的场所。商人、军队、官员、寺观都有开设，寄存者须向主人支付寄存和保管费用。

② 《咏钱塘》：宋代柳永《望海潮·东南形胜》。

③ 参差：大约。

④ 蕃息：滋生；繁殖。

⑤ 经行：修行者为提高对身体的明觉度和摄受力，锻炼心念对身体的控制，旋回往返于一定之地叫“经行”。

⑥ 外路：外地、异地。

十万人家。”这是宋神宗元丰以前的评价。自从宋高宗由南京来到杭州，已居住两百多年，户口繁衍已百万余户人家。杭州城的外城，南、西、东、北各几十里，人民和万物繁衍生息，街巷集市铺席骈接盛多，几天都看不到尽头，分别都可比外地的一个小州郡，足见杭州城的繁盛。

且城郭内北关水门里，有水路周回数里。自梅家桥至白洋湖、方家桥直到法物库市舶前，有慈元殿及富豪、内侍、诸司等人家于水次起造塌房数十所，为屋数千间，专以假赁与市郭①间铺席、宅舍及客旅寄藏物货，并动具等物。四面皆水，不惟可避风烛，亦可免偷盗，极为利便。盖置塌房家，月月取索假赁者管巡廊钱会，顾养人力，遇夜巡警，不致疏虞。其他州郡，如荆南②沙市③、太平州④、黄池⑤皆客商所聚，虽云浩繁，亦恐无此等稳当房屋矣。

【译】而城郭内北关水门里，有一条周回数里的水路。

① 市郭：指城市。

② 荆南：南平（公元924—963年），又称荆南、北楚，是高季兴所建立的政权，为五代十国时期的十国之一。南平都城为荆州，辖荆、归（今湖北秭归）、峡（今湖北宜昌）三州。南平据有今湖北江陵、公安一带，建都江陵（今湖北荆州）。其子高从诲继立，后经高保融、高保勖，直到第五主高继冲于宋太祖乾德元年（公元963年）纳地归降。

③ 沙市：地名。南平国置沙头镇，属荆州江陵县所管。宋代设监镇，筑沙市城，名为沙市镇，隶属荆湖北路荆南府江陵县。今为湖北荆州沙市区。

④ 太平州：五代南唐保大末置新和州，寻改雄远军，宋改曰平南军，升为太平州，元为太平路，明为太平府，清因之，属安徽省，民国废，故治即今当涂县。

⑤ 黄池：地名。在今安徽当涂东南。

从梅家桥到白洋湖、方家桥直到法物库市舶前，有慈元殿及富豪、内侍、诸司等人家在码头建造了几十所塌房，有几千间的房屋，专门租赁给城市里铺席、宅舍以及旅客寄存物品，还有各种工具等物。塌房四面环水，不仅能防避风烛而引起火灾，还能防止盗贼窃取，极为便利。建置塌房的人家，每月向租赁者索取看管巡视的费用，雇用人力，夜间巡警，不致疏忽。其他的州郡，如荆南的沙市、太平州的黄池也是客商所聚集的地方，虽也人烟浩大而繁多，但恐怕也没有这样稳当的房屋。

社会

文士[①]有西湖诗社，此乃行都搢绅[②]之士及四方流寓[③]儒人[④]寄兴适情[⑤]赋咏，脍炙人口，流传四方，非其他社集之比。武士有射弓踏弩社，皆能攀弓射弩，武艺精熟。射放娴习，方可入此社耳。更有蹴踘[⑥]、打球、射水弩社，则非仕宦者为之，盖一等富室郎君、风流子弟与闲人所习也。

【译】文人有西湖诗社，这是杭州的缙绅及四方流落杭州居住的读书人寄兴顺适性情、吟诗作赋的地方，脍炙人

① 文士：读书人；文人。

② 搢（jìn）绅：同“缙绅”。有官职的或做过官的人。

③ 流寓：流落他乡居住。

④ 儒人：儒士。泛称读书人、学者。

⑤ 适情：顺适性情。

⑥ 蹴踘（jū）：我国古代的一种足球运动，起源甚早。

口，流传四方，是其他社集所不能比的。武士有射弓踏弩社，他们都能攀弓射弩，武艺精熟。他们必须射放娴熟，才能加入射弓踏弩社。还有蹴鞠、打球、射水弩社，这不是仕宦者来的地方，而是一等富家郎君、风流子弟与闲人所娱乐的地方。

奉道者有灵宝会，每月富室当供持诵[①]正一经[②]卷。如正月初九日，玉皇上帝诞日，杭城行香诸富室，就承天观阁上建会。北极佑圣真君圣降及诞辰，士庶与羽流建会于宫观或于舍庭。诞辰日，佑圣观奉上旨建醮，士庶炷香纷然，诸寨建立圣殿者，俱有社会，诸行亦有献供之社。遇三元[③]日，诸琳宫建普度会，广度幽冥。二月初三日，梓潼帝君诞辰，川蜀仕宦之人就观建会。三月二十八日，东岳诞辰。四月初六日，城隍诞辰。二月初八日，霍山张真君圣诞。四月初八日，诸社朝五显王[④]庆佛会。九月二十九日，五王诞辰。

每遇神圣诞日，诸行市户，俱有社会迎献不一。如府第内官，以马为社。七宝行献七宝玩具为社。又有锦体社、台阁社、穷富赌钱社、遏云社、女童清音社、苏家巷傀儡社、

① 持诵：诵习。

② 正一经：《正一经》，纂辑于南北朝时期的天师道正一派道经，虽然今已散佚，但在《无上秘要》《道教义枢》《三洞珠囊》《仙苑编珠》《云笈七签》等道教类书中保存有其许多佚文，根据后世道书频繁征引该经的情况看来，它应是一本重要的道书。

③ 三元：农历正月十五上元节、七月十五中元节、十月十五下元节。

④ 五显王：五显大帝，又称五圣大帝、华光菩萨，民间俗称马王爷、马天君、马灵官。

青果行献时果社、东西马塍献异松怪桧奇花社。鱼儿活行，以异样龟、鱼呈献豪富。子弟绯绿清音社、十闲等社。有内官府第，以精巧雕镂笱笼①、养畜奇异飞禽迎献者，谓为可观。遇东岳诞日，更有钱燔社、重囚枷锁社也。

【译】（略）

奉佛者有上天竺寺光明会，俱是富豪之家，及大街铺席施以大烛巨香，助以斋赀供米，广设胜会，斋僧礼忏②三日，作大福田③。又有善女人，皆府室宅舍、内司之府第娘子、夫人等，建庚申会，诵《圆觉经》，俱带珠翠珍宝首饰赴会，人呼曰“斗宝会”。更有城东、城北善友道者，建茶汤会，遇诸山寺院建会设斋，又神圣诞日，助缘设茶汤供众。

【译】奉佛的人有上天竺寺光明会，来的都是富豪人家，大街铺席施舍大烛巨香，资助有斋钱和米粮，广设胜会，斋僧礼忏三天，作大福田。还有善女，都是府室宅舍、内司之府第的娘子或夫人等，建庚申会，诵《圆觉经》，因她们都戴着珠翠珍宝首饰来赴会，所以人们又称为“斗宝会”。也有城东、城北喜欢交友之人，建茶汤会，遇到诸山寺院建会设斋，以及神人、圣人的诞辰，就助缘设茶汤供众人饮用。

---

① 笱笼：一种鸟笼。

② 礼忏：佛教语。谓礼拜佛菩萨，诵念经文，以忏悔所造之罪恶。

③ 福田：可生福德之田；凡敬侍佛、僧、父母、悲苦者，即可得福德、功德，犹如农人耕田，能有收获，故以田为喻，则佛、僧、父母、悲苦者，即称为福田。

四月初八日，六和塔寺集童男、童女、善信人建朝塔会。九月初一日，湖州市遇土神崇善王诞日，亦有童男、童女迎献茶果，以还心愫①。每月遇庚申或八日，诸寺、庵舍集善信人诵经设斋，或建西归会。宝叔塔②寺每岁春季，建受生寄库大斋会。诸寺院清明建供天会。七月十五日，建盂兰盆会。二月十五日，长明寺及诸教院建涅槃会。四月八日，西湖放生池建放生会，顷者此会所集数万人。太平兴国传法寺向者建净业会，每月十七日集善男信人、十八日集善女信人，入寺诵经，设斋听法，年终以所收赀金，建药师道场七昼夜，以终其会，今废之久矣。其余白莲、行法、三坛等会，各有所分也。

【译】（略）

闲人

闲人本食客人。孟尝君门下，有三千人，皆客矣。姑以今时府第、宅舍言之。食客者，有训导蒙童③子弟者，谓之“馆客”。又有讲古论今、吟诗和曲、围棋抚琴、投壶打马④、撇竹写兰，名曰“食客”，此之谓闲人也。更有一等不着业艺、食于人家者，此是无成子弟，能文、知书、写

---

① 还心愫：指还愿。

② 宝叔塔：保俶塔，建于五代十国时期的汉族古建筑。坐落在浙江省杭州市宝石山上，又名宝石塔、宝所塔、保所塔。

③ 蒙童：知识未开的儿童。旧时又指开始读书识字的儿童。

④ 打马：古代博戏名。

字、善音乐，今则百艺不通，专精陪侍涉富豪子弟郎君，游宴执役[①]，甘为下流，及相伴外方官员、财主，到都营干。又有猥下[②]之徒，与妓馆家书写柬帖取送之类。

【译】闲人起源于食客。战国时期孟尝君的门下有三千人，都是食客。姑且以现在的府第、宅舍来说。食客中有教育训诫开始读书识字的儿童的，称为“馆客”。又有讲古论今、吟诗和曲、围棋抚琴、投壶打马、撇竹写兰的，称为“食客”，这些人又叫作“闲人”。也有一种不务生计、只寄食于他人的，都是一事无成的原世家子弟，他们能文知书、会写字、善音乐，如今则各种技艺都不精通，专门陪侍富贵人家的子弟郎君，游宴时供其差使，甘为下流，以及陪伴外地的官员、财主，到杭州城办事。还有一些低下的人，为妓院的妓女书写柬帖、取送物件。

更专以参随[③]服役资生[④]。旧有百业皆通者，如纽元子[⑤]、学像生叫声、教虫蚁[⑥]、动音乐、杂手艺、唱词白话、

① 执役：担任劳役。

② 猥（wěi）下：鄙陋；低下。

③ 参随：跟随，随从。

④ 资生：赖以为生。

⑤ 纽元子：宋杂剧的散段。由杂扮艺人扮演，内容多为未进过城、见过世面的乡下人闹的笑话。

⑥ 教虫蚁：早在一千多年前的东晋时期，就已开始有耗子推磨和荡秋千一类的小动物表演了。以后，逐渐形成“教虫蚁”这个独特的表演门类。

打令[①]商谜[②]、弄水使拳及善能取覆[③]供过[④]、传言送语。又有专为棚头[⑤]，斗黄头，养百虫蚁、促织儿[⑥]，又谓之“闲汉”。凡擎鹰、架鹞、调鹁鸽、斗鹌鹑、斗鸡、赌扑落生之类。又有一等手作人，专攻刀镊，出入宅院，趋奉郎君子弟，专为干当杂事，插花挂画、说合交易、帮涉妄作，谓之“涉儿”，盖取过水之意。更有一等不本色业艺，专为探听妓家宾客，赶趁[⑦]唱喏，买物供过，及游湖酒楼饮宴所在，以献香送欢为由，乞觅赡家财，谓之“厮波”。大抵此辈，若顾之则贪婪不已，不顾之则强颜取奉，必满其意而后已。但看赏花宴饮君子，出着发放何如耳。

【译】又有专以随从服侍为生的人。过去有百事都通的人，如表演纽元子、学动物的叫声、教虫蚁、演奏音乐、表演杂手艺、唱词白话、打令猜谜、弄水使拳，且还善于取复供过、传言送语。也有专门做棚头的人，终日斗黄头，养各种虫蚁和蟋蟀，又称为“闲汉”。他们所干行当有擎鹰、架鹞、调鹁鸽、斗鹌鹑、斗鸡、赌扑落生之类。又有一种手艺

---

① 打令：行酒令。

② 商谜：猜谜语。

③ 取覆：禀告，请求答复。

④ 供过：侍奉。

⑤ 棚头：旧时称呼专事斗鸡、逐兔、赌博等并以此为业的人。

⑥ 促织儿：蟋蟀。

⑦ 赶趁：为牟利而奔走活动。多指商贩做生意、歌女卖唱及演戏杂耍等。

人，专门负责刀镊，出入宅院，争相侍奉郎君子弟，专门干些杂事，如插花挂画、说合交易、帮忙胡作非为，称为“涉儿”，取的是助人过河之意。还有一种不本分的人，专门探听妓院的宾客，赶趁作揖，替宾客购买物品，供他们差遣，或找到游湖酒楼饮宴的地方，以献香送欢为由头，讨要钱财来养家，这称为“厮波”。大多这类人，如果招引他们则贪婪无度，如果不招引，他们就会强颜欢笑、阿谀奉承，一定要拿到满意的赏钱才肯罢休。这就要看赏花宴饮的宾客们如何出手打发他们了。

顾觅人力

凡顾倩人力及干当人[①]，如解库掌事，贴窗铺席，主管酒肆食店博士[②]、铛头、行菜、过买、外出鬙儿[③]，酒家人师公、大伯[④]等人，又有府第、宅舍、内诸司都知[⑤]，太尉直殿御药御带、内监寺厅分，顾觅大夫、书表、司厅子[⑥]、

① 干当人：犹干人。在官衙或大户人家府中被雇用的杂役人员，一般以计件、计量或计时论工价。

② 食店博士：与下文“铛头”“酒家人师公”皆指厨师。博士，古代对具有某种技艺或专门从事某种职业的人的尊称。

③ 外出鬙（sēng）儿：食店外兜售商品的小厮。

④ 大伯：宋时称饮食行业的年轻伙计为大伯。

⑤ 都知：宋武官名，属殿前司。

⑥ 厅子：旧时官厅的差役。

虞侯、押番[1]、门子、直头[2]、轿番[3]小厮儿、厨子、火头、直香灯道人、园丁等人。更有六房院府判提点、五房院承直太尉、诸内司殿管判司幕士、六部朝奉，顾倩私身轿番、安童[4]等人。或药铺要当铺郎中、前后作、药生作，下及门面铺席要当铺里主管后作，上门下番[5]当直安童，俱各有行老引领，如有逃闪、将带东西，有元地脚[6]保识人前去跟寻[7]。如府宅官员、豪富人家，欲买宠妾、歌童、舞女、厨娘、针线供过[8]、粗细婢妮，亦有官、私牙嫂[9]及引置等人，但指挥便行踏逐下来。或官员、士夫等人，欲出路、还乡、上官、赴任、游学，亦有出陆行老，顾倩脚夫、脚从，承揽在途服役，无有失节[10]。

【译】凡是要雇请人力及杂役人员，如当铺的掌事、贴窗铺席、酒肆主管、食店博士、铛头、行菜、过买、外出鬙儿、酒家人师公和大伯等人。又有府第宅舍、内诸司都知、

① 押番：宋代指比士兵高一级的军士。

② 直头：何意不详。

③ 轿番：轿夫。

④ 安童：童仆。

⑤ 上门下番：上班下班。

⑥ 元地脚：指当地。

⑦ 跟寻：跟踪寻找。

⑧ 供过：侍奉。

⑨ 牙嫂：牙婆，旧时以介绍人口买卖为业从中取利的妇女。

⑩ 失节：这里指失去控制。

太尉直殿御药御带、诸监诸寺厅分，雇用大夫、书表、司厅子、虞侯、押番、门子、直头、轿夫小厮儿、厨子、火头、值香灯的道人、园丁等人。还有六房院府判提点、五房院承直太尉、诸内司殿管判司幕士、六部朝奉，雇用私人轿夫、童仆等人。药铺则要雇用在药铺中问诊的铺郎中以及前后作、药生作的管理人员，其他门面铺席也都要雇用人员主管后作，及上下班轮流当值的童仆。这些受雇用的人各由行老带领，如果有逃匿、夹带东西的情况，要有当地担保的相识的人前去跟踪寻找。如果府宅官员、豪富人家，想要购买宠妾、歌童、舞女、厨娘、针线供过、粗细婢女，也有官、私牙婆及引置等人，指挥行内的人员依次供他们买雇。有的官员、士大夫等人想出门、还乡、上官、赴任、游学，也有出陆的行老，雇请脚夫、脚从，承担途中的服役，不会无人负责安排。

四司六局[①]筵会假赁[②]

凡官府春宴，或乡会，遇鹿鸣宴，文武官试中设同年宴，及圣节满散祝寿公筵，官府各将人吏，差拨四司六局人员督责[③]，各有所掌，无致苟简[④]。或府第斋舍，亦于官司差

---

① 四司六局：宋代官府贵家设四司六局，为盛大宴会供役。四司指帐设司、厨司、茶酒司、台盘司，六局指果子局、蜜煎局、菜蔬局、油烛局、香药局、排办局。

② 假赁：借，租借。

③ 督责：督察责罚。

④ 苟简：苟且简略；草率简陋。

借执役，如富豪士庶吉筵凶席，合用椅桌、陈设书画、器皿盘盒动事之类，则顾唤局分人员，俱可完备，凡事毋苟。

【译】凡是官府春宴、同乡集会、遇到鹿鸣宴、考中的文武官员所设的同年宴以及为皇上生日祝寿的公家宴席，官府会派人员和官吏，派遣四司六局人员来督察责罚，各自有所负责的事务，使他们不至于草率。有些府第斋舍，也像官府一样差派服务人员，如富贵士庶人家的红白事宴席，需要使用椅桌、陈设书画、器皿盘盒等器具，则雇请四司六局分配来的人员来操持，他们都会很完备，任何细节也不会马虎。

且谓四司六局所掌何职役，开列[①]于后。

如帐设司，专掌仰尘[②]、录压、桌帏[③]、搭席、帘幕、缴额、罘罳[④]、屏风、书画、簇子、画帐等。

【译】且说这四司六局分别执掌什么事务，逐项写在后面。

帐设司，专门负责搭天棚、压棚边、摆桌围、搭座席，以及置办帘幕、缴额、罘罳、屏风、书画、簇子、画帐等。

如茶酒司，官府所用名“宾客司”，专掌客过茶汤、斟酒、上食、喝揖而已。民庶家俱用茶酒司掌管筵席，合用

---

① 开列：指逐项写出来。

② 仰尘：天棚，安装在建筑物顶部用以遮挡阳光、雨、雪的覆盖物。

③ 桌帏（wéi）：亦称“桌帷”“桌围”。围在桌子边的装饰物，多以布或绸缎做成。

④ 罘（fú）罳（sī）：古代的一种屏风，设在门外。

金银器具及暖烫①、请坐、谘席②、开话、斟酒、上食、喝揖、喝坐席、迎送亲姻。吉筵庆寿，邀宾筵会；丧葬斋筵，修设③僧道斋供；传语取覆，上书请客；送聘礼盒，成姻礼仪，先次迎请等事。

【译】茶酒司，官府所用的名字是“宾客司”，专门负责给客人呈送茶汤、斟酒、上食、喝揖的事情。普通百姓家都用茶酒司掌管筵席，使用的金银器具及负责烫酒、请客入座、安排席位、陪客聊天、斟酒、上菜、喝揖、喝坐席以及迎送姻亲。操办喜宴和寿宴，负责邀请宾朋来赴宴；操办白事宴和斋宴，负责安排僧道斋食；负责传话回复，上书请客；负责婚礼时送聘礼盒，成婚的礼仪，以及先前的迎请等事。

厨司，掌筵席生熟看食④、妆饤盒食⑤、前后筵几盏食品、坐歇坐泛劝品件、放料批切、调和精细美味羹汤、精巧簇花龙凤劝盘等事。

台盘司，掌把盘、打送⑥、赍擎⑦、劝盘⑧、出食、碗碟等。

---

① 暖烫：当指烫酒。

② 谘（zī）席：安排席位。

③ 修设：设置。

④ 看食：酒席上的点心类食品。

⑤ 妆饤盒食：摆放美观且形色感人的盒装食品。

⑥ 打送：送。

⑦ 赍（jī）擎（qíng）：持送，携带。

⑧ 劝盘：劝酒时用来放酒杯的盘子。

果子局，掌装簇饤[1]盘看果、时新水果、南北京果、海腊肥脯、脔切[2]、像生花果、劝酒品件。

【译】厨司，负责制作宴席上生熟的点心类食品、摆放美观且形色感人的盒装食品、宴席前后的几盏食品、坐歇坐乏时的劝酒食物以及处理食材、劈切骨肉、调合精细美味的羹汤、摆放精巧的簇花龙凤劝盘等事宜。

台盘司，负责盘碟的使用、打送酒食、捧持酒食、供应劝盘、呈上食物、接应碗碟等事宜。

果子局，负责摆放簇饤盘中的看果、时令水果、南北京果、海腊肥脯、脔切、像形花果、劝酒食物等。

蜜煎局，掌簇饤看盘果套山子、蜜煎像生窠儿。

菜蔬局，掌筵上簇饤看盘菜蔬，供筵泛供异品菜蔬、时新品味、糟藏像生件段等。

油烛局，掌灯火照耀、上烛、修烛、点照、压灯、办席、立台、手把、豆台、竹笼、灯台、装火、簇炭。

【译】蜜煎局，负责摆放簇饤看盘里的果套山子、蜜煎像生窠儿。

菜蔬局，负责筵席上簇饤看盘里的菜蔬，供应宴席上的各种异品菜蔬、时新品味、糟藏像生食物等。

油烛局，负责灯火照耀、点蜡烛、剪烛花、点火照明、

---

① 簇饤：堆叠在食具中供陈设的食品。

② 脔切：碎割。

压灯、办席、立烛台、提蜡烛、立豆台、设竹笼、立灯台，以及装火、簇炭等事宜。

香药局，掌管龙涎、沈脑、清和、清福异香，香垒、香炉、香球，装香簇烬细灰，效事听候换香，酒后索唤异品醒酒汤、药饼儿。

排办局，掌椅桌、交椅、桌凳、书桌，及洒扫、打渲[1]、拭抹、供过之职。

【译】香药局，负责管理龙涎香、沉脑香、清和香、清福异香，使用香垒、香炉、香球，还负责装香、簇尽细灰，随时听候换香，并为宾客酒后准备异品醒酒汤、药饼儿。

排办局，负责收摆椅桌、交椅、桌凳、书桌，还负责洒扫、洗涤、擦拭、侍奉等事宜。

盖四司六局等人，祗直惯熟，不致失节，省主者[2]之劳也。欲就名园异馆、寺观亭台或湖舫会宾，但指挥局分，立可办集，皆能如仪。俗谚云："烧香点茶，挂画插花，四般闲事，不宜累家。"若有失节者，是祗役[3]人不精故耳。且如筵会，不拘大小，或众官筵上喝犒[4]，亦有次第，先茶酒，次厨司，三伎乐，四局分，五本主人从。此虽末事[5]，

① 打渲：用水洗涤。

② 主者：这里指雇用的东家。

③ 祗役：奉命任职。

④ 喝犒：这里指宴席结束后东家的犒赏。

⑤ 末事：非关根本之事；小事。

因笔述之耳。

【译】四司六局的人员，当值很熟练，不会有差错，省去东家的劳累。如果要去名园异馆、寺观亭台或湖船画舫中会聚宾客，也只要指挥四司六局人员，立刻就能操办妥当，都能符合礼法。俗谚说："烧香点茶，挂画插花，四般闲事，不宜累家。"如果出现差错，就是奉命任职的人干活不精的缘故。针对宴会来说，不论大小，有时众官宴席结束后接受东家的犒赏，也要遵循一定的次序，先是茶酒司，其次是厨司，第三是伎乐人员，第四是四司六局分配来的其他人员，第五是东家的随从。这些虽是小事，顺便用文字记述下来。

卷二十

嫁娶

婚娶之礼，先凭媒氏，以草帖子①通于男家。男家以草帖问卜，或祷签，得吉无克，方回草帖。亦卜吉媒氏通音，然后过细帖，又谓“定帖”。帖中序男家三代官品、职位、名讳，议亲第几位男，及官职、年甲、月日吉时生，父母或在堂②、或不在堂，或书主婚何位尊长，或入赘，明开，将带金银、田土、财产、宅舍、房廊、山园，俱列帖子内。女家回定帖，亦如前开写，及议亲第几位娘子，年甲、月日吉时生，具列房奁③、首饰、金银、珠翠、宝器、动用、帐幔等物，及随嫁田土、屋业、山园等。其伐柯人④两家通报，择日过帖，各以色彩衬盘、安定帖送过，方为定论。

【译】凡婚姻嫁娶的礼节，先要请媒人做主，女方家先起草一份草帖子给男方家。男方家根据草帖子上所写女方的情况，问卜或抽签，得到吉利不相克的结果后，才给女方家回复草帖子。同时占卜吉日找媒人来通音信，然后起草细帖子，又称为“定帖”。定帖中按次序写上男家曾祖、祖父、父辈三代的官阶、职位和名字，议亲的男子排行第几，以及

① 草帖子：简略的庚帖，即写有出生年月日的帖子。

② 在堂：指父母健在。

③ 房奁（lián）：妆奁，嫁妆。

④ 伐柯人：古代对媒人的称呼。

官职、年龄、某月某日某时生，父母健在或不健在，或写上主婚人是哪位尊长；有的是男方入赘，就明确注明将要带到女方家的金银、田地、财产、宅舍、房廊、山园，全部写到帖子内。女方家回定帖，也像男方家定帖那样写明家族情况，及议亲的女子排行第几，年龄、某月某日某时生，详细写明嫁妆、首饰、金银、珠翠、宝器、日常用品、帐幔等物品，以及随嫁的田地、屋业、山园等。媒人通报两家，择日过帖，各以彩色衬盘装着定帖送到对方家，才算定论。

然后男家择日备酒礼诣女家，或借园圃，或湖舫内，两亲相见，谓之“相亲”。男以酒四杯，女则添备双杯，此礼取男强女弱之意。如新人中意，即以金钗插于冠髻中，名曰“插钗”。若不如意，则送彩缎二匹，谓之“压惊”，则姻事不谐矣。既已插钗，则伐柯人通好，议定礼，往女家报定。

【译】然后男方家挑选日子准备酒礼前往女方家，或租借园圃，或在湖舫内，男女双方相见，称为“相亲”。男子喝四杯酒，女子再添上双杯，这就是代表男强女弱的意思。如果新人相互中意，男方就把簪子插到女方冠髻中，称为“插钗”。如果不中意，男方就送女方两匹彩缎，称为“压惊”，那就表示这门婚事不成。既已插钗，与媒人通报消息，商议定礼，向女方家报定。

若丰富之家，以珠翠、首饰、金器、销金裙褶及缎匹、茶饼，加以双羊牵送。以金瓶酒四樽或八樽，装以大花银方胜，红绿销金酒衣簇盖酒上，或以罗帛贴套花为酒衣，酒担以红彩缴之。男家用销金色纸四幅为三启[①]，一礼物状共两封，名为“双缄”，仍以红绿销金书袋盛之。或以罗帛贴套，五男二女绿盝[②]，盛礼书为头盒，共凑十盒或八盒，用彩袱盖上送往。女家接定礼盒，于宅堂中备香烛酒果，告盟三界[③]，然后请女亲家夫妇双全者开盒。其女氏即于当日备回定礼物，以紫罗及颜色缎匹、珠翠须掠[④]、皂罗[⑤]巾缎、金玉帕环[⑥]、七宝巾环、箧[⑦]帕鞋袜女工答之。更以原送茶饼果物，以四方回送，羊酒亦以一半回之。更以空酒樽一双，投入清水，盛四金鱼，以箸一双、葱两株安于樽内，谓之“回鱼箸”。若富家官户，多用金银打造鱼箸各一双，并以彩帛造像生葱双株，挂于鱼水樽外答之。

【译】如果是丰实富贵的人家，以珠翠、首饰、金器、销金裙褶、缎匹、茶饼等物，加以牵送两只羊。又以四樽或八樽金瓶酒，用大花和银方胜来装饰，用红绿销金酒衣

① 启：旧时文体之一，较简短的书信。

② 盝（lù）：古代小型妆具。常多重套装，顶盖与盝体相连，呈方形，盖顶四周下斜，多用作藏香器或盛放玺、印、珠宝。

③ 三界：这里应指人、鬼、神三界。

④ 须掠：胡梳。

⑤ 皂罗：一种色黑质薄的丝织品。

⑥ 环：泛指圆圈形物品。

⑦ 箧（qiè）：小箱子。

簇盖在酒上，或以罗帛贴套花作为酒衣，酒的担子用红彩线缠绕。男方家用销金色纸四幅为三启，其中礼物状的启有两封，叫作“双缄”，仍用红绿销金书袋盛放。有的用罗帛贴套、绘有五男二女图案的绿盝，盛放礼书作为头盒，一共要凑十盒或八盒，用彩袱盖上，送往女方家。女方家接到定礼的礼盒后，在宅堂中准备香烛酒果，告盟人、鬼、神三界，然后请亲属中一位夫妇双全的人打开礼盒。女方家随即在当天备办回定礼的物件，用紫罗及彩色缎匹、珠翠胡梳、皂罗巾缎、金玉帕环、七宝巾环、箧帕鞋袜女工来回赠男方家。更以原男方家定礼中的茶饼果物来回送，羊酒也以一半回送。又以一双空酒樽，投入清水，盛入四条金鱼，将一双筷子、两棵葱放到樽内，称为“回鱼箸”。如果是富贵官宦人家，大多用金、银打造两条鱼和两双筷子，并用彩帛制造两棵象形葱，挂在鱼水樽的外面回赠男方家。

自送定之后，全凭媒氏往来，朔望传语，遇节序亦以冠花、彩缎、盒物、酒果遗送，谓之“追节”。女家以巧作女工、金宝帕环答之。次后择日则送聘，预令媒氏以鹅酒，重则羊酒，道日方行送聘之礼。且论聘礼，富贵之家当备三金送之，则金钏、金镯、金帔坠[①]者是也。若铺席宅舍，或无金器，以银镀代之。否则贫富不同，亦从其便，此无定法耳。更言士宦，亦送销金大袖、黄罗销金裙、缎红长裙或红

① 帔（pèi）坠：系在霞帔上的坠子。

素罗大袖缎亦得，珠翠特髻、珠翠团冠、四时冠花、珠翠排环等首饰，及上细杂色彩缎匹帛，加以花茶果物、团圆饼、羊酒等物。又送官会[①]银铤[②]，谓之“下财礼”，亦用双缄聘启礼状。或下等人家，所送一二匹、官会一二封，加以鹅酒茶饼而已。名下财礼，则女氏得以助其虚费耳。又有一等贫穷父母兄嫂所倚者，惟色可取，而奁具茫然，在议亲者以首饰衣帛，加以楮物[③]送往，谓之“兜裹”。今富家女氏既受聘送，亦以礼物答回，以绿紫罗双匹、彩色缎匹、金玉文房玩具、珠翠须掠女工等，如前礼物。更有媒氏媒箱、缎匹、盘盏、官楮、花红礼盒惠之。

【译】自从双方送定礼后，全凭媒人往来，初一、十五来传话，遇到节日，男方家用冠花、彩缎、盒装礼物、酒果来赠送，称为“追节”。女方家用制作精巧的女工、金宝帕环来回赠。此后择日送聘礼，预令媒人拿鹅酒，更好一点的用羊酒，安排好日期后再行送聘之礼。且说聘礼，富贵人家应准备三金相送，即金钏、金镯、金帔坠。如果是普通的人家，家中没有金器，就用银上镀金来代替。否则贫富不同，也听从其便，没有固定的规矩。有的官宦人

① 官会：宋代发行的纸币。

② 银铤（tǐng）：古代银铤主要出现在唐、宋、金时期，因其形状类似猪的肾脏，地方百姓俗称“猪腰银”。常见形状有圆首束腰、平首束腰和弧首束腰。元、明以后的类似银块，称为银锭、元宝。

③ 楮物：纸币，多用楮皮纸制成，故称。

家，也送销金大袖、黄罗销金裙、缎红长裙或红素罗大袖缎，以及珠翠特髻、珠翠团冠、四时冠花、珠翠排环等首饰，还有精细的各种颜色的彩缎匹帛，加上花茶果物、团圆饼、羊酒等物品。有的送官会银铤，称为“下财礼”，也用双启盛装成双缄，作为聘礼。有的下等人家，所送聘礼仅一二匹帛缎、一二封官会，加上鹅酒、茶饼而已。像这些聘礼，全是女方家所得，不过虚增耗费而已。还有一种贫穷人家的女子，是父母兄嫂所依靠的，唯有姿色可取，而嫁妆匮乏，与她议亲的男方家就送去首饰衣帛和纸币，称为“兜裹”。如今富家女子接受聘礼后，也拿礼物回赠男方家，有双匹绿紫罗、彩色缎匹、金玉文房玩具、珠翠胡梳女工等，还有如前面所说的礼物。也有馈赠给媒人的媒箱、缎匹、盘盏、纸币、花红礼盒。

自聘送之后，节序不送，择礼成吉日。再行导日，礼报女氏，亲迎日分。先三日，男家送催妆花髻、销金盖头、五男二女花扇、花粉盝、洗项、画彩钱果之类，女家答以金银双胜御、罗花幞头，绿袍、靴笏[①]等物。前一日，女家先往男家铺房，挂帐幔，铺设房奁器具、珠宝首饰动用等物，以至亲压铺房，备礼前来暖房。又以亲信妇人，与从嫁女使，看守房中，不令外人入房，须待新人，方敢纵步[②]往来。

① 靴笏（hù）：靴与笏。古代官员在朝觐或其他正式场合用。

② 纵步：放开脚步。

【译】自送过聘礼之后，遇节日的时候就不再送礼，选择吉日办成婚礼。媒人再行安排日期，礼报女方家。迎亲日的前三天，男方家送催妆花髻、销金盖头、绘有五男二女图案的花扇、花粉盝、洗项、画彩钱果等到女方家。女方家以金银双胜御、罗花幞头、绿袍、靴笏等物品回赠。迎亲日的前一天，女方家先到男方家铺房，挂帐幔，铺设房奁器具、珠宝首饰等日用器物，以及亲自压铺房，备办好礼品前来暖房。又派亲信妇人和陪嫁的女仆在房中看守，不允许外人进房，一定要等新人进入，才让他人放开脚步进出。

至迎亲日，男家刻定时辰，预令行郎，各以执色如花瓶、花烛、香球、沙罗洗漱、妆盒、照台、裙箱、衣匣、百结、青凉伞、交椅授事街司等人，及顾借官私妓女、乘马，及和倩[①]乐官鼓吹，引迎花担子[②]或粽担子藤轿，前往女家，迎取新人。其女家以酒礼款待行郎[③]，散花红[④]、银碟、利市[⑤]钱会讫，然后乐官作乐催妆，克择官[⑥]报时辰，催促登车，茶酒司互念诗词，催请新人出阁登车。既已登车，擎檐从人未肯起步，仍念诗词，求利市钱酒毕，方行起檐作乐，

① 和倩：和雇，雇请。

② 担子：这里是一种肩舆之类供乘坐的工具。

③ 行郎：男方家派遣到女方家迎亲的青年男子。

④ 花红：相当于今天的红包。

⑤ 利市：吉利，好运气。

⑥ 克择官：选定时辰的人员。

迎至男家门首，时辰将正，乐官妓女及茶酒等人互念诗词，拦门求利市钱红。克择官执花斗，盛五谷豆钱彩果，望门而撒，小儿争拾之，谓之“撒谷豆”，以压青阳[①]煞耳。方请新人下车，一妓女倒朝车行捧镜，又以数妓女执莲炬花烛，导前迎引，遂以二亲信女使，左右扶侍而行，踏青锦褥或青毡花席上行，先跨马鞍，蓦背平秤过[②]，入中门，至一室中少歇，当中悬帐，谓之“坐虚帐”。或径迎入房室，内坐于床上，谓之“坐床富贵”。其家委亲戚接待女氏亲家，及亲送客会汤次拂备酒四盏款待。若论浙东，以亲送客急三杯或五盏而回，名曰“走送”。

【译】到了迎亲的当天，男方家刻定好时辰，预先让行郎将花瓶、花烛、香球、沙罗洗漱、妆盒、照台、裙箱、衣匣、百结、青凉伞、交椅等仪仗器物交给街司等人擎拿，以及雇用官私妓女、乘马，及雇请乐官、鼓吹，引迎花担子或粽担子藤轿，前往女方家，迎娶新人。女方家以酒礼款待行郎，发过红包、银碟、利市钱会后，乐官奏乐催促新娘装扮，克择官报时辰，催促新娘登车，茶酒司互念诗词，催请新娘出门上车。新娘上车后，抬轿的人不肯出发，仍念诗词，是在讨要利市钱酒，给了之后，才起轿奏乐。将新娘迎至男方家门口吉时将至，乐官、妓女及茶酒司等人互念诗

① 青阳：青羊，传说中的木精、煞神。

② 蓦背平秤过：似指从草和秤上跳过。《东京梦华录·娶妇》：“引新人跨鞍、蓦草及秤上过。”蓦，跳跃。

词，拦门讨要利市钱红。克择官手拿花斗，盛着五谷豆钱彩果，朝门口撒去，小孩子们争相拾取，称为“撒谷豆”，世俗认为这样可以镇住青羊等煞神。一系列仪式后，才请新娘下车，一个妓女捧着镜子面朝车倒行，又有数名妓女手拿莲炬花烛，在前面引领新娘前行。之后又有两名亲信女仆，左右扶持新娘，脚踏青锦褥或在青毡花席上行走。新娘先要跨过马鞍，再从草和秤上跳过，再进入中门，到一室中稍作歇息，屋中悬挂幔帐，称为“坐虚帐”。或者径直迎入房中，坐在床上，称为“坐床富贵”。男方家委托亲戚接待女方亲家，以及为送亲的宾客简单地准备茶汤，备四盏酒来款待。浙东的风俗是送亲宾客快速饮酒三杯或五盏后就告辞了，称为“走送”。

向者迎新郎礼，其婿服绿裳、花幞头，于中堂升一高座，先以媒氏或亲戚互斟酒，请下高座归房，至外姑致请，方下座回房坐富贵。今此礼久不用矣，止用妓乐花烛，迎引入房。房门前先以彩帛一段横挂于楣上，碎裂其下，婿入门，众手争扯而去，谓之“利市缴门”，争求利市也。婿登床右首坐，新妇坐于左首，正坐富贵礼也。其礼官请两新人出房，诣中堂参堂，男执槐简[1]，挂红绿彩，绾双同心结，倒行；女挂于手，面相向而行，谓之“牵巾”，并立堂前，

① 槐简：槐木手版。

遂请男家双全女亲，以秤或用机杼[1]挑盖头，方露花容，参拜堂次诸家神及家庙，行参诸亲之礼毕，女复倒行，执同心结，牵新郎回房，讲交拜礼，再坐床。礼官以金银盘盛金银钱、彩钱、杂果撒帐次，命妓女执双杯，以红绿同心结绾盏底，行交卺礼[2]毕，以盏一仰一覆，安于床下，取大吉利意。次男左女右结发，名曰“合髻”。又男以手摘女之花，女以手解郎绿袍纽，次掷花髻于床下，然后请掩帐。

【译】从前迎新郎的礼节，新郎身穿绿衣裳、戴花幞头，登上中堂上的一个高座，先让媒人或亲戚互相斟酒，请新郎下高座回房。直到岳母来请，新郎才下座回房“坐床富贵”。如今此礼已经好久不用了，只用妓乐花烛，来迎引入房。房门前先用一段彩帛横挂在门楣上，将彩帛的下部撕成条，新郎入房，众人争相撕扯彩帛后离开，称为“利市缴门”，这是追求吉利的意思。新郎坐在床的右首，新娘坐在床的左首，行富贵礼时才坐床的正中。礼官请两位新人出房，前往中堂参见长辈，新郎手拿槐木手版倒着行走，手版上挂红绿彩绾的双同心结；新娘把同心结挂在手上，面对着新郎行走，这称为“牵巾”。两位新人并立堂前，于是请出男方家一位夫妇双全的女性亲属，用秤杆或用机杼挑去新娘的盖头，新娘这才露出花容，先参拜长辈，其次参拜家神和

① 机杼（zhù）：织布机。

② 交卺（jǐn）礼：喝交杯酒。卺，古代结婚时用作酒器的一种瓢。

家庙，再参拜诸亲。参拜礼毕，新娘倒行，手拿同心结，牵新郎回房，行交拜礼，再坐床。礼官将盛在金银盘中的金银钱、彩钱、杂果抛撒在帐边，又命妓女拿两个酒杯，用结好的红绿同心结绾住杯底，让新郎、新娘喝交杯酒。礼毕，将酒杯一个朝上一个朝下放在床底，取大吉大利的意思。随后男左女右将头发结在一起，称为“合髻”。此外，新郎用手摘下新娘所戴之花，新娘用手解开新郎的绿袍纽，再将花髻掷到床下，然后请人将床帐掩上。

新人换妆毕，礼官迎请两新人诣中堂，行参谢之礼。次亲朋讲庆贺，及参谒外舅姑已毕，则两亲家行新亲之好，然后入礼筵，行前筵五盏礼毕，别室[1]歇坐[2]，数杯劝色，以叙亲义，仍行上贺赏花。节次仍复再入公筵，饮后筵四盏，以终其仪。

【译】两位新人换妆后，礼官迎请他们前往中堂，行参谢之礼。其次是亲朋庆贺，参拜完岳父、岳母后，则两亲家行新亲之好，然后一起入宴席。前宴行五盏礼后，到正室以外的房间短暂休息，劝酒数杯，来叙亲情，又一起赏花。按程序再次进入宴席，再饮后宴的四盏酒，礼仪就此结束。

三日，女家送冠花、彩缎、鹅蛋，以金银缸儿盛油蜜，顿于盘中，四围撒贴套丁胶[3]于上，并以茶饼、鹅、羊、果

① 别室：正室以外的房间。

② 歇坐：古代酒宴中间的短暂休息。

③ 套丁胶：似取生男丁的寓意。

物等合送去婿家，谓之“送三朝礼”也。其两新人于三日或七朝[①]九日，往女家行拜门礼，女亲家广设华筵[②]，款待新婿，名曰“会郎”，亦以上贺礼物与其婿。礼毕，女家备鼓吹迎送婿回宅第。女家或于九朝内，移厨[③]往婿家致酒，谓之“暖女会”。自后迎女回家，以冠花、缎匹、盒食之类，送归婿家，谓之“洗头”。至一月，女家送弥月礼盒，婿家开筵，延款亲家及亲眷，谓之“贺满月会亲”。自此礼仪可简。遇节序，两亲互送节仪[④]。若士庶百姓之家，贫富不等，亦宜随家丰俭，却不拘此礼。若果无所措，则已之。

【译】婚礼后的第三天，女方家送冠花、彩缎、鹅蛋，用金银缸儿盛油蜜，放在盘中，四周撒贴套丁胶在上面，并以茶饼、鹅、羊、果物等礼盒送往女婿家，这称为“送三朝礼”。两位新人在婚礼后三天或七天、九天，前往女家行拜门礼。女方家会大摆宴席，款待新婿，这称为“会郎”，又用以上礼物赠送新婿。礼毕，女方家准备吹鼓手迎送新婿回府。女方家或在婚礼后的九天内，临时借用厨师前往女婿家献酒设席，称为“暖女会”。此后娘家人迎接女儿回家，将冠花、缎匹、盒食等礼物送到新婿家，称为“洗头”。婚礼满一月，女方家送弥月礼盒，女婿家摆宴席，款待亲家和亲

① 朝：天。

② 华筵：丰盛的宴席。

③ 移厨：犹移庖。临时借用别人庖厨设席请客。

④ 节仪：节日礼物。

属，称为“贺满月会亲”。自此之后，礼仪可以从简。遇到节日的时候，两家互送节日礼物。如果是士庶百姓之家，贫富不等，也可根据家庭的丰俭情况来操办，不必拘于此礼。如果是真的没有能力置办，那就算了。

育子

杭城人家育子。如孕妇入月①，期将届②，外舅姑家以银盆或彩盆，盛粟秆一束，上以锦或纸盖之，上簇花朵、通草，贴套五男二女意思，及眠羊③卧鹿④，并以彩画鸭蛋一百二十枚、膳食、羊、生枣、栗果及孩儿绣绷彩衣，送至婿家，名“催生礼”。足月，既坐蓐⑤分娩，亲朋争送细米炭醋。

【译】杭州城的人家育子。如果孕妇到了要分娩的月份，时间将至，女方家要用银盆或彩画装饰的盆，盛放一束粟秆，盆上用锦或纸盖着，上面又装饰花朵、通草，粘贴上五男二女的花样，还有眠羊卧鹿造型的饼食，将一百二十枚彩画的鸭蛋、饭菜、羊、生枣、栗果及小孩儿穿的绣绷彩衣送到女婿家，称为“催生礼”。孕妇分娩后，亲戚朋友争相

---

① 入月：到了要分娩的月份。

② 将届：将要到。

③ 眠羊：宋时的一种面制食物。状似卧羊，故名。

④ 卧鹿：宋时的一种饼食，用作吉庆礼品。以形做卧鹿状，鹿与禄谐声，故名。

⑤ 坐蓐（rù）：旧时妇女分娩时身下铺草，故称临产为“坐蓐”。蓐，草席，泛指所垫之物。

赠送细米、炭醋。

三朝与儿落脐炙囟[1]。七日名“一腊”，十四日谓之“二腊”，二十一日名曰“三腊”，女家与亲朋俱送膳食，如猪腰、肚、蹄脚之物。至满月，则外家以彩画钱或金银钱、杂果及以彩缎、珠翠、囟角儿食物等，送往其家，大展“洗儿会”。亲朋俱集，煎香汤于银盆内，下洗儿果、彩钱等，仍用色彩绕盆，谓之“围盆红”。尊长以金银钗搅水，名曰“搅盆钗”。亲宾亦以金钱、银钗撒于盆中，谓之“添盆”。盆内有立枣儿，少年妇争取而食之，以为生男之征。浴儿落胎发毕，以发入金银小合，盛以色线结绦[2]络之，抱儿遍谢诸亲坐客，及抱入姆婶[3]房中，谓之“移窠”。若富室宦家，则用此礼。贫下之家，则随其俭，法则不如式也。

【译】婴儿出生后第三天，剪掉婴儿的脐带并熏炙婴儿的囟顶。出生后的第七天，称为“一腊”，第十四天称为“二腊”，第二十一天称为“三腊”。女方家与亲戚朋友都送来饭菜，有猪腰、猪肚、猪蹄等。到婴儿满月的时候，女方家将彩画钱或金银钱、杂果及彩缎、珠翠、囟角儿食物等，送到女婿家，大办“洗儿会”。亲朋好友全聚集来，将煎香汤倒入银盆内，再向盆中放入洗儿果、彩钱等，还用彩

① 落脐炙囟（xìn）：去掉新生儿的脐带残余，并敷以明矾，熏炙婴儿的囟顶，表示新生儿就此脱离了孕期，正式进入婴儿阶段。囟，囟门，也称顶门。

② 绦：绦子，用丝线编织成的花边或扁平的带子。多作为衣物边沿的装饰品。

③ 姆婶：保育员的旧称。

带缠绕银盆，这称为“围盆红”。家中的尊长用金银钗搅水，称为“搅盆钗”。亲朋宾客也将金钱、银钗撒入盆中，称为“添盆”。盆中有直立的枣子，年轻的少妇都争相取食，认为这是生男孩的兆头。婴儿沐浴完毕，剃去胎发，将其装入金或银的小盒内，用彩色丝线编织的绦子缠绕。抱着婴儿依次向在座的亲朋宾客致谢，随后抱入姆婶的房中，称为“移窠”。富贵官宦人家，就按此礼。如果是贫贱穷困的人家，则根据家庭情况从简，仪式可以不像这样。

生子百时，即一百日，亦开筵作庆。至来岁得周，名曰“周晬[1]”，其家罗列锦席[2]于中堂。烧香炳烛，顿果儿饮食及父祖[3]诰敕[4]、金银七宝玩具、文房书籍、道释经卷、秤尺刀剪、升斗[5]等戥子[6]、彩缎花朵、官楮钱陌、女工针线、应用物件，并儿戏物，却置得周小儿于中座，观其先拈者何物，以为佳谶[7]，谓之“拈周试晬”。其日诸亲馈送，开筵以待亲朋。

【译】婴儿出生后百时，也就是一百天，也要摆宴席庆

① 周晬（cuì）：古时称婴儿满一百天或一周岁。

② 锦席：锦制的坐卧铺垫之物。

③ 父祖：父亲和祖父。泛指祖先。

④ 诰敕：朝廷封官授爵的敕书。

⑤ 升斗：借指少量的米粮、口粮。

⑥ 戥（děng）子：称贵重物品或药品用的一种小型的秤。

⑦ 佳谶（chèn）：吉祥的谶语。谶，迷信的人指将来要应验的预言、预兆。

贺。到来年后周岁，称为“周晬”。在家的中堂摆放锦席，烧香点烛，摆放顿果儿饮食及祖先封官授爵的敕书、金银制的七宝玩具、文房书籍、佛道经卷、秤尺刀剪、粮食和戥子、彩缎花朵、官会钱陌、女工针线、应用物件，还有儿童戏物，将周岁的小孩儿放在中间，看他先抓取何物，作为他将来从事行业的预兆，称为“拈周试晬”。这天亲朋好友要馈送礼物，主家要摆宴席招待他们。

妓乐

散乐，传学教坊十三部，唯以杂剧[①]为正色[②]。旧教坊有筚篥部、大鼓部、拍板部。色有歌板色、琵琶色、筝色、方响色、笙色、龙笛色、头管色、舞旋色、杂剧色、参军等色。但色有色长、部有部头，上有教坊使、副钤辖、都管、掌仪、掌范，皆是杂流[③]命官。其诸部诸色，分服紫、绯、绿三色宽衫，两下各垂黄义襕[④]。

【译】散乐，传学教坊共十三部，唯独以杂剧为正色。过去的教坊有筚篥部、大鼓部、拍板部。色有歌板色、琵琶色、筝色、方响色、笙色、龙笛色、头管色、舞旋色、杂剧色、参军色等。每色都有色长，各部都有部头，上面还有教

① 杂剧：一种把歌曲、宾白、舞蹈结合起来的中国传统艺术形式。最早见于唐代，和汉代的“百戏”差不多，泛指歌舞以外诸如杂技等各色节目。

② 色：与下文“部”同为古代教坊所属部门的名称。

③ 杂流：旧时对手艺工人的蔑称。

④ 襕（lán）：古代上下衣相连的服装，即长衫或袍。

坊使、副钤辖、都管、掌仪、掌范等官，都是杂流朝廷任命的官员。各部所穿衣服的颜色都不一样，分紫色、红色、绿色三种宽衫，两边下摆各垂着黄义襕。

杂剧部皆诨裹[①]，余皆幞头[②]、帽子。更有小儿队、女童采莲队。其外别有钧容班[③]人，四孟乘马从驾后动乐[④]者是也。御马院使臣，凡有宣唤或御教，入内承应奏乐。绍兴年间，废教坊职名，如遇大朝会、圣节，御前排当[⑤]及驾前导引奏乐，并拨临安府衙前乐人，属修内司教乐所集定姓名，以奉御前供应[⑥]。向者汴京教坊大使孟角球曾做杂剧本子，葛守诚撰四十大曲[⑦]，丁仙现捷才[⑧]知音[⑨]。南渡以后，教坊有丁汉弼、杨国祥等。景定年间至咸淳岁，衙前乐拨充教乐所都管、部头、色长等人员，如陆恩显、时和、王见喜、何雁喜、王吉、赵和、金宝、范宗茂、傅昌祖、张文贵、侯端、朱尧卿、周国保、王荣显等。

---

① 诨裹：头巾一类的东西。大多为教坊、诸杂剧人所戴用。

② 幞头：一种头巾。亦名“折上巾”。一般认为幞头巾子起源于北周。

③ 钧容班：钧容直，宋禁军番号名。宋皇帝最亲近之扈从禁军马军诸班直中有钧容直，实为军乐。

④ 动乐：演奏乐曲。

⑤ 御前排当：帝王在宫中设宴。

⑥ 供应：伺候，听候使唤。

⑦ 大曲：我国古代大型乐舞套曲。

⑧ 捷才：思维敏捷之才，是对才思敏捷之人的一种颂称。

⑨ 知音：对音律有研究的人。

【译】杂剧部演员都戴诨裹，其余都戴幞头、帽子。还有小儿队、女童采莲队，另外别有钧容直的人，也就是皇帝在四季孟享时随驾在后，乘着马演奏乐曲的人。御马院使臣，凡是有宣唤或御教，入宫内听候差遣，演奏乐曲。绍兴年间，朝廷废除教坊职名，如果遇大朝会、圣节的时候，需要人员在宫中设宴及御驾前导引奏乐，都要调派临安府衙前乐的人，属修内司教乐所集定姓名，以保证御前伺候。过去开封教坊大使孟角球曾撰写杂剧本子，葛守诚撰写了四十大曲，丁仙现是个才思敏捷、对音律有研究的人。宋室南渡以后，教坊有丁汉弼、杨国祥等。景定年间至咸淳年间，临安衙前乐拔充教乐所都管、部头、色长等人员，陆恩显、时和、王见喜、何雁喜、王吉、赵和、金宝、范宗茂、傅昌祖、张文贵、侯端、朱尧卿、周国保、王荣显等。

且谓杂剧中末泥[1]为长，每一场四人或五人。先做寻常熟事[2]一段，名曰“艳段”。次做正杂剧，通名两段。末泥色主张，引戏色[3]分付，副净[4]色发乔[5]，副末[6]色打诨[7]。

---

① 末泥：古代戏剧角色名。简称“末”。

② 熟事：指大众熟悉的故事。

③ 戏色：嬉笑轻侮的表情。

④ 副净：又称架子花脸。顾名思义是以工架（动作、造型）表演为主。

⑤ 发乔：假装憨愚之态。

⑥ 副末：宋杂剧、金院本的脚色。从参军戏中的苍鹘演变而来。任务是烘托发挥“副净”所制造的笑料。

⑦ 打诨：戏曲演出时，演员（多是丑角）即兴说些可笑的话逗乐，叫作打诨。

或添一人，名曰“装孤[①]”。先吹曲破[②]、断送[③]，谓之“把色”。大抵全以故事，务在滑稽唱念，应对通遍。此本是鉴戒[④]，又隐于谏诤[⑤]，故从便跣露[⑥]，谓之“无过虫”耳。若欲驾前承应，亦无责罚，一时取圣颜笑。凡有谏诤，或谏官陈事，上不从，则此辈妆做故事，隐其情而谏之，于上颜亦无怒也。

【译】且说这杂剧之中，末泥为长，每四人或五人为一场。首先表演一段普通的、大众熟悉的故事，称为“艳段”。接下来表演正杂剧，通称为“两段”。表演过程中，末泥来担任主角，带着嬉笑轻侮的表情来介绍剧情，副净假装憨愚的样子，副末即兴说些可笑的话逗乐。或再添一人，称为“装孤”。先吹曲破、断送的人，称为“把色”。杂剧所表演的大都是故事，力求滑稽唱念，应对通遍。本意是供今人引为教训，或隐含谏诤之意，所以从中揭露世态，这称为“无过虫”。如果是在皇上面前表演，也不会受到责罚，这不过是一时博取圣颜欢笑而已。凡有谏诤，或谏官所提的

① 装孤：宋杂剧、金院本中扮演官员的角色。

② 曲破：词的一种体裁。它将一部大曲破开，用其中的一段演为歌舞，一般有曲无词，将故事融入歌舞之中，类似于歌舞戏。

③ 断送：宋、元间戏曲名词。犹饶头。

④ 鉴戒：引为教训，使人警惕。

⑤ 谏诤（zhèng）：直言指出他人的过错，并规劝其改正。

⑥ 跣（xiǎn）露：揭露；暴露。

往事没有被皇上采纳，杂剧演员就将其编成故事来表演，隐其情而含劝谏之意，皇上也不会动怒。

又有杂扮[①]，或曰“杂班”，又名“经元子”，又谓之“拔和”，即杂剧之后散段也。顷在汴京时，村落野夫，罕得入城，遂撰此端[②]。多是借装为山东、河北村叟[③]，以资笑端。今士庶多以从者，筵会或社会[④]皆用。

【译】还有杂扮，或称为“杂班”，也称为“经元子”，又称为“拔和”，即杂剧之后的散段。过去在开封时，村落野夫难得入城，于是编撰此端，大多是假扮成山东、河北的村中老者，以供人们取笑逗乐。如今百姓大多跟从，在宴会或里社集会时来命人表演。

融和坊、新街及下瓦子等处，散乐家、女童装末，加以弦索、赚曲，祗应而已。大凡动细乐[⑤]，比之大乐，则不用大鼓、杖鼓、羯鼓、头管、琵琶等，每只以箫、笙、筚篥、嵇琴[⑥]、方响，其音韵清且美也。若合动小乐器，只三二人

① 杂扮：宋代流行的一种小戏。以剧情简单、逗人喜笑著称。一般为杂剧之散段。

② 端：事情；道理；学说。

③ 村叟：村里的老者。

④ 社会：旧日里社逢节日之集会行赛。

⑤ 细乐：管弦之乐。与锣鼓等音响大的音乐相对而言。

⑥ 嵇琴：古琴的一种。相传为嵇康所创制。

合动尤佳，如双韵[①]合阮咸[②]、嵇琴合箫管、锹琴[③]合葫芦琴，或弹拨下四弦，独打方响，吹赚动鼓《渤海乐》一拍子至十拍子。又有拍番鼓儿、敲水盏[④]、打锣板、和鼓儿，皆是也。街市有乐人三五为队，擎一二女童舞旋[⑤]、唱小词，专沿街赶趁[⑥]。元夕[⑦]放灯，三春园馆赏玩及游湖看潮之时，或于酒楼、或花街柳巷[⑧]妓馆家祗应，但犒钱亦不多，谓之“荒鼓板”。若论动清音，比马后乐加方响、笙与龙笛。用小提鼓，其声音亦清细轻雅，殊可人听。

【译】在融和坊、新街及下瓦子等处，有散乐家、女童装扮末泥，加以弦索、赚曲，席间表演助兴而已。大凡演奏细乐，与教坊大乐比起来，则不用大鼓、杖鼓、羯鼓、头管、琵琶等乐器，而只演奏箫、笙、筚篥、嵇琴、方响等，其音韵清越动听。如果合奏小乐器，只需两三个人演奏为最

---

① 双韵：双韵是说唱的一种押韵形式，专业术语。这里是指一种乐器。

② 阮咸：又称“阮”，一种汉族传统乐器。相传西晋阮咸善弹此乐器，因而得名。四弦有柱，形似月琴。始于唐代，元代时在民间广泛流传，成为人们喜爱的弹拨乐器，有了广阔的音域和丰富的表现力。

③ 锹琴：渤海琴，古代三弦，亦称“枕琴”。中国古代地方政权渤海国乐器。

④ 水盏：也叫缶。击奏体鸣乐器。以用十只瓷碗为多，以加水多少调整音高，用竹棍或木棍敲击发音。

⑤ 舞旋：古代一种回旋的舞蹈。

⑥ 赶趁：指江湖献演杂技又有赶趁唱喏者，探听妓馆人客及游湖赏玩所在，专以献香送勤为由，觅钱赡家。

⑦ 元夕：旧称农历正月十五日为上元节，是夜称元夕，与“元夜”“元宵”同。

⑧ 花街柳巷：旧指游乐的地方，也指妓院。

好，如双韵与阮咸合奏、嵇琴与箫管合奏，锹琴与葫芦琴合奏，或者是弹拨下四弦，或者是独打方响，吹赚动鼓板《渤海乐》一拍子，直到十拍子。还有拍番鼓儿、敲水盏、打锣板、和鼓儿，这都是细乐。如今街市有乐人三五人为一队，托举着一两个女童来舞蹈、唱小词，专门沿街赶趁。正月十五夜放灯、三春园馆赏玩及游湖看潮的时候，或在酒楼、或在花街柳巷和妓院处表演，但得到的赏钱也不算多，这称为“荒鼓板”。如果要说演奏清音，比起马后乐，增加了方响、笙和龙笛等乐器。用小提鼓，声音也很清细轻雅，确实值得一听。

更有小唱、唱叫、执板、慢曲、曲破，大率[①]轻起重杀，正谓之“浅斟低唱”。若舞四十六大曲，皆为一体。但唱令曲、小词，须是声音软美[②]，与叫果子[③]、唱耍令[④]不犯腔一同[⑤]也。

【译】还有小唱、唱叫、执板、慢曲、曲破，大抵是轻起重杀，正所谓“浅斟低唱”。与四十六大曲舞旋成为一体。但唱令曲、小词，必须声音柔和美好，与叫果子、唱耍

---

① 大率：大抵；大致。

② 软美：柔和美好。

③ 叫果子：宋代说唱艺术，模仿市井小贩的叫卖声，拖长声音进行延长并配有音乐。也叫“吟叫”。

④ 耍令：一种说唱或兼伴舞的民间伎艺。

⑤ 不犯腔一同：指不能是同一唱腔。

令不能是同一唱腔。

朝廷御宴，是歌板色承应。如府第富户，多于邪街等处，择其能讴[1]妓女，顾倩祇应。或官府公筵及三学斋会、缙绅同年会、乡会，皆官差诸库角妓[2]祇直。自景定以来，诸酒库设法卖酒，官妓及私名妓女数内，拣择上中[3]甲者，委有[4]娉婷秀媚[5]、桃脸樱唇、玉指纤纤，秋波滴溜、歌喉婉转、道得字真韵正，令人侧耳听之不厌。

【译】朝廷的御宴，是由歌板色供奉表演。富户和官宦人家，大多在邪街等地，挑选善于歌唱的妓女，雇请来表演。官府的宴会，及三学斋会、缙绅同年会、同乡集会，都由官府命令召唤各酒库的色艺双全的妓女前来表演助兴。自景定年间以来，各酒库为设法卖酒，在官妓和民间妓女中，挑选姿色一二等的，她们确实是身姿娉婷、秀丽妩媚、面如桃花、口如樱桃、玉指纤纤、秋波滴溜、歌喉婉转、唱得字正腔圆，令人侧耳倾听而不厌烦。

官妓如金赛兰、范都宜、唐安安、倪都惜、潘称心、梅丑儿、钱保奴、吕作娘、康三娘、桃师姑、沈三如等，及私名妓女如苏州钱三姐、七姐、文字季惜惜、鼓板朱一姐、

① 讴：歌唱。

② 角妓：色艺双全的妓女。

③ 上中：上等中的中等，也就是第二等。

④ 委有：确实有。

⑤ 娉婷秀媚：形容女子姿态美好、秀丽妩媚的样子。

媳妇朱三姐、吕双双、十般大胡怜怜、婺州张七姐、蛮王二姐、搭罗邱三姐、一丈白杨三妈、旧司马二娘、裱背陈三妈、屐片张三娘、半把伞朱七姐、轿番王四姐、大臂吴三妈、浴堂徐六妈、沈盼盼、普安安、徐双双、彭新等。后辈虽有歌唱者，比之前辈，终不如也。

【译】（略）

说唱诸宫调[1]，昨汴京有孔三传编成传奇灵怪，入曲说唱；今杭城有女流熊保保及后辈女童皆效此，说唱亦精，于上鼓板[2]无二也。盖嘌唱[3]为引子四句就入者，谓之“下影带”。无影带，名为“散呼”。若不上鼓面，止敲盏儿，谓之“打拍”。

【译】说唱等各宫调，过去开封有位叫孔三传的艺人，编撰传奇灵怪的故事，谱曲说唱；现在杭州城有叫熊保保的女人及后辈小女孩都来效仿他，说唱很精，与上鼓板没有两样。如果以嘌唱为引子，再用四句就入的，称为“下影带”。无影带，则称为“散呼”。如果不击鼓，只敲盏儿，称为“打拍”。

---

① 宫调：我国古乐曲的调式。唐代规定二十八调，即琵琶的四根弦上每根七调。最低的一根弦（宫弦）上的调式叫宫，其余的叫调。后来宫调的数目逐渐减少。

② 上鼓板：指边击鼓敲板边说唱的表演形式。

③ 嘌（piào）唱：宋时民间一种音调曲折柔曼的唱法。也指以此唱法演唱的时调、小曲。

唱赚在京时，只有缠令、缠达[1]。有引子、尾声为“缠令”。引子后只有两腔迎互循环，间有缠达。绍兴年间，有张五牛大夫，因听动鼓板中有《太平令》或赚鼓板，即今拍板大节抑扬处是也，遂撰为“赚”。赚者，误赚[2]之之义也，正堪美听中，不觉已至尾声，是不宜为片序也。又有“覆赚”，其中变花前月下之情及铁骑之类。今杭城老成能唱赚者，如窦四官人、离七官人、周竹窗、东西两陈九郎、包都事、香沈二郎、雕花杨一郎、招六郎、沈妈妈等。凡唱赚最难，兼慢曲、曲破、大曲、嘌唱、耍令、番曲、叫声，接诸家腔谱也。若唱嘌耍令，今者如路岐人、王双莲、吕大夫唱得音律端正耳。今街市与宅院，往往效京师叫声，以市井诸色歌叫卖物之声，采合宫商成其词也。

【译】唱赚在开封时，只有缠令和缠达。有引子和尾声的小型套曲，称为“缠令”。在引子后只有两个曲牌交替演唱的，称为“缠达”。绍兴年间，有张五牛大夫，因听演奏的鼓板中有《太平令》或赚鼓板，即今天的拍板大节抑扬顿挫，于是发展了一种称为“赚”的说唱形式。所谓赚，是诓骗的意思，人正美美地欣赏音乐，不觉已到了尾声，其不适合为片序。如今又有“覆赚”，其中变花前月下之情和铁骑豪情之类。如今杭州城老成能唱赚的人，如窦四官人、离

① 缠令、缠达：都是宋代民间说唱艺术的曲调。

② 误赚：诓骗，欺骗。

七官人、周竹窗、东西两陈九郎、包都事、香沈二郎、雕花杨一郎、招六郎、沈妈妈等。唱赚是最难的，它兼慢曲、曲破、大曲、嘌唱、耍令、番曲、叫声各家腔谱。如果是唱嘌耍令，如今诸如路岐人、王双莲、吕大夫唱得音律端正。如今的街市与宅院，往往效仿京师叫声，是以市井各行歌吟叫卖货物的吆喝声，采合宫商而编成的词谱。

百戏[①]伎艺

百戏踢弄[②]家，每于明堂郊祀年分、丽正门宣赦时，用此等人，立金鸡竿，承应上竿抢金鸡。兼之百戏，能打筋斗、踢拳、踏跷[③]、上索、打交辊、脱索、索上担水、索上走、装神鬼、舞判官[④]、斫刀蛮牌[⑤]、过刀门、过圈子等。理庙时，有路岐人[⑥]，名十将宋喜、常旺两家。有踢弄人[⑦]，如谢恩、张旺、宋宝哥、沈家强、自来强、宋达、杨家会、宋赛歌、宋国昌、沈喜、张宝哥、常家喜、小娘儿、李显、沈喜、汤家会、汤铁柱、庄德、刘家会、小来强、鲍老儿、宋

① 百戏：古代民间表演艺术的泛称，“百戏”一词产生于汉代。秦汉时已有，汉代称“角抵戏”。

② 踢弄：这里指在百戏中表演节目。

③ 踏跷：踩高跷。表演者装扮成戏剧或传说中的人物，踩在有踏脚装置的木棍上，边走边表演。

④ 舞判官：指扮作判官或钟馗来舞蹈。

⑤ 蛮牌：用南方产的粗藤做的盾牌。

⑥ 路岐人：宋元时流动卖艺的民间艺人的俗称。

⑦ 踢弄人：表演踢弄的人。踢弄，包括踢碗和拶（zā）球两类。踢碗就是今日说的蹬技。

定哥、李成、庄宝、潘贵、宋庆哥、汤家俊等。遇朝家大朝会、圣节，宣押殿庭承应。则官府公筵、府第筵会，点唤供筵，俱有大犒。

【译】百戏中表演节目的人，每当明堂大祀和郊祀的年份及丽正门宣赦的时候，让这些人来表演。竖立起金鸡竿，表演节目的人奉命上竿抢金鸡。还有其他的百戏表演，有打筋斗、踢拳、踩高跷、上索、打交辊、脱索、索上担水、索上走、装神鬼、舞判官、斫刀蛮牌、过刀门、过圈子等。理宗时，有流动卖艺的民间艺人，有名叫十将宋喜、常旺两家。有专门表演踢弄的人，如谢恩、张旺、宋宝哥、沈家强、自来强、宋达、杨家会、宋赛歌、宋国昌、沈喜、张宝哥、常家喜、小娘儿、李显、沈喜、汤家会、汤铁柱、庄德、刘家会、小来强、鲍老儿、宋定哥、李成、庄宝、潘贵、宋庆哥、汤家俊等。每遇朝廷大朝会、帝后圣节，宣召艺人到殿庭来表演节目。那些官府宴席和府第宴会，也会点唤艺人在席间表演助兴，都会给他们丰厚的赏赐。

又有村落百戏之人，拖儿带女，就街坊桥巷，呈百戏使艺，求觅①铺席、宅舍、钱酒之赀。且杂手艺，即使艺也，如踢瓶、弄碗、踢磬②、踢缸、踢钟、弄花钱、花鼓、槌踢

① 求觅：索取。

② 踢磬（qìng）：杂技的一种。演员仰卧，双脚上举摆弄石磬做表演。

笔墨、壁上睡、虚空挂香炉、弄花球儿、掺筑球[1]、弄斗、打硬、教虫蚁[2]、弄熊、藏人、烧火、藏剑、吃针、射弩端、亲背、攒壶瓶[3]等，绵包儿、撮米酒、撮放生等艺。淳祐以后，艺术高者有包喜、陆寿、施半仙、金宝、金时好、宋德、徐彦、沈兴、赵安、陆胜、包寿、范春、吴顺、金胜等。此艺施呈[4]，委是奇特。藏去之术，则手法疾而已。

【译】还有在村落里表演百戏的艺人，他们拖儿带女，就在街坊桥巷，呈献百戏技艺，不过为赚些铺席、宅舍、钱酒等小钱。他们表演的技艺都是杂手艺，如踢瓶、弄碗、踢磬、踢缸、踢钟、弄花钱、花鼓、槌踢笔墨、壁上睡、虚空挂香炉、弄花球儿、掺筑球、弄斗、打硬、教虫蚁、弄熊、藏人、烧火、藏剑、吃针、射弩端、亲背、攒壶瓶等，还有绵包儿、撮米酒、撮放生等技艺。淳祐年以后，技艺高超的艺人有包喜、陆寿、施半仙、金宝、金时好、宋德、徐彦、沈兴、赵安、陆胜、包寿、范春、吴顺、金胜等。这些技艺的表演，确实很奇特。表演藏东西的技术，靠的是手法快捷罢了。

---

① 掺筑球：指以杖击球。掺，击打。

② 教虫蚁：指调教虫蚁或其他动物进行表演。

③ 攒壶瓶：投壶。

④ 施呈：犹施展。

凡傀儡，敷演[①]烟粉[②]、灵怪、铁骑、公案[③]，史书历代君臣将相故事话本，或讲史，或作杂剧，或如崖词[④]。如悬线傀儡[⑤]者，起于陈平六奇解围[⑥]故事也。今有金线卢大夫、陈中喜等，弄得如真无二，兼之走线者尤佳。更有杖头傀儡[⑦]，最是刘小仆射家数[⑧]果奇。大抵弄此多虚少实，如巨灵、神姬大仙等也。其水傀儡[⑨]者，有姚遇仙、赛宝哥、王吉、金时好等，弄得百伶百悼。兼之水百戏[⑩]，往来出入之势，规模舞走，鱼龙变化夺真，功艺如神。更有弄影戏者，原汴京初以素纸雕簇[⑪]，自后人巧工精，以羊皮雕形，用以彩色装饰，不致损坏。杭城有贾四郎、王升、王闰卿等，熟

① 敷演：叙说并加以发挥；表演。

② 烟粉：宋话本小说分类之一。应指男女爱情故事。

③ 铁骑、公案：《都城纪胜·瓦舍众伎》："说公案，皆是搏刀赶棒，乃发迹变泰之事。说铁骑儿，谓士马金鼓之事。"

④ 崖词：宋代诗赞形式的一种说唱文学。以七字句韵文为主。

⑤ 悬线傀儡：一般指提线木偶戏。提线木偶戏古称悬丝傀儡，是中国古代一种重要的汉族戏剧形式。

⑥ 陈平六奇解围：典出《史记·世家二十六陈丞相》，指西汉随军谋士陈平为汉高祖刘邦六出奇谋。

⑦ 杖头傀儡：一般指杖头木偶。是以木杖来操纵动作完成，它内部虚空，眼嘴可以活动，颈部下面接一节木棒或竹竿，表演者一手掌握两根操纵杆进行表演，因而又称"举偶"。就杖头木偶的偶型而言，有大中小三种，分布地域不同，各有特色。

⑧ 家数：家法传统；流派风格。多用于诗、文、技艺等。

⑨ 水傀儡：指在水上表演的傀儡戏。

⑩ 水百戏：指各种水上游戏活动。

⑪ 雕簇：雕剪然后结扎在一起。

于摆布，立讲无差。其话本与讲史书者颇同，大抵真假相半，公忠[①]者雕以正貌，奸邪者刻以丑形，盖亦寓褒贬于其间耳。

【译】傀儡戏，表演的是烟粉、灵怪、铁骑、公案，其话本都是史书上记载的历代君臣将相的故事，或讲史事，或演杂剧，或如崖词。比如悬线傀儡，起源于陈平六奇解围的故事。如今有金线卢大夫、陈中喜等，表演得跟真的没有两样，加上他们走线技术也特别好。也有杖头傀儡，要算刘小仆射的技术最让人称奇。傀儡表演大多虚多实少，如巨灵神、神姬大仙等。还有水傀儡，有姚遇仙、赛宝哥、王吉、金时好等艺人的表演，看后使人哀怜和悲伤。还有水百戏，艺人在水上往来出入，有计划地舞鱼舞龙，千变万化，场面逼真，其功力技艺像神仙一样。还有表演影戏的，开封最初是将白纸剪后结扎成人物，后人又加以改良，改为用羊皮来雕形，再用彩色装饰，使其不易损坏。杭州城有贾四郎、王升、王闰卿等艺人，能熟练表演影戏，讲说话本毫无差错。其话本与讲史书的大致相同，大概真假参半，公正忠诚的人就雕成正直的容貌，奸邪的人就雕成丑恶的面貌，这里也蕴含着褒贬的意思。

① 公忠：公正忠诚。

角抵[1]

角抵者，相扑之异名也，又谓之“争交”。且朝廷大朝会、圣节、御宴第九盏，例用左右军相扑，非市井之徒，名曰“内等子”，隶御前忠佐军头引见司所管，原于殿步诸军选膂力[2]者充应[3]名额，即虎贲郎将耳。每遇拜郊、明堂大礼、四孟车驾亲飨，驾前有顶帽、鬓发蓬松、握拳左右行者是也。遇圣节御宴、大朝会，用左右军相扑，即此内等子承应。但内等子设额一百二十名，内有管押人员十将各二名，上中等各五对，下等八对，剑棒手五对，余皆额里额外，准备祗应。三年一次，就本司争拣上名下次入额。其管押以下，至额内等子，亦三年一次，当殿呈试相扑，谢恩，赏赐银绢外，出职管押人员，本司牒发诸州、道、郡军府，充管营军头也。前辈朝官，曾赴御宴，有诗咏曰：“虎贲三百总威狩，急飐旗[4]催叠鼓声。疑是啸风吟雨处，怒龙彪虎角亏盈。”盖为渠[5]发也。

【译】角抵，是相扑的别名，又称为“争交”。在朝

---

① 角抵：起于中国战国时代的传统角力游戏，秦汉隋唐均十分盛行，唐代长安又称相扑，是宫廷、军队中的主要游戏之一。宋元以后，多称为相扑、争交。其方法为两两相当的壮士，裸袒相搏以争胜负，类似于今之摔跤。唐代长安凡有会宴游乐，多演角抵之戏。

② 膂（lǚ）力：体力，力气。民间泛指腰力。

③ 充应：充差应役。

④ 飐（zhǎn）旗：风吹旗使之飘扬。

⑤ 渠：方言，指他。这里代指表演相扑的军士。

廷大朝会、帝后生日、御宴的第九盏时，按惯例会命左右军来表演相扑，这些人都不是市井之徒，称为“内等子”，隶属御前忠佐军头引见司所管辖。原来是从殿前司、侍卫步军司各军中选出的腰力强的人来担当，即虎贲郎将。每逢郊祀、明堂大礼、四孟车驾亲飨的时候，在皇上前面的顶着帽子、鬓发蓬松、紧握拳头在左右行走护卫的军士，就是这些人。遇到帝后生日御宴、大朝会时，会命左右军相扑，就是这些内等子来进行表演。但内等子只设定一百二十名，其中有管押人员十将各两名，上、中等各五对，下等八对，剑棒手五对，其余的都在额里额外，随时准备奉命表演。每三年一次，各军在本司中挑选优异者依次纳入名额。管押以下到内等子，也是三年一次，在殿庭表演相扑，结束后谢恩，除赏赐银绢外，还会派管押人员外出任职，以本司发文书派往各州、道、郡军府，充任管营军头。前辈朝官，曾参加过御宴，有诗咏曰：“虎贲三百总威狞，急飐旗催叠鼓声。疑是啸风吟雨处，怒龙彪虎角亏盈。”说的就是这些军士表演相扑的场景。

瓦市相扑者，乃路岐人聚集一等伴侣，以图摽手之资[1]。先以女飐[2]数对打套子[3]，令人观睹，然后以膂力者争交。若论护国寺南高峰露台争交，须择诸道州郡膂力高强、天下无对者，方可夺其赏。如头赏者，旗帐、银杯、彩缎、锦袄、官会、马匹而已。顷于景定年间，贾秋壑秉政时，曾有温州子韩福者，胜得头赏，曾补军佐之职。杭城有周急快、董急快、王急快、赛关索、赤毛朱超、周忙憧、郑伯大、铁稍工韩通住、杨长脚等，及女飐赛关索、嚣三娘、黑四姐女众，俱瓦市诸郡争胜，以为雄伟耳。

【译】在瓦舍闹市中表演相扑的，乃是流动艺人聚集的伴侣，以赚取随手开支的微薄钱财。先以数对女相扑手进行暖场表演，吸引人来围观，然后是腰力强的人来争交。像在护国寺南高峰露台上争交，必须是各道、州、郡腰力高强、天下无双的人，才可以夺得头赏。头赏包括旗帐、银杯、彩缎、锦袄、官会、马匹等。过去在景定年间，贾秋壑执政的时候，曾有温州人韩福，获胜夺得头赏，奖其补任军佐的职务。杭州城的相扑高手有周急快、董急快、王急快、赛关索、赤毛朱超、周忙憧、郑伯大、铁稍工韩通住、杨长脚等，还有女相扑手赛关索、嚣三娘、黑四姐等这些女人，他

---

① 摽手之资：指随手开支的微薄钱财。

② 女飐：宋代女相扑艺人，即女摔跤手，女子表演相扑，为宋代一特色，司马光痛斥皇帝观赏女子相扑。女子相扑在宋代堪称京城开封的一绝，是最能吸引看客眼球的一项娱乐表演。

③ 打套子：指暖场表演。

们在瓦舍闹市中与各郡的高手来竞争胜负，这些人都很强壮雄伟。

小说讲经史

说话者，谓之“舌辩”，虽有四家数，各有门庭。且小说名“银字儿”，如烟粉、灵怪、传奇、公案、朴刀、杆棒[①]发发踪参[②]之事。有谭淡子、翁三郎、雍燕、王保义、陈良甫、陈郎妇、枣儿余二郎等，谈论古今，如水之流。谈经者，谓演说佛书。说参请者，谓宾主参禅悟道等事，有宝庵、管庵、喜然和尚等。又有说诨经[③]者，戴忻庵。讲史书者，谓讲说《通鉴》、汉唐历代书史文传、兴废[④]争战之事，有戴书生、周进士、张小娘子、宋小娘子、邱机山、徐宣教；又有王六大夫，原系御前供话，为幕士请给讲，诸史俱通，于咸淳年间，敷演[⑤]《复华篇》及中兴名将传，听者纷纷，盖讲得字真不俗，记问渊源甚广耳。但最畏小说人，盖小说者，能讲一朝一代故事，顷刻间捏合，与起令、随令[⑥]相似，各占一事也。

---

① 朴刀、杆棒：古代兵器。《醉翁谈录》中把所记宋代话本分类有朴刀类和杆棒类，皆记草莽豪杰、侠盗悍匪故事。

② 发发踪参：未知何义，似指“发迹变泰”。宋灌圃耐得翁《都城纪胜·瓦舍众伎》：“说公案，皆是搏刀赶棒，及发迹变泰之事。”

③ 说诨经：宋代“说话”类别之一。演讲宗教故事。

④ 兴废：盛衰，兴亡。

⑤ 敷演：叙说并加以发挥；表演。

⑥ 起令、随令：指行酒令时，当场指物赋诗、即兴捏合故事。

【译】说话伎艺，又称为“舌辩”，虽有四个流派，却都各有门庭。其中小说称为“银字儿”，讲的烟粉、灵怪、传奇、公案，以及乱世中拿着朴刀、杆棒的人物，冒险闯荡，然后发迹变泰的故事。著名说话艺人有谭淡子、翁三郎、雍燕、王保义、陈良甫、陈郎妇、枣儿余二郎等，他们谈古论今，口若悬河。谈经，指演说佛教经典。说参请，指宾主参禅悟道等事，有宝庵、管庵、喜然和尚等。又有说诨经的，著名艺人如戴忻庵。讲史书，指讲说《资治通鉴》、汉唐历代书史文传、盛衰争战之事，著名讲史书艺人有戴书生、周进士、张小娘子、宋小娘子、邱机山、徐宣教；还有一位王六大夫，原先是在御前供话，作为幕客为皇上讲说，各史全通。咸淳年间，他叙说《复华篇》及中兴名将传，听讲的人很多，因其讲得字正腔圆，内容不俗，加之他的学识广泛而渊博。小说人最可畏，因他们能将一朝一代的故事，顷刻间捏合，与起令、随令相似，各叙一事。

商谜者，先用鼓儿贺之，然后聚人猜诗谜、字谜、戾谜、社谜①，本是隐语。有道谜，来客念思司语②讥③谜，又名“打谜”。走智，改物类以困猜者。正猜，来客索猜。下套，商者以物类相似者讥之，又名“对智”。贴套④，贴智

① 戾谜、社谜：皆为灯谜。

② 思司语：应指隐语。

③ 讥：说。

④ 贴套：动用智慧，绞尽脑汁。

思索。横下，许旁人猜。问因，商者喝问[1]句头。调爽，假作难猜，以走其智。杭之猜谜者，且言之一二，如有归和尚及马定斋，记问[2]博洽[3]，厥名传久矣。

【译】商谜，先用鼓儿贺之，然后聚集人来猜诗谜、字谜、戾谜、社谜，都是隐语。有道谜，来客念隐语说谜，又称“打谜”。走智，商者改用物品认为难猜的。正猜，来客索谜猜。下套，商者以相似的物品来误导猜谜的人，又称“对智”。贴套，猜谜的人绞尽脑汁去思索。横下，允许旁边的人来猜谜。问因，商者大声问猜谜的人谜底。调爽，猜谜的人装作难猜的表情，以迷惑商者。杭州城猜谜高手，且说一二，那就是归和尚和马定斋，他们记诵诗书且学识广博，名声已传扬很久。

① 喝问：大声地问。

② 记问：指记诵诗书以待问或资谈助。

③ 博洽：多指学识广博。

《梦粱录》叙录

《学津讨原》本“梦粱录跋文”

《梦粱录》二十卷，钱塘吴自牧撰。钱塘自宋南渡建都，其山川宫阙，衣冠礼乐，遂甲天下。而其时序土俗，坊宇游戏之事，多以细琐，不登史册。自牧生长于宋，目击其事，特为之纪述，则南宋虽偏安一隅，而承平[1]气象，犹可因此想见，亦一快也。先自牧有孟元老者，著《梦华录》，备载汴京故事，此录续元老而作，殆[2]合璧[3]也。吴郡南濠居士都穆跋。

往予读南濠文，见其跋吴自牧《梦粱录》，凡临安时序土俗，坊宇游戏之事，罔不毕载，盖继元老《梦华》而作者，私心窃慕之，而末由覯[4]其书。斧季从辇下还，解装出书二百余帙，邀予往观，皆秘本也。因笑曰：“仆顷游南昌，空橐[5]抵里，途次[6]作得诗三十余首，每说于人：此行

① 承平：指社会秩序安定平稳。

② 殆：几乎；差不多。

③ 合璧：圆形有孔的玉叫璧，半圆形的玉叫半璧，两个半璧合成一个圆形的璧叫合璧。比喻事物凑到一块儿配合得宜。

④ 覯（gòu）：遇见；看见。

⑤ 橐（tuó）：一种口袋。

⑥ 途次：半路上；旅途中住宿的地方。

可为壮游矣。彼饰竿牍[①]、问苞苴[②]，累累若若[③]者，诚不以易我奚囊[④]中物也。子今搜奇觅异，捆载秘书而还，视予几句穷途酸语，所得不已辽乎？”斧季叹曰：“浪迹两年，未尝遇一真好书人。归而求之于子，有余师矣。当悉索以供缮写[⑤]，毋烦借书一瓻。但视世之梦梦粥粥，假牧儿之盖，而乞怜女之光者，我两人好尚之异同为何如耶！”予因次第借归，自春徂[⑥]秋，十钞五六，《梦粱录》亦其一焉。嗟嗟[⑦]，近代藏书家推章丘季氏、金陵焦氏，王孙则西亭之万卷堂。汴亡后，竹居文史，尽随怒涛去矣。灰劫之余，未知金陵图籍，犹有存焉否。今斧季所购，乃中麓秘藏之物，予不敢忘所目，遂牵连书之如此。也是翁钱曾。

池家《梦粱录》二十卷，有遵王钱氏跋，暨惠红豆先生印记。藏弃阅四世矣。缘从宋版抄录，其漫漶[⑧]处间有讹脱，思欲详校完善，卒卒未遑[⑨]也。癸亥春，照旷从祖刻

---

① 竿牍（dú）：书札。

② 苞苴：原指包裹鱼肉的蒲包，后转指赠送的礼物，再引申为贿赂。

③ 累累若若：形容多。

④ 奚囊：古称诗囊为“奚囊”。诗囊，指贮放诗稿的袋子。

⑤ 缮写：誊写。

⑥ 徂（cú）：往；到。

⑦ 嗟嗟：叹词。表示赞美。

⑧ 漫漶（huàn）：书版、石刻等因年代久远遭磨损而模糊不清。

⑨ 卒卒未遑（huáng）：仓促，没有时间顾及。

《梦华录》告竣[1]，谓池曰："是录也，方言俚语杂出，古藻不逮[2]《梦华》，然一伤过去，一悲未来，具有深心，双璧正合。"因汇乾道、咸淳两志暨《武林旧事》诸书，命池与参雠[3]，校正其舛讹[4]，缺其疑似，煞费讨论。读是书者，于以知有宋一代都邑繁华，后先同慨，宁第山川人物，足为地志之考证也欤[5]！琴川湘吟张凤池。

四库全书总目提要

《梦粱录》二十卷（两江总督采进本）。

宋吴自牧撰。自牧，钱塘人，仕履未详。是书全仿《东京梦华录》之体，所记南宋郊庙宫殿，下至百工杂戏之事，委曲琐屑[6]，无不备载。然详于叙述，而拙于文采，俚词俗字，展笈[7]纷如，又出《梦华录》之下。而观其自序，实非不解雅语[8]者，毋乃信刘知几[9]之说，欲如宋孝王《关东风俗传》，方言世语，由此毕彰乎（案，语见史通言语篇）。

① 告竣：指宣告事情完成或结束。

② 不逮（dài）：比不上；不及。

③ 雠（chóu）：校对文字。

④ 舛（chuǎn）讹：谬误；差错。

⑤ 也欤（yú）：同"也与"，语气助词，表示感叹。

⑥ 琐屑：细小零碎的事。

⑦ 笈：书箱。

⑧ 雅语：指文学语言，与"俗语"相对。

⑨ 刘知几：字子玄，徐州彭城（今江苏徐州）人。唐朝大臣、史学家。

要其措词质实[①]，与《武林旧事》详略互见，均可稽考[②]遗闻[③]，亦不必责以词藻也。自牧自序云："缅怀往事，殆犹梦也。"故名《梦粱录》。末署"甲戌岁中秋日"，考甲戌为宋度宗咸淳十年，其时宋尚未亡，不应先作是语，意"甲戌"字传写误欤。王士祯《渔洋文略》，有是书跋云："《梦粱录》二十卷，不著名氏。"盖士祯所见钞本，又脱此序，故不知为自牧耳。今检《永乐大典》所引，条条皆题自牧之名，与此本相合，知非影附[④]古书伪标撰人姓氏矣。

涵芬楼烬余书录

《梦粱录》不分卷，明钞本，一册，天一阁旧藏。

卷首书名下题"此南峰杨循吉删本"八字。按，《天一阁书目》史部"《梦粱录》，红丝阑钞本。宋钱塘吴自牧撰。原书二十卷，此明人杨循吉删本也"云云。即指是书。

朱彝尊《曝书亭集·梦粱录跋》

曩[⑤]从古林曹氏借抄《梦粱录》，系杨礼部南峰节文[⑥]，止得十卷。后留京师，闻棠村梁氏有足本[⑦]，其卷倍之，亟

① 质实：平直而拘于事实。

② 稽考：查考。

③ 遗闻：前代或前人遗留下来而少为人知的传闻，多指不见于正式记载的。

④ 影附：谓如影附形。比喻依附，附随。

⑤ 曩（nǎng）：往；从前；过去的。

⑥ 节文：减省文字。

⑦ 足本：指无缺佚、删削，内容完整的书籍。

录而藏诸笥。岁辛巳，寓居昭庆僧楼，取而卒读之，嫌其用笔拖沓[①]，不知所裁，未若泗水潜夫《武林旧事》之简而有要也。虽然，自曾端伯编《类说》，朱藏一编《绀珠集》，陶九成编《说郛》，皆千百而取一，说部之完书存焉者寡矣，因赞徐舍人镂板于吴下，小长芦彝尊书。

卢文弨[②]《抱经堂文集·梦粱录跋》

南宋渡，以临安为行在所[③]，其后乃遂安于是也。朝廷之仪式，与夫[④]里巷之风俗，日增月新，殆将跨汴京焉。是书为钱塘吴自牧著，当宋社已屋，而为之追述其盛，题云《梦粱》，意可见矣。序无纪元，而但书甲戌，若在咸淳，则故都尚无恙也。阅一甲子，则当在元顺帝时，斯时元之为元，不犹夫宋之季世也哉？汴亡而《梦华》作，其地已沦[⑤]异域，孟氏特仿像而得之；今兹所纪，则皆耳目所素习[⑥]者，钟虡不移，井邑[⑦]如故，凡夫可欣可乐之事，皆适成可

① 拖沓（tà）：不爽利，不简洁。

② 卢文弨（chāo）：字召弓，一作绍弓，号矶渔，又号檠（qíng）斋、抱经，晚年更号弓父，人称抱经先生，清仁和（今浙江杭州）人。一说原籍余姚，迁居仁和（今浙江杭州）。生于清圣祖康熙五十六年，卒于乾隆六十年，年七十九岁。卢存心子。

③ 行在所：专指天子巡行所到之地。

④ 与夫：跟那。

⑤ 沦：沦陷。

⑥ 素习：平时就熟习。

⑦ 井邑：城镇；乡村。

悲可涕之端，作者于此，殆有难乎为情者焉。《浙江通志》载此书十卷者，非全本。今从苏州吴伊仲秀才（翌飞）处借得此书二十卷，乃足本，令人录而传之，脱误[①]尚多，惜无别本参正[②]云。

① 脱误：脱漏和错误。

② 参正：参酌校正。